U0120445

李计忠解《周易》系列

易界名家 独门首传

好山好水在中国

李计忠 著

下册

UNITY PRESS 团结出版社

第四章 文化名寺在中国

佛教非中国的本土宗教，从印度东传已两千余年历史，与基督教、伊斯兰教相比，佛教不仅传入时间最早，而且与中国文化结合最深，成为中华民族文化的一部分。

从公元一世纪佛教传入中国以后，经过中国传统文化几个世纪的融合，形成八大宗派。

这些宗派都有创始者和主要继承人，他们同被奉为祖师；祖师的庭院，即他们所开创或住过的寺院，称为祖庭。这些祖庭是中国佛教宗派的发源地，在佛教史上有着极为重要的地位。佛寺选址是隐中有显，显中有隐，名山之中，一寺隐现，远观不见，近则巍然。僧人结茅山间，详察地形、水源、风向、日照、景观、交通等，然后寻址。天下名山僧占多，寺院都是最好的景点，往往也是风水首选。

宗派祖庭都是千年以上的道场，选址在背山面水、四面围合之处，有山环水抱、藏风聚气之优，风水绝佳。因受三元九运、地气转移的影响，其择址、布局的好坏，影响宗派兴衰。有些宗派祖庭已荡然无存，或仅留遗迹，有些至今仍在弘法，香客不绝，兴衰如天壤之别，令人唏嘘。

佛教的宗派祖庭，较著名的有：

天台宗：浙江天台国清寺、湖北当阳玉泉寺、浙江宁波延庆寺。

三论宗：江苏南京栖霞寺。

法相宗：陕西西安慈恩寺、西安兴教寺。

律　宗：江苏扬州大明寺、陕西西安净业寺。

华严宗：陕西西安华严寺、户县草堂寺。

净土宗：山西交城玄中寺、陕西西安香积寺、江西庐山东林寺。

密　宗：陕西西安大兴善寺、西安青龙寺。

禅　宗：河南登封少林寺；河北成安匡救寺、正定临济寺；安徽岳西二祖寺、潜山山谷寺；湖北黄梅四祖寺、黄梅五祖寺、当阳玉泉寺；广东广州光孝寺、曲江南华寺、广州六榕寺、乳源云门寺；湖南衡山福严寺、衡山南台寺、宁乡密印寺；江西南昌佑民寺、奉薪百丈寺、吉安净居寺、宜春栖隐禅寺、宜丰普利禅寺、宜黄曹山寺、永修真如禅寺、萍乡普通寺、靖安宝峰寺；福建福清万福寺；浙江宁波天童寺、余杭径山寺；江苏南京清凉寺、苏州虎丘山寺。

佛教在两千多年的汉化过程中，产生许多风水大师，许多宗派祖庭或是千年古寺，往往是由风水师选址、布局或是改善风水，至今仍香火不断，人才辈出。此种案例俯拾即是。

风水大师选址：唐朝时风水大师司马头陀，曾看过一百七十多处风水，最有名的是江西永修真如禅寺及湖南宁乡密印寺。这两处寺院均为禅宗祖庭，一千多年来虽历经多次兴废，至今法嗣不断。高僧以风水布局重建：清末民初虚云大师，亲自以罗盘定向，按风水原理布局，重修寺院，以广东曲江南华寺及广东乳源云门寺最著名，使千年古刹得以门庭再焕。

演本法师，俗家姓名尤雪行，字惜阴，号策群居士。民国初年，曾著《东方之科学：宅运新案》、《宅运图解》、《人间天眼指南宅运撮要》，演绎数理、地形、方位、时空、人事等错综复杂之关系，颇具卓见。《东方之科学：宅运新案》被誉为“活易经”，是三元玄空风水学的传世之作。演本法师堪舆寺院的实例有：浙江天台国清寺、天台万年寺、天台高明寺、天台妙峰庵、天台真觉寺、天台拜经台、天台华顶寺、天台至觉岸、天台定光庵、天台修禅寺、天台药师庵、天台小室岩、天台下方广、天台中方广、天台上方广、天台斗室寺、天台妙音庵、天台景星庵、天台耕云庵、天台地藏殿、台州钟巽院、杭州百衲庵、杭州仁王讲寺、杭州圆觉庵、杭州常寂光寺、杭州中印禅院、杭州法华精舍、宁海广润寺、宁海延寿堂、黄岩多福寺、临海观音洞、临海西方寺；上海安乐院、上海万寿寺、上海女居士林；福建泉州开元寺、泉州朵莲寺、泉州承天寺、厦门南普陀；江苏苏州北寺、苏州准提寺、苏州报恩寺、无锡佛经流通处、无锡开利寺。

风水大师居住之地：五代时文矩慧日禅师，俗家姓名黄妙应，撰有风水名著《博山篇》，载于清朝《古今图书集成》博物汇编艺术典堪舆部，可见历来受重视的程度。他曾居住福建东禅寺（即南少林寺）、南安雪峰禅寺、莆田石室岩寺（妙应寺）、莆田慈寿寺，至今仍弘法不断。

书中所述佛教四大名山：五台山、峨眉山、普陀山、九华山，及八大宗派祖庭，代表两千多年来中国佛教建筑的精华，更是中国风水学的最佳实例，研究这些千年古寺，可以印证风水学的博大精深。

第一节　中国文化名寺概述

中国的寺院大多远离繁华的都市，幽禁在秀美的乡间。人烟稠密的地区固然不乏香火鼎盛的大佛寺，更多的寺院、殿堂则隐藏在浓荫翠谷之中，安置在浩浩江湖的沿岸挺立在崇山峻岭之巅，是中国佛教在地理分布上的一大特色。

为了使佛教在中国生存、传播开来，最好的方法就是尽可能依附攀缘中国固有的风格习惯和思想信仰。寺院又往往成为文人政治避难的世外桃源。

唐以后的禅宗改变了早期佛教持钵行乞的苦行僧的生活方式，更讲究人与自然的融合关系。禅师们常常沉浸在青山白云、清水流泉之中，领悟生命的真谛。深山里的古刹，常常是禅师们的悟道之所；丛林禅院，成为僧人们参禅打坐的清修之地。

随着佛教中国化进程的逐渐深入，各个宗派相继成立，他们不仅各自确认自己的祖庭，为了壮大宗派，还要建立一批寺院来发展徒众，坐习教理。特别是净土宗和禅宗的成立，获得上至达官贵族、下至平民百姓的一致认同，加上统治者的大力提倡，越来越多的寺院在广阔的土地上建立起来。僧人为了潜心钻研佛理，远避城市，深入山林，把自己置于优美的大自然中。

经过千余年的演变，大批的佛教圣地诞生在辽阔的中华大地上。像天台、终南、栖霞、虎丘、鸡足、雁荡、云门、庐山、衡山、玉泉、千山，都以悠久的佛教历史、著名的佛教古刹、绮丽的自然风光，吸引着普天下大批信徒和游客前去朝拜和观瞻。五台、普陀、峨眉、九华四大名山，更成为举世闻名的佛教圣地。

佛教寺院多选在山顶极峰，或者半山腰，或者依傍悬崖峭壁，这样便于极目远眺，俯临凡界，同时可以超世脱俗，表现出神秘的色彩。人们仰看半天云中的寺院，就会想到它是神与人的媒介，是天帝与人间的中转站，是非常神圣的地方，从而提高寺院在人们心目中的地位。

天下名山中的宗教建筑是多种多样的，有寺、庙、塔，还有一些辅助性的建筑，如桥、泉、井、池等。寺庙又由院、殿、堂、庵、楼、阁、亭、台、轩、观等部分组成。这些宗教建筑的布局灵活多变，与名山山水的结合，亦结合了多种形式，或掩映于翠林之中，或耸立于高台之上，或巧构于溪壑幽谷之畔，或飞峙于危岩险崖之中，其与自然山水的和谐一致，构成了一幅幅山水胜景，真可谓画图难足，往往使中外游人观之不厌，游之不倦尽兴畅神。

在佛教四大名山中，峨眉山和五台山是道教建造宫观的地方，是因为后来被佛教夺走了才成了佛教的名山；在唐代，儒、道两教为了争夺四川青城山，曾经兵戎相见，最后是靠了皇帝的调停才平息了这场两大

宗教间大动干戈的争夺。佛教在选取建造寺庙地点的标准上逐渐向道教靠拢，即中国寺观建筑史上具有重要转折意义的山林化趋势的出现。

由于佛教的特殊性，“风水”诸说在寺院建筑上显示出两个层次的意义。

这两个层次分别是来自寺院所具有的俗与圣双重性格的。其寺院内居住的普通僧人，从事着吃饭、睡眠等一般人世生活为其“俗”的一面。寺院亦有着类似于民宅的性质，受着一般“风水”、“阴阳五行”诸观念的约定。佛门坎、艮、震、巽、离、坤、兑七山可开正门，惟乾山一局，辰巽巳三向不可开门。从青龙首乙位出入，或从白虎首巳上开门，谓三福德门最吉。另一层次则来自寺院“圣”的属性。佛教的神秘力量一直是最有魅力的一部分。其神通的意义常是以塔或佛殿为具体表现的。常作为趋吉化凶的象征。

寺院的选址则是普遍地以四周群峰环抱，水溪充沛为理想环境的。如风穴寺的选址屡屡赞言“风穴白云禅寺者，诚禅栖之佳地也，层峦环拱，状若莲花”。栖霞寺“寺在摄山，一名伞山。有中峰屹然卓立，迤逦南下，左右山环抱如拱。”“天下名山僧建多。”作为建筑、雕塑、工艺、美术的综合物的寺庙建筑物都是劳动人民创造的财富，当然也是古代劳动人民物质文明和智慧的结晶。佛教寺院为什么大多建在名山上?“山以寺名，寺以山名。”佛教寺院的选址，往往是有明确目的的，一种原因是佛教僧人为了便于传播，吸引信众，扩大影响；另一种原因是为了有利于僧人的自我修持。

白马寺建在当时东汉的都城洛阳，将佛教在群众中宣传，借助于各方面有利的条件，扩大佛教的影响十分方便。寺庙的发展逐渐由大城市、小城市到山林。城市历来都是全国性或地区性的经济、政治、文化、宗教中心，城市中人口集中、交通发达、经济繁荣，影响面大。佛教传入中国，是从帝王、贵族、官吏开始，再向普通百姓中发展。佛教同任何宗教的基础一样，除了本身的宗教素质，首要的要有人信奉，要让信奉者过宗教生活，信奉宗教的人越多，宗教的群众基础越扎实，宗教的影响越广泛，宗教的力量就越强大，宗教传播也就更快。佛教作为一种外

来宗教，从东汉永平十年（公元 67 年）正式传入中国时，只有摄摩腾、竺法兰两个外国和尚，被汉明帝请到中国来，向皇帝和少数贵族高官们介绍佛教概况、基本常识和外国风情。永平十一年（公元 68 年）皇帝改建国家接待宾客的官舍（鸿胪寺）为白马寺，供两个外国和尚安身和译经之用。经过了一百二三十年时间，到东汉汉献帝初平年间，徐州刺史陶谦，他手下的一个大将笮融为他督运广陵、下都、彭城的军粮，竟敢截断三郡槽运的钱粮，“大起浮屠寺，上累金盘，下为重楼，又堂阁回廊可容三千余人口以铜为人，黄金涂像，衣以锦彩。每浴佛辄多设饮饭，布席于路，其有就席及观者且万余人”。可见当时的佛教的影响发展得十分普遍和迅速。佛教能在一百多年迅速传播，影响扩大，与佛教的基本教义普及是分不开的原因，与佛教寺庙建在城市中，尤其建在大城市中的作用有很关键的密切关系。

能在远离京城洛阳的江苏地方，建起这样的寺院，塑这样的佛像，证明当时寺院建筑，铜佛像铸是很有经验的。寺院中，能“容三千余人，悉读佛经”，说明佛教传入一百多年中，大量佛经被译出来，在一个比较偏远的城市的寺院中，有三千余人集中起来读经书，信徒之多和佛经的普及是可想而知的。当时已经经常举行佛教法会，而且“每浴佛”，释迦牟尼佛生日的浴佛节，已经普及和融合作为民间节日，这些中等城市每次能聚一万多人规模参加佛教活动。在一千八百多年前交通不便利，通信传播不发达的条件下，佛教在城市中开始传播，从上层向中、下层百姓传播，佛教寺院选择在大城市中建造的作用，实在是太重要了。

选择建造佛教寺院位置的第二个目的，是为了有利于佛教僧人进行修持。佛教本身要求佛教信徒，尤其是出家僧人应进行严格的修持。研究佛教教义和翻译佛经需要有合适的环境。选择幽静、清净的环境，远离城市的喧嚣，又不绝对与世隔绝的城市周围的名山，就是第二种选址目的的首选地。从此，山就与佛教结下了不解之缘。寺院第一座大门为三门因为一进三门就进了庙，进寺也是进山，三门也称为“山门”，僧人自称“山僧”，佛教寺院集中的地方和名称，也都以寺为名，如四大名山、八小名山、五山十刹等。从庙里到外面去称为出“山”，佛教中

称寺院中的住持，主要执事僧人为诸“山”长老等等。

从汉到隋唐，凡有寺院的山，大多有名，在当时就是所谓名山，不外乎风景优美，环境幽静，有特色的地方，所谓“寺以名山”，有地理的优势，再加以佛教和其他的历史人文景观，足以使寺院成为佛教信徒向往之处，又能引起官吏、商人、士大夫阶层足够的兴趣，使他们的足迹能到之处，因为佛教要传播，大多还是靠他们之力提高了寺庙的知名度。

隋唐之际是佛教大发展的时期，几乎佛教寺院与名山已经分不开孰先孰后，而是你中有我，我中有你，山以寺名，寺以山名的相辅相成关系。

佛教占有峨眉山、普陀山、五台山、九华山。名山风水好，能吸引游人。游人越多，香火越旺。占据了名山，还要善于选择修建寺观的地点。要使寺庙和名山形成“千山抱一寺，一寺镇千山”的布局。寺观要处理好山水相依的关系，“山以水为脉，水以山为面”，“山得水而活，水得山而媚”。依山面水，善于借景、让景，巧用自然地形，使建筑与自然相协调。

寺观建筑往往采取“土包屋”的形式，即三面群山环绕，凹中有旷，南面敞开，寺庙隐于万树丛中的幽深之处，这样可以藏气避风，十分雅静。敞开的一面是明堂，是进出的场所。

寺观建筑又采取“屋包山”，即寺庙沿山坡覆盖，背枕高峰，拾级而上，气宇轩昂，一片黄澄。

寺观建筑还采取虎踞龙蟠之势，背倚大山，两翼侧岭远远回抱如襟带，又像伸开屈抱太极的双手。

寺观最基本的建筑原则是因其自然，相得益彰。不可擅动土方，不可乱砍林木，以免伤害了地脉，跑了生气。

苏州的虎丘山园林善于综合处置地貌，在两丘间的上山香道上点缀着几处小景，以提高人们的游兴。以千人石广场为中心，作为风景集中区域。在西面山上修建了亭台楼阁，作为用以远眺的观赏区。东山和后山幽静隐秘，别成天地。虎丘山上建有虎丘塔，被整个风景区簇拥，十

分突出。

四川灌县二王庙建在山势陡急的玉垒山麓，前而紧贴都江古堰。修庙时，为了让出空间和增加气势，特将山门退至山坡上，又在路上修了小巧美观的牌楼门，用以烘托山门。

山西五台山的佛光寺坐落在山坡上，两侧有峡谷，谷对面又是高山，这种地势，风水先生称为“二龙戏珠”，因为佛光寺被两条形似蛟龙的峡谷环绕着。佛教也受到风水观念的影响，南北朝时，他们的寺庙往往修在城镇之中，如南朝自梁时大兴佛寺，楼台殿宇鳞次相望，杜牧有诗感叹云：“南朝四百八十寺，多少楼台烟雨中。”后来为了追求风水，佛寺也上山了。在四川峨眉山修了万年寺，在云南鸡足山修了迦叶殿，在湖北玉泉山修了玉泉寺，在安徽九华山修了化城寺，在浙江天台山修了国清寺，在普陀山修了观音院。

没有哪一座名山没有寺观。安徽的黄山、天柱山；浙江的雁荡山；江西的庐山、龙虎山；广东的罗浮山；云南的西山；北京的香山天津的盘山；河北的苍岩山；辽宁的千山；江苏的栖霞山、花果山等等。

山林佛寺并没有改变建筑的纵轴为主，左右对称的基本结构，这个结构是为保证和造就严肃心理必需的。寺在山林，自然要求建筑与山林环境的协调，山中佛寺，以整个山作为一个整体来考虑各寺的位置，这里佛寺的建筑与汉文化的山林理论和风水理论结合起来，山中各寺的位置，与山的形态气脉完美结合，显出整个山的精神。

一寺之址，按风水的最佳四灵兽（青龙、白虎、朱雀、玄武）模式使之“环若列屏，林泉清碧”，“宅幽而势阻，地廊而形藏”，如浙江的保国寺和天童寺。普陀山法雨寺，寺门在寺东，但依风水理论，是“生气东旺”，按山水特点，是凭栏东望，可见“海天万里”，于是改在东面，并建高阁三间，以使入寺路口与整座寺庙和谐。

九华山拜经台寺四面环山，背倚天台峰，左是鹰峰，右为金龟峰，前对观音峰，只有观音峰与金龟峰之间有一条狭长谷口，限于地势，该寺无法正对谷口，于是寺门偏斜，朝向气口。寺内的建筑部件也因与汉文化的观念相结合而有了改变。天童寺前有两池叫“天池”，进寺之路两绕两池之中，呈斗形，池为天池，斗当然是北斗，于是在二池之间的路上建七塔，“两池象斗，七塔乃七星之象”。

几乎每一佛寺志中都有关于其寺后倚之山的“风水式”的详尽描写。这种有关龙脉的记载，表明风水的一种无形的影响，“后山系寺之来脉，堪舆家俱言不宜建盖，常住特买东房基地，其寺后岭路亦不得仍前往来，踏损龙脉”。“凡本寺前后左右山场，不但不可侵渔，且风水彼关，竹木务悠久培荫、新石取泥，俱所当慎。”

山有来脉，水有来源，犹人身之有经络，树木之有根本也，水以地载，山以水分，考山犹当考水，知水之所由，后能知山之发脉也。

佛寺选址的总原则亦是“四灵兽”式模式，“环若列屏，林泉青碧”、“宅幽而势阻，地廊而形藏”。这种追求固然与佛教所追求的静修教义及佛教徒的生存需要有关，也离不开风水潜移默化的观念上的影响。

尽管佛寺标榜“净法界身，本无去来，大悲愿力，故现生死，去来不落于常情”，但佛教圣徒们却仍然为自己的寂灭之场大费心力，也说明了风水对佛教的强烈冲击与渗透。而且僧人善风水者也不乏其人，可知佛教与风水合流。

风水对佛寺布局的作用从两个层面上展开：

一、寺院的世俗性部分：“安灶与俗家作灶同，监斋司不可朝内逆供，须奉祖为吉，如逆供主有口舌，出人忤逆……。”

二、神性部分尽管佛教持其无上的神性往往不屑于风水，风水却固执地干预其寺院布置“寺院又为护法山，或有竹木高墙尤为得宜，一切寺观庵宇以大殿为主，大殿要高，前后左右要低，如后殿高于大殿者，为之欺主……殿内法象以佛相为主，故佛相宜大，护法菩萨相宜小，若佛相小亦为欺主。”

安徽九华山万年禅寺基址偏右处突出一浑圆岩石，当地人称为“龙头石”，形家谓之为地脉的源头，故予以保留，并将神圣的佛龛建于石上，随之殿堂内部以此石为中轴线，为保证室内空间的对称，在左边以板壁隔出一间作为客堂。

一些寺庙还受风水“水口”观念影响，同样设置类似于村落水口的

“水口寺”、“水口庵”等，对水口处地形要求亦与乡村的水口要求类似。同样要有两山把守、碧流环绕等等。

佛寺不仅在布局上、选址上听风水指导，就连营建的时间也时常经风水术士推算。

“风水”是强有力的，在广大的东南地区，它以乡村为中心，漫延渗透进传统建筑的各个方面，就连不食人间烟火的宗教圣地，也免不了风水的熏陶。不仅导致了东南地区乡村村落外部环境的同构、内部空间布局的相似，也使传统建筑的各种类型都呈现出同构倾向。

风水促进了建筑、人与自然的融合。

风水赋予建筑隐喻、象征。

风水给建筑带来美妙传说。

风水更让人生出无限的希望。

佛教是一种外来宗教。它主张在生之人行善积德，修心养性，死后可升入天堂。希望潜心修炼，脱离尘世，以达到涅槃境界。总之，佛教追求一种超凡脱俗的理想境界。所以，佛教寺院多建在远离尘世的僻静山林之中。高大的山峰往往成为人间与天堂的交接地带所以多数寺院是建立在山峰或山峦之中的。

风水追求一种美好的生活环境，要求人与周围的环境能彼此协调，使人获得最佳的生理和心理状态，从而达到家代昌盛的目的。风水所追求的理想环境与佛教的天界，在理性的成分上有某种相同之处。风水的目标往往可以通过人的选择和努力来达到。因此，佛教建筑所受风水思想的影响痕迹，就很容易辨别。

佛寺的选址与风水的关系：

一、偏重“发脉”的佛寺选址

名山之地从风水上讲常有好的来脉，所以对名山佛寺的叙述，也往往要从其“发脉”讲起。

浙江慈溪的保国寺所在的古灵山，据称是个难得的“结脉处”“推其发脉之祖，乃从四明大兰而下，至陆家埠过江百余里凸而为石柱山，为慈邑之祖山，转南折东崔嵬而特立者，贸山之顶也，顶之下复起三台，若隐若伏，越数百丈为寺基。又名八面山，堪舆家谓是山乃西来之结脉处。”

兴福寺所在的虞山，也是个“灵气所钟”之地。虞山“为海隅之镇发脉，自北而西迤逦南迈，其首则邑治在焉”，其中支最为深秀，以山形磅礴，环抱灵气所钟也。

二、注重形局的佛寺选址

佛寺选址在满足佛教本身所要求的幽静和远离尘世的条件的基础上，同样注重建筑的风水环境。天台山大智寺的选址就是如此。庐山东林寺的形局，也颇具风水的特色。

有“海天佛国”之称的普陀山的普济寺，三面环山，东面平坦通海，颇有吞吐东海之气，吸收朝阳之光的态势，从风水的形局上讲，无可挑剔。

位于今绍兴的兰亭，它的原址在兰浩山下，东、西、北三面皆青山环抱，南面有兰溪汀流过，中间空地较为宽敞，是一个典型的坐北朝南具有围合状结构的风水空间。

普陀山的吉祥庵就是采用风水“卜居”的方法选定基址的“明万历五年，明潭以内臣出家，卜筑居焉”。普陀山法华洞庵选基的方法也是“卜居”而成“北京正音和尚来，欲卜居此山，……此后为正音之子孙世守焉”。许多民间庵院也是依风水法则选址的。

另一种特殊的佛教建筑就是舍利塔，如天童山的天童寺舍利塔的修建，就是按照风水的选址方法进行的“维持天童，十有二年，向爱此山……侮欲择地藏骨，以了夙愿，曾卜塔基于玲珑岩下……越二年，有诡山僧者云，善青乌术，来游天童，寄公闻之，喜，请再择地寻穴，至青龙岗，指为吉地，寄公亦以为可”。

以上事实表明，佛教建筑的选址在很大程度上受了风水思想的影响。

佛寺布局与风水的关系，风水既然能在佛寺的选址过程中发挥作用，它也同样能在佛寺的空间布局上产生影响。

跟传统民居一样，佛寺也讲究获得“生气”，或将大门直接对准生气方，或通过“斜门”的形势对准“气”。如安徽九华山的拜经台寺，四面为峰峦拥抱，后为天后峰，左为鹰峰，右为金龟峰，前为观音峰，整个地势封闭，导致正门视景受阻。为改变这一状况，遂将大门改斜，正对观音峰和金龟峰之间的一个谷口，从而使视景大为广阔，也获得了心理上的满足感。九华山背后广安禅院大雄宝殿大门的改向，也有着类似的缘由。“福地福人居”，缺德无福之人当然无法获得吉地、吉宅。

清代高僧彻莹和尚于康熙年间出版的传世名著《地理直指原真》，其中有《论寺观庵堂》讲佛寺道观庵堂的建门立向：

阳宅俱要合坐山为主，以论生克，配房之进数与坐山相合。或中宫去生山，或坐山来生中宫，乃为上吉。寺院又为护法山，或有竹木、高墙，尤为得宜。一切寺观庵宇，以大殿为主口大殿要高，前后左右要低。如后殿高于大殿者，为之欺主，后代出人忤逆不和。殿内法象以佛相为主，故佛相宜大。护法菩萨相宜小，若佛相小，亦为欺主，致人口不和。如佛大菩萨小，方为合式，大利。不可一宅立两向，如前后各向，亦主人口不睦。安灶与俗家作灶同，监斋司不可朝内逆供，须奉祖为吉。山门切忌左开，若右转入中，则百事通达。学校属阳，庞以重左，寺观属阴，门喜右转。

浙江天台山万年寺，七百里来龙，三十里逆流，九龙交会，大气止蓄，为两间杰构。

寺系子山午向兼壬丙二度，乾方落脉转坎起泡，成大结构。象鼻山列于前作案山，出入干道，由坤转离，俯仰行近百级。寺之坐后子癸峰异常丰满，象鼻山近在咫尺，为作屏蔽。庚未丁上皆起峰，庚中丁来水朝，转向乙辰巽方消出，寺左石脉奇特，不数丈结成一岩洞，相传明幽溪大师于此岩洞精修定功。幽溪玄通疏杰作成于此。故此岩洞以玄通著称于世。

天台妙峰庵，昔年以迭产人才著称于时。天台山华顶峰是天台山的最高处，众山环拱，如片片莲瓣，华顶正当花心。天台山最高地为华顶山，宛如千叶莲花蕊。自天台城北平原逐渐上行，斜行至最高地，达五十华里。其直垂线当超出地平线二十里以上，登高环望，见周围密层层重峦环拱，如是形胜，世所罕见。

华顶峰为天台山全境中之千叶莲花蕊，华顶寺为华顶山集合全部精华之最大道场。在智者大师拜经台下。坐后山峰作低眉菩萨状，寺址为一片平衍之场地。前有止水界气，形势颇佳。寺坐艮向坤兼丑未二度。东林寺选择的位势很好，“正对香炉峰，峰分一支东行自北而西，环合四抱，有如城廓，东林在其中，相地者谓之倒挂龙格”。正是庐山这种幽雅清静吸引了原本只是路过歇宿的慧远，“见庐山闲旷，可以息心”，就在西林寺筑龙泉精舍，后迁东林寺在长达三十六年间“迹不入俗，影不出山”。

南中梵刹之胜在苍山、洱水，苍、洱之胜在崇圣一寺。雪峦万仞，镂银洒翠峙于后；碧波千顷，蓄黛渟膏潴于前。层台飞阁，组殿朱楼，接甍连幢，交辉萃影，与晴岚暮霭掩映于梧竹松杉间，令人一望，倏然有遗世绝尘之意。

五台山的风水形胜：

东震旦国清凉山者，乃曼殊大士之化宇也，亦名五台山。雄居雁代，盘礴数州，在四关之中，周百余里。左邻恒岳，秀出千峰，右瞰滹沱，长流一带。北陵紫塞，遏万里之烟尘，南拥中原，为大国之屏蔽。山之形势，难以尽言。五峰中立，千嶂环开，曲屈窈窕，锁千道之长溪，迭翠回岚，幕百重之峻岭。巍巍敦厚，他山莫比，故有大状焉！

嵩山少林寺雄峻的中岳嵩山东西蜿蜒，东脉太室山如苍龙醉卧，西脉少室山群峰险峻，穿云插空，丛林茂密，峰峦环抱层叠，仿若一朵向天而开的九顶莲花。少室山北麓五乳峰下，金碧辉煌的少林寺，有如一只蟾蜍盘踞莲瓣之上。站在山门前的小平坝上举目四望，但见南面少室山像端立的翠屏，背后的五乳峰势若飞凤。

当年天竺高僧从西域跋涉东来，看到幽邃的嵩山很像一朵莲花，便有意在“花”中建寺。因此选择嵩岳林谷，并带有莲花宝座的佳境建寺院，成了嵩山少林寺的独特风韵。

北京潭柘寺，位于北京西部潭柘山麓。潭柘山“古有龙潭、柘林，因得名焉。”“在京都正西七十里”，今门头沟区东南部。“山本来自太行，冈连西山”，属太行山余脉，宝珠峰南麓，此山“险峻叠岫，巉干云霄，艳抱回环，重岭复，特称幽奥，名迹最久”。“潭柘山怀有古刹。俗呼潭柘寺，随山而名之。”

潭柘寺背依宝珠峰，此山“层石耸立，九峰环抱”，有如一颗宝珠，吸引身旁九龙追逐戏耍。九峰从东往西依次为回龙峰、虎踞峰、捧日峰、紫翠峰、集云峰、璎珞峰、架月峰、象王峰和莲花峰，形成一个马蹄形屏障，挡住来自西北方的风沙寒流。可谓一山当心，九峰环峙，与古寺辉映，妙趣天成。

九华山化城寺南对芙蓉峰，东为东崖，西临神光岭，北倚白云山，四山环绕如城。以此寺为中心，周围星罗棋布数十个寺庵，计有九莲庵、通慧庵、旃檀禅林、天然棋庵、菩萨阁、天池庵、宝积庵、长生庵、龙庵、永庆庵等，参差错落，香烟缭绕，木鱼梆梆，经声琅琅。

化城寺，在天台峰西南。九华九十九峰，独此处于山顶得平地，有溪有田，四山环绕如城。

化城寺，北倚中峰，而向青龙冈即小天台。四山环绕如城，故名化城。

浙江天台国清寺，群峰围绕，林木参天，山明水秀，风景绝佳，时已入暮，前有双涧，合流南注大溪。

天台山华顶峰是天台山的最高处，众山环拱，如片片莲瓣，华顶正当花心，故名。其中的华顶寺更是独得其佳胜之处。天台山最高地为华顶山，宛如千叶莲花蕊。自天台城北平原逐渐上行，斜行至最高地，达五十华里。登高环望，见周围密层层重峦环拱，如是形胜，世所罕见。

华顶峰为天台山全境中之千叶莲花蕊，华顶寺为华顶山集合全部精华之最大道场。坐后山峰作低眉菩萨状，寺址为一片平衍之场地。前有止水界气，形势颇佳。寺坐艮向坤兼丑未二度。河南风穴寺也是四面围合藏风聚气之地。

寺院藏在山谷之中。入山口后，两山夹道，山侧苍松叠翠，流水潺潺，葱郁静雅，蜿蜒曲径。约走一点五公里后方见寺院，给人以“深山藏古寺”之感。

山环水抱是寺院择址极佳之地。山环是指背后和左右山势重叠环抱的大好自然环境，由于山环，可以使凝聚地中的生气不致被风吹散，达到藏风的效果。水抱是指前方有水抱流，水有池塘、溪涧、湖潭、江河，甚至海洋的不同，但不管是什么水，都是环抱的吉，因为这样才能使生气环聚在内，而没有流失之虞。这样就有聚气的效果。

山环水抱必有气，是古人择址居住的经验。山环水抱是蓄气场，必是环状的。西面需要有山，挡住西面的“刚风”。西北应有山挡住“折风”，北面应有山挡住“大刚风”，东北应有山挡住“凶风”。“山环水抱必有气”的定律，也被名山大寺甚至著名的帝王陵墓所验证。

“山环水抱必有气”，这是在长期对山及水的观察、分析及实践中总结出来的概括性结论。地球表面具有对宇宙射线、波、光等辐射的反射和吸收的物理特性。地球表面的凹凸状态，决定了反射与吸收的比例。山环的状态决定这种比例关系。月亮如同一个巨大的反射和吸收宇宙射线及光线的镜子。月亮的亮处是反射强的凸处，月亮的暗处是吸收强的凹处，“山环”恰似现代物理学中应用的抛物而聚焦天线，山环之处必水草等动植物丰茂，“山环”与宇宙天体之间相对的聚气养生特性。“山环”就是蓄气场、储能器，山里“冬暖夏凉”。

宇宙辐射对物体产生作用大小，不仅取决于辐射的频率（波长）和强度，而且取决于物体本身的性质，水虽然不带电荷，但它却是“极性分子”。极性分子，是具有一个或多个连接不同原子的偶极子，水的电荷分布是不对称的。宇宙辐射造成的振荡电场，可以旋转、扭转、拉长或扭弯等方式引起分子的搅动。这些振荡的分子运动产生分子摩擦，而使宇宙辐射能量转化为热能。这种产热类型称为“容积热”或“共振热”。

对于容积热，容积越大，吸收宇宙辐射能量越大。大荡大江收气厚，涓流点滴不关风。若得乱流如织锦，不分元运也亨通。

中国风水学所说的“气”，包含了宇宙辐射，具有“波粒两重性”。水面越大，聚气越厚。

人是由百分之七十的水构成的。人也吸收宇宙辐射。人与气场有关。

寺院建筑往往采取“土包屋”的形式，三面群山环绕，坳中有旷，南面开敞，寺院隐于万树丛中的幽深之处，这样可以藏风聚气，十分雅静。开敞的一面是明堂，是进出的场所。

北京碧云寺是藏风聚气的风水佳地，碧云寺位于香山，香山是西山的一支余脉，位于北京西北，“西山苍苍，上于云霄，重冈叠翠，来朝皇阙”。碧云寺是西山风景区最为壮丽的古来寺院。碧云寺重峦叠嶂，清泉流水，花木遍布，寺门面对平野，气势雄伟，“恐坏云根嫌地窄，爱看香山放墙低”。“万峰围殿阁，碧色净如云。”

福州崇福寺，又名崇福院，在福州市郊北岭象峰南麓。崇福寺四周冈峦环抱，松柏参天，有清涧一曲绕寺而过，环境清幽。宁波天童寺，沿途莲花石板，树木深幽，水声潺潺。寺在其中，三面倚山，规模宏大。天童寺也始于云游说法僧人的岩石，天童寺位于宁波市东南部太白山下，已有一千六百余年的历史。规模宏大，为禅宗五山第三，太白山主脉山脊“委蜿自复，环抱有情”，围合成一山间盆地，只有西侧有一豁口（水口）与外界相联系。山脊海拔多在四百至五百米之上，堪称形止气蓄之地。寺坐北朝南，依太白峰为玄武。自主峰东西两侧分出数脉，透迤南下，环护两侧侧脉之间水流屈曲有情，汇于盆地（明堂）之中。土厚水丰，植被茂密则更是其他地方所罕见。

天童寺位于宁波市以南的鄞县东太白山麓，此寺历史上颇负有盛名。天童寺素以山林多姿，风光灵秀著称。寺四周群山环抱，寺前有“万松关”，自小白岭到寺前，长达十余里的松林路。路两边古松参天蔽日，又有丛林翠竹，以及泉水涂涂，清幽非凡。这里的环境，千百年如故。

南京栖霞寺山环水抱，为江南古刹。

在都城东北，南去所统灵谷寺，三十里太平门，四十里东城池。

入山繁阴覆路，若别一洞天者。

云南昆明市西北约十公里处的玉案山丛林之中有一建于北宋的筇竹

寺，是中原佛教禅宗传入云南的第一寺。“群峰环拱，林壑濛沓，亦幽绝之境也。”寺前古柏森森，溪涧汩汩，有两株元代所栽的孔雀杉，挺拔屹立，郁郁葱葱。

浙江普陀山法雨寺，寺前松竹幽深，溪声乱鸣；寺后锦屏山，峦石晶莹，林木青碧，加以白葩丹蕊，四时开放，掩映如锦。

四川峨眉山清音阁的选址就是依山傍水的典型。清音阁为两江交汇的中心，峨眉山的主要水系黑龙江与白龙江交汇于阁前。

植物之间，植物与人之间经常存在一种场——生物场。植物有“血型”，植物之间有着一定的亲缘关系（与植物分类学上的科、属、种是一致的）。其远缘与近缘关系，在杂交、嫁接上是不同的。科学测定证明，植物有语言，有情绪，有喜怒哀乐。当折其枝条时，它会释出愤怒的波；奏乐、浇水时，它会出和悦的波。不和睦家庭中的君子兰不爱开花。家中喜庆将要来时，君子兰提前开花“报喜”。

植物有记忆，气有感应，有对环境作出反应的超人能力。植物能预报信息，不仅有些植物能预报自然灾害（地震、旱、水灾），而且有些植物能预报社会灾害。“竹子开花，洪水到家。”植物是有气场的。在特定的地带如村落之下砂水口处、村落背后及龙山等地段，广植树木或修建筑，或挑土增高山的高度或改变山的形状等等。

如福建龙岩县银澍在村背后种植树木；广西四合县在其主要山脉金岗山上修亭并遍植松树；广东高要县将其来脉处的沙岗整治为三峰状。

福建仙游县的天马山之山背部分，根据形家的说法象征贵人乘马而增填。

福建的建瓯则在水口处种植树木，形成大片的水口林。

在平原或没有靠山的地区，通常采用植树的方法弥补村基之不足。周围形局太窄的情况下，不可多种树，否则会助其阴，“惟于背后左右之处有疏旷者，则密植以障其空”。树木的种植可起到挡风聚气的功效，还能维护小环境的生态，使村落小环境在形态上完整，在景观上显得内容丰富和有生机。“凡风水之不足者补之，树木之凋残者培之。”形成“峦林蔽日”、“翠竹千宵”、“茂林修竹”等景观。在水口处广种树

木，形成大片水口林。

风水布局常以种植来补救缺失。种植法，就是在住宅的外围空间种植一些绿色的植物。植树是非常有效的化煞手段，种植吉木，不但可以稳定人的情绪、清净空气、美化环境，还会发出阳气，有利身心健康，而且树的本身具有比人体强大得多的气场，可以调整气场，化解煞气，减少灾劫，效果相当的显著。根据树的生长特性，按易理把树分成阳木和阴木两种。根据树对人的作用和影响，把树分成吉木和凶木，吉木有柳、樱、梅、竹、枣、紫阳花、松、梧桐、慎、肉桂、木犀、柏、桅子、榆、槐等等。虽属吉木，但它们一旦挡在门前，遮住太阳，令宅居不能获得充足的阳光，又长得太高、太密、太多，完全盖住了屋子或树尖直指房间，或盖住屋顶，就变成凶了。梨树、楠木、苏铁、芭蕉、授、橙等等。开白花的树木也属凶木，树的形状古怪，呈剑戟状，又或枯死之树等等，都是凶相。

龙脉是风水之命脉，风水林则是保护龙脉的龙之毛发，也是村落藏风得水的关键。四周林木茂密，则林中不受凶风恶暴。林茂则水源得养，泉水充盈甘例，滋生万物。风水林也是重要的景观，有山有水而无林木，有如人之失却衣饰与毛发。山清水秀，人文才能健康发达。在水口，风水林还有护托生气的风水意义。

将村子四周的山林划定为风水林，形成环村风水林带。树林环抱对住宅兴旺帮助极大，青松郁郁竹苍苍，绿树阴浓把屋藏。朝对明堂无蔽塞，富贵尤能永远昌。四边竹木甚宜栽，四季青青福自来，屋宅遮漫看不见，长春富贵好安排。

门前树木，一高二三丈即有杀，树根入屋，蛇引之而至，树心空而主腹病，树枝烂而主手足疮。石榴树，高不过丈许，八宅关杀方遇之，未有不呕血者也，岂特大树之为祸而已，桃李梅杏亦凶。门前若有数竿竹，必主两两相对哭，当门大树不为良，百事从兹不聚财，便主老妻心腹疾，也主无事被人牵。乔枯怪树关杀方，人命官司更夭亡。若有大树在门前，露出根者，不问神杀，定主疯痨气蛊，寡母残病。白虎头上白果树，主出孤老乞丐人，白虎腰上白果树，主出寡妇少儿啼，五黄有大

树，主出瞎子。树在坤方兑上，有人跌死。藤缠树牵连，官事至扳扯，相争遭缧绁，奸盗绞缢是。树木之高大者，能招远水，并能收气挡风。在生、旺方主吉，在衰、死方主凶。

宅外种树，招聚阳气。宜宅后、两旁栽植环绕，宅前关方不宜蔽塞。

一、聚气：可栽种树木来缩小住宅范围，使地局有团聚之象。

二、蔽风：植防风林以遮风。

三、遮形：用绿色的叶子来遮掉“形煞”。

四、通气兼遮形：栽竹子或间隔距离较稀疏一点的植物，把凶形遮去而又使生气能通过。种植风水林以藏风聚气，形成绝佳的风水气场，最适合人居，佛教的千年寺院殿堂屡见不鲜。

第二节　文化名寺——五台山

五台山位于山西省忻州市五台县境内，位列中国佛教四大名山之首。五台山位于山西省东北部，隶属忻州市五台县，西南距省会太原市 230 公里，与浙江普陀山、安徽九华山、四川峨眉山共称“中国佛教四大名山”。五台山与尼泊尔蓝毗尼花园、印度鹿野苑、菩提伽耶、拘尸那迦并称为世界五大佛教圣地。《名山志》记载：“五台山五峰耸立，高出云表，山顶无林木，有如垒土之台，故曰五台。”

五台山所在的山西处于黄土高原，地旱树稀，视野里整整一个是土黄色的世界，可以称为金色世界。五台山属太行山系的北端，跨忻州市五台县、繁峙县、代县、原平市、定襄县，周五百余里。

五台山古名清凉寺，其名称由来，《华严经疏》记载：“清凉山即代州雁门郡五台山也。岁积坚冰，夏仍飞雪，曾无炎暑，故曰清凉，五峰耸出，顶无林木，有如垒土之台，故曰五台。”

五台山位于山西省五台县东北，因其方圆五百里内有五座山峰广平如台而得名，山南山北各有溪流分别注入清水河和滹沱河。由于五座峰顶所处方位不同，分别称为东台、西台、北台、中台、南台，其中东、西、北、中四台，位于同一道山脉，新月状排列，只有南台独居一方，与其他四台遥遥相望。五峰分别为东台望海峰、西台挂月峰、南台锦绣峰、北台叶斗峰、中台翠岩峰。五峰形状前人喻为东台如立象、南台如卧马、西台如孔雀舞、北台如共命鸟、中台如雄狮。五台中以北台最高.素有“华北屋脊”之称。五峰之外称台外，五峰之内称台内，五台环抱台怀镇，以镇为中心。

五台山

很多与五台山有关的古籍和志史中都有记载，五台山原来是修炼道教的人居住之地。

如《仙经》云：“五台山，名为紫府，常有紫气，仙人居之。”

《六贴》云：“银宫金阙，紫府青都，皆是神仙所居。”

《大唐神州感通录》云：“代州东南，有五台山者，古称神仙之宅也。山方五百里，势极崇峻。上有五台，其顶不生草木。松柏茂林，森于谷底。其山极寒，南号清凉山，山下有清凉府。经中明说，文殊将五百仙人住清凉雪山，即斯地也。所以，古来求道之士，多游此山。灵踪遗窟，奄然在目，不徒设也。”

《括地志》云：“其山层盘秀峙，曲径萦纡，灵岳神溪，非薄俗可栖。止者，悉是栖禅之士，思玄之流。”等等。

直至西晋末年，五台山仍被人们看成仙都。如唐释慧祥《古清凉传》卷上云：“晋永嘉三年，雁门郡葰人县百余家避乱入此山，见山人为之步驱而不返，遂宁居岩野。往还之士时有望其居者，至诣寻访，莫知所在，故人以是山为仙者之都矣。”

作为清凉圣地、紫府名山的五台山，异花芬馥，幽石莹洁，苍岩碧洞，瑞气萦绕，时令高人远访，贵族亲临，并且流传着不少与道教有关的传说。

据明代释镇澄著《清凉山志》卷四载《五髻仙人传》记载：“汉明以前，声教未至，台山圣境，闻者尚希，况造者乎！当是时，五百里内，林木茂密，虎豹纵横，五峰无路，人迹罕通。其川原之处，皆黄冠所居。每望五峰之间，祥光焕发，神灯夜流，皆以为神人之都。自古相传，有仙人者，发结五髻，衣挂三铢。或独一无侣，或群儿相逐，游行五顶间，望之俨然，近之则失。或出或入，人莫追寻。或云周时即在此山，或云莫穷其始。后来人迹渐繁，其出渐少。当时黄冠，目为素衣仙。及腾兰开山后，遂不复现。《三晋异记》云：‘无恤登常山，西瞻紫云之瑞，疑雁代间有王气。因猎于五台之阿，倏而云淡若水，见神人焉。衣素，容若金，俨若熙若。占之，蔬祭吉，遂罢猎而返。’后《宝藏经》至，乃知五髻童子，文殊化身也。”

又《清凉山志》卷二载，元魏永安二年，恒州刺史延庆因狩猎至东台之东北，仆夫四人追逐一只白鹿时，偶然看见一大宅高门，白鹿即窜进大门里。有一长者，须发皓然，柱杖而立，说白鹿是我家所有，你们为何随意乱追逐它。仆夫们说我们追不到鹿，又饥又困可怎么办。老翁于是指点他们去东边的枣林，那时枣子刚熟。仆夫四人在枣林里吃饱后，用行囊装了一包枣子给延庆吃。延庆觉此事颇奇怪，于是又循原路寻找，却再也找不到了。卷七载，唐朝孝子李思逊，山东人，他曾背负八十岁的老母亲游五台山。第二年，他母亲去世了，李思逊因非常思念自己的母亲，为报母恩一步一礼至五台山北台麓结庵修道。不久，有异人授灵药。他服食灵药后，辞别好友僧人道一，羽化而去。后人称其居室为仙人庵。又载唐景龙年间，代州人谢平，在五台山东台麓遇见一老叟，招他进入深谷之中。只见川原清畅，花木秀茂，茆茨石室，诸仙所居。谢平采薇而食，其味冲澹，了无茹退，血气优柔，不思嗜欲。谢平住了一段时间，开始想念亲人，于是采薇装了一包回家给母亲吃。当时他母亲快病死了，吃了之后不久病就好了。谢平在家住了三个月又回到仙人所居之处，人们从此再也没有见过他等等。

五台山仍存留着一些与道教传说有关的遗迹，这些遗迹让古往今来的游客们留下了不少感怀诗文。如大白塔南 1 公里处，有座高约百余米的梵仙山，山顶上坐落着一座现主要供奉胡仙的大仙庙。梵仙山上青松成林，鲜花烂漫，据《清凉山志》载，昔有五百仙人，在此饵菊成道。觉玄有诗怀之曰："山头紫气日长浮，上有仙人汗漫游。饵菊换教风骨异，白云影里去悠悠。"五台中的南台，亦名仙花山，唐代禅师普明曾于南台之北凿龛修行，著有诗《南台歌》曰："南台之麓，仙人之居。春云霭霭，暮雨霏霏。卧于石罅，而坐神龟，杳然飞去，仙花披靡。"

镇澄诗曰："西望龙泉锦绣开，紫云郁郁锁仙台。就中一片清凉地，劫火曾经几度来。"

觉玄咏北台仙人庵诗曰："何年仙子此修行，服日餐霞道气清。袖拂天风骑鹤去，至今传说有庵名。"等等。

九华山、普陀山、峨眉山、五台山中多姿多彩的道教文化现象，为这四座以佛教文化为主要内容的佛教名山增添了许多古雅的文化气息，也为宗教学、方志学、文学、史学等多方面的学术研究提供了很好的素材，对促进佛教四大名山旅游事业的发展也有很多的好处。

五台山的风水形胜：

东台顶如鳌鱼脊，耸立于台怀镇东北 10 公里处，海拔 2795 米。台顶面积最小，仅 7 万平方米。台上曾建有望海楼，据传登楼能远眺东海日出，故名。今楼已毁，但登此台晨观日出，眺望群山秀色，欣赏云海变幻，依然壮丽非凡。幸运时，还可看到难得一见的佛光。据史载，隋文帝曾下诏在五台各建一座寺庙，供奉名目不同的文殊菩萨。东台顶原建有一座望海寺，内供文殊像。现仅存北宋徽宗宣和年间（公元 1119 年～公元 1125 年）建的笠子塔。

西台，距台怀镇 23 公里，海拔 2273 米，面积约 28 万平方米。台地的周围群山拱围，岩谷幽深，峰定旧建法雷寺供奉狮子文殊像。每逢皓月当空，只见银光泻地，层峰朦胧，万籁俱寂，俨若悬镜，故取名为挂月峰。在台顶东北方，还能看见一泓水池，相传文殊曾在此洗过衣钵，所以又称文殊洗钵池。

南台，距台怀镇南面 25 公里，海拔 2485 米，台顶面积约 14 万平方米。山峰耸峭，烟光凝翠，繁花似锦，千峦拱秀，五彩缤纷，因此取名锦绣峰。顶上建有普济寺，内供智慧文殊佛像。农历四月，北面四台还是冰天雪地，而南台山腰却是百花怒放。

北台，约距台怀镇 25 公里，为五台之最高峰，海拔 3058 米，台顶面积 37 万平方米，顶天立地，与北斗七星的斗柄相接，所以叫做叶斗峰。此台特点是台高、风猛、雷激。台顶建有灵应寺，内供无垢文殊菩萨像。《清凉山志》载："在其下仰观，巅摩斗杓……风云雷雨，出自半麓。有时下方骤雨，其上羲晴……时或猛风怒雷，令人惊怖。常有大风，吹人堕涧，若槁叶耳。"

中台，距台怀镇十公里，像手臂一样连接着西、北两台，台顶面积约 15 万平方米。与四台相比，中台的主要特点是大。在台顶有一巨石，立如奔马，卧似喘牛，长有斑斑苔藓，在阳光照射下，丹碧生辉，故取名为翠岩峰。峰的西北面有太华池，北有甘露泉，东南有玉龙池，池旁还有三株泉，是南北五溪流水的发源地。台顶有演教寺，内供文殊佛像。还有明朝建的祈光塔，四角各有小塔，象征东、西、南、北、中五台。五台山的佛寺多为历代帝王所敕建，继东汉之后到北魏，围绕灵鹫山兴建了十二座佛寺，如著名的真容院、碧山寺、清凉寺、佛光寺等，差不多都是在这时期陆续兴建的。北齐皇帝也笃信佛教，短短二十多年，就扩建大小寺院二百余座，且"割八州租税以充香火之需"，其规模之大可想而知。唐玄宗开元年间（公元 713 年～公元 741 年），文殊信仰以此为中心，使佛教臻于极盛，大寺林立，规模宏伟。至唐代宗广德年间

（公元 763 年～公元 764 年），五台山的寺院已多达 360 余座，僧尼 3000 多人，规模盛况空前。

五台山邻近内蒙古、青海，从元朝起，在朝廷的支持下，藏传喇嘛教已在山上兴起，藏族的胆巴帝师，被元世祖忽必烈封为“金刚上师”，命他住在五台山寿空寺。这是五台山有喇嘛教肇始，也是五台山佛教史上的一件大事。明成祖永乐四年（公元 1406 年），被封为大宝法王的西藏名僧哈利麻进入五台山。永乐十二年（公元 1414 年），明成祖又请黄教祖师宗喀巴的大弟子蒋全曲尔计来北京，第二年蒋赴五台山圆照寺弘扬黄教佛法。清顺治十二年（公元 1655 年）清廷派喇嘛驻五台山，喇嘛迅速发展增多。清朝康熙、雍正、乾隆、嘉庆四代皇帝，先后十几次到五台山朝圣拜佛，更使五台山显赫海内外。据载，晚清时五台山有寺院一百多所，寺僧万余人。

五台山的心脏地区是台怀镇，即五台环抱之地。显通寺位于台怀镇中心地，是五台山历史最古、规模最大的寺院。清乾隆御制诗注：“是寺创自汉明帝，盖佛法始入中国时，震旦祇园，此为最古。”和洛阳的白马寺同为中国最早的寺院，也是中国佛教的发源地之一。显通寺始建于汉明帝永平年间，原名“大孚灵鹫寺”。“大孚”即“弘信”之义。北魏孝文帝时期扩建，因寺侧有花园，赐名花园寺。唐朝武则天以新译《华严经》中记载有五台山，乃更名为“大华严寺”。明太祖重修，又赐额“大显通寺”。

显通寺周围山峦起伏，寺内殿阁巍峨，兼有苍松翠柏参插其间，佛教气息浓郁。在全寺中轴在线，寺前铜塔耸立，七重殿宇分为观音殿、文殊殿、大佛殿、无量殿、千钵殿、铜殿和藏经殿，各具特色，无一雷同，辉煌壮丽。尤其突出的是青铜铸造的铜殿，是明神宗万历三十七年（公元 1609 年）妙峰和尚集全国 13 省市布施，先后铸成三座铜殿，一座置峨眉山，一座置南京宝华山，一座置五台山。三座铜殿均在湖北省荆州浇铸，运至现场组装，如今仅存五台山这一座了。铜殿方形，外观重檐两层，高五米，四周隔扇上棂花图案和壶门花鸟装饰，形象生动，工艺绝佳。内壁四面铸满小佛万尊，中央台上端坐一尊大佛，故称“万佛如来”，殿前原有同期铸造铜塔五座，按东、西、南、北、中方位布置，象征五座台顶，可惜在抗日战争期间，被日本人盗走了三座，现仅存东、西两座。塔有13层，高8米，塔身满铸佛像图案，底座正方形，四面各铸一尊力士，手托、肩扛或头顶塔身。两塔下西南角有大如拇指的小铜庙，内坐小指大的土地像。

铜殿两旁各有一座洁白小巧的重檐砖殿。寺院门前，有一钟楼气势宏伟，内悬万斤幽冥铜钟，系明代所铸。钟体长近3米，最大外径近2米，厚10公分，外壁铸有1万多字的楷书佛经1部。这是五台山众寺中最大的一口钟。

从钟楼下来，顺石道西行，就到了显通寺第二道门，门额上挂着“大显通寺”镏金匾。门口两边各立一石碑，各碑均高5.5尺，宽2.7尺，左边的碑身上大草“龙”字，右边的碑身上大草“虎”字，字体挥洒自如，摹龙虎形象，为唐代光宅年间（公元684年）雷雨居士所书，字迹清晰，保存完好，是五台山珍贵文物。在五台山凡具有一定规模的寺院，一般都建天王殿，内供四大天王，四大天王的职责是寺院的保护神，天王殿一般都是建在寺院的前面。但由于显通寺和塔院寺在唐代原是一个“大华严寺”，明成祖永乐五年（公元1407年）才分成两个寺院，按寺院布局，显通寺的山门和天王殿应建在今观音殿前，因传说只要观音殿改成山门，就会发生火灾，故山门才建在现在的这个地方。但这个地方狭窄，既不能造山门，也无法建天王殿，唯有改用“龙虎把门”，代替四大天王保护寺院。

进入寺内，首先看到的是最南端的观音殿，又称为南殿。在殿内供奉着观音、文殊及普贤三尊菩萨，所以又叫三大士殿。东西两侧是摆满了经书的经架，所以又称为南藏经殿。以前，水陆法会等规模较大的活动都在这里举行，所以又称为水陆殿。这个殿一共有五个名字。

第二进大殿是大文殊殿。五台山是文殊菩萨传道授法的地方，所以五台山的寺院都以供奉文殊菩萨为主，也都建有专供文殊菩萨的文殊殿。在这殿里，供有大小七尊的文殊菩萨，正中是大智文殊，前面三尊，左右两尊的五方文殊，后方又有一尊手拿甘露瓶的甘露文殊。

大雄宝殿是大显通寺的主殿，又称大佛殿。此殿是五台山罕见的大殿，占地二百多坪，面宽七开间，重檐青瓦庑殿顶，殿前有重檐卷硼拜庭，结构复杂。拜庭外檐柱间与枋额之下，装饰着华丽的天弯罩牙嵌雕。殿额高悬，上有康熙御笔“真如权应”。

殿内有主佛三尊，两侧是十八罗汉，后有三尊菩萨，都是明、清时代的雕塑。殿内空间宽敞，香烟缭绕。

中轴的第四进是有名的无量殿，又名七处九会殿，因释迦牟尼成沸后，前后在七个地方讲了九次经，才把《华严经》讲完，所以取七处九会之名。无量殿宽七间，深四间，纯是砖造。从外立面看，是两层楼的楼房，重檐歇山顶，檐下有砖雕斗拱，无檐柱，每层正背面都有七个拱形的阁洞。

殿内有三间砖窟，中间较大，内供铜铸释迦牟尼佛的报身像叫作卢舍那佛，连须弥座总高六米，佛像栩栩如生。左右两窟较小，各有五处墙洞，深六十公分，高一点八米，据说是僧人坐功的地方。在殿内的两侧各有夹墙及砖砌楼梯，走上去是一圈围廊，可俯瞰殿内。殿顶用方木垒砌而成，不用梁枋和支柱，所以又叫无梁殿。上部藻井，镂刻富丽。

自明代以来，这座无量殿已有四百多年的历史了，经过岁月的考验，仍然屹立不移，仅在 1956 年作了整修而已。

塔院寺在显通寺南侧，与显通寺、菩萨顶、殊像寺、罗喉寺合称五台山五大禅处。原是显通寺的一部分，元成宗大德六年（公元 1302 年），由尼泊尔匠师阿尼哥设计，至明朝永乐五年（公元 1407 年）独立成寺，与显通寺分开，院内修建白塔一座，取名为塔院寺。寺院景致，居五台山之冠。

进入台怀镇，首先映入眼帘的就是高大的塔院寺白塔，位居台怀镇的中心，非常引人注目，常被人们看作是五台山的标志。白塔为明代建筑，高 75.3 米，状如藻瓶。塔顶的铜盘边缘悬挂 252 个风铃，常在日落与晨光中与飞鸟相鸣。

大白塔基座呈八角形，南面（俗称正面）正对“大慈延寿宝殿”的后墙，有三个很浅的石洞，中间石洞上刻着释迦牟尼的足迹图。脚印“长一尺六寸，广六寸”，足心有千轮相和宝瓶鱼剑图，足趾上各刻“卍”字。据碑文解释，释迦去世前将脚形印在足上，对弟子阿难说：“我最后留此足迹以示众生，谁见足迹，瞻礼供奉，就能免罪消灾。”唐僧玄奘到西域取经，同时把佛足迹拓印，带了回来。唐太宗敕文刻石上供奉于宗庙。到了明代，塔院寺修建大白塔，有云游僧人前来献佛足图，刻碑于此。北面（俗称后面）正对大藏经阁，也有一石洞，洞内供奉护法神韦驮。大白塔的下层俗称塔殿，内有文殊、观世音、普贤、地藏四菩萨和一尊释迦佛像，还有瓷质济公和尚和木雕刘海戏金蟾。其中的济公和尚和刘海戏金蟾，色调鲜艳，手工细腻，小巧玲珑．是精细的工艺美术珍品。

寺内主要建筑排列为：大慈延寿宝殿在前，藏经阁在后，大白塔居中，周设廊屋，布局完整。整个寺院殿阁巍峨，金碧辉煌，苍松翠柏，气象庄严。

绕过厚厚的照壁，是塔院寺的前门，建于明万历年间的三门木牌坊，前面刻着“清凉圣境”四字，后面有“祖桓经舍”的四字阴刻。沿着两旁高大杨树的石板步道直走，正对着高高在上的仪门和高耸的白塔。穿过仪门，就来到塔院寺的山门天王殿。四周高厚的红墙，明式斗拱上是青瓦歇山顶，中间石阶上去是拱门，殿内迎面是观音菩萨，两侧是四尊高大的四大天王。

第一进是大慈延寿宝殿，是为祝贺明万历皇帝的母亲慈圣皇太后李氏万寿无疆而命名的，这也就是塔院寺的大雄宝殿，这座大雄宝殿内，供养着一佛二菩萨，中间的是大释迦牟尼佛，左边是文殊菩萨，右边是普贤菩萨，与一般大雄宝殿供奉三尊佛的布局不同，殿内高悬着康熙、乾隆及嘉庆三位皇帝亲笔的御书匾额。

大白塔北侧的藏经阁，为一座面阔五间的二层木构建筑。藏经阁内有一木制经架，高约 10 米，33 层，呈六角形，上面设有许多放置经书的小格，最底层下则有转盘，以人力推动，能来回运转，喻示法轮常转。

菩萨顶位于显通寺北侧的鹫峰上。从下往上仰望层层台阶，犹如天梯，直达菩萨顶上的梵宇琳宫。相传文殊菩萨就居住在山顶上，敏名叫菩萨顶，亦称文殊寺．或称真容院。

清康熙年间《清凉山新志》卷十《重修五台山真容院记》载：

五台山灵鹫峰真容院者，即唐之大文殊寺，亦称菩萨顶，踞五峰之怀，自中台发脉，逶迤而来，蜿蜒盘亘，至此则拔地而起，岌然巍然，如西番之莲花瓣，附丽天成，与西、北二台相接，峨谷之水出焉。近岭献奇，远峰争媚，黛螺攒峙，翠霭浮空。登斯岭者，虎阳矗其前，叶斗耸其后，清流带其左，丹壑襟其右，崇冈复巘，络绎环抱。而兹院如法王据座，体貌尊严，下瞰群峦，成在指顾，洵为震旦之奥区，清凉之胜境。峰名肇始于汉明帝永平年中，摩腾、竺法兰西来，见此山乃曼殊师利显化窟宅，供奉如来舍利，以山形宛若王舍之耆阇崛，译曰灵鹫，如鹫鸟之展翼，故名为灵鹫峰，敕建大孚灵鹫寺。今显通寺乃其故址。嗣后历代崇祀不辍。迨唐有法云大士创建斯院，拟塑圣像塑王安生请图圣仪云曰：大圣德相，我何能言！相与跽请，至十七日忽涌祥光，中现大士真容，遂模范塑成，此真容院所由名也。自唐迄我皇清，千有余年，废兴不一。

菩萨顶初建于北魏孝文帝（公元471年～公元499年）时期，到了清顺治十三年（公元1656年），经过扩大重修，由喇嘛主持。康熙、乾隆曾多次到五台山朝山拜佛，息宿于此，尔后为菩萨顶题匾、铭书、撰文刻碑，并敕重修殿宇。康熙皇帝曾赐菩萨顶大喇嘛提督印，并令周围地方政府统统向其进贡。康熙三十三年，更是敕命在菩萨顶前后门设官永镇，守护香火供器，这在佛教四大名山是绝无仅有的。

菩萨顶寺院规模宏大，占地45亩，有殿堂房舍430余间，均为清代重建。参照皇宫模式营造，瓦为三彩琉璃瓦，砖为青色细磨砖，非常豪华，为五台山诸寺之首。有“小布达拉宫”之称。达赖、班禅朝拜五台山，都在这里讲经说法。寺居山巅，门前筑有台阶108级，据说是暗示山西旧属108个县；也有的说是象征人间有108种烦恼，香客一定要把它统统踩在脚下，才能瞻仰菩萨真容。

菩萨顶上有一座康熙五十三年的三门七楼的木牌坊，中门上写有“灵峰胜境”四个大字，七朵黄色琉璃瓦顶，彩绘柱坊斗拱，鲜艳生动，为五台山最为华丽的木牌楼，也是最醒目的路标。

走进山门，两边是钟鼓楼，面对的是天王殿的背面，绕过天王殿，是菩萨顶的前院，由天王殿、大雄宝殿及东、西配殿等围束而成。大雄宝殿宽五间，檐柱间以天弯花罩嵌雕装饰，院里有苍松、石碑，环境优雅。

前院的东侧有东禅院，在走道上有康熙、乾隆御碑各一块。乾隆碑系一汉白玉四棱石柱，高 6 米，每面宽 1 米，为五台山上最大的石碑。四面分别刻有汉、满、蒙、藏四种文字，象征着各民族的团结。绕过大雄宝殿，就是菩萨顶的中院，中院以文殊殿为主，院内有清康熙御笔“五台圣境”的石坊一座，殿前的玉石栏杆外，左右各有石碑。文殊殿宽 19 米，进深 14 米，比天王殿及大雄宝殿都大，是专为供养文殊菩萨而建。外檐隔扇装饰精美，檐柱彩绘斗拱，顶着黄色琉璃瓦的庑殿顶。五脊比例优美，正脊两端正吻，剑靶与背兽齐全，正脊中央再加宝瓶顶刹，更形稳重。四坡垂脊上有垂兽，走兽与仙人，全然是官式的营造法式。最特殊的是文殊殿的殿顶，其中间檐口的一块瓦上，不论晴雨，终年滴水，被称为“滴水檐”。水珠落地，在殿下石阶上留下小凹坑。大殿经过翻修后，屋檐就不再滴水了。

在文殊殿的后面，有三口大铜锅，俗称铜锅院。这就是菩萨顶的后院，最小的一口铜锅，直径 1.7 米，深 1.2 米，是明万历二十九年造的。以前每年使用两次，一次是在腊月为庆祝释迦牟尼佛成道日，对外舍粥一天。一次是六月为庆祝文殊菩萨生日，供应外来众僧，煮一个月的饮食。

殊像寺位于台怀镇杨林街西南，面对梵仙山，风景幽雅。此寺始建于唐朝，元仁宗延祐年间（公元 1314 年～公元 1320 年）重建，后毁于火，明宪宗成化二十三年（公元 1487 年）再建，明万历年间重修，素以供奉文殊巨像而得名。

寺内正殿五间，有闻名中外的文殊骑狻猊塑像，塑成于明孝宗弘治九年（公元 1496 年），高达 9.3 米，是五台山寺院中最高的一尊文殊像，面容丰满，双目平视，两耳垂腮，庄严威武，而所骑的狻猊昂首竖耳，跃跃欲驰。这尊文殊像又叫“荞面文殊菩萨”。据说塑制此像时，文殊菩萨突然显真容，匠人急中生智，搬出他房内和好的荞面照形捏制，刚捏好时，真容隐去，匠人便把荞面头安上，并贴上一层金塑成。

殿内三面墙壁上，有泥塑的五百罗汉渡海图，场面壮观，神态各异，惟妙惟肖。

殊像寺后西北角是善静堂。有一则康熙火烧殊像寺的传说。清初顺治皇帝的妹妹三公主在五台山出家，住在善静堂。当时，殊像寺内有一个相貌端庄的青年和尚，深通佛理。由于两人相隔较近，或者有些交往，渐渐地就有谣言四起，说他们有了私情。谣言传到康熙皇帝那里，康熙觉得脸上无光，于是派人暗中纵火，把整座殊像寺烧了三天三夜。大部分殿宇都在大火中化为灰烬，唯有文殊殿和静善堂无损。静善堂中，三皇姑已坐化了，留下四偈句说：“只见来，不见去，人言纷纷神也惧，且喜我把文殊遇，离宫离殿无所虑。”康熙皇帝闻知，感慨不已，下诏重修殊像寺，还御制碑文，记述修寺一事。

在殊像寺东南隅，有一著名的般若泉，亦称“五台圣水”。康熙皇帝五次游览五台山时，非“五台圣水”不饮。乾隆皇帝六度游览五台山，并曾亲笔提字立碑：“晚浮怀之浪，清晨飞补衲之。”

罗喉寺位于显通寺东隅，是一座喇嘛教寺庙。创建于唐朝，初名落佛寺，清朝时取释迦之子罗喉名为寺名。经明、清两代多次重修，现有六院，占地面积15725平方米，房屋118间，其中殿堂六间，中轴线建殿四层，依次为天王殿、文殊殿、大佛殿和藏经殿，是五台山保存最完整的大寺院。

罗喉寺前有石刻卧狮一对，栩栩如生，姿态雄健，是台怀一带少见的唐朝遗物。寺中著名的“开花现佛”建造在后殿中心的砖台上。佛经上说，能得见开花现佛，便表示与佛有缘，可得吉祥如意。从前想看“开花现佛”需要布施钱财，无钱花不开，钱少花半开，钱多才全开。观看“开花现佛”时，只见圆盘缓缓转动，莲花瓣徐徐开放，露出端坐在花蕊上的四方佛，以往许多香客无不视为终生大幸。其实莲花不会自动开合，而是通过一套机关装置控制。“开花现佛”的底座为一大型圆盘，

周围雕刻着波涛水浪和十八个过江罗汉，圆盘正中安装着一朵高达三米的大莲花，四尊佛像端坐于内，八片花瓣合围于外，平时不见佛像，遇有香客布施，僧人便在地下室里操纵拉绳和轮盘，花瓣开放，现出佛像。

黛螺顶为东台支峰，位于清水河东岸，距台怀镇垂直高度约400米。寺取山名，建于山顶。古称佛顶庵，始建于明朝成化年间，明万历、清康熙年间曾重修。山上古柏参天，花草繁盛，故又名青峰。寺内正殿塑有五尊文殊像，即东台聪明文殊、西台狮子文殊、南台智慧文殊、北台无垢文殊、中台儒童文殊，代表五台山五个台顶。

过去香客如不能登临五台山大朝台，就在黛螺顶朝拜，称为小朝台，即是“身登螺顶，意到五坊”了。所以当地有“不登黛螺顶，不算朝台人”的说法。据传，清朝乾隆来五台山，屡次欲登台顶进香，都被风雨所阻，于是将在中台顶住过二十年的青云和尚找来行宫查问。青云和尚解释说：“台顶气候异常恶劣，以中台为例，一年之中有八个月下雪（每年农历九月至第二年五月），因此登山必须在五、六、七月，皇帝每次登山不成，皆因时间不对。”乾隆了解情况后，给青云和尚提出一道难题：“五年后我再来时，不登山顶，但要朝拜五方文殊，你替我想法办妥。”青云和尚不敢推辞，但年过一年，就是想不出好办法。说来也巧，到了最后一年，寺里一个叫栓柱的小和尚，因偷吃供品被青云和尚抓住了。为免受罚，栓柱想出了一个办法，帮青云和尚解决乾隆出的难题。他建议模仿五个台顶的五方文殊合塑于正殿，称为五方文殊殿。登黛螺顶即等于登五个台顶，进正殿朝拜等于朝拜五个台顶的五方文殊。乾隆于公元一七八六年来此殿进香，朝拜了五方文殊。自此以后，朝山拜佛者只要到此参拜正殿，就可以替代朝拜五个台顶。

碧山寺，位于台怀光明寺村，是台怀中心区以北最大的一座寺院。坐北朝南，背山面水。碧山寺又名普济寺、广济茅篷，建于北魏，明、清时经过多次重修，清乾隆时改为碧山寺。

寺院居高临下，亭台楼阁，星罗棋布，被两丈多高苍翠葱郁的白杨树包围着。淙淙泉水，清脆可闻。沐浴在阳光之下的幢幢殿宇，掩映在水光山影之间，雄伟壮观。寺院规模宏敞，环境幽雅。寺前有牌楼、山

门；寺内分前后两院，有天王殿、钟鼓楼、毗卢殿、戒坛殿、藏经阁等。毗卢殿又称雷音宝殿，正中央供毗卢佛，两壁供十二菩萨。戒坛殿中设有青石砌成的戒坛，长5.1米，宽5米，高1.2米，是五台山唯一的一座戒坛。大殿两旁排列的十八罗汉，都是一色的金身，系由特殊工艺制成，称为漆纱罗汉。藏经阁曾存有雍正十三年（公元1735年）四月八日刊印的三藏经全部，计7500余卷。二十世纪上半叶，享有盛誉的高僧虚云、圆瑛，印光等，都曾在此开座讲经。

龙泉寺在台怀镇西南九龙岗山腰，始建于宋朝，原为杨家将的家庙，民国初期重建。

从南山寺往西望，有一山冈相峙而立，山冈四周有九条山脊环抱，形似九龙嬉戏，因此取名九龙冈。冈上泉水清澈见底，谓之龙泉，寺因此而得名。

龙泉寺附近有一座砖砌的令公塔，三级六角，约高15米，是抗辽名将杨业的墓冢。宋太宗后来追封杨业为杨令公，故后人称此塔为令公塔。据《清凉山志》记载："宋杨业忠死，子五郎收骨建塔。"塔旁的墓碑也是一个凭证。寺院在明朝时重修，在清末民初时又重建，成为南山寺的下院。龙泉寺占地15950平方米，共有殿堂楼房一六五间，布局呈横列之势，并排着三座院落，各有山门一道，山门以内有券润通道，把三个院落连在一起。这种寺院布局实在罕见。

龙泉寺有一座牌坊，是五台山文物中最出名的石刻碑坊，共有三门六柱，呈"一"字形，整体雄伟壮观，巧夺天工，是山西匠人胡明珠用了六年时间刻成的。牌坊上有楼头，有拱券，有端庄的佛像，有生动的鸟兽，有繁茂的花卉，有累累的珍果。据统计，这座牌坊上刻有蟠龙89条，鳞爪俱现，神态逼真。柱础石礅上有狮子20只，栩栩如生。实在是一件不可多得的艺术珍品。

中院的建筑分成三层，即门殿、宗堂殿、祖师堂。最后一座小院中间，屹立着藏式白玉石塔一座。塔基为四方形，塔下须弥座为八角形。全塔布满雕刻，有小佛像一百余尊。圆形塔肚上，刻着一部《般若心经》。塔圆腹之上雕有八角楼檐，如大白伞般罩住塔腹和基座。

镇海寺在台怀镇南清水河西侧，坐落在“二龙戏珠”的风水宝地左右两侧环绕的山峰，犹如两条飞龙落下河谷，弓背弯腰，腾挪围抱。

寺院建筑在两山合抱的一个石山嘴上，宛若一颗二龙嬉戏的宝珠。寺院殿堂楼房一百多间，主要建筑是一进三重大殿。院内有乾隆五十一年（公元 1785 年）建造的十五世章嘉活佛墓塔。高 9 米，宽 7 米，状如藻瓶的石塔。塔基八角，每角塑有大力士；基座八面雕有人物图并着彩；塔腹正中雕有三尊坐佛，另外围有八尊站像；圆腹之上，立有层层内缩的尖顶。这座塔的造形别致，雕刻精细华美。章嘉活佛是黄教中代沿袭的佛位，自清朝康熙皇帝后，被历朝皇帝尊为国师。第十五世章嘉活佛饶被达尔计，常来五台山朝圣，并将镇海寺改为黄庙。其后有四五代章嘉活佛常住此处。

镇海寺正中供奉的文殊、普贤、观音三菩萨像，金身螺发，腮边有胡须，且胡须均为蓝色，颇有特色。是因此圣容是由印度传来，为五台山菩萨像中最古老的面貌。

金阁寺位于南台之北，中台之南，除五座台顶的寺庙外，金阁寺所处的地势最高，海拔 1900 多米，由于山高势雄，在云雾缭绕中时隐时现，恰如琼楼玉宇。

金阁寺建于唐朝，唐代宗大历五年（公元 770 年）诏高僧赴五台山修功德，建寺铸铜为瓦，瓦上涂金，饰佛阁为金阁，因而得名。据说金阁寺的建筑式样是参照当时印度名寺那烂陀寺兴建而成的。据《资治通鉴》记载，当时金阁寺富丽堂皇，规模宏大，寺中的金阁分上、中、下三层，高百余尺，雕梁画栋，直入云天，殿顶“铸铜涂金为瓦”，“照耀山谷”，为世所罕见。

金阁寺现存建筑为明、清及民国时修复，全寺分前后两院。前院以观音为主体，共有八座大殿，后院为大雄宝殿。寺院占地 21000 平方米，有殿堂楼阁 160 余间。第一进大院的主殿为观音殿，供奉一尊千手观音，高 17.7 米，为五台山最高大的佛像，该铜像为明世宗嘉靖三十四年（公元 1555 年）所铸，分上下两层，下层铜像身旁有两尊胁侍像，不是常见的善财和龙女，传说是观音的父母妙自在王夫妇。金阁寺中塑像共有一

千多尊，是五台山佛像最多的寺院。

南山寺是五台山上雕塑最精美的殿宇。由南山寺所在的山脚下，向上眺望，南山寺尽在云雾缥缈间，在青葱林木掩映下，若隐若现，如诗又如画。

南山寺海拔1700多米，寺院依山而建，栉比鳞次，层层相叠，规模宏伟壮阔，面积约6万平方米，有殿堂楼阁三百多间。整个寺院由七层三大部分组成，下三层名极乐寺，上三层名佑国寺，中间一层名积善堂，南山寺是总称。寺院初建于元朝，名为“万圣佑国寺”，元朝海印大师居此，注《肇论》，英宗为其建寺。清光绪年间再建，称极乐寺。二十世纪上半叶，普济和尚历时二十七年，把三寺连在一起，而成今日格局。从远处望去，南山寺层次错落，宏伟浩大，轩昂壮阔，非他寺可比。

南山寺的大雄宝殿简直就是雕塑艺术馆，这里有泥塑、有石雕、有木雕。其中释迦牟尼和阿难、迦叶像为泥塑，文殊骑狮像和送子观音像为石雕。普贤菩萨的木雕像，伸出十八只手臂作出各种姿势，脚踏莲蓬，身后站着两头小象，看上去栩栩如生。大殿两侧的十八罗汉为泥塑，或眉清目秀，或老态龙钟，或嫉恶如仇，或泰然自若，艺术水平极高。

佑国寺共有三进院落，每进院落前．都有一个汉白玉石砌成的高台建筑，用石栏杆和石立面围着，上面各雕有数百幅图案，堪称石雕艺术的宝库。第一处高台雕有图案316幅，第二处高台有石雕360幅，第三处高台有石雕294幅，都是精美绝伦。南禅寺，始建年代不详，重修于唐德宗建中三年（公元782年），位于五台县城西22公里处的阳白乡李家庄的小营河北岸。因坐落在河岸台地上，寺院虽不大，但远远望去，十分显眼。寺区山峦环抱，古木成荫，环境幽静。

寺内除大殿外，尚存明穆宗隆庆元年（公元1567年）所建龙王殿和清代所建文殊殿、观音殿（山门）、伽蓝殿、罗汉殿。大殿在北宋哲宗元祐元年（公元1086年）进行过大规模修葺，明、清也作过几次修葺。1974年～1976年，按原貌进行翻修。

寺院坐北朝南，左右山峦起伏，前后果林茂密，两旁清水环绕。现存在中轴线上的山门（观音殿）、大佛殿和两侧的菩萨、龙王、罗汉、伽蓝等配殿围成四合院，殿内无立柱，梁架结构简练，体现出唐代建筑已有很高的水平。这座距今已有1200余年历史的古寺，是中国现存佛寺中历史最古老的木结构建筑。

大殿内有佛、菩萨、天王等塑像十七尊，其雕塑手法与敦煌莫高窟的唐代塑像非常相似，姿态自然，面容丰满，是举世闻名的唐塑珍品。

佛光寺

佛光寺，位于南台锦绣峰外围的佛光山区的豆村乡，海拔1320米，东、南、北三面峰峦相抱，西面下坡开阔，寺依山而建，山因寺名。寺内殿堂楼阁及禅房等120间，坐东朝西，因地势而建。山门以内，有三层平台，第一层平台在中轴在线有唐僖宗乾符四年（公元877年）建造的陀罗尼经幢，北侧有文殊殿，南侧与之对称原有观音殿（一说普贤殿），现已不存。第二层平台在中轴线两侧有近代所建的两庑和跨院，北跨院地上埋有巨大的唐代覆莲石柱础，表明这里在唐代曾有巨大建筑物。第三层平台上即唐建大殿，殿前正中有唐建的经幢，东南有祖师塔，两侧有晚近建造的配殿。整个寺院分布错落有致。

正殿名东大殿，居于寺院上方的高台上，居高临下，俯瞰全寺，殿宇雄伟、古朴，结构精巧，造形优美，苍松掩映，背靠东峰，气度不凡，选址布局都很成功。

据唐《古清凉传》记载，佛光寺创建于北魏孝文帝年间（公元471年～公元499年），明朝《清凉山志》记载，魏孝文帝见佛光之瑞，因为名。唐武宗会昌五年（公元845年）遭毁，宣宗大中十一年（公元857年）重建。据说那时面积很大，以致有“走马关山门”的传说。因此，民间有传说：“先有佛光寺，后有五台山。”五代时，敦煌壁画《五台山图》中，标签写着“大佛光之寺”，可见在唐朝时，佛光寺为五台大刹之一。金朝天会十五年（公元1137年），兴建文殊殿，明成祖永乐三年（公元1405年），本随和尚整修寺院。但自明、清之后，寺院逐渐衰落，不再被人注意。直到1937年，梁思成等三位建筑学家，从敦煌壁画中的《五台山图》上看到佛光寺后，千里跋涉，寻踪觅迹，果然找到这座唐朝的古建筑，并把寺内的唐朝木结构建筑、泥塑、壁画和书法称为“四绝”。他们欣喜若狂地发表了调查报告，引起了国内外学者的高度重视。

东大殿内530多尊彩色泥塑和佛坛上的35尊彩色泥塑，都是唐朝至明朝的作品，异常珍贵。佛坛上除佛像外，还有建殿主持愿诚法师和女施主宁公遇的塑像和跪踞的供养人塑像，其塑工精细，比例恰当，线条流畅，面容身姿之丰满生动，显示出中国佛教极盛时期的艺术成就，是中国现存唐塑中的珍极之品。殿内还有明朝的彩色泥塑五百罗汉、唐朝的彩色壁画，也都甚为精湛。

佛光寺为唐朝名寺，声名远播，直至长安、敦煌，乃至日本，《高僧传》、《古清凉传》、《佛祖统纪》、《法苑珠林》均有记载。影响所及，甚至日本奈良的招提寺，其建筑正是模仿佛光寺的风格。

五台山地形独特，五台环抱，四面围合，藏风聚气，风水绝佳，佛寺成群，皆位于形胜之处，选址布局，迭见巧思，因此佛教能够在此传承将近两千年，以四大名山中的文殊道场名扬天下。

理想的居住环境："林尽水源，得一山，山有小口，仿佛若有光，便舍船从口入，初极狭，方通人，复行数十步，豁然开朗，土地平旷，屋舍俨然……"这种居住环境是一种由群山围合的要塞型，而且出入口小，主要着眼于利于防卫的形态。唐朝孟浩然著名的《过故人庄》一诗有云："绿树村边合，青山郭外斜。"表达了自然环境对村落的保护性及村落的对景景观。由前述的说明，凸显出中国人理想居住环境的特征：前临流水，周围有山林树木围合的基本模式。这种理想住居的基本模式，传统上称之为"风水福地"。

如此优越的风水条件，也许正是草堂寺历经千年风雨而安然无恙的原因吧！草堂寺不但在风水上占尽先机，周围的风景也十分秀丽。除了紫阁峰和圭峰外，其东南的高冠峪也是长安近郊一处难得的景观。峪中山峰突兀，山道曲折幽深，著名的高冠瀑布高十余米，飞流直下，蔚为壮观。正因为草堂寺周围风景秀丽，环境幽雅，所以历代香火不绝。

第三节　文化名寺——峨眉山

峨眉山，位于四川省乐山市境内，在四川盆地西南部，西距峨眉山市 7 公里，东距乐山市 37 公里。峨眉山位于神秘的北纬 30° 附近，雄踞在四川省西南部。自古就有"普贤者，佛之长子, 峨眉者, 山之领袖"之称。峨眉山自然遗产极其丰富，素有天然"植物王国"、"动物乐园"、"地质博物馆"之美誉。文化遗产极其深厚，是中国佛教圣地，被誉为"佛国天堂"景区面积 154 平方公里，有"峨眉天下秀"之称。

它是中国四大佛教名山之一，有寺庙约 26 座，重要的有八大寺庙（报国寺、伏虎寺、清音阁、万年寺、洪椿坪、仙峰寺、洗象池、华藏寺），佛事频繁。据传为佛教中普贤菩萨的道场。

峨眉山，耸立在四川盆地的西南边缘，是大峨、二峨、三峨山的总称。北魏时郦道元《水经注》记载："去成都千里，然秋日澄清，望见两山相对如峨眉，故称峨眉焉"。由于峨眉山的高度及地理位置的原因，从山脚到山顶十里不同天，一山有四季。峨眉山抚弄星辰，积蓄云雨，神秘无比。

峨眉山的神秘来自它所经历的漫长时间和似乎难以穷尽的空间，一些惊人的数据可以让人解读其中的种种细节。多达 1600 种的药用植物，令人想到神话中的仙草；超过 3000 种的高等植物，2300 余种动物，构成这个灵性的世界；从温婉的谷地中突兀而起的山峰，海拔高度达 3000 多米。与这些绝对数字相应的，是这片秘境中种种令人难分真幻的自然奇观。

峨眉山是人类文化的宝库，文化遗产极其深厚，是中国佛道教圣地，被誉为"佛国天堂"，是普贤菩萨的道场。是盆地升起的天庭，是当之无愧的山之领袖。《杂花经·佛授记》中说到："震旦国中，峨眉者，山之领袖。"唐代大诗人李白则有"蜀国多仙山，峨眉邈难匹"的千古绝唱。更有"一山独秀众山羞"、"高凌五岳"的美称。峨眉山浓缩了千万年来自然精华。游览线路 120 余华里，由高、中、低三大主题游览区组成。现全山共有寺庙 28 座，景点分为传统十景和新辟十景。主峰金顶绝壁凌空、高插云霄。震撼的金顶，凌云之巅，有世界最高的金佛—四面十方普贤，集天地灵气，映日月光辉。

峨眉山有世界最大的金属建筑群，金殿、银殿、铜殿气势雄伟；也有世界最壮丽的自然观景台，可观云海、日出、佛光、圣灯、金殿、金佛六大奇观。金顶，是世界上最大的佛教朝拜中心，是佛在人中、人在景中、景在佛中的人间天庭。中山区的清音平湖则是峨眉山自然景观的代表。低山区的第一山亭和美食廊集中展示了峨眉山博大精深的人文文化和时尚休闲潮流。由红珠休闲区、中国第一山文化长廊、瑜珈河异国风情长廊、温泉养生康疗区、现代人文景观区和天颐温泉乡都六大休闲功能区，构成了目前中国西部规模最大、功能配套最完善、设施最先进的温泉度假国际会议中心，昭显着景区旅游的高品质。峨眉山景区已成为集休养、养生、文化、娱乐、观光、美食为一体的全新多功能复合型的魅力新景区。

景区面积 154 平方公里，包括大峨、二峨、三峨、四峨四座大山。大峨山为峨眉山的主峰，通常说的峨眉山就是指的大峨山。大峨、二峨两山相对，远远望去，双峰缥缈，犹如画眉，这种陡峭险峻、横空出世的雄伟气势，使唐代诗人李白发“峨眉高出西极天”、“蜀国多仙山，峨眉邈难匹”之赞叹。峨眉山以多雾著称，常年云雾缭绕，雨丝霏霏。弥漫山间的云雾，变化万千，把峨眉山装点得婀娜多姿。

峨眉山层峦叠嶂、山势雄伟，景色秀丽，四季景色各有万千，素有“一山有四季，十里不同天”之妙喻。峨眉山高出五岳，其高度也是四大佛山之首，秀甲九州岛。宋白诗：“不知立处高多少，但见星辰在下头。”李白亦有诗：“峨眉高出西极天，罗浮直与青冥齐。”都是说山的高峻。山势雄伟，峰峦挺秀，林木浓荫，郡志说：“此山云鬟凝翠，鬒黛遥妆，真如螓首峨眉，细而长，美丽艳。”峨眉山素有“峨眉天下秀”美誉。

峨眉山

佛教传入峨眉山，始于晋朝。印度高僧宝掌和尚，最早结庵于金鸡峰，后遂改名宝掌峰。尼泊尔阿婆罗和尚以树皮盖殿于海拔二千三百多米的八十四盘之上，名为化城寺，俗称木皮殿。但在当时峨眉山还是道教盛行。东晋时，道教的乾干明观首先改为佛教的中峰寺。隋、唐以后，佛教兴盛，在山上普建佛堂，许多道观也纷纷改为寺院。至清朝顺治年间，山上最后一座道观纯阳殿，也被僧人改建，峨眉山终于一统为佛家天下。当时全山有佛寺32座，庵堂72所，僧侣3000多人，香火鼎盛。许多梵宇琳宫，依山而建，有的隐藏于翠林树海之中，有的耸立于高山峻岭之巅，有的建于深壑幽谷之内，有的筑于危崖绝壁之畔. 与峨眉山水和谐地结合在一起。

普贤菩萨，是梵文音译，为中国佛教四大菩萨之一。《大日经疏》云："普贤菩萨者，普是遍一切处，贤是最妙善义，谓从菩提心所起愿行，及身口意三业，遍一切处，纯一妙善，备尽众德，故以为名。"《大乘经》载："人山求道，饥寒病痨，枯坐蒲团，是曰普贤；普贤者，苦行也。"《华严经·清凉疏》曰："普贤之学得于行，行之谨审静重莫若象，故好象。"白象是普贤菩萨愿行广大，功德圆满的象征，所以峨眉山寺院中的普贤塑像多骑白象。现在峨眉山的洗象池，传说普贤菩萨每次骑象过此，必在这口池里汲水洗象，然后才登上金顶，池旁的寺院也取名"洗象寺"。

以峨眉山为普贤菩萨的道场，大约肇始于东汉。据说汉明帝时，当地有位名叫蒲公的人上山采药，看见糜鹿的蹄印突然变得像莲花一样，他就去问住在峨眉山的千岁宝掌和尚。千岁宝掌让他去洛阳请教两位名叫摩腾和法兰的尊者。这二位尊者后来告诉蒲公，说《华严经·菩萨住处品》中说，西南方有一个地方叫光明山，很久以来就有菩萨在那里居住。现在有个菩萨名叫贤胜，带有随从三千人，常在那山上讲法，那个贤胜就是普贤。蒲公从洛阳回来以后，便在峨眉山上建了一所普光殿，供奉普贤菩萨。从此峨眉便是专供普贤，峨眉山也因此被叫作大光明山。

历代帝王对峨眉山关爱有加，现在峨眉山的许多寺院里，还存有历代帝王对峨眉山的赏赐和敕书，是珍贵的历史文物和文化遗产。唐朝时敕建黑水寺，赐额“永明华藏寺”，并赐寺内住持慧通禅师一领以黄金白玉为钩环的藕丝无缝袈裟，以及寺院中的供奉法器多件。

宋太宗曾先后赐白水寺御制书轴、袈裟、七宝冠和金珠璎珞以及诸多供器，还曾在太平兴国五年（公元980年），诏白水寺住持茂真和尚入京，赐诗褒扬，并赐黄金三千两以铸普贤菩萨像，还为金顶的普贤殿简板题书：“天真皇人论道之地，楚狂接舆隐逸之乡。”

宋仁宗嘉祐七年（公元1062年），曾颁赐白水寺碧硾纸销银书的经藏和经书，经藏和经书的卷首都画有精美的销金图画；并御赐红罗绣袈裟和精致的宝环，宝环上精刻：“佛法长兴，法轮长转，国泰民安，风调雨顺，干戈永息，人民安乐，子孙昌炽，一切众生，同登彼岸。”

明神宗万历元年（公元1573年），曾诏圣积寺住持别传和尚入京，赐紫衣一领，金万岁牌一座和《华严经》以及幡幢法物等，并赐号别传和尚为“洪济禅师”。万历十五年（公元1587年），敕赐圆觉庵通天和尚紫衣和袈裟各一领，及《龙藏》一部，赐金建庄严经阁，经阁以铁为瓦，神宗皇帝赐额“护国草庵寺”。慈宁宫皇太后也曾手书佛号绣金长幡一对，赐乌思藏金银书《西域经》三本和九层沉香塔一座。

清康熙四十一年（公元1702年），差内大臣郭齐哈等至峨眉山降香，赐伏虎寺照裕和尚金字《心经》等和字幅一轴，并赐伏虎寺寓僧德果字幅二句：“到处花为雨，行时杖出泉。”

报国寺位于凤凰坪下，背靠雄浑的光明山，四周林木葱茏，环静清幽，是峨眉山的起点门户，有冯玉祥将军题词“名山起点”。寺前有一壮丽牌坊，上有郭沫若题词“天下第一名山”。山门前有一对明朝石狮，山门匾额上是清康熙皇帝御书报国寺。

伏虎寺是峨眉著名大寺之一，也是入山第一大宝刹。位于伏虎山下，是宋代行僧心安所建。但那时有虎狼出没，伤人为患，所以当地人迹罕至。于是有位名叫士性的高僧，在此建了一座尊胜幢以镇压猛虎，虎患始息。明末时，兵荒马乱，战火竟烧至峨眉山，伏虎寺遂化为瓦砾灰烬。后来有贯之大师带弟子可闻禅师于此结茅构舍，收拾残破，广接来人。如此多年，直至清顺治八年（公元1651年），由清初督抚司道捐款，贯

之与可闻方得以重建伏虎寺。重建工程颇大，竟长达数十年之久。伏虎寺再生之后，气象庄严，规模宏盛，殿堂宽广。寺周楠木参天，浓荫蔽日，有人计算竟多达十万多株。寺刹虽掩覆于翠绿浓黛之中，屋瓦却终年无败叶积落，堪为神奇。康熙皇帝也不免兴叹，亲题“离垢园”匾额。伏虎寺所处地理位置分析，由于寺为群山所环抱，形成小旋风把屋顶残枝落叶卷走所造成。

伏虎寺后，有一小庵，原名“龙凤辉室”。清康熙十一年（公元1672年），太史蒋超居此，编修《峨眉山志》。他死后，葬于萝峰庵前。寺后群峰相连，树木密布，峡深水富，土壤潮湿，不论晴阴，常是云雾封岭。即使红日当空，它山无云，此岭也是白云笼罩，经日不散，在阳光照耀下，或如绢覆岭，或如玉铺盖，或如堆锦絮，别具一格，名“萝峰晴云”。蒋超居此时，易名萝峰庵。如今此庵，修葺一新。但1959年时，树木采伐过量，“晴云”已难见到。

雷音寺在明代以前名观音堂，至清初改名解脱庵，光绪十年（公元1884年），改名雷音寺。雷音寺高据坡岗，近临危崖，四周树林蓊郁，悦目赏心。下有瑜伽河与解脱桥，上有层峦迭嶂，白云清雾。

华严寺又名归云寺，原是唐朝福昌达道禅师的道场。宋高宗绍兴年间（公元1131年～公元1162年），僧人士性又率众重建。华严寺上有华严顶，又叫华严坪，又叫古心坪。据说从前有个名叫古心的和尚曾在此结茅室而居，所以得此名。寺左有玉女峰，峰顶有一个四尺见方的小池，深亦四尺，四季不枯，传为天女沐浴之器。宋朝时邛州刺史冯楫，曾在玉女峰上结茅而居，发愤诵读《华严经》，不食人间烟火，于是玉女下凡，为他馈赠食物。池畔原有飞龙庵，传说那里原有一大石，有龙在石内蛰居，一夜，雷劈石裂，龙惊而飞。

由寺左行，为青竹桥，桥上左望，秀出者玉女峰。顶上有石池，深广四尺，岁旱不涸，相传天女浴盘。僧云：“宋邛州刺史冯楫结庵于此，日诵《华严经》，感天女馈食之异，即此处。”前有凤岭庵，今废，又有飞龙庵。清朝江皋《游峨眉山记》，叙述华严寺：

“寺有旋螺殿，极奇古；宋绍兴碑犹竖寺中。日斜，未及登览。寺

左为青竹桥，望娟娟秀出林表着，玉女峰也。峰顶有池，深广四尺，岁枯不涸，相传为天女浴器。”

纯阳殿，原名叫吕仙行祠，是祭祀八仙之一吕洞宾的道家宫观，明思宗崇祯六年（公元1633年），始更今日之名。清朝时纯阳殿为佛家接管，虽名称未改，但殿内已换奉弥勒佛。此地海拔1000余米，四面古木苍翠，幽静宜人。

神水阁，旧名圣水阁，又叫神水庵，原是明朝四川巡抚居宅，改建为庵。后有化机和尚在此静修。神水阁位于宝掌峰下，阁前有大峨石和玉液泉，因而极负盛名。旁有福寿庵，为僧人天性所建。大峨石上有诸多历代题刻，石下泉水淙淙，清冽甘香，秀气透人。泉水终年不涸，清澈无比。

中峰寺又名集云寺，本为乾明观，在白云峰下，始建于晋朝，后改观为寺。宋朝茂真尊者重修此寺。据说宋朝有姓孙、姓王、姓宋的三位道士在此羽化登仙。宋朝诗人黄庭坚曾在此修行。明朝则有慧安、法昙在此住持。

寺后山林之中，有块大石，色如雄黄，人呼雄黄石。《太平广记》说，当年孙思邈在峨眉山隐修时，适逢唐玄宗为避安史之乱，住在成都，孙思邈便向他托梦，请赐武都雄黄十斤。玄宗派大夫送雄黄十斤，来到这里，将雄黄放在这块大石上，因取名雄黄石。

清音阁处在峨眉山的中枢地带，与龙门洞并称“水胜双绝”。清音阁下有座丹檐红柱、翘角翼然的双飞亭，双飞亭左、右两侧各有座分跨黑、白二水的双飞桥。双飞桥下激流飞湍，黑、白二水汇于牛心亭下，右侧源出九老洞下的黑龙潭水绕洪椿坪而来，水色如黛；左侧源出弓背山下的三岔河水，绕万年寺而来，水色泛白。山水相连，红绿相间，组成独特的佛寺山水园林景观。

清音阁原名牛心寺，唐僖宗乾符四年（公元877年），慧通禅师创建。清音阁位于牛心岭下，东有白龙江，西有黑龙江，两江之水夹岭而注，如双龙咆哮奔腾，不相上下，交汇于清音阁。江上有拱桥两座，分跨黑龙、白龙二江，这就是双飞桥。左桥传说为轩辕皇帝游胜峰时所造，右桥虽不知何人始建，但也远在汉代就已知有此桥了。两桥历经多次翻修，不使此地景缺。

“双桥清音”为峨眉十景之一，甚至被誉为“峨眉第一胜景”。双飞亭下有块明人所题的“万古清音”四字碑，亭柱上悬挂着清末戊戌六君子之一的刘光第撰写的“双桥两虹影，万古一牛心”楹联。

牛心寺又叫延福寺，在牛心岭，由于岭似牛心，故名。是隋朝孙思邈隐居处。唐朝慧通禅师还曾改名为卧云寺。宋朝继业三藏见众峰环立，景物清幽，重建寺院。宋理宗淳祐年间（公元1241年～公元1252年），僧人绍才再修。明朝洪武年间（公元1368年～公元1398年），广济禅师在此住持。这里清雅幽静，景美动人，若是山雨濛濛，则更是内外一如，浑融一片了。清朝僧人永宣有首《牛心寺避雨》诗，品味佳绝：“幽径荒苔寂，千嶂古木横。云来迷洞口，雨过湿流莺。殿僻凉生远，深溪雾到轻。松荫聊对座，返照起新晴。”

《峨眉县志》记载牛心寺：

“牛心寺，位于牛心岭上，杉木茂密，遮天蔽日。寺宇巧小，只有三殿，佛像精美，为唐代昭宗年间慧通禅师修建，名延佛院。”《峨眉山志》载：寺中有吴道子画的十八罗汉，“笔法超妙，眉目津津，欲为人语”，今已无存。北宋太宗五年（公元980年），国中名僧继业三藏大师住此时重新修建。明初广济禅师住此。明蜀献王有诗赠广济禅师：“高僧飞锡去人间，弘哲何年不出山。有地尽成银色界，无心常似白云闲。”寺后有真人澜，亦名药王洞，传是孙思邈隐修和炼丹之洞。苏东坡有诗咏药王洞说：“先生一去五百载，犹在峨眉西庵中。自为天仙足官府，不应尸解坐蠢忙。”范成大游此曾赋诗留志。牛心寺地势高峻，可观四山景色，若是雾大，一片混沌，但闻山泉淙淙。清康熙年间牛心寺方丈照裕曾有诗咏景说：“万籁金风红树岭，杖藜闲步洞山前。珠林送鸟知寒露，古木留蝉噪暮烟。寂寞泉声储玉峡，萧条梵宇长金莲。晓钟何事朝来急，敲落晨星散碧天。”

净土禅院位于大坪山顶，冬季时因地势高迈而落满白雪，使大坪的雪景成为峨眉十景之一。

洪椿坪位于万年寺西南，既是地名又是寺名。此处是山间小平坝，寺始建于宋，初名千佛庵，明神宗万历五年（公元1577年），楚山性一禅师建千佛禅院，明思宗崇祯年间（公元1628年～1644年），德心禅师重修时，因寺外有三株千年洪树，乃改名洪椿坪。清乾隆五十五年（公元1790年），峨云圆满禅师又扩建，筑殿四重，于是成为山中名刹。

洪椿坪位于天池峰下，此地海拔1020米，四面层峦迭嶂，峰环岭护，两侧深谷幽岚，溪涧潺潺。坪上古木扶疏，亭亭如盖，山阴沁透，白雾飘游，为峨眉山中最佳之避暑胜地。此处常见雨雾霏霏，如粉扑身，乃山中雾气所为，正所谓“山行本无雨，空翠湿人衣”。这就是峨眉的十景之一“洪椿晓雨”。

洪椿坪殿宇高大宏阔，清洁庄严。寺内佛像俱存，古貌如新。有清康熙皇帝御赐的“望尘虑”匾额，乾隆皇帝题赠的“洗钵泉和暖，焚香晓更清”对联，还有民国二十八年（公元1939年）国民政府主席林森在洪椿坪避暑期间，所题赠的“护国佑民”和“大雄宝殿”的匾额及洪椿坪的寺额。

殿前有一副双百字的长联，比昆明的大观楼上180字的长联还长，可惜未留下作者的姓名。

上联是：

峨眉画不成，且到洪椿，看四壁苍茫：莹然天池荫屋，泠然清音当门，悠然象岭飞霞，皎然龙溪溅雪。群峰森剑笏，长林曲径，分外幽深。许多古柏寒松，斜枝偃蹇；许多奇花异草，锦绣斑斓。客若来游，总宜放开眼界，领略些晓雨润玉，夕阳灿金，晴烟铺锦，夜月舒练。

描绘了洪椿坪迷人的景色。

下联是：

临济宗无恙，重提公案，数几个老辈：远哉宝掌住锡，卓哉绣头结茅，智哉楚山建院，奇哉德心咒泉。千众静安居，静业慧因，毕生精进。有时机峰棒喝，蔓语抛除；有时说法传经，蒲团参究。真空了悟，何尝障碍神通，才感化白犬衔书，青猿洗钵，野鸟念佛，修蛇应斋。

歌颂了历代开寺祖师的功绩德行。

寺内还有清末所制的七方千佛莲灯一具，高两米，直径一米，有纹龙七条环于灯体，并有佛像数百周匝排列，雕镂精致无比，为洪椿一宝。寺后天池峰上有一池，乃天然石池，旁有一泉，叫“咒诅泉”。据说当年这里有上千人的盛大道场，但苦于缺乏水源，于是有寺内老僧持咒引水，而得此泉。

仙峰寺古称慈延寺，又称仙峰禅寺。明朝万历四十年（公元1612年），为木炯和尚创建。原有殿宇四重，均覆以锡板铁瓦，素称山中古刹。但现存的殿宇多为清代重建，已与古貌不同。此地海拔1700米，背负仙峰岩，面向华岩峰，形似莲花，正是莲花峰。距寺数百米，即是声名卓著的九老洞。

我国特有珍稀植物珙桐树，遍长附近林中，花为乳白色，盛开时节，山风吹来，如群鸽立树，故又有“鸽子花”之名。

九老洞有峨眉十景之一“九老仙府”。洞的右面有三皇台，置身台上，但见山光明媚，秀嶂平畴，树幔如海。

遇仙寺海拔1700余米，居高临下，坡陡涧深，水声轰鸣。林间路旁，常有猴群出没，为人增趣。

白龙洞，据说即《白蛇传》中的白娘子修炼成仙之处。洞上有白龙寺，为明代毗卢僧创建，清代重修。清朝的江皋《游峨眉山记》有曰：“山花夹道，香气袭人，刹竿隐隐出青霭。僧云：‘白龙洞也’。

白龙洞殿堂，宽敞雅洁，原有佛像被毁，新塑佛像“西方三圣”似现代人体形，别具一格。庙门上联语是：“白龙洞外点点翠峰迎旭日，古德林中片片绿云带春烟。”

寺后有白龙洞，传为白蛇（白娘子）修道之处。

万年寺，东晋隆安五年（公元401年）净土宗创始人之一慧持和尚创立。但另有一说，认为是东汉时那位发现莲花鹿印的蒲公最早在此建寺，供奉普贤菩萨，所以原名叫普贤寺。

万年寺的宏大规模和显赫的名声，是由唐僖宗乾符五年（公元877年）高僧慧通所建立，他扩建该寺之后，即改名为白水寺。至宋朝时，被改名为白水普贤寺，明朝万历年间，再度改名圣寿万年寺，沿用至今。

古白水寺即唐广浚禅师弹琴处。寺甚敞，居僧常至数百。宋初敕建铜殿、大士铜像，亦高十余丈。历太宗、真宗、仁宗三朝，御赐宝供最多。三经回禄，尽付煨烬。明世庙重修，亦就毁。万历间，奉慈诏，新建万年寺。普贤一殿，螺结砖甃，颇称精固。乘象金身，峨然文六，祝融稍戢峻焰。唯是寄木穴顶，导霖直注大士髻中，顷僧建阁四层，高帱其上。

过去万年寺有殿宇七重，分毗卢殿、七佛殿、天王殿、金刚殿、大佛殿、拱顶无梁砖殿和接引殿，规模极其浩盛。但是历代毁兴，多遭劫难。特别是一九四六年一场大火，除明代所建那座拱顶无梁砖殿外，其余全部被焚毁殆尽。历代珍藏宝物，如宋朝太宗、真宗、仁宗及清朝康熙所赐众多珍品也俱皆丧失。

现在万年寺最有代表性的建筑，就是那座拱顶无梁砖殿，该殿建于明朝万历年间（公元 1573 年～公元 1610 年），四壁为正方形，边长 15.7 米，顶为穹窿圆拱形，高 16 米，内有北宋太平兴国五年（公元 980 年）所造普贤菩萨骑六牙白象之铜铸像一尊，高 7.3 米，重 62 吨。当时宋太宗派人以黄金千两赡买赤铜，在成都分段铸成数十块，然后用骡马驮上山组装焊接而成。普贤菩萨手持如意，面容安详端庄，坐于象背莲花座上。白象六牙前挺，长鼻顶地，双耳如翼，四脚也各踏一朵绽开的莲花，形象俊秀挺拔。这也是峨眉山最著名的佛像，堪为镇山之宝。

万年寺有被誉为峨眉十景之一的“白水秋风”，是峨眉主要寺院之一。殿宇雄踞峨眉主峰以东观心坡下一空旷平台上，地势开阔，古木苍苍，密竹青翠，游人至此，难免诗兴大发，历代多有吟咏。

明万历二十八年（公元 1600 年），神宗为给母亲慈圣太后祝寿，诏令主持僧福登建殿护像，并赐名“圣寿万年寺”以示庆祝，从此改名万年寺。为了防火，这次仿印度、缅甸建庙技术和风格，长宽为 16 米，四堡全用砖砌，砌到 7.6 米处，逐渐内收，建成穹窿拱顶，全殿无梁无柱，不用一木，故又称“无梁殿”。殿中除供普贤外，上方和两侧及墙壁，供铁佛 3000，金人 12。穹顶绘有四个彩色飞天，各抱乐器，翩翩起舞，神彩飘逸。万年寺，几度被毁，由于对铁佛保管不善，如今只剩 304 尊了。殿外壁上，装饰斗拱、垂柱、窗根等图案。圆鼎上建有五座尖塔和狮、鹿吉祥兽等饰物，风格别致。1949年又遭火焚，除无梁殿外，一片瓦砾。建国后，重修殿宇三重。大雄宝殿内供的毗卢遮那佛、释迦佛、卢舍那佛皆六丈金身，为明代嘉靖年间，别传禅师用铜铸造。唐代开元年间，年轻大诗人李白游峨眉山时，即住此寺毗卢殿内，由当时广浚和尚接待陪游。他写的《峨眉山月歌》、《登峨眉山》及《听蜀僧广浚弹琴》等等，就是此时开始构思，下山后因怀念峨眉山及广浚而写成的。寺外楠木林下，有一石碑，高2.8米，上刻“第一山”三字，为清代嘉定（乐山）人谢文明从江阴拓回米南宫手迹镌刻，笔势刚劲，如龙飞虎跃，气势雄浑。1984年起，住持僧人即筹资金建弥勒殿，已于1985年动工兴建。

此外寺中藏有三件珍宝，一是“佛牙”，重7公斤，实为古代剑齿象化石，遍体光润；二是“万历御印”，是一方铜质印章，万历帝所赐；三是一部《贝叶经》，刻《华严经》文，是当年万历母亲慈宁太后赐无穷大师的。寺外有明月池，水碧澄清，山林倒映，自成一景。这一带，群峰相连，景物清幽。寺后寺侧，林深树茂，每当秋风聋吹，树涛喧鸣，枫叶泛黄，飘若蝶飞。寺侧山坡较陡，山泉泻下，遥望如白练铺挂，水声激越，与树涛应和；加以白水池内，衬映白色云天，有“白水秋风”之胜，为峨眉山十景之一。离寺不远的深峡之中，石笋林立，地名“石笋沟”。石笋之下，有一深潭名“黑龙潭”。潭深水绿，林深壑静，溪上有一古洞，传说当年伴随白蛇下山去西湖的青蛇，即隐修于此。

息心所，明世宗嘉靖年间（公元1522年～公元1566年）修建，清光绪年间（公元1875年～公元1908年）重建，是一小庵，建于危岩边沿，如挂岩上，险峻异常。扶栏下看，晴天，则壑净山明，丛林青翠；阴天，则云海茫茫，浪涛滚滚。若遇云淡风轻之夜，可闻山下万年寺、大峨寺、洪椿坪的钟声，洪亮悠长，似从地下涌出，扣人心弦，继而可闻初殿、长老坪、洗象池的钟声，如天上飘来，荡漾山间，确有使人宁神息心之效。

长老坪，清康熙二年（公元1663年），峨沏禅师所建，寺后有翠竹峰，峰上翠竹万竿，随风作浪。旁边有当年蒲公结庐旧址，以后蒲氏家族在此聚居，演变成今日的蒲氏村。寺旁还有万寿坡，坡下原有宋朝绍兴年间为怀古禅师所创的殿院，供奉佛像和蒲公像。明武宗正德年间（公元 1506 年～公元 1521 年），宗宝禅师曾重修此殿，并改名为万寿堂。现在则故址难寻，遗迹漫灭了。

初殿，又名鹫殿，因其所处山峰形类鹫鹰而有此名。东汉时蒲公采药，看见鹿蹄如莲花，就在此处。因为峨眉归佛乃由此肇始，故此处建殿，就被叫做初殿。据说以前还有一名，叫簇店，是更老的名字。那时此地只有板屋一间，僧人在此煮汤蒸饭，迎接登山游人。以后变“簇”为“初”，变“店”为“殿”。

明朝胡世安《登峨山道里纪》记载：

“初殿，昔汉公采药见鹿处，后人立此殿，或云山形类鹫，名‘鹫殿’，或云‘簇店’。下有蒲氏村，居无他姓，皆蒲公后也。”

明朝时，续恩禅师在此铸铜佛三十余尊，耗尽心血。明末崇祯时，这里又增铸铜钟。清乾隆时，初殿曾被火焚毁，后来又有南舟禅师重修。

华严顶，殿宇孤耸，古刹云深，风景奇险，是游峨眉中段之途的最高点，海拔 1900 多米，素有“小金顶”之称。寺后山隅处有口九龙井，井内泉水甘甜如醴。

天华禅院又名洗象池，在峨眉山钻天坡上。晋时由印度僧人阿婆罗创建。南宋诗人范成大仕蜀期间曾游至此，他在《吴船录》中写着：“称初欢喜，或称错欢喜，因履险至此，始得平地，游踪稍适，故称欢喜；但前行仍多峻坡险径，故又称错欢喜。”明中叶建洗象庵。清康熙三十八年（公元 1699 年），由行能禅师扩建，名天华禅院。寺院由弥勒殿、大雄宝殿、观音殿组成，建筑面积达 3600 平方米，殿内分祀观音、地藏和大势至菩萨，衣纹飘逸，体态端庄。因寺前有小方池，传为普贤菩萨骑象登山曾在此浴象，而后才升至金顶，故又名洗象池，寺遂以池名。

洗象池海拔 2070 米，寺周一片冷山林，每当碧空万里，月高中天，在此赏月如入仙境。清人谭钟岳诗中有“普贤骑象杳何之，胜迹空留洗象池。一月映池池储月，月明夜静寄幽思”之佳句，“象池夜月”遂成峨眉十景之一。

《峨眉县志》记载：“洗象池，位于钻天坡上，坡陡路险，攀登很难，到此地势稍平，使人心喜，故古人称此为‘初欢喜’，谁知前进，坡势愈陡，故又有‘错欢喜’之名。明代僧人在此建亭名初喜亭。”

清康熙三十八年（公元1699年），行能禅师在此建亭，取名“天花禅院”。传说当年普贤骑象过此，在路边池中洗澡，行能老人为此凿池，取名“洗象池”，寺因此而名。庙里供普贤之像，有观音堂。寺宇谨小，以铝皮代瓦，形制古朴。1982年以后，在观音殿后，新建客舍两幢，接着又在寺前坡下，建客廊三幢，同时新建亭台，寺宇焕然一新。过去，寺内有联曰：“色相久成空，招白云还山，猛抬头见娟娟明月；声闻何用静，有青杉绕屋，又倾耳听浩浩松涛。”原来这里海拔2100米，地势向阳，入夜风起，云开雾散，碧空无垠。明月之夜，一轮在天，漫山银光，树影绰绰，禅屋生辉。明月映入池中，如同水晶镶入玉盘，晶莹透彻，故有“象池月夜”之胜，是为全山赏月最佳处，引起人们无限遐想。故清人谭钟岳有“一月映池池储月，月明池静寄幽思”之句。

大乘寺，又叫木皮殿，全用木皮搭建而成，别具风格。相传此寺为西域来的外国僧人阿婆多所建。后来有昆明人施绍高和太原人王尽台二人来此，遇到白猿向他们献果，他们吃了以后，便成仙而去。

《峨眉县志》介绍大乘寺：

“大乘寺，原名木皮殿。”《峨眉县志》载：“南北朝后期尼泊尔僧人阿罗婆多游此，见‘山水环合，形同西域化城’，始在此建寺。山高无瓦，以木皮盖庙，故名。”唐诗人曹松的“五月峨眉须近水，木皮岭里只如冬”的诗句，就是写的这里。明代法堂上人重建，改名大乘寺。清嘉州刺史康皓撰写《木皮殿记》。由清代徽州任伦书写，刻于铁碑。碑文是：“峨山有化城寺，时致岁殊，狼狈太甚，或以木皮蔽之，遂名木皮殿。幅员之大，上有梅子坡、雷洞坪、八十四盘，至绝顶；下有胡孙梯、蛇倒退，险怪不可状者。七十里许至山麓，左有弓背山，瑞气时出；右有悬岩峭壁，灵光时布。盖亦峨山四之中，二之下，可游之地者。僧人法堂乃光复之，求记于余，率尔毕之。夫寂灭之教，岂待辨而后明哉？舜之分，善恶之间而已。其教固无益于世，而其几有已淑诸人，其与诱人为恶者远矣！孔孟之术，虽大益于世，谁知义理能身体者感之。盖知之至，则行之尽；好之笃，则乐之深。知而行，好而乐者，几何人哉？世之好佛氏者多惠人，惠人则轻利，轻利则与好义者近之，如此，则争斗之事可免矣！多好生，好生则博爱，博爱则与好仁者近之，如此，则残忍之事可免矣！

多计报应，计报应则祸福荣辱皆归于所履，如此，则无忌惮之事可免矣！故尊佛氏之教多于孔孟者，为其浅易耳，使人皆有悬念焉，去其类紫者，求其为朱者，胡为弗可也，使但图其名而弗藏其哀焉，岂但画虎不成而已哉！果能于近义者求其义，近仁者求其仁，计报应者求其报应，又焉知墨之不可逃，而儒之不可归哉！堂法其勉乎哉！凡崇是教者其勉乎哉！

大明嘉靖癸未末春三月望日，赐进士出身，嘉定州知州，前户部山西司郎中，古郃康皓德台记。

大乘寺中建有普贤寺，塑造精美，明通天和尚曾住此朝夕参拜。据传说，通天和尚之诚，感动普贤，让他圆寂后，托生嘉州（乐山）杨氏之子，成人后，取名杨展，明末为武进士，任毛乐镇总兵之职。

大乘寺一代地势高寒，冷杉密布，箭竹成片，凉气逼人，明方孝孺游此，曾写诗说："自惭非佛也非仙，也宿丹岩碧树间。顿觉眼前无俗物，片云飞过鸟声喧。"1967 年大乘寺拆除。

雷洞坪，因长年云遮雾罩，此地已达海拔 2430 米，雷雨常在其崖下轰鸣狂作，因而得名。岩上建有雷神殿，明万历年间铸铁像十余尊供奉于此。也不知何年何月在此又竖一铁碑，禁止人们说话，说话则便会有惊雷迅电，霹雳而作，风雨暴来。

《峨眉县志》记载：

"雷洞坪，原名雷神祠，建于宋代。"明万历十年（公元 1582 年），清月大师重建，塑供雷神，故名。清同治年间，觉圆和尚增建，并于岩畔建亭一座。此处海拔两千四百米，寺前悬岩高达六百米，绵延五公里，冷暖气流经常在岩下成饱和状态，一遇声音震动，即可暴发雷雨，故明时僧人在岩边，铁铸“禁声”碑。悬岩下常是浓雾密集，神秘莫测。若是晴天，可见峡壑之中，翠峰数座，宛若玉垒，沟渠纵横，草木青青。岩下洞穴较多，据说有七十二洞。其中，知名度较高的为三仙洞，传为赵公明三位妹妹云霄、碧霄、琼霄隐修之洞。民国十八年，九老洞老僧演空，在洞口建三仙庵。他的家乡自贡居士数十人来庵献钟。在洞口唱戏，一时之间，锣鼓喧天，灯火齐亮，引起瓦斯爆炸，当场炸死居士六十四人，演空亦不幸遇难。后峨眉县令查封此洞，不准再建寺庙。雷洞坪在1959年时因倾斜拆除，1978年，在岩畔重修木质大亭一座。大亭的左上方，有地名桫椤坪，坪上桫椤成片，夏季开花，灿若云霞，艳丽悦目。清人彭元吉有诗咏之曰：“桫椤原是佛前花，开遍峨眉灿若霞。不信佛身常在世，见花如见佛无差。”

金顶，即古光相寺。在大峨峰顶。金顶海拔3077米，历代寺院集中建于此处。与金顶相连，尚有千佛顶、万佛顶，万佛顶海拔3099米，即大峨峰顶，为峨眉最高峰。

金顶的主要建筑为金殿，最早为汉明帝时所建，名叫普光殿，在唐、宋时改名光相寺，以后又改名永明华藏寺。明初，宝昙和尚重建此殿，以铁为瓦。以后因山顶多遭雷击火灾，屡建屡颓，先后以铁、锡、铜为瓦。清巡抚张德地和清总兵祁三升等先后捐资重造，又有别传和尚、妙峰和尚、惟密和尚等多次重修，遗址众多，名目颇繁。而以金顶名之，乃因其铜瓦在日光之下闪闪发亮而得名。

《峨眉县志》介绍铜殿：

“铜殿，又名金殿，明万历年间妙峰禅师创建，加上殿下木质寺庙共成大殿。神宗赐名‘永明华藏寺’。”铜殿位于最高处，瓦、柱、门、窗、壁皆用铜制，晴天，阳光照耀，金光闪闪，故名金顶。“殿高二丈五尺，宽一丈四尺四寸，深一丈五尺三寸。上为金檐雕甍，环以绣棂琐窗，中坐大士，傍绕万佛，门坊空处，雕画云栈剑阁之险及入山道路逶迤曲折之状，渗以真金，巍峨辉漾，照曜天地。”康熙三年（公元1664年）周围木殿失火，将铜殿烧垮。清光绪十八年（公元1892年），日照禅师用砖木仿旧式重建。1972年又失火，烧垮殿堂。惟当年妙峰禅师所铸铜碑幸免于难。碑高二米，宽八十五厘米。正面刻《大峨山永明华藏寺新建铜殿记》，集王羲之字迹制模铸成，被列为峨眉山珍贵文物。1980年后，已在备料，准备修复寺庙，现已动工。

另外，还有锡瓦寺，《峨眉县志》记载：

“锡瓦殿，又名普光殿，光相寺，亦称祖殿。”据《峨眉山志》载，此为汉蒲公所建之普光殿，是山上第一座寺庙，故名祖殿。范成大《峨眉山行记》说：“极峰光相寺，亦板屋，无人居，中有普贤小殿。”明洪武元年（公元1368年）宝昙国师修复此殿，以锡瓦覆盖，改名锡瓦殿。清康熙初年，四川巡抚张德地捐资重建，并赐额“玉豪光”和联语“绝顶还来晚，寒窗睡达明”。在1979年后，寺宇坍废，有关部门正计划重修。

金顶的“金顶祥光”在峨眉十景中排列第一。有四种自然奇光，天下独有。登峨眉之人，若能一览此景，足慰平生。

南宋著名文人范成大在《峨眉山行纪》中，对金顶佛光的描述极为详尽生动：

“移顷，冒寒登天仙桥，至光明岩，往香。小殿上木皮盖之。王瞻叔参政常易以瓦，为雪霜所薄，一年辄碎。后复以木皮易之，翻可支二、三年。人云，佛现悉以午，今已申后。逡巡，忽云出岩下傍谷中，即雷洞山也。云行勃勃如队仗，既当岩则少驻。云头现大圆光，杂色之晕数重。倚立相对，中有水墨影若大圣跨象者。茶顷，光没，而其傍复现一光如箭，有顷亦没。云中复有金光两道，横射岩腹，人亦谓之‘小现’。日暮，云雾皆散，四山寂然。乙夜灯出，岩下遍满，弥望以千百计。夜寒甚，不可久立。丙申，复登岩眺望，岩后岷山万重；稍北则瓦屋山，在雅州；稍南则大瓦屋，近南诏，形状宛然瓦屋一间也。小瓦屋亦有光相，谓之‘辟支佛现’。此诸山之后，即西域雪山，崔嵬刻削，凡数十百峰。初日照之，雪色洞明，如烂银，晃耀曙光中。此雪自古至今未尝消也。山绵亘入天竺诸番，相去不知几千里，望之但如在几案间。瑰奇胜绝之观，直冠平生矣！”

复诣岩殿致祷，俄氛雾四起，混然一白。僧云：“银色世界也。”

有顷，大雨倾注，氛雾辟易。僧云："洗岩雨也，佛将大现。"兜罗绵云复布岩下，纷郁而上，将至岩数丈，辄止，云平如玉地。时雨点犹余飞。俯视岩腹，有大圆光，偃卧平云之上，外晕三重，每重有素、黄、红、紫之色。光之正中，虚明凝湛，观者各自见其形，现于虚明之处，毫厘无隐，一如对镜，举手动足，影皆随形，而不见旁人。僧云："摄身光也。"此光既没，前山风起云驰。风云之间，复出大圆相光，横亘数山，尽诸异色，合集成采，峰峦草木，皆鲜妍绚蒨，不可正视。云雾既散，而此光独明，人谓之"精现"。凡佛光欲现，必先布云，所为兜罗绵世界。光相依云而出；其不依云，则谓之"精现"，极难得。食顷，光渐移，过山而西。左顾雷洞祠山，复出一光，如前而差小。须臾，亦飞行过山外，至平野间，转徙得与岩正相值，色状俱变，遂为金桥，大略如吴江垂虹，而两旁各有紫云捧之。凡自午至末云物净，谓之"收岩"，独金桥现至酉后始没。

范成大在淳熙四年（公元 1177 年）六月游峨眉，幸运地看到了各种很难见到的佛光，并以他简练生动的文笔，将这些奇景描绘得清晰而又逼真。

《峨眉县志》记载金顶风光如下：

“金顶上是一个地形微斜的小平原，人上一顶，顿觉空阔寂寥，如临三清境界。极目四顾，瞰岷江千里，蜿蜒东去；北望川西平原，丘陵起伏；南边大小凉山，莽莽苍苍；西盼贡嘎雪山，横亘天际。金顶背面是苦名的舍身岩，岩高七百二十米，峭绝如壁。岩下常是茫茫白云无边无际，令人望而生畏。”1933年夏季，地质学家李春昱来峨眉考察地质时，同瑞士地质学家巴勒加从岩底攀上金顶。岩端有奇石数堆，取名“金刚嘴”，又名“七宝台”，突兀峥嵘，成为奇观。在金顶上，有四种自然奇观。

一、祥光。每当太阳偏西，睹光岩前白云平铺之时，云层上便出现五彩光环，有时重迭数层，明亮艳丽，僧人称之为“佛光”。环光大小不一，有时小如面盆，大如簸箕，有时二环同现，悬于半空，色彩离奇，据说人影进入佛光，可获吉祥，故名“祥光”。范成大有诗咏此景说：“重轮迭影印岩腹，非烟非雾染丹青。我与化人中共住，镜光觌面交相呈。”佛光在科学上叫“宝光”，人立岩畔，影映其中，身动影动，极有奇趣。峨眉山上天门石，接引殿等处也有佛光出现。

二、圣灯。在月黑风静的夜晚，岩下幽谷中，忽有一光如豆，顷刻数点似萤，渐渐成百上千，飘飘荡荡，时聚时散，如节日焰火，艳丽多彩。僧人说是“万盏明灯照普贤”。其实这是谷底磷光和萤虫造成的。唐代诗人薛能有诗咏之曰：“莽莽空中稍稍灯，坐看迷浊变澄清。须知火尽烟无尽，一夜栏边说向僧。”

三、云海。每当晴空万里，深谷雾起，漫岭弥壑，在睹光台前，汇成一片，越积越厚，铺展开去，一望无涯，形成茫茫云海，顷刻峨顶三峰，遂成孤岛，如空中无风，云面似镜，寂静无声，光照海面，彩霞缤纷，使人恍如置身碧瑶蓬莱。如遇风起，但见波涛翻滚，犹如万马奔腾，似闻狂涛怒啸，又觉山摇地动，使人不敢久视。

四、日出。须晴日，天刚微明，银河横陈，繁星万点，慢慢东方发白，几缕银光，射向苍穹，成扇形展开，渐渐自白变黄，黄又变红，渐成赤色，猛然一跃，通天明亮。天边一点橙红缓缓露出，初似峨眉，渐

如新月，猛然一跳，半轮呈现，连跳两下，一轮平扁椭圆赤球，跃上地平线，艳丽如灿，光耀长天。回首峨眉，漫山金赤；残雪映日，金光闪烁。整个日出过程约二十秒钟，若遇上东方飘浮几片白云，彩霞斑斓，更是一种奇趣。

卧云庵位于金殿边上，始建于唐。唐代诗人贾岛于唐文宗开成二年（公元837年）任长江（今四川蓬溪县）主簿和普州（今四川安岳县）司仓参军时，与庵僧交往甚笃。他在《送卧云庵僧》诗中云："下视白云时，山房盖木皮。重枝松落子，侧顶鹤听棋。"元代寺顶改用锡瓦，故又有"银顶"之称。明末被火焚毁，清康熙初年由可闻和尚重建。道光七年（公元1827年）、光绪十年（公元1886年）两次失火，几成灰烬。现存四合院为1974年重建，基本保持清初风貌。该庵建于西峰绝顶，海拔3千米，俯卧白云之上，故名。庵外为观日出、云海及佛光三大奇观的舍身岩，庵下有水池，形如半月，深广数丈，古称观音水，或称井络泉，可供千人饮用。

《峨眉县志》记载：

"卧云庵，明嘉靖年间性天和尚开建，位于舍身岩畔，岩下白云上涌时，寺如卧云，故名。"清康熙年可闻和尚重建。康熙赐诗曰："何处问津梁，行行到上方。天香飘广殿，山气宿空廊。疏中沉片两，坐觉俗情忘。"庵下有半月池，深广数丈，可供千人饮用。建国后，多次维修寺院，现为山顶主要住宿之处。

万佛顶为峨眉山绝顶，昔有寺院。《峨眉县志》记曰：

"万佛顶，是峨眉山最高之处，海拔3099米。寺庙为明正德年间修建，名文殊庵。清光绪年间通慧和尚重建，增修佛堂，改名清凉庵，亦名极乐堂。"寺侧藏经楼，藏经甚丰。寺宇已废，正计划修复，游人至此，但觉万象排空，气势磅礴，众景纷呈，耳目为开，神驰气壮。仰望太空，渺渺茫茫，俯视山下，莽莽苍苍，别有天地。明人刘迈开撰联曰：

"五岳皆培塿，三巴在几筵。"

佛教寺院植风水林的显例，有四川峨眉山。在明穆宗隆庆丁卯年（公元1579年），别传和尚开始在峨眉山双飞桥至白水寺一带，亲手栽植楠木，每栽一棵，他就念诵《法华经》一字，并施一礼拜。直至栽成69777棵，与《法华经》字数一样，林成之后，长达数里，被称作“古德林”。

明朝胡世安《登峨山道里纪》记载：“……一望浓翠蔽岭，别传和尚手植楠也。”株与《法华经》字数相等，今号“古德林”，樵苏不敢轻犯。

清朝江皋《游峨眉山记》云：古德林绿云四垂，万株浓翠，别传和尚手植楠也。相传数与《法华经》字等，真不啻檀林只树矣！

程东、薛冬著《峨眉山》曰：“出白龙寺，可见楠木参天，林荫夹道。传说这些高大楠木为明代隆庆时的高僧洪济所栽。洪济又名宗会，法号别传。”他在这里念诵《法华经》一字，便栽植一树，同时行一大礼，如此植树不辍。《法华经》共有经文69777字，他便也栽了这么多棵楠木，其心至诚至坚，感天动地，名垂青史。行人至此，莫不肃然起敬。所以他植的树被称作“古德林”。

峨眉山藏风聚气，以独特的风水格局，创立普贤道场，因此能享誉两千年而不衰。

第四节　文化名寺——普陀山

普陀山是全国最著名最灵异的观音道场，佛教圣地，寺院无论大小，都供奉观音大士。可以说是“观音之乡”了。每逢农历二月十九、六月十九、九月十九分别是观音菩萨诞辰、出家、得道三大香会期，全山人山人海，寺院香烟缭绕，一派海天佛国景象。

普陀山是东海舟山群岛中的一个小岛，南北狭长，面积约12.5平方公里。岛上风光旖旎，洞幽岩奇，古刹琳宫，云雾缭绕。普陀山与九华山、峨嵋山、五台山合称中国佛教四大名山，而且又以山、水二美著称的名山，普陀山这座海山，充分显示着海和山的大自然之美，山海相连，显得更加秀丽雄伟。

普陀山素有“海天佛国”、“南海圣境”之称，同时也是著名的海岛风景旅游胜地。

普陀山位于舟山群岛东部海域，与世界著名渔港沈家门隔海相望，在浙江省舟山岛东侧，属于舟山市。浙江沿海渔民早就来此捕鱼，最早寺庙建于858年，由日僧慧锷主持其事。现有普济寺、法雨寺、盘陀庵、灵石庵等寺庙和潮音洞、梵音洞等名胜。

普陀山

普陀山四面环海，风光旖旎，幽幻独特，被誉为“第一人间清净地”。山石林木、寺塔崖刻、梵音涛声，皆充满佛国神秘色彩。

岛上树木丰茂，古樟遍野，鸟语花香，素有“海岛植物园”之称。全山共有66种百年以上的树木1221株。除千年古樟，还有被列为国家一级保护植物我国特有的珍稀濒危物种普陀鹅耳枥。岛四周金沙绵亘、白浪环绕，渔帆竞发，青峰翠峦、银涛金沙环绕着大批古刹精舍，构成了一幅幅绚丽多姿的画卷。岩壑奇秀，磐陀石、二龟听法石、心字石、梵音洞、潮音洞、朝阳洞等。大多名胜古迹，都与观音结下了不解之缘，流传着美妙动人的传说。它们各呈奇姿，引人入胜。普陀十二景，或险峻、或幽幻、或奇特，给人以无限遐想。

在中国佛教名山中，普陀山是一座非常特殊的山。它本身是一个岛屿，孤立于浙江省定海县东面的海上，属于舟山群岛的一个。舟山群岛共有三百四十多个岛屿，位于钱塘江的江口，本是大陆棚海平面下突起的丘陵。

普陀山夏凉冬暖，岛上山峦起伏，林木葱郁，怪石嶙峋，千姿百态，蓝天雾海，虚无缥缈，犹如瑶林仙境。在四大名山中，普陀山是唯一有山海之胜。既有山岛的层峦叠翠，更有海上雄浑变幻的壮观景色，形成了山海奇观。

普陀山是全国著名的观音道场，其宗教活动可溯于秦。原始道教及仙人炼丹遗迹随处可觅。

唐大中元年（公元 847 年）有梵僧来谒潮音洞，感应观音化身，为说妙法，灵迹始着。唐咸通四年（公元 863 年）日僧慧锷大师从五台山请观音像乘船归国，舟至莲花洋遭遇风浪，数番前行无法如愿，遂信观音不肯东渡，乃留圣像于潮音洞侧供奉，故称“不肯去观音”。后经历代兴建，寺院林立。鼎盛时期全山共有 4 大寺、106 庵、139 茅蓬，4654 余僧侣，史称“震旦第一佛国”。

普陀山的佛教历史悠久，作为观音道场初创于唐代。唐大中（公元 847 年～公元 860 年）年间，有梵僧（又说西域僧）来山礼佛，传说在潮音洞目睹观音示现。唐咸通四年（公元 863 年），日僧慧锷从五台山请得观音像回国，途经普陀山海面时触新罗礁受阻，于潮音洞登岸，留佛像于民宅中供奉，称“不肯去观音院”，观音道场自此始。宋元两代，普陀山佛教发展很快。宋乾德五年（公元 967 年），赵匡胤遣内侍（太监）王贵来山进香，并赐锦幡首开朝廷降香普陀之始。元丰三年（公元 1080 年），朝廷赐银建宝陀观音寺（即今前寺）。当时，日韩等国来华经商、朝贡者，也开始幕名登山礼佛，普陀山渐有名气。绍兴元年（公元 1131 年）宝陀观音寺主持真歇禅师奏请朝廷允准，易律为禅，山上 700 多渔户全部迁出，普陀山遂成佛教净土。嘉定七年（公元 1214），朝廷赐钱万锣修缮圆通殿，并指定普陀山为专供观音的道场，与五台山（文殊道场）、峨眉山（普贤道场）、九华山（地藏道场）合称为我国四大佛教名山。

普陀山凭借其特有的山海风光与神秘幽邃的佛教文化，很早就吸引众多文人雅士来山隐居、修炼、游览。据史书记载，早在 2000 多年前，普陀山即为道人修炼之宝地。秦安其生、汉梅子真、晋葛雅川，都曾来山修炼。普陀山作为中国古代海上丝绸之路始发港的重要组成部分，早在唐代就成为日本、韩国及东南亚国家交往的必经通道和泊地。至今山上仍留有高丽道头、新罗礁等历史遗迹，流传着韩国民族英雄张保皋等事迹。

自观音道场开创以来，观光揽胜者络绎不绝。宋陆游、明董其昌等历代名士，都先后登山游历。历朝名人雅士、文人墨客，或吟唱，或赋诗，留下了大量珍贵的诗文碑刻，使普陀山文物古迹极为丰厚；唐宋元明清五朝近 20 位帝王为了祈求国泰民安，特遣内侍携重礼专程来普陀山朝拜观音。明太祖朱元璋、清圣祖康熙还多次召见普陀山高僧，赐金、赐字、赐佛经、赐紫衣，礼遇有加；新中国历任中央领导人也都亲自莅临普陀山视察、指导工作。五朝恩宠，千年兴革，佛国香火，由是鼎盛，赫赫声名，广播远扬。

普陀山的堪舆研究：

普陀山乃舟山群岛中的一小岛，地窄人稀能闻名全世有其先天条件，其岛呈狭长形，全岛面积仅有 12.5 平方公里，地势西北高峻，最高峰佛顶山海拔 291 米，风景点均分布在平缓的东南一侧，也就是乾方来龙，巽方结穴，乾为天，乃为至大至刚，诸佛菩萨适宜，外岛群山拥抱，罗城周密，前有洛迦山的小岛为案，乃天成之佳穴，实乃静修之佳地，尤其普济禅寺，位于群山之中的平洋小天地，前有莲花池乃水聚天心之穴，财源不断，人口众多之处，也是精华区。

普陀山，全称普陀洛迦山，旧名梅岭山。唐代佛教盛行，中外佛教僧侣常在此活动。相传唐宣宗大中元年（公元 847 年）有一印度僧人来此自燔十指，在潮音洞前亲见观世音菩萨现身说法，于是就地结茅，遂传此地为观世音菩萨显灵之地。至后梁始建不肯去观音院，以奉观世音菩萨。

唐朝以前，世人仅传梅子真、葛稚川的寄隐。自唐宣宗大中年间，天竺僧来，在洞中自燔十指，亲睹观世音与说妙法，授以七色宝石，灵迹才开始显著。后梁太祖贞明二年（公元 916 年），建不肯去观音院，成为普陀山奉佛的开始。

观世音菩萨，中文还译作光自在、观世自在、观自在等。《法华经》中对观世音的解释为："苦恼众生，一心称名，菩萨实时观其音声，皆得解脱，以是名观世音。"在佛教四大菩萨中，观世音以慈悲著称，这里的慈悲并非一般意义上的慈悲，而是"大慈与一切众生乐，大悲拔一切众生苦"。慈悲是观世音济世的动力，在《华严经》和《楞严经》中列举了观世音救度众生变化的各种形象，共三十二种，称为三十二应身观音。在中国佛教发展史上，观世音一般以两种形象出现：一种是普度众生往西方的观世音，一种是循声而救众生的观世音。前者给人以来世利益，后者则给人以现世利益。

自从建了不肯去观世音，从此有了专用殿宇和僧人，逐渐发展起来，到了宋朝，普陀山声誉日隆。北宋太祖乾德五年（公元 967 年），赵匡胤派遣太监上山进香。以后各代皇帝多有拨款赐赠，建筑规模日益扩充，至宋神宗元丰三年（公元 1080 年），王舜封出使三韩，遇大风浪，望潮音洞叩拜祈祷平安济渡，归国后奏知皇帝，改院为寺，并迁至今普济寺址，皇帝赐名"宝陀观音寺"，此后名声更大。

南宋高宗绍兴六年（公元 1131 年），下令岛上渔民迁出，辟为"佛地净土"。宋宁宗嘉定七年（公元 1214 年），赐"圆通宝殿"匾额，并指定普陀山为专门供奉观世音的道场，岛上各寺院均塑观音像，此后一直延续下来。这样，自从唐朝懿宗咸通四年（公元 863 年），第一尊观世音像入山开始，历经 300 余年，普陀山终于成为四大佛教名山之一。

在元朝统治中国的九十七年间（公元 1271 年～公元 1368 年），普陀山佛寺少有扩建，但仍以“宝陀观音禅寺”为主，统领全山。明朝初年实行海禁，明太祖洪武十九年（公元1386年），明成祖令大将汤和焚寺迁民，共焚毁殿宇三百余间，仅剩下一座铁瓦殿，留下一僧一仆守奉香火。此后冷落了百余年，至明武宗正德年间（公元1506年～1521年），普陀山有个名叫淡斋的僧人四处化缘，在潮音洞南面修建了二十多间殿宇，将铁瓦殿也整修一新。但是，几年之后，沿海一带遭受倭寇袭扰，皇帝派总督胡宗宪将主要殿宇迁到镇海以东的招宝山，将其余殿宇僧舍都焚毁了。至明神宗万历三十三年（公元1605年），倭寇平息，明神宗遣太监张随重修圆通殿，赐额“护国永寿普陀禅寺”，普陀山的寺院得以恢复，重获生机。原来的梅岭山也改称为普陀山。

明末清初，原先盘踞在台湾的荷兰人都被郑成功赶走，流窜于沿海一带，曾先后两次上普陀山，毁像取宝，把历代皇帝颁赐的珍宝劫掠一空。为了平息流寇海盗，清廷实行海禁，每次海禁都伴随着焚寺迁民之灾，殿宇焚毁，僧众搬迁，普陀山成了荒岛。清康熙二十八年（公元1689年），康熙南巡，陆续资助修复普陀山寺院，同时赐匾“普济群灵”于“宝陀观音寺”，赐匾“天花法雨”于“护国镇海禅寺”。从此，这两座寺院便改为“普济寺”和“法雨寺”。不论是建寺的年代还是所处的位置，都是普济寺在前，法雨寺在后，所以俗称普济寺为前寺，法雨寺为后寺。

此后两百年间，普陀山续有发展，直至1937年抗日战争前夕，全山计有三大寺，八十庵，一百二十八茅蓬，僧众三千余人。1966年起，“文化大革命”期间，所有佛像法器摧毁殆尽，僧尼被迫还俗，一切佛事活动都停止了。直至1979年后，逐渐修葺殿宇，恢复往昔旧观。

普陀山普济寺在白华顶南，灵鹫峰麓，是普陀山开创最早，规模最大的古寺，也是全山供奉观世音菩萨的首府。因普陀山分为前山、后山，前山以普济寺为中心，故又称为前寺。普济寺为普陀山三大禅寺之首，它使普陀山成为举世闻名的佛国胜地。

普济寺

普济寺原名宝陀观音寺，建于宋神宗元丰三年（公元1080年），至宋宁宗嘉定七年（公元1214年）赐“圆通宝殿”额。明太祖洪武十九年（公元1386年）、明世宗嘉靖三十二年（公元1553年），因海寇骚扰，寺院两度内迁大陆。明神宗万历三十三年（公元1605年）重修，赐额“护国永寿普陀禅寺”。清康熙赐额“普济群灵”。清雍正九年（公元1731年），当朝发七万重金修复普陀寺，历时三年：寺内遂建成天王殿、大圆通殿、藏经楼等殿十所，堂十七所，楼十二幢，轩三所。在定海、宁波、台州、松江等地还设有下院五处。当时殿宇之大，建筑面积达14000平方米，为东南最大的寺院。

普济寺正山门建于清康熙四十一年（公元1702年），内竖明万历、清康熙御碑三块，正中央一块记录了普济寺的历史沿革。山门之后的第一大座大殿是天王殿，重檐歇山顶，面宽五间，达28米余。殿内正中端坐弥勒佛，弥勒佛中间竖立着雍正手书白玉碑一块，碑文记载普陀山历史。后立护法韦驮，二侧为四大金刚。天王殿之东西两边是钟楼和鼓楼。四重翘檐，气势宏伟。钟楼内有重达七千斤的铜钟，每当夜半，钟声远荡海天。有人说，姑苏寒山寺钟声清悠及远，普陀普济寺，钟声宏亮被广。鼓楼内有五尺直径的大鼓。

圆通殿是普济寺的主殿，位于天王殿以北，面宽七进六间，采用重

檐歇山顶，宽敞明亮，殿内容纳数百人不觉宽，上千人又不觉窄，人称活大殿。殿内正中端坐着观世音菩萨，高达8.8米，身旁侍立的善财童子和小龙女神态优美。东、西两壁各有十六尊不同服饰、不同造型的观世音菩萨，称观音三十二身，分别是：佛身、独觉身、缘觉身、声闻身、梵王身、帝释身、自在天身、大自在天身、天大将军身、天王身、天王太子身、人王身、长者身、居士身、宰官身、婆罗门身、比丘身、比丘尼身、优婆塞身、优婆夷身、长者妇女身、童男身、童女身、天身、龙身、夜叉身、乾闼婆身、阿修罗身、紧那罗身、摩喉罗迦身、人身、非人身。三十二身观音只能以整体形式供奉，不能单独出现。主殿旁边各有一个配殿，东配殿供奉文殊菩萨，西配殿供奉普贤菩萨，另外在法堂中还建有地藏殿，供奉地藏菩萨。

普济寺周围风景优美，名胜密布，是普陀山风景最集中的地方。寺前有大水池海印池，原是放生池，现为莲花池。池内清波如镜．林木倒影，映之如画。尤其在盛夏时节，海印池中莲花肥硕，红莲绿荷，满地生彩，而且莲香远溢，沁人心脾。“莲池月夜”为普陀十二景之一。在此赏莲，不仅赏花，更在意于它深层的佛教寓意。莲花在佛教中是圣洁、清净的象征，莲花破除了污泥的阻碍，亭亭玉立，又常用它表示成佛。“看取莲花净，方知不染心。”清朝邬景曙《莲池月夜》诗云：“水满波澄月色明，幽香遥拂晓风清。忽惊身在莲花上，更待何年说往生。”海印池有两桥一堤。池东为永寿桥，俗称罗汉桥，左右桥栏雕有四十只小石狮，形态各不相同。西是瑶池桥，四隅镂有龙首，天雨时．雨水从龙嘴喷洒而出。

普济寺东南不远处有多宝塔和莲花池诸景相映成辉。塔为建于元朝元统年间的太子塔，四方形五层，高32米，全用精美的太湖白石砌成，玲珑俊秀。塔为实心，不可攀登，每层各面辟有壁龛，龛内有石雕佛像，栩栩如生。每层围栏雕刻有护法天神、狮子、莲花、古佛、龙首，雕饰精细；其中观世音像，姿态犹若妙龄少女，神态妩媚，予人亲切之感。该塔具有典型的元朝建筑特色，是罕见的佛教艺术珍品。

普济寺后湾有一处真歇庵遗址，为本山禅宗第一代祖师真歇和尚修静处。其东无畏石，高五丈，周百丈，上镌“海天春晓”、“空有境”，还有“寰区照瑞相，刹海遍潮音”对联。西侧另有一岩，俨如狻猊，作跳跃状，名为猴岩。寺西有“清静境”三字，意谓进入了一个没有邪念的清净境地。

普济寺选址适中，前对梵山，背倚灵鹫峰。寺隐于茂密樟林之中，寺前古柏成行，庄严肃穆。东通海岸百步沙，西至梵密（泗基）旷野。东西形成穿堂风气候，凉爽无暑，环境静谧，且可避台风之袭击。寺前原有清溪径流入海，后扩为海印池，广袤十五亩，繁殖荷莲，香远益清，更烘托出寺之肃穆、恬静的性格。海印池又有调节小气候的作用，更觉爽心宜人。海印池昔为放生池，是宗教的善事活动之一，更增添普济寺的“普济”意义。海印池、多宝塔等使普济寺构成背山临池，塔、桥、亭、寺院融于一体的境地。

法雨寺在白华顶左，光熙峰下，又出后寺，是普陀山第二大寺。与普济寺相仿，门前景致有青玉涧水绕流寺门，汇成一泓荷池，池上一座海会桥连接山门。

法雨寺，初名海潮庵，始建于明神宗万历八年（公元 1580 年），《古今图书集成》记载：（万历）八年，大智融禅师入山，见光景幽胜，欲开辟梵宫，乃祷潮音、梵音二洞，若此地宜奉香火，大士当赐指授。夜课，千步见潮拥一大竹根至，师曰：“此大士授我也。”于是结茅斯地，题曰“海潮庵”云。

明神宗万历二十年（公元 1594 年），郡守吴国改额“海潮寺”，万历三十四年（公元 1606 年），朝廷敕赐“护国镇海禅寺”额，以后又发旨谕，请得《大龙藏》经，该经文至今还珍藏在普陀山文物馆内。

清康熙一十八年（公元 1699 年）御赐“天花法雨”额，故改名“法雨禅寺”。雍正九年，进行大规模扩修，其规模毫不逊色于普济寺。

法雨禅寺布局雅致，令人叫绝。它地处锦屏山下，背山临海，巧构宏制，层层叠建。这里古樟参天，绿树成阴，穿林过坎，遥对千步金沙，海涛惊飞，奔腾澎湃，海与寺的密切关系极为突出。中轴线前有天王殿，后有玉佛殿，两殿之间是钟、鼓楼，又后依次为观音殿，御碑殿、大雄宝殿、藏经殿、方丈殿。入山门而上彷如步入天宫。难怪当年康有为百日维新失败出亡，曾携夫人张妙华游法雨寺，并集“锦屏临海浪，法雨飞天花”句，以赞叹法雨寺的宏大气势。

清光绪十九年（公元1893年），北京高僧印光法师，来到法雨寺藏经楼，自此专修净土法门三十余载，被尊为中国佛教净土宗第十三代祖师，使法雨寺名气大增。

法雨寺玉佛殿，在圆通殿前，原建筑是雍正年间为安放雍正御碑而建，所以又叫雍正玉碑殿，后改名为玉佛殿。现供奉一尊白玉释迦牟尼像，是1985年从北京永乐宫请来的。该殿为重檐歇山顶，四周做廊轩，廊轩的梁枋雕镂精致，面宽三间，黄琉璃顶。

圆通殿即观音殿，建于康熙年间，气势壮阔。殿内顶部正中置九龙藻井，故名九龙殿，系康熙三十八年（公元1699年）经皇帝批准，将南京明故宫旧殿九龙藻井拆迁至此重建的，是法雨寺中最有艺术价值的殿宇。此殿坐北朝南，面阔七间，用十三檩，高22米，重檐歇山顶。上檐九踩斗拱，琉瓦黄墙，雄伟壮观，气势不凡。明间佛像上方的九龙藻井，一蟠龙居中，周围八条盘柱，昂首舞爪，盘柱而下，雕刻精致，形态传神，具有浓厚的明代色彩，在国中堪称一绝。殿内供奉的大理石观音神像，神情凝重妩媚，身体妙若少女，不失为艺术珍品。

天后阁建于雍正九年（公元1931年），位在法雨寺之东南隅。

天后即海神妈祖。天后阁建于佛寺者不多见，主持僧法泽以山在海洋，礼佛者多从舟楫来寺，而寺内又未奉有天后香火，遂建此阁。

经藏经殿、方丈殿，登上法雨寺主山锦屏山的高处，一览众山，全寺建筑尽收眼底。锦屏山环若列屏，林木清翠，更加上白葩丹蕊，四时开放，辉映如锦，因而得名。

在法雨寺东海边有一片沙滩，自几宝岭至飞沙岙，长近2000米，宽约100米，这是普陀山最大的沙滩，名为千步金沙。黄色金沙，寸土不染，略不沾滞，日光照耀，黄沙披金。佛经中常有“金沙布地”的说法，故得名。佛门弟子常以为观世音曾在此漫步，传经说法。每当海风徐来，碧波涟漪，如道道素练轻拂金沙。沙质均匀纯洁，漫步其间，如履软毯。

慧济寺在佛顶山巅，骑山临云，又名佛顶山寺，居群山之中，诸峰若拱，出众岭之顶，是普陀山最高的寺院。慧济寺建在高山盆地，深藏于山林之中，远看只见林木葱茏，不见殿宇，走近之后，始见黄瓦殿角隐露于绿树丛中，雕梁画栋，清幽绝俗。寺处山顶，脚下烟霭缭绕，如身临仙境。古人曾用“绝壁裂天分日本，长空扶月下琉球。苍茫蜃气晴疑雨，淋沥寒声夏亦秋”的诗句来赞美。

慧济寺历史不如普济寺和法雨寺久远。原先山顶仅有石亭供佛，明代僧慧圆发愿在普陀山最高峰佛顶山创建寺院，四处化缘终于建成了慧济庵。清乾隆五十八年（公元 1793 年），能积禅师建圆通殿、玉皇殿、大悲楼、斋楼，扩庵为寺，初具规模。清光绪三十三年（公元 1907 年），德化禅师请得御赐《大藏经》后，由弟子文质禅师；次大加扩建，使之成为巨刹，与普济寺、法雨寺并峙海山，合称普陀三大禅寺。

慧济寺虽居山顶，藏而不露。翠微环抱，茂林为屏，曲径相寻，广刹始现。这种巧妙的布局，颇有“山重水复疑无路，柳暗花明又一村”的妙趣，更加深了宗教神秘的气氛。并且在避免台风的袭击上也是个妙着。慧济寺的建筑布局是受到地形所限，没有伽蓝七殿之形制，而是采用短纵轴线与横向发展结合的布局。

慧济寺建筑面积约 3300 平方米，分为四殿七宫六楼阁，它最突出的建筑特点是布局因山制宜，与一般佛殿大不相同。大雄宝殿、藏经阁和大悲殿都处在同一条平行横轴线。大雄宝殿内供奉佛教祖师爷释迦牟尼佛像，左右是阿难陀、大迦叶两位佛弟子。两厢则是佛教专说中掌管电、水、火、风、雷、日、月、星、地、树等二十位天神的立像，名为“二十诸天”。

慧济寺所处的佛顶山，又称白华顶、菩萨顶，海拔 291 米，浮于众山之巅，俯视光熙、妙应诸峰，远处望去，其峰顶垒垒如杯漂浮于积水之上。山顶经常云烟层层，雾霭滚滚。远近峰峦，在茫茫云海之中，如一座座漂浮的岛屿。云雾遮天蔽日，群山苍茫，烟峦一抹，海天难辨。故“华顶云涛”为普陀十二景之一，而且华顶云涛最能表现普陀山的豪壮特色。

普陀山藏风聚气，以独特的风水格局，创立观音道场，因此能享誉1100余年而不衰。

第五节　文化名寺——九华山

九华山古称陵阳山、九子山，因有九峰形似莲花，因此而得名。于唐天宝年间（公元742年～公元756年）改名九华山。方圆100公里内有九十九峰，主峰十王峰海拔1344.4米，山体由花岗石组成，山形峭拔凌空，素有“东南第一山”之称，至今保留着乾隆御赐笔金匾“东南第一山”。

九华山，位于安徽省池州境内，西北接安庆市天柱山风景区，南接黄山风景区，是安徽省三大名山之一（黄山、九华山、天柱山），是上古学仙修道圣地之一。

九华山风光如画，雄奇壮美。每当晴空万里，俯瞰山前绿野万顷，田畴如绣。北望浩荡长江，宛如巨幅白练横陈，又似仙女襟带接地。放眼南眺，黄山的天都、莲花诸峰遥出天际，如群芳斗艳'似壮士争雄。雨后初霁，彩虹当空，瀑布垂练于翠壁，万壑争流于苍溪，群峰碧绿，万木滴翠。夜步山径，明白皎洁，水墨图画；晨观日出，万点金光，气势磅礴。古人把九华山美丽诱人的景色总结为“五溪山色”、“桃岩瀑布”、“舒潭印月”、“东岩晏坐”、“平冈积雪”、“化城晚钟”、“莲峰云海”、“九子泉声”、“天柱仙踪”、“天台晓日”十大名景。

九华山层峦叠翠，山灵水秀，崖壑树石别致独特，名胜古迹遍布其间。山中多溪流、瀑布、怪石、古洞，古松参天，翠竹如海，景色幽绝，好似世外桃源，素有“东南第一山”之誉和“仙城佛国”之称。

九华山

山上有九十九座各具风姿的峰峦，远观似莲花出水，俯视如儿孙绕膝。其中以天台、天柱、十王、莲花等九峰最为雄伟，高耸云端，竟相斗奇，远远望去好像并肩耸立的九个兄弟，因而古名九子山。

安徽九华山是地藏菩萨的佛地，它和浙江普陀山、山西五台山、四川峨眉山，并列为中国的四大佛山。

截至2015年9月，九华山有寺庙99座，佛像万余尊。著名的寺庙有甘露寺、化城寺、祇园寺、旃檀林、百岁宫、上禅堂、慧居寺等，收藏文物达千余件。九华山有3座肉身殿，分别在神光岭、百岁宫、双溪寺。神光岭肉身殿是安置金地藏肉身的地方，亦称“地藏塔”。历经唐、宋、元各个时期的兴衰更迭，九华山佛教至明初获得显著的发展，清代达到鼎盛时期，有寺庙300余座，僧尼4000多人，“香火之盛甲天下”。今存寺庙90余座（其中9座列为全国重点寺院，30座列为省级重点寺院），有僧尼近600人，自唐代至今，九华山自然形成的僧人肉身达15尊，现可供观瞻的有5尊，其中一尊仁义师太肉身是当今世界上唯一的比丘尼肉身，佛像6300余尊，藏历代经籍、法器等文物2000余件。“肉身佛”是九华山的一大特色。在九华山至今仍保留着一种奇特的殡葬习俗——坐缸。在缸底铺一层石灰，其上加盖一层木炭，将法体盘坐装殓其中，再填充碾碎的木炭、檀香等，最后再将盖子密封起来便可。密封保存，三年后再行开缸，如果缸内的僧侣颜面如生，肉身不腐，他们就会再被塑成金身，成为“肉身佛”。

地藏王菩萨是梵文意译。佛教说他如同大地一样，含藏着无数善根种子，所以称为地藏王。还称说，释迦牟尼曾嘱咐，释迦寂灭以后，在未来的弥勒尚未降世这约五十六亿七千万年的时间里，娑婆世界众生由地藏王菩萨负责度化，并要他特别关心那些尚在地狱受苦的众生，促使改邪归正，离苦得乐，至弥勒佛出世时，使娑婆世界一切众生皆得解，地藏王菩萨在佛前发了大誓愿：“众生度尽，方证菩提；地狱未空，誓不成佛。”九华山的地藏王菩萨愿空地狱，所以被称为“大愿菩萨”。

有关九华山佛教的传人，众说纷纭，至唐代佛教盛行，九华山成为佛教名山。据唐朝费冠卿著《九华山化城寺》介绍，唐天宝末年（公元756年），新罗国（今朝鲜南部）王子金乔觉渡海来华，上九华山趺坐东崖上苦行修炼。当地人士诸葛节等自山麓登山，发现金乔觉闭目静坐石室，其旁折足鼎中，唯有白土少米烹而食之，深为感动，于是自动捐钱，买下檀姓人家的地基，为他建寺。消息传开后，近山百姓纷纷为其伐木取石。这时，在群寺上首和尚胜瑜等也闻风远道赶来，拜金乔觉为师，并替他化缘，同建寺宇。经过十年经营，新寺才初具规模。至唐德宗建中二年（公元781年），郡守张岩仰慕金乔觉德高望重，又进一步修缮、装饰寺中台殿，并表奏朝廷，唐德宗李适为新寺赐匾“化城寺”，辟为地藏王菩萨道场。

金乔觉笃行苦修，自他当了“化城寺”住持之后，为解决寺僧衣着伙食，亲自开荒种地，自给自足。一直到唐德宗贞元十年（公元794年）圆寂，终年九十九岁。据说“其肉身置于石缸中，经三年后开缸视之，颜色如生，兜罗手软，骨节有声，如撼金锁”，僧众认为是菩萨显示，且见其貌似佛经中所说地藏菩萨，而称他为地藏菩萨的化身。又因他出身王子，故又称他为地藏王菩萨。在九华山神光岭建塔殓葬，并配以殿宇，以资祀奉。当年的李白曾是金乔觉的莫逆之交，故当金乔觉圆寂后，李白为其作诗怀念："赖假普慈力，能救无边苦。"

九华山成为地藏菩萨道场，锦上添花，千百年来深受历代帝王和百姓的崇奉和膜拜。佛事兴隆，香火旺盛，寺院遍布，僧侣如云。明朝万历年间，最盛时山中寺院达百座以上，清初更增至150余座，成为"佛国仙城"，至今存寺98座，圣迹处处，朝山者无不顶礼膜拜。

自金乔觉传为地藏菩萨转世以后，九华山名声大振，一时僧尼云集，寺院林立。"九华一千寺，洒在云雾中"，这是古人对九华山寺庙林立的赞语。历代诗人墨客也络绎不绝前来朝山，留下赞誉九华山的诗篇不下500余首。

化城寺为九华山的开山寺，也是全山百寺之首，距今已有1500年的历史。其名系出自《法华经》中释迦点石化城的故事。民国释印光重修《九华山志》，记载化城寺史略："化城寺在天台峰西南，九华九十九峰独此处于山顶得平地，有溪有田，四山环绕如城。唐至德初，诸葛节等，买僧檀公旧地，为金地藏建。建中二年，郡守张岩请额，为地藏道场。明宣德间，福庆重建。万历期，赐帑再建，又敕赐藏经．供于寺后藏经楼。清康熙二十年，喻成龙复建。"康熙、乾隆，迭赐御书匾额。咸丰七年，被毁。光绪己丑重建。均有记。

九华山化城寺南对芙蓉峰，东为东崖，西临神光岭，北倚白云山，四山环绕如城。以此寺为中心，周围星罗棋布数10个寺庵，计有九莲庵、通慧庵、旃檀禅林、天然棋庵、菩萨阁、天池庵、宝积庵、长生庵、龙庵、永庆庵等，参差错落，香烟缭绕，木鱼梆梆，经声琅琅。

化城寺高踞在山顶盆地之中，九华九十九峰，独此处于山顶得平地，背倚白云山，南向芙蓉峰，东崖雄踞于东，神光岭起伏在西，虎形诸峰环绕于北，有溪有田，四山环绕如城，确如"高山流水别有天"，人一入此，犹如内城，故名化城寺。

化城寺前是一个面积约6700平方米的广场，阶下有一莲花池，传说是当年金乔觉开凿的放生池。莲花池名偃月池，又名月牙池，均取其形

如新月之意。环池有石砌栏杆，澄澈如镜，天光云影，苍山古刹，尽入其中。这个千年古池，也曾饱经沧桑。唐朝会昌法难时，九华山寺院均被毁废，月牙池也在劫难逃，成为废池。晚唐诗人薛逢游九华山见废月牙池，曾写诗叹道："曾发箫声水槛前，夜蝉寒沼两蝉娟。微波有恨终归海，明月无情却上天。白鸟将带林外雪，绿荷枯尽渚中莲。荣华不肯人间住，须续庄生第一篇。"所述清箫寒蝉，白鸟枯荷的荒凉凄楚，可以想见当时废池的情景。唐宣宗继位后，九华山寺院才得以恢复，僧众得以重聚，月牙池乃重现生机。月牙池现为约 670 平方米的大池塘，碧波澄潭的景色依然如故。

化城寺是九华山唯一的坐北朝南、呈轴线对称布局、由南向北逐渐升高的寺院，分前后四进，依山而建，有山门殿、天王殿、大雄宝殿、藏经楼。建筑庄严古朴，恢宏高大，是九华山开山之寺和总丛林。据《安徽通志》记载，唐玄宗开元七年（公元 719 年），24 岁的新罗王室弟子金乔觉，剃发出家后携白犬于唐开元、天宝间渡海来到中国，入九华山独居石室，岩栈土饭，苦修达数 10 年之久。据《九华山志》载，唐肃宗至德二年（公元 757 年），居士诸葛节等，拓僧檀公旧址，建殿宇，延地藏居之。唐德宗建中二年（公元 781 年），刺吏张岩，奉请寺额，朝廷赐"化城"匾额。明宣宗、神宗、清康熙、乾隆都曾赐匾额并赐金修葺。

四进大殿巍峨壮观。山门殿面宽五间，三间大门，雕梁画栋，门前石阶两侧蹲石狮一对，形态特殊，高大古朴，因年代久远，风雨剥蚀，原貌已无法辨析，传为唐、宋时之遗物。山门石檐柱上刻有对联"九华峰前香云缥缈，化城寺里花雨缤纷"，及"大圣道场同日月，千秋古刹护东西"。

天王殿面宽同山门，殿内有"满天星"斗拱藻井。大雄宝殿面宽五间，中有天井，两侧配殿各三间，大殿正顶上的九龙盘珠藻井，雕刻精美，殿内有一对联"愿将佛手双垂下，摸得人心一样平。"因为原有的佛像造型没有一个是双手下垂的，祈求者希望佛的双手下垂，以法力使人去掉私心与不公平。大雄宝殿内供奉地藏菩萨立像。中国佛寺中，一

般菩萨塑像为头戴宝冠，身披天衣，璎珞装饰的天人相。而地藏菩萨则多为光头或是戴毗卢冠，身披袈裟的出家僧形相，一手持锡杖，一手持莲花，或是手持幡幢、宝珠等。化城寺大雄宝殿所塑的地藏菩萨像，双手垂下，手掌向外，表示能与众生愿望满足，使众生所祈求之愿都能实现。

大雄宝殿

大雄宝殿殿内右有清宣统元年（公元1909年）制的大鼓，直径约一点四米，两壁有十二殿王像，左有清光绪十七年（公元1891年）铸造的，高约一点六米，号称九华十景之一的化城晚钟，高悬在巨大的木架上。此钟铸造精美，重约一千余公斤，敲击时发出凝重清扬的声音。由于化城寺居地理之中，群山环绕，似自然回音装置，音声倍响，声震山谷，气势磅礴。这里的钟声是全山佛课的号召，每当红日西沉，化城寺钟声一响，山上禅林的洪钟纷纷击发，群钟齐响，四山响应，久久回荡。

最后一层藏经阁高两层，是寺内唯一的明朝建筑，古朴庄重，气势雄伟。楼殿之间是一个小院。院内东西两壁上，嵌有十四方碑刻，其中

明刻碑记三方，清刻碑记十一方。藏经楼现为佛教文物展览馆，珍藏有许多宝贵文物，如高约二米的铜质毗卢佛坐像，缅甸的白玉佛，金、玉、铜质印章，以及一函函佛经、一尊尊佛像。有明万历皇帝圣旨一道和御赐《涅槃经》一部。有康熙四十四年（公元1705年）南巡时的御书“九华圣境”，有乾隆三十一年（公元1766年）的御书“佛陀普救”。以及宋徽宗、苏东坡、唐寅、文征明等的书画墨宝。

东岩寺位于化城寺以东约1500米，分为山上与山下两所寺院。东岩上院毁于1933年的一场火灾，现存下岩寺为五层建筑，内部雕刻华丽，今辟为九华宾馆。附近有晏坐岩、地藏洞、清代钟楼、天池、龙女泉、闵公墓、太白书堂遗址等名胜古迹，以及明代王守仁手书“云深处”石刻。关于东岩寺的得名，据《九华山志》云：

东岩禅寺在化城寺东，原名东峰，又名东崖，因崖北有岩如屋，故王文成公定其名曰东岩。俗又名宴坐岩，亦名舍身崖。皆由地藏卓锡，敷单宴坐，得此二名。

东岩寺建在东崖，相传为金乔觉静坐之处，曾有晏坐堂，明万历年间扩建成寺。清中叶定慧和尚募化扩建大雄宝殿、万佛楼、地藏殿、禅房、静室等。现寺已毁于1933年，仅存钟亭，亭二层，六角，内悬古“幽冥钟”，钟声深沉浑厚，响遍九子峰。

东岩晏坐，是九华山十大名胜风景之一。东有天柱、五老诸峰，奇峭挺拔；西有古仙、芙蓉诸峰，历历在目；南面天台、十王两峰，高插云表；北面长江如带，滔滔东去。如花似锦的龙溪，自南向北，迂回于峭壁之间，倾泻而出。据传说王守仁自贬寓居九华山，见东岩巨石嵯峨，具壁立千仞之势，极为壮观，而常登绝巅，终日晏坐，目观山色，耳听流泉，并写下《岩头闲坐漫成》一诗。

上禅堂在地藏塔下，当山转处，景色清幽，本名景德堂。清康熙年间，由玉琳国师弟子宗衍扩建，始改今名。当时九华山诸寺香火唯此寺最盛，风景唯此寺最佳，殿宇唯此寺最美。上禅堂山门虽小，大殿却宽敞明达，金碧辉煌，所绘佛像也极为精细，为九华山雕塑艺术珍宝。

上禅堂曾在清咸丰年间毁于火灾，同治年间由开泰禅师募捐重建。

光绪年间，由清镛禅师修建上禅堂的万佛楼。后来霞光禅师住持时，又继承清镛禅师的遗志，建造殿堂，接待香客。

步入上禅堂山门，迎面就是大肚弥勒佛，其身不大，供于佛龛中，佛龛旁悬一黄铜大钟，钟口上的佛像凸出钟面，面目传神。佛龛画有一组组人物故事，生动活泼；殿内供奉释迦、观音、地藏、十八罗汉等像。堂后有金沙泉，清泉一道，迂回曲折，高悬半空，泻入圆坑，池底沉积黄沙，闪烁如金，故名金沙泉。此泉深不盈瓯，四时不竭。相传金乔觉曾用此水沏茶，因此其诗中有句云："爱向竹栏骑竹马，懒于金地聚金沙。"相传李白曾在此洗砚，"金沙泉"三字也是李白所书，又有"太白洗砚池"之称。

肉身殿位于化城寺前神光岭上，始建于唐朝贞元十三年（公元797年），重建于清同治年间（公元1862年～公元1874年），是金地藏墓地上的塔形寺宇，又名地藏塔。殿宇宏伟，顶覆铁链，可扶之而上，大有攀登高峰之状，也有更上一层楼之乐。顶有天桥，桥侧镌刻有"神光异彩"四个大字。相传在建殿宇时，山岭上彻夜闪闪发光，人们认为是佛辉神光。

肉身殿称南台，坐落于崔嵬山峦之上。传说金地藏真身于三级浮屠安厝后，夜间塔基发光，称为圆光，颂赞为神光异彩，于是神光岭的名字便取代了旧名。千百年来，殿宇屡加修葺，愈添壮丽。明神宗赐金修建赐名"护国肉身宝塔"，三级石塔，补筑高殿，木塔笼护。清代又多次维修，至今保持原貌。

肉身殿面宽三间，四面有廊，通高18米，红墙铁瓦，殿正门楣上悬"东南第一山"匾额。殿内汉白玉铺地，四周有精美石柱和木刻画廊，佛像有的高达数丈，有的才及寸余。菩萨低眉，金刚怒目，千姿百态，栩栩如生。中间是木质地藏塔，以汉白玉为塔基，高七层，八角形，每层有八间小阁，以示七级浮屠的菩萨果位，供奉地藏大小雕像一百多座。木塔内即地藏肉身所在的三级石塔。

木塔内壁，是用赤金贴写的《地藏本愿经》。塔的每层储备面均有佛龛，每龛内供奉金地藏金色坐像。金色的十王立像，双手捧圭，毕恭毕敬列于大殿两侧的汉白玉神台之上。地面用大理石铺砌，塔前悬镂空八角琉璃灯，灯火终年长明。

殿北门外门上方有黑底金字的小篆体横匾，上书地藏菩萨的誓言：“众生渡尽，方证菩提；地狱不空，誓不成佛。”门前有半月形瑶台，列有三只铁香炉，称为“布金胜地”，终日香火不绝。

殿西有佛教文物展览室，数以千计的展品，琳琅满目，不胜枚举。内藏有宋、元“聚红磁瓶”和“青蓝磁钵”，也有康熙、乾隆皇帝手谕真迹；还陈列着一只明代制造重约五百多斤的谛听，它头上有一只角，所以又称独角，据说就是它当年驮着金地藏从新罗渡海到九华山。还有明代的万岁碑，以及历代皇帝赐九华山的玉印、谕书等，还有历代名人字画。还有件手书藏经，是无瑕和尚刺舌血写就的《大方广佛华严经》，共八十册，费时二十八年，笔画刚劲，字体清秀。还有梵文书写的贝叶经，已有两千多年历史。

祇园寺在化城寺东，是九华山上唯一的一座宫殿式建筑。始建于明世宗嘉靖年间（公元1522年～公元1566年），清嘉庆时（公元1796年～公元1820年），寺院无人照料，且殿宇行将颓废，经长老议定，邀请禅居伏虎洞二十余年的隆山和尚出来主持。隆山和尚率弟子在祇园寺聚众说法，开坛传戒，大兴土木，重建殿宇，后又经大根和尚和宽慈住持的苦心募化，陆续修建，始将一座衰微的古刹改为兴盛的十方丛林，规模为全山寺院之冠。

祇园寺前有浮雕莲花甬道，由一百多块长方形石条铺砌而成。每块石条均有等距相同的浮雕图案三个：左右金钱古币滚圆，似两串金钱；中间一条方形图案，还有蜻蜓戏叶、蛙伏莲茎等图案，生动有趣。这有一段佛典：当年释迦牟所住的是园林精舍，佛在摩揭陀国说法时，舍卫国的给孤独长者皈依了佛教，准备请释迦牟尼去他家乡说法，选择了最美好的园林建造精舍。当地唯有波斯匿王家的祇陀太子园林最佳，但要以黄金铺地为价，给孤独以重金买下。后来祇陀也信佛，就将园林献出，请释迦牟尼到此说法，于是这座园林以二人的名字冠名，称为祇园精舍，成为佛教圣地之一。祇园寺之名源于此传说，甬道以金钱铺地，象征释迦牟尼的圣迹。

祗园寺依山而建，层层叠叠，鳞次栉比，有方丈寮、大雄宝殿、退居寮、衣钵寮、客厅等上百间房屋。寺门、山门里面，左右两厢是哼哈二将。正中央供奉的是一尊红脸三目手执钢鞭的护法神像。据传说此神原是道教的护法神，来到佛门为金地藏护法守门，是九华山一奇，这尊道教灵官塑像出现在九华山，约是金、元以后的事，当时道教全真派的创立者王重阳，主张儒、释、道三教合一，所以道教神仙替佛家看门，并未引起纠纷，象征佛、道两家相互融会的趋向。二进殿内供四大金刚、弥勒佛。

中间大雄宝殿，高约 30 米，通宽 28 米，进深四间，呈方形，红墙覆以金黄色琉璃瓦，非檐高挑，四角各悬镂空花篮，檐下有雕花斗拱。殿内供奉三圣大佛和海岛观音群像，大佛身高 16 米有余，颇为壮观。殿后墙供文殊、普贤菩萨，两侧有十八罗汉。后为地藏殿、戒坛、方丈室等。厨房内有八大口锅，俗称千僧灶，最大一口直径一丈有余，可见当时僧众之多，规模之大。

百岁宫，又名万年寺，距东崖云舫二三百米，嵯峨摩天的摩空岭上，矗立着一座古寺，高踞危岩绝壁之上，闵园溪如玉带飘然而下，耸出云霄，气势不凡，此即百岁宫。自祗园寺后攀石级可上百岁宫。登上百岁宫，凭窗远眺，磨盘峰、五老峰、太古岭；凤凰岭历历在目。

百岁宫内供奉的是明朝万历年间于九华山坐化的无瑕和尚贴金肉体坐像。据《万年禅林历代流碑记序》载：“明万历年间，河北宛平县僧人海玉，字无瑕，24 岁时由五台山步行到九华山东岭岩洞中，结茅为庵，不出山，不带弟子，以野果为食，并刺出身上的鲜血写成《华严经》八十一卷。他在山中住了 102 年，126 岁时坐化圆寂了。”明崇祯三年（公元 1630 年），兵部尚书王大人被遣为钦差大臣到九华山敬香，晚间有白光一道从山头射出，他觉得神奇，遂连夜带人上山，寻到发光地点，发现在山洞中有一位已经坐化的老人。周围遗物，都已腐烂，唯坐化老人肉体还保持原样，只是已经干缩。检视老人身旁的身世自传，才知道坐化归天已有三年了。王钦差禀报朝廷后，崇祯皇帝以为是地藏转世，即敕封为“应身菩萨”，并赐塔名“莲花宝藏”，钦赐建造“百岁宫”。以后屡次修葺扩建，遂至今日规模。民国时黎元洪大总统赐额“护国万年禅寺”，所以又名“万年寺”。

现殿宇上下五层，房屋百间，依山修建，曲折相通，最下一层即肉身殿。殿内所供奉无瑕禅师真身至今尚存，其头部与常人相差无几，然躯干已萎缩至孩童一般，为江南罕见的木乃伊。相传清咸丰年间曾遭大火，无瑕禅师真身在熊熊大火中，忽抬起左手作遮火状，大火旋即熄灭，迄今未遭不测，以为神异。无瑕禅师真身与地藏王之肉身宝殿均为九华山圣迹。

甘露寺为九华山四大丛林之一，九华山佛学院即设于寺中。《九华山志》简述其沿革：“甘露寺在山之北路，半山，定心石下。清康熙丁未年，玉林国师至九华，谓此地山水环绕，若构兰若，代有高僧。时洞庵居伏虎洞，遂力任募建，开工之夕，满山松顶，皆洒甘露，故名。乾隆间，优昙住持，开坛传戒。咸丰末，被毁。光绪时，大航募修，复入燕都请清刻藏经，归供寺中。迨后常贤住持，谨遵佛制，添建庙宇。”

甘露寺在九华山北路半山腰的定心石下，清康熙六年（公元 1667 年），玉琳国师到九华山朝礼地藏菩萨，见该处景色雅致，山水环拱，苍松翠林间有块平地可以建寺，便说此地若建寺，必代有高僧。禅居伏虎洞二十余年的苦心僧洞安法师听闻玉琳国师这番话后，欣然离洞出山，后四处奔走化缘，筹建佛寺。

动工之夜，满山松竹都滴甘露。佛经以“甘露”为诸天不死之药，食者命长身安，力大体光；又以“甘露法门”譬喻为最上之法。因此，洞安和尚遂兼取祥瑞和经义，取名“甘露寺”。

清康熙年间由优昙禅师住持，开坛传戒。咸丰末年，寺宇焚毁。同治年间重修。光绪年间又由大航禅师募修，并主持甘露寺。后来由常贤禅师住持，谨尊佛制，增建殿宇。

甘露寺依山而筑，为石料所建，大殿古色古香，琉璃瓦顶，面宽进深各五间，大雄宝殿对面是韦驮殿，两厢配殿为祖师殿等。楼阁上下分别是玉佛楼、禅堂、法堂等，金光闪闪的殿宇掩映在遮天蔽日的翠竹修林之间，清代诗人曾有“到此禅关宿，方知山色好”的赞誉。寺旁有定心石，嵯峨陡峭，坐在石上，清风徐来，耳听松涛，眼观竹海，心宁气爽。

天台峰又称天台正顶，为九华山主峰。坐落于峰顶的地藏寺，古名天台寺，称为中天世界，为九华山极顶。主峰对面十王峰迎面而来，号称“十王朝地藏”；左右分别是龙头、龙珠二峰。传说九华是活的龙脉，青龙高踞此处，龙珠则是其戏要的宝物。“天台晓日”也是九华十景之一。

九华胜景在天台，天台寺建于明朝，现存建筑系清光绪年间重修。依山势高低构筑楼阁，上下五层。寺前有“天台正顶”匾额，寺内有万佛楼、大雄宝殿、地藏殿等，内供奉释迦牟尼、金地藏、弥勒佛像等，梁壁间悬木雕小佛近万尊。

站在天台绝顶青龙背上，只觉风起云涌，茫茫云海一团逐一团，一浪赶一浪，正如古诗人所云：“不识九华真面目，只觉身在云雾中。”“从此置身千仞上，不须别处觅蓬莱。”

九华山藏风聚气，以独特的风水格局，创立地藏道场，因此能享誉1200余年而不衰。

第六节 文化名寺——登封少林寺

少林寺是我国久负盛名的佛教寺院，声誉显赫的禅宗祖庭，少林功夫的发祥地，位于登封市西12公里处的嵩山五乳峰下。

少林寺建于北魏太和十九年（公元495年），是孝文帝为安顿印度高僧跋陀而建，因其建于嵩山少室密林之中，故定名“少林寺”。

登封少林寺

北魏孝昌三年（公元 527 年），印度高僧菩提达摩来到少林，在少室山五乳峰一天然石洞面壁九年，首传禅宗。至此，少林被称为“禅宗祖庭”。唐初，少林寺志坚、昙宗等十三棍僧，在秦王李世民讨伐王世充的征战中，立下汉马功劳，得到了李唐统治者的赞誉和封赏。在此期间，由于朝廷的大力支持，少林寺发展极快，博得了“天下第一名刹”的美称，少林功夫也从此美名远扬。明代达到鼎盛。民国时期，军阀石友三放火烧毁了少林寺的大部分建筑，千年基业毁于一旦。新中国成立后，在党和国家的关心支持下，少林寺雄风重振，特别是 1982 年一部《少林寺》电影，使少林寺、少林功夫风靡世界，成为河南乃至世界的一个顶级旅游产品。

据《续高僧传》载：“当年天竺高僧从西域跋涉东来，看到幽邃的嵩山很像一朵莲花，便有意在‘花’中建寺。因此选择嵩岳林谷，并带有莲花宝座的佳境建寺院，成了嵩山少林寺的独特风韵。”

达摩在少林寺面壁九年，因此，少林寺成为禅宗的祖庭。北魏太和十九年（公元495年），孝文帝为安顿印度僧人跋陀传授小乘禅法而建造了少林寺。在跋陀的主持下，当时的译经元达摩在少林寺面壁九年，因此，少林寺成为禅宗的祖庭。

北魏太和十九年（公元495年），孝文帝为安顿印度僧人跋陀专授小乘禅法而建造了少林寺。在跋陀的主持下，当时的“译经元三”菩提流支、勒那摩提、佛陀扇多等人在少林寺的翻经台（今留有甘露台遗迹）译出了北朝时影响巨大的《十地经论》。唐代，中国佛教的法相宗、华严宗、净土宗的大师们的法脉皆源于此。跋陀的弟子慧光曾主管全国佛教事务，他精研“四分律”，成为唐代律宗三大派（南山宗、相部宗、东塔宗）的鼻祖。跋陀的再传弟子僧稠则被誉为“葱岭以东，禅学之最”，在当时以及后世有很大的影响。

被尊为中国禅宗初祖的印度僧人菩提达摩，是释迦牟尼的第二十八代传人。他大约在南北朝时刘宋末年渡海到达宋境南越，不久，北渡至魏。少林寺西北约三公里处的山腰间，有一个天然石洞，相传是菩提达摩面壁九年，影入石壁之处，后人又称“达摩洞”。北宋时，为表示对禅宗初祖的崇拜，登封县令楼异向朝廷请求获准，于少林寺西北一公里处兴建了面壁兰若，即后人俗称的初祖庵。初祖庵大殿，上面供奉菩提达摩像，两厢侍立四人，即禅宗二祖慧可、三祖僧粲、四祖道信、五祖弘忍。这就是少林寺成为禅宗祖庭的由来。

达摩的弟子中慧可得其真传，日后传教活动的成就最大。隋文帝赐谥“正宗普觉大师”，唐德宗赐谥“大祖禅师”。后来，慧可被追尊为禅宗二祖。今天在少林寺对面的钵盂峰上尚存北宋后期创建的二祖庵，相传是慧可立雪断臂后养伤修炼之处。二祖庵内外有卓锡井、炼魔台等遗迹。

少林寺创自北魏，兴于隋、唐，唐初，秦王李世民在讨伐王世充的征战中，少林寺和尚十三人因助战有功，受到李世民的封赏。由于朝廷的大力支持，少林寺发展很快，成为驰名中外的大佛寺。

禅宗五祖弘忍最有名的弟子有五人，其中神秀、慧能分别被禅宗的北宗、南宗尊为六祖。而自元代以后至今在少林寺一直占统治地位的曹洞宗就属于南宗慧能一脉。今天的一些研究者认为，当时被誉为“定门之首”的法如也应该是禅宗的六祖。法如奉侍五祖弘忍十六年之久，他于唐高宗宏道元年（公元 683 年）隐居于少林寺，默行禅道，后于唐睿宗垂拱二年（公元 686 年）应僧众所请开始说法，当时轰动四方。唐睿宗永昌元年（公元 689 年）法如圆寂。今天在少林寺东约二里的塔沟尚存有他的葬身之塔。

宋代哲宗时，少林寺革律为禅，成为真正意义的禅宗寺院，作为禅宗祖庭的地位也肯定下来。禅宗的云门、曹洞、临济三脉在宋、金时期都曾在少林寺传承。

元代开始，曹洞宗在少林寺取得了统治地位。公元 1249 年曹洞宗的雪庭福裕住持少林寺，他训徒说法、大力经营，使少林寺声名远播。元宪宗三年（公元 1253 年）冬，元宪宗召见了福裕，授以都僧之符，总领全国佛教。福裕还模仿世俗宗教的传承方式，在少林寺确立了一个七十字辈分的传承体系，立曹洞根本一宗。福裕也因此被称为少林寺的中兴之祖。

明代是少林寺鼎盛时期。

从清朝末年以后，少林寺逐渐衰落。特别是 1928 年军阀混战，石友三放火烧毁了少林寺，主要建筑和寺内珍藏的经卷、文物全部付之一炬。近年来，少林寺经过整修，焕然一新。

少林寺沿革如下：

少林寺位于河南省嵩山西麓。嵩山在登封县境内，属伏牛山脉，东西绵亘近百公里，为我国五岳之一。有七十二峰，峰峰有名。东为太室山，有太白、望都、玉女等三十六峰，西为少室山，有望洛、罗汉、钵盂等三十六峰，主峰为峻极峰，海拔 1492 米，像横卧中原的巨人。嵩山先后建有七十二座寺院，这里有中国最古老的北魏嵩岳寺塔，最早的禅宗寺院少林寺，规模宏大的塔林，最著名的元代观星台，最有史料价值的汉三阙（太室、少室、启母阙），规模宏伟的中岳庙，古朴雅致的嵩阳书院，苍翠清幽的大法王寺等。

少林寺面对少室山，背依五乳峰。据史书记载：少林寺的第一位住持是一个叫跋陀的小乘教和尚，北魏孝文帝元宏太和二十年（496 年），他从古印度跋涉来到中国，得到虔信佛教的孝文帝的崇拜。因跋陀喜欢隐居幽静之处，孝文帝就让人在少室山下密林深处为他建了一座寺院，取名少林寺。跋陀在寺内收弟子百人，并翻译了随身带来的经典。跋陀圆寂后因无传灯接宗的规矩，其弟子也分散各地传道。数十年后，少林寺成为大乘教的基地。

南朝末年，菩提达摩经过三年海上漂泊来到中国宣传大乘佛教。他先在广州光孝寺讲道传教，后被梁武帝接到南京相见。梁武帝以为自己建寺、写经、度僧、造像甚多，积有不少功德，而达摩却说“无功德”，所作皆是“有为之事”，不是实在的功德。二人话不投机，达摩便以五叶芒苇作舟渡江，入魏，来到嵩山少林寺，创立了禅宗。他所传的禅宗不重玄理，而主张坐禅“壁观”，以面壁沉思，屏息众念来领吾禅理，这种简易行的修养方法，自然易于推广，使得后来禅宗成为中国佛教的主流派别，达摩则被中国禅宗定为初祖。唐代宗赐谥“圆觉禅师”。

由于达摩所传的大乘教对当时流行于中国广大地区的旧禅法是一种革新，因此斗争激烈。达摩去世后，他的弟子们形成了以慧能为首的南宗和以神秀为首的北宗。南北宗在教义上无多大区别，但在修行上北宗倡导“渐悟”，而南宗倡导“顿悟”，主张“放下屠刀，立地成佛”。经过十几年的争执，至唐德宗时，南宗终于取代了北宗的势力。此后少林寺一直成为南宗一派的传法道场。后南宗内部又分为曹洞、临济、云门、法眼和为仰五宗，其中以曹、临二宗影响最大。元初后，少林寺明确以曹洞宗为正宗，一直延续至今。

少林寺曾一次被废，两次被焚。被废发生在北周武帝时，当时国内信佛人数占居民一半，生产受到影响，损害了皇室利益。于是建德三年（公元 574 年）周武帝下令禁佛、道二教。少林寺被废弃，僧众纷纷遣散回乡。七世纪初，少林和尚们因在李世民征战中助战有功，受到唐王大力支持，又重建少林寺。至宋时，寺已聚僧 2 千多人，楼台殿阁 5 千余间，占地 36 公顷，藏经近万卷，号称“天下第一名刹”。清雍正年间

（公元 1723 年～公元 1735 年），皇帝怕武僧造反，放火围攻寺院，将少林寺置于火海中。乾隆以后又加以重修。1928 年，军阀石友三纵火又将名刹付之一炬，这次大火损失严重，火势延续五个昼夜，七进院落只剩两三间，无数经典、法器等贵重文物化为焦土。解放后又多次整修，逐渐恢复往昔模样。现寺共七进，总面积约三万多平方米，并有常住院、初祖庵、塔林、甘露台、祠堂及南园等附属建筑。

少林寺的布局：

山门为一殿，面阔三间，雕脊彩瓦，吻兽生动，系清雍正十三年（公元 1735 年）所建。门上少林寺横匾原悬于天王殿，兵火后移此，为清圣祖玄烨亲书。殿内有弥勒佛坐像和韦驮护法神像各一尊。山门后甬道两旁立有唐、宋、明、清各代碑铭 30 余座，为少林寺有名的“碑林”。其中有王知敬写的大唐天台御制诗书碑，元代日僧邵元撰文的息庵禅师碑，明代的释迦双迹灵相图，扶桑园沙门德始书写的淳拙和尚碑，以及书法家米芾“第一山”刻石，明代董其昌书写的天言道公碑，清乾隆的御书碑，吴道子的观音画像碑等。其中以北宋苏轼的《观音赞碑》和元代赵孟頫的《裕公碑》为最佳。

二进院为天王殿。该殿与四进的藏经阁和三进的大雄宝殿均被毁，现已重修好，内有四大天王像。三进大雄宝殿于 1986 年重建。殿内柱基均为雕刻高 1 米多的石狮。藏经阁遗址前后，除钟楼遗址上放重五点五吨的金代大铁钟外，神座上放明代弘治元年（公元 1488 年）铸的 1.75 米高的地藏王铁像和石碑等文物，东配殿为紧那罗王殿和东客堂，西配殿是六祖堂和西客堂。

方丈院在第五进院落，这是兵火后山门内幸存的第一所建筑。中为方丈室，是历代住持和尚居住的地方。乾隆十五年（公元 1750 年）高宗弘历曾留宿于此，因此一度易名“龙庭”。站在方丈室门口南望少室山主峰，山坡上横卧一块巨石，约 10 多平方米，每当夏季雨过天晴，阳光直射石上放射出奇异光彩，遥望如白雪一片，晶莹夺目，故称“少室晴雪”，为中岳八景之一。

出方丈室拾级而上，高台上有一座琉璃佛殿，称达摩殿，又叫立雪

亭，相传为禅宗二祖慧可立雪断臂处。慧可，少为儒生，博览群书，通达老庄易学，从出家，精研三藏内典。在四十岁左右遇达摩于嵩山洛阳一带游化，即拜他为师。达摩闭门面壁，置之不理，慧可便在门外等候，时数九寒天，大雪过膝，慧可站立雪中不动，第二天达摩仍不许入室，于是慧可砍下左臂献于达摩前，表示求道至诚，达摩才把木棉袈裟和钵盂传他，作为传法的凭证。“衣钵传真”的典故便出于此。亭内佛龛中供奉达摩铜像。亭正中悬挂乾隆御书“雪印心珠”横匾。亭外东墙镶嵌金代模刊的苏轼观音像和观音赞、金代刻制的二祖慧可画像、明代左思明的“炼魔台”三字刻石等。

过了立雪亭便是毗卢阁，又称千佛殿，系明末重建。佛龛中供明代铸造的毗卢佛铜像。殿东、西、北墙上有大型彩色壁画——五百罗汉，高 7 米，面积 320 多平方米，其规模之大为全国同类壁画中所罕见。五百罗汉形貌奇特，分为 35 组，各表达一个故事，据说色彩数年一更。整个三层画面采用重彩平涂法，朱黑和谐，勾勒粗劲有力。线条简练，笔法流畅。东壁是明代雕刻的阿弥陀佛玉石像。殿内地面上有 48 个排列成深 20 厘米的陷坑，据说是少林武僧练拳习武的脚坑遗址。

千佛殿的西厢为地藏殿，东厢为白衣殿。白衣殿内供奉白衣观音铜像一尊。殿内三面墙上绘有彩色壁画，均系晚清所制。北面和南面绘的是众僧徒手和持械练拳习武的动作，所以千佛殿亦称拳谱殿或锤谱殿，北面山墙上绘湛举和尚在殿前指导僧徒拳赛的情景。后壁北端二间绘“十三和尚救驾唐王”与“活捉郑将王仁则”的传统故事。神罩两侧绘制的是降龙伏虎图，东北和东南壁角是文殊骑青狮和普贤骑白象等。

出寺向西北行一公里，便是初祖庵。这座寺院主要是为了纪念禅宗初祖达摩上山修行而建。庵内有山门、大殿、千佛洞，现存主要建筑为一殿，两亭和千佛阁等。大殿建于北宋宣和七年（1125 年），木构梁架，斗拱都是典型的宋代风格，是河南现存木构建筑中之杰作。殿内梁柱用十六棵石柱和弯曲圆木叠成，柱上雕刻的武士、游龙、舞凤、飞天、凤戏牡丹、群鹤闹莲等图，工艺精细，神态生动，体现了宋代中叶绘画和雕刻技艺的水平。大殿东南有古柏一株，相传为禅宗六祖慧能所植，俗

称马柏。殿后两亭有宋代书法家的碑石四十余品。初祖庵不远的五乳峰中有一“达摩洞”。洞前立有一片明万历三十二年（1604 年）雕刻的双柱单孔石坊，洞内有“面壁石”一块，据说是由于达摩在此静坐面壁九年其影入石所致。佛徒们视此为至宝，可惜已毁于兵火。

二祖庵位于钵盂峰上，庵内有大殿、碑碣数道，庵外有古柏及唐、元、明代砖塔三座，庵南有一块巨石叫“石削石芙蓉”，传为慧可断臂养伤处，名“养臂台”。庵前有四眼泉水，虽相隔咫尺，但水味各异。据说慧可在此养伤时吃水困难，达摩知道后便用锡杖点几下，所点之处便涌出泉水，故称“卓锡泉”。南面还有觅心台，为慧可行经处。寺西 300 米处，有一片宏大的古塔群，这是安葬历代高僧、住持、大和尚的坟墓，占地约一点 4 万平方米，共有唐、宋、金、元、明、清历代 250 多座砖塔和石塔，为我国最大的塔墓群。塔从一级到七级，为四、六、八角，也有柱体或锥体，空心实心均有，大都雕刻塔铭题记。塔林是我国研究砖石建筑的重要实物资料。

少林寺坐落在少室山下，四面群峰环抱，丛林茂密，一条少溪河在寺前潺潺东去，一座少阳桥横跨其上，正对山门，是风水绝佳之处。关凤翔在其《风水笔记》中，略述少林寺风水，自古有云：“天下名山僧占多。”中国有四大名山，其一是河南少室山，其二是浙江普陀山，其三是山西五台山，其四是四川峨眉山。

少室山因少林寺而著名，河南登封县，有嵩山，称为中岳。少林寺在少室山麓五乳峰下，建于后魏，距今 1500 多年。有七重寺院，周围古林参天，碑石林立，为中原一所气魄宏大之著名丛林。寺北甘露台上有达摩洞，相传是达摩祖师面壁之处。中岳嵩山，有三大尖峰，中曰峻极，东曰太室，西曰少室。少室山山势峭拔，峰峦如一托莲花，层层向上高耸，少室山绝顶自古就有“九鼎莲花”之称。达摩，亦作达磨，是印度之高僧。为佛教禅宗东土之初祖。具名菩提达摩，译意为觉法或道法。乃天竺香至王之第三子。梁朝大通元年，泛海至广州，梁武帝遣使者迎至建业（即今之南京），语不投契，遂渡江至河南北魏之领域，即后世所传达摩一苇渡江之神话。居于嵩山少林寺，终日面壁，凡九年。其后

付法于慧可，及传以袈裟，旋即圆寂，今少林寺对面山之塔林，仍有达摩祖师之骨灰高塔遗迹。但据历史记载，达摩圆寂于梁大同元年（公元535年），或谓大通二年（公元528年），但莫考其实。梁武帝闻之，亲撰碑文刻石于钟山。唐朝代宗时，谥曰圆觉大师。

达摩为禅宗东土之初祖，二祖慧可，三祖僧璨，四祖道信，五祖弘忍，六祖慧能。今韶关曹溪之南华禅寺，实与河南嵩岳少室山少林寺一脉相承。

达摩至少林寺，目睹诸僧徒之健康甚差，大有萎靡不振之状，乃教之以易筋经，授之以罗汉拳，故少林僧侣，精通拳术，曾佐李世民，迄今少林寺仍有唐太宗御敕之碑石。小说家曾描述少林寺传授拳术，极为严格，谓设有木人巷，能够击木人而走出木人巷，方算满师。但此传说是不确者。今所见，只有僧徒练武之塑像，分为八段锦拳式及罗汉拳式。

斋主用罗经测少林寺之坐向，乃坐未向丑，前对之朝山，尖峰欹斜，乃知此地只适宜建佛寺。大凡丑未或未丑之山向，只宜寺观或道院。辰戌或戌辰之山向则适宜神坛。至于嵩岳太室山南麓之嵩阳书院，乃坐癸向丁兼子午。宋代理学家程颢、程颐、朱熹、曾讲学于此，面前有大溪，形势亦甚佳。

王丽心撰《佛教寺院的文化内涵》，略述少林寺的风水格局：

佛寺所体现的人与自然的和谐关系，是自然山川与建筑、绿化的景观与人文景观的完美结合。

少林寺是禅宗祖庭，它坐落在河南省登封县城西。从自然景观学来审视，少林寺背依五乳峰，面对少室山，左有太室山子晋、太白诸峰环峙；右有香炉、系马诸峰护立；溪河从门前东流，完全符合“负阴抱阳，背山面水”的格局。因此千年古刹历久不衰，自然形胜之地发挥了很大的作用。胡志高著《少林寺：神奇风水成就“寺中之王”》，论少林寺风水：少林寺位于中岳嵩山的五乳峰下，子山午向，依山就势。常住院呈长方形，共七进院落，中轴在线由南到北依次分布着山门、天王殿、大雄宝殿、藏经阁、方丈室、立雪亭、千佛殿。东西厢院落几乎等距离分布在中轴线两旁，中线院落略高，东、西线院落略低。中、东、西三线院落由南向北依山势逐次抬高。

山门前有广阔明堂，明堂中有古树护场。明堂前方有少溪河。少溪河自西方来，流经少林寺门前往东南归于少林水库。

风水分析：少林寺位于嵩山五乳峰下的仰掌位，北、西、南三方有层峦围合，仅东面有一缺口，然立于寺中，看东面亦关锁甚妙，不知缺口之所在，少溪河正是从东面缺口向南流去。就水系而言，少溪河为反弓水，背寺而去，且流量有限，时有干涸，不利于少林寺旺财；所幸的是，目前少林寺景区的门开在东北方，入寺的路自东拐东北再往西而去，人流、车流都奔寺庙而去，形成潮水局，进而成功化解了反弓水之不利格局。

少林寺在中国成千上万个寺庙中，能成为“禅宗祖庭，武林胜地”、“寺中之王”，除社会因素外，风水地理因素亦有大功劳。

嵩山少林寺位于中岳嵩山西段太室山、少室山之间的少林盆地。前人用“深山藏古寺，碧溪锁少林”来描述它的地理环境，很准确形象地捕捉到了少林寺环境“清幽”的特点。确实是这样，红墙碧瓦、殿宇巍峨的少林寺掩映在苍松翠柏之中。它背依嵩山山脉西段的五乳峰，面对少室山钟、鼓、剑、旗印诸峰，左有太室山的子晋、太白、望都诸峰环峙，右有少室山的香炉、系马诸峰护立；水流淙淙的少溪河则从少林寺山门前蜿蜒东流，注入少林水库，溪水清澈，冬夏长流。由于层峦叠嶂，山水环抱，藏风聚气，因此兴旺一千五百年，至今不衰。

第七节　文化名寺——岳西二祖寺

二祖寺又名无相寺，位于中华禅宗第一山——安徽岳西司空山，它是中华禅宗二祖慧可大师传衣法予三祖僧璨的道场，是千古禅宗祖庭，在佛教界享有崇高地位。

二祖慧可道场，位于安徽省岳西县司空山，司空山方圆约 60 平方公里，主峰海拔 1227.8 米，拔地而起，如擎天一柱。是皖西重镇，安庆形胜，称之“司空扼蕲黄，天柱蔽英霍”。上有平坦之地数里，世称周朝“淳于司空居此，而得名”，又名“四空山”和“思空山”。据明代《广舆图》所载“其间产恒春藤，崖深谷邃，别有洞天，称东吴第一峰。”

二祖寺

司空山二祖道场是中华禅宗发祥地，是全世界几千万佛门弟子和数亿佛教信徒的宗教圣地，在佛教界享有崇高地位。二祖慧可道场，位于安徽省岳西县司空山，司空山方圆约 60 平方公里，主峰海拔 1227.8 米，拔地而起，如擎天一柱。是皖西重镇，安庆形胜，称之“司空扼蕲黄，天柱蔽英霍”。上有平坦之地数里，世称周朝“淳于司空居此，而得名”，又名“四空山”和“思空山”。据明代《广舆图》所载：“其间产恒春藤，崖深谷邃，别有洞天，称东吴第一峰。”

达摩西来，将禅宗传入东土，为中华禅宗初祖。神光慧可承继达摩衣钵，为中华佛教禅宗二祖，实乃中华禅宗第一人。慧可（公元 487～公元 593 年），俗姓姬，名神光，又名僧可。洛阳武牢人，依龙门香山

寺宝静禅师出家，“博涉诗书，遍学大小乘义，并能默观时尚，独蕴大照，解悟绝群”。对当时流行的义学造诣颇深。北魏孝庄帝永安二年（公元529年）至嵩山少林寺访菩提达摩，从学六年，立雪断臂，求道至诚，达摩许之，付衣钵，赐号慧可，为中华禅宗二祖。

东魏天平年间（公元535年～公元537年），慧可在少林寺承继达摩衣钵后，北至新邺，盛开秘苑，传授禅学。从学如流，来者不舍。时有道恒法师亦在邺都说法，弟子千余人。因所传禅学与慧可不同恐夺其门徒，极为忌恨，遂“货赇俗府，非理屠害”。梁武帝萧衍大同六年（即公元540年），二祖慧可为逃避法性宗、法相宗、律宗的迫害，携衣钵南下南朝舒州，隐居有缘之地——司空山。北齐天保元年（公元550年）年在二祖洞后的一块大石上替一白衣（向）居士落发，曰：“汝乃吾僧人之宝贝也”，取名“僧璨”。公元551年3月18日僧璨在河南光福寺受戒后再回司空山。僧璨随伺慧可大师二年后，得佛心印可。天保三年（即公元552年），慧可在此石上将衣法传授给僧璨，僧璨成为继承中国禅宗的三祖。

《中国禅宗三祖寺志》载：“司空圣地传衣，神光心印授璨。”又据《五灯会元》记载：“祖付衣法已，又曰：‘汝受吾教，宜处深山，未可行化，当有国难。’璨曰：‘师既预知，愿垂示诲。’祖曰：‘非吾知也。斯乃达摩传般若多罗蜜记云心中虽吉外头凶，是也。吾校年代，正在于汝。汝当谛思前言，勿罹世难。然吾亦有宿累，今要酬之。善去善行，俟时传付。祖付嘱咐已，即往邺都，随宜说法。”（注：这里的国难即后来的北周武帝灭佛）。后慧可独自离开司空山，北返邺都成安县（在今河北省临漳北、磁县东北）继续弘法，偿还孽债。隋开皇十三年（公元593年）三月十六日，不幸遇难，时年107岁。隋文帝赐谥慧可为“正宗普光大师”，唐德宗赐谥慧可为“太祖禅师”，

后世尊二祖大师为中国佛教禅宗第一人，二祖道场为中国佛教禅宗第一道场，司空山被誉为“中国佛教禅宗第一山”。

唐玄宗天宝三年（公元744年），二祖寺本净禅师奉诏入京，宣讲禅宗禅法，深得唐玄宗赏识，赐号“大晓”，拜为国师还山，敕建无相

寺，造僧房 5048 间，下院有九庵四寺，僧尼数千，可见当时香火之旺盛。随着司空山的名气不断提高，历代都有名人造访。

清同治版安徽省《太湖县志》形容司空山的山势奇特："一峰玉立，丹壁鬼工。仰望端岩，如画屏照海。西瞻卓绝，若峭笔插天。迤东绕北，则移步换形，变幻莫测。"清康熙年间陈启源著《司空山见闻录》记载："西来一花五叶，北齐二祖惠可，首继宗风，嵩阳面壁，断臂得法来湖（太湖），卓锡兹山，遂成名刹。"至今睹云中石室，天造道场，一龛宏敞，冬暖夏凉，藏幽面壑，龙虎环抱。后依石峰顶，峭壁岩，千仞屏藩。前对钵盂山，双峦拱顾。旁有避地司空原，太白之书堂，上有传衣落发石，三祖之古洞，朝阳石居左侧，罗公悟道观空。……自三祖僧璨受法之潜阳（山南为阳，即潜山）。迄唐本净禅师，继居斯地，天宝中玄宗遣中使杨庭光，采常春藤，此药不轻见者。得本净法力指寻，始获复命。旋召入京，阐无相至道，大振宗风，赐号大晓，拜国师还山。敕建无相禅寺，造僧房五千零四十八间，下院九庵四寺。昔青莲筑室，乃慕名而至也。……越五代至宋有相继正德、真际、圆通、清晓并拜国师，赦光祖庭，是时司空面目，气象万千，香客云集、名扬海宇。

明天启元年（公元 1662 年），司空山的佛事又开始复兴。太空如浩禅师为恢复二祖寺四处奔波，得到明太守阮自华和柱史颜远大力相助，建造了祖师殿、大雄宝殿等，并建立了一石坊。明末和太平天国时期，又几遭兵燹。到了"文革"后期，司空山仅存的近六十尊佛像和一座大雄宝殿也被破坏。1990 年起陆续重修，至 1999 年完成。

二祖寺龙虎环抱，后依石峰顶。乃天造道场，洞天福地。二祖慧可在此传衣钵与三祖僧璨，璨于皖公山传四祖道信，道信于黄梅双峰传与五祖弘忍，弘忍又在黄梅传六祖慧能，一百余年禅宗衣钵传五代，皆未出大别山西南麓，这种稳定的地理格局，与北方随宜行化、四处流浪的情况形成强烈对比，使得禅宗能在平静、安宁的环境中发育成熟，成为对世界哲学思想有一定影响力的教派，也应验了达摩祖师"一花开五叶，五叶结正果"的预言，所以在中国佛教史上若没有司空山二祖寺，就没有中国佛教禅宗。它不愧为"中国禅宗第一山"的称号。

第八节 文化名寺——黄梅四祖寺

四祖寺，古称幽居寺，原名正觉寺，又名双峰寺，是中国佛教禅宗第四代祖师道信大师的道场，它位于黄梅县城西北 15 公里的西山之中，寺庙创建于唐武德七年（公元 624 年）距今已有 1370 年的历史，是中国禅宗第一所寺院。它不但在我国佛教发展史上占有重要地位，而且在国际上，特别是在日本、印度、韩国、东南亚和港澳台等国家和地区享有盛誉，也是著名的旅游胜地。

四祖寺

四祖道信禅师（公元580年～公元651年），俗姓司马，世居河内（今河南沁阳县），后迁蕲州广济（今湖北武穴市）梅川镇。12岁投司空山僧璨禅师求解脱法门，言下大悟，摄心无寐，胁不至席六十年。21岁于江西吉安受戒修学。越三年，闻璨和尚遍游江右告竣，归司空侍之，得传衣钵，为中国禅宗第四祖。大业二年（公元606年），璨禅师寂。至庐山，住大林寺十年，研习止观。大业十三年（公元617年），38岁，住吉安祥符寺，令城中禁屠念“摩诃般若波罗蜜多”解围城之困。

唐太宗慕其名，派使臣迎其入宫，道信却以老相辞，后来太宗复派人催其入京，以“若禅宗不来，斩头将来”。他仍坚辞。道信安居山中传法三十余年。唐代宗追封道信大师为“大医禅师”。宋真宗敕赐“天下祖庭”。宋神宗敕赐“天下名山”。

道信大力倡导定居传法，改变达摩以来“一僧一庵，一衣一钵，随缘而往，不恒其所”的游化乞食为生的传统戒行方式，对禅宗的发展，起了革命性的影响。因为达摩游化为务，乞食为生，使许多禅师来去不定，形如浮萍，很难发展门徒，到僧璨大师时门徒寥寥无几。在道信定居双峰山以后，竟出现了“诸州学道，无远不至”的辉煌局面，从而渐渐发展成为一个僧众团体，开始具备了佛教一个宗派基本条件。

道信为了保障僧众集体禅修，还首创农禅并重的禅风。他告诫弟子“努力而坐，坐为根本，能作三五年，得一口食塞饥肠。”道信与门徒自耕自给，不是靠官府门徒施舍。道信还利用农禅空余时间，从事医药研究，亲自上山采挖草药，有时还亲口品尝，记录其性能、用途等。随着岁月的流逝，他渐渐地掌握了大量的药物标本，并收集整理了一本《草本集成》药书，现已失传。据认为，李时珍《本草纲目》药典里，就有道信的一些研究成果。这样道信不但解决僧众生病就医的问题，而且还为民间百姓治好了不少疑难杂症。后来唐代宗李豫追封他为“大医禅师”，这是中国佛教史上第一个被皇帝赐封为既精通佛学又精通医学的一代高僧。

道信大师的传人弘忍大师于唐高宗永徽年（公元654年）到东山找冯茂老人借山建寺，即今五祖寺，大宏禅业，创立“东山法门”，使“五祖寺"成为中国禅宗的又一发源地。纵观道信大师的一生，他为弘扬佛教，创立禅宗，尽心竭力。因此，人们公认禅宗应初创于道信，形成于弘忍，发展于慧能。

唐武德七年，蕲州道俗请师至黄梅造寺，见双峰有好泉石，一住近三十年。大敞禅门，聚徒五百人，自耕自足，勤坐为本。著《菩萨戒本》一卷以传戒法；又撰《入道安心要方便法门》，教人修习一行三昧以明心地。以农养禅，行证并重，禅戒合一，融摄止观等一切法门。蕲州双峰多有得果之人。其忍禅师，承信禅师后，法妙人尊，时称东山法门；荆州法显，受"出要之方，降心之术"；衡岳善伏，得"入道安心"之法；荆州玄爽"亟发幽微，唯存摄念，长坐不卧，系念在前"；牛头法融，则悟"百千法门，同归方寸，河沙妙德，总在心源"之旨；新罗法朗，秉法东归，开海东禅道之滥觞。四祖及其六大神足，不仅神州禅门法运之所系，新罗法朗实海东禅道奠基人。

永徽二年（公元651年），祖命弟子造塔于寺之西岭。同年古历闰九月初四，自入塔中，垂诫门人，言讫而寂，世寿七十有二。第二年，塔门自开，肉身不朽，众迎真身回寺供奉。唐代宗敕谥"大医禅师"，塔曰"慈云"。

弘忍后，有清皎、仲宣、居讷、法演、止堂、云谷、平川、三昧寂光、戒初、起高浪、晦山戒显、道纶溥等高僧相继驻锡西山。

明正德十四年，四祖真身举手至顶，吐火自焚，得无数舍利，殿亦同灰。荆王发起重建。清咸丰四年（1845）冬，毁于兵燹，光绪间复修。后又毁，仅存三间祖殿与古柏数株。

千百年来，寺庙历尽沧桑，几兴几毁。明武宗正德年间，寺庙发生火灾被毁，后由荆王重建，明神宗万历年间坍塌，御史王珙接着修复。清咸丰四年（公元1854年）冬毁于兵灾，光绪年间复建。清末民初又毁，仅存十几间殿堂楼阁和一些名胜古迹。从现保存在四祖寺的清代木刻《四祖名山正觉禅寺胜境全图》上，仍然可以看到古寺昔日的辉煌盛景。整个古寺建筑群依山顺势，由上中下三大部分组成，结构布局严整．层次分明，殿堂楼阁盘桓交错，层层叠叠，古色古香。主体建筑有天王殿、

大佛殿、祖师殿、地藏殿、观音殿、课诵殿、衣钵案、钟鼓楼、大悲阁、法堂、禅堂、藏经楼、华严殿、半云底、方丈室等。

除了寺庙建筑群外，还有许多名胜古迹，如原义丰县遗址、一天门、凤栖桥、引路塔、龙须树、二天门、天下名山石碑、花桥、碧玉流、洗笔泉等摩崖石刻，以及毗卢塔、鲁班亭、传法洞、观音寨、宝光石、紫云洞、双峰山等三十多处景观。是当时中国佛教寺院规模最大，僧众最多，香火最旺，声誉最高的名刹之一，也是全国首批僧众集体定居传法，过团体生活，实行农禅双修的典范寺院。

近几年来，政府对四祖寺的建设十分重视，先后拨出专款分期分批进行了维修，使四祖寺面貌焕然一新。

寺庙中还生长有三棵古柏树，其中两棵龙柏树，俗称倒插柏，一棵云柏树，又称祥云柏。云柏树枝盛叶茂，挺拔俊秀，相传是四祖道信亲手所栽，距今已有一千三百多年历史。寺庙东南北三面青松翠竹环抱，流水潺潺，风景如画，清静幽雅。

毗卢塔位于四祖寺西侧山坡上，又名慈云塔、真身塔。唐高宗永徽二年（公元 651 年），道信圆寂后真身置于此。塔为砖石所砌，仿木结构，高约 15 米，重檐亭式，下设台基，宽十米，深九点五米，略成正方形。基为砖砌高大须弥座，上雕线条流畅之莲瓣和忍冬花。塔身东、西、南三面设敞开莲弧门，额枋饰莲瓣和卷草花纹，斗拱、檐、椽亦系砖砌，四面墙头为雕字砖，铭记诸佛法号，顶作四注式，中覆以铁镬，通体稳重，气势轩昂。

黄梅西山又名破额山、双峰山，山势回抱，双峰屹立，前有瑶凤山、狮子山、大叶山，岩峰奇兀，气势磅礴。四祖寺坐北朝南，背靠海拔 1135 米的双峰尖，东西两侧各有山脉护卫，寺前一道溪流潜然而出，寺前百米有凉亭，亭下一片青石，长宽起伏 20 米，水从青石上流过，陡然成一悬崖，戛然而止。前下方纵横宽广是开阔的谷地，举目望去，良田耕牛，屋室安然。这里峰峦叠嶂，苍翠欲滴，面向太白湖，近处丘陵起伏，远处一马平川，背山面水，风水绝佳，使四祖寺千古流芳。

第九节　文化名寺——黄梅五祖寺

五祖寺，原名东山寺，或东禅寺，后世改称五祖寺，位于湖北省黄梅县东12公里的五祖镇东山之上，地处大别山主脉东端南沿，与九江隔江而望。建于唐永徽五年（公元654年），是中国禅宗第五代祖师弘忍大师的道场，也是六祖慧能大师得法受衣钵之圣地，被御赐为“天下祖庭”。

五祖寺，建于唐永徽五年（公元654年），是中国佛教禅宗第五代禅师弘忍大师的弘法道场。

五祖寺

弘忍大师在东山开辟道场后，广开法门，接引群品。吸引四方学者，常住门徒多达千余人。武则天立周即位后，提倡佛教。久视元年（公元700年），请弘忍授法弟子神秀、玄约、慧安等赴内道场供养，并赐为国师。此后，弘忍的声誉越高，五祖寺的声望也越大。唐大中二年（公元848年），宣宗敕建五祖祖师寺院，并改赐寺额为大中东山寺，亦曰五祖寺。后来，五祖寺在李唐诸帝的支持下，持续兴盛，从未衰败。

北宋真宗至南宋高宗期间，师戒、法演、表自、宗拔等名师任五祖寺方丈，相继大兴宝刹，修建殿宇佛塔。特别是法演住山时，大兴祖庭，大振宗风。其法裔弟子中，佛果克勤、佛鉴慧勤、佛眼清远三人，时称“三杰”，亦称“三佛”，精励自持，广扬佛法，禅风大盛，使五祖寺的名声更加震动天下。宋景德中（公元1004年～公元1007年），真宗改赐寺额为“真慧禅寺”。英宗于治平年间（公元1064年～公元1067年）御书“天下祖庭”，徽宗于崇宁元年（公元1102年）御书“天下禅林”赐给五祖寺。

宋亡后，东山毁于战火，一时冷落萧条。直到至元十九年（公元1282年）了行禅师再入东山，扫寺故基，重兴土木。皇庆二年（公元1313年）三韩万奇上人从湳王请，奉弘忍肉身还东山。至治二年（公元1322年），法式禅师精励自持，作大殿，奉祖师；作经阁，藏经卷；梵刹佛像俨然一新，金碧辉煌。后来五祖寺几经劫火，又多次重修。元至顺二年（公元1331年）文宗改赐寺额曰“东山五祖寺”，简称五祖寺，此名一直沿用至今。

东山五祖寺，整个佛寺建筑群，依山势由上、中、下三部分组成，整体像古代宫殿建筑，为中轴线平等布局，层次分明，寺院建筑面积近5万平方米。四大主殿天王殿、大雄宝殿、毗卢殿、真身殿，依山势高低建于中轴线上。殿宇建筑，斗拱交错。据记载，五祖寺最盛时有殿宇、庵堂和亭台、楼、阁共1000余间。

五祖寺，主要殿宇还有麻城殿、圣母殿、千佛殿以及方丈、禅堂、寮房、客堂、戒堂等。其中，四大宫殿有天王殿、大雄宝殿、毗卢殿和真身殿。天王殿和大雄宝殿为近年新修重建之殿宇，古朴而有气势。

一天门，为四足落地式青石门楼，高3.3米，宽2米的，横跨东西南麓古驿道，北边通往五祖寺的三叉路口。

释迦多宝如来佛塔

一天门后面的小冈上，有释迦多宝如来佛塔，北宋宣和三年（公元1121年）募化修建。塔体八角五级，高6米余，雕刻秀雅玲珑。

天王殿

天王殿，是寺院主要殿堂，坐北朝南。始建于唐大中年间，为重檐歇山式建筑。殿门上方刻有宋真宗赐封“真慧禅寺”匾额。殿中供奉的是弥勒佛，后座新塑韦陀佛像，东西两旁塑有四大天王，分别执杵、琵琶、伞、蛇，身披铠甲。

大雄宝殿，位于天王殿后，始建于唐朝大中年间。该殿最后一次焚毁于清咸丰四年，仅存四面基石和大佛须弥座。1986年开始修复，历时七年竣工。建筑面积865.7平方米，是中南地区最大的一座大雄宝殿，在全国佛教丛林中堪称“一枝独秀”。原全国政协副主席、中国佛协会长赵朴初先生亲笔题写了“大雄宝殿”匾额。大殿供奉的是释迦牟尼佛、药师佛和阿弥陀佛三尊佛像。两旁的立柱上分别刻有“观音菩萨大慈大悲千处祈求千处应，千手如来随处化身苦海常作渡人舟”、“心生禅意千般象,性本慈悲九曲回”、“袈裟月夜经勤诵,早悟虚无菩镜台”等对联。大殿东西还塑有十八罗汉。

毗卢殿

毗卢殿，始建于唐大中年间（公元847年～公元859年），殿堂是后来麻城人募捐修建的，故又名麻城殿，1985年维修，更名毗卢殿。这里陈列着黄梅县出土的历代文物两百余件，其中以清乾隆年间绿松石磨制的编钟最为珍贵。

真身殿，又名祖师殿，乃是供奉五祖弘忍真身的殿堂，是全寺的主体建筑，是古寺仅存的清代砖木结构宫殿式建筑。原来在讲经台下，唐咸亨五年（公元674年），弘忍圆寂前令弟子玄赜修建的，北宋元右二年（公元1087年）移至今址重修。此殿建筑匠心独运，造型巍峨宏丽，前部左为钟亭，右为鼓亭。两亭造型一致，相互对称，内与正殿相通，飞檐斗拱，撑角镌有鸟像。中部为正殿，正面门上方挂有“真身殿”匾额。门前两旁大柱上塑有金色巨龙，门头上横梁雕成空心二龙戏珠，屋顶上有九龙盖顶，两侧均用雕花砖砌。正殿后部正中为“法雨塔”，五祖真身即藏于此。塔壁四周上层，有数以百计的石刻小佛像和镌刻匾额。

七重偏殿

主殿东侧有关圣殿，松柏堂，延寿庵，及第庵，华严庵，佛殿，客堂，斋堂，大寮等；主殿西侧有长春庵，娘娘殿，方丈，监院室，库房，小寮等。

圣母殿

圣母殿，是五祖寺方丈瑞公及门人了徽等人，为纪念五祖弘忍之母周夫人所建。圣母殿西侧，有白莲溪从山涧流过，声响如琴。这里有苏东坡书写的“流响”和清钟谷书写的“法泉”石刻手迹。

五祖大宝塔

建于民国二十一年（1932 年）为五祖舍利（骨灰）下葬处。（五祖真身毁于民国 16 年）

讲经台

宋英宗御书“天下祖庭”

讲经台，相传五祖弘忍及引后历代住持僧俱于此讲经说法。此台是用砂岩条石筑成的，正面朝南，背连山脊，台西悬崖千丈，登上讲台，视野开阔，犹如厕身天境。

白莲池

白莲池，为五祖弘忍手建。池中白莲亦为弘忍手杆至今白莲生长旺盛，亭亭玉立，绿叶如盖，色白香清。

钵孟石

钵孟石，中一块高 6 米，径 9 米的天然岩石，平地突兀，形如望月，相传是弘忍所用之钵变成。

洗手池

洗手池，是弘忍初建寺时，在白莲峰上的一块自然岩石上凿的，形如脚盆。无论晴天雨天，池中始终只有半池水。既不干涸，也不满溢，堪称一绝。

六祖坠腰石

六祖坠腰石，为长方形，约 14 公斤，上刻有“六祖坠腰石”五个大字和清朝著名诗僧晦山所题“块石绳穿祖迹留，曹溪血汗此中收”的诗偈。

五祖寺玉印

五祖寺玉印，以汉白玉雕刻而成，印身为正方体，长、宽各 121 厘米，重 2.45 公斤。印文为篆体，刻有“天下祖庭大满真身宝印”。

飞虹桥

飞虹桥，始建于元代。此桥横跨于两山涧谷之上，单孔发券，长 33.65 米，高 8.45 米，雄伟壮观，状如飞虹。两端砌有牌坊式门楼，桥下流泉飞溅，瀑布飞崖挂壁。

六株古稀青檀

青檀，俗称油朴树，一共六株，其中最大的一株，粗四围，高 28 米，覆盖面积近 1 亩。

唐代宗赐封弘忍大师为“大满禅师”，唐宣宗改赐为“真慧禅师”，南唐加封为“广化禅师”，宋真宗御书“天下祖庭”，宋徽宗御书“天下禅林”，元文宗赐弘忍大师法号为“妙圆普觉禅师”，并改赐寺额为“东山五祖寺”，简称“五祖寺”，此名一直沿用至今。

弘忍（公元 601～公元 675 年），禅宗第五代祖师。俗姓周，湖北黄梅县濯港人，生于隋文帝仁寿元年（公元 601 年），七岁随道信出家。他白天坚持劳作，晚上习禅，并在道信的指点下，先后精心钻研了禅学经典《楞伽经》、《金刚经》，以及历代禅师们的修持法，既承接先辈，又自我创新。后被晋升为上座弟子，荣任四祖寺总管，成为道信最优秀最得力的助手。

唐高宗永徽二年（公元 651 年），道信将衣钵传给弘忍。不久，通信圆寂，弘忍为之造塔，继承禅业，执掌双峰山法席重任。后由于天下禅徒云集，双峰山无法容纳，弘忍于永徽五年到相隔 15 公里的东山找冯茂老人借山建寺，名东山寺，即今五祖寺，大兴土木，大宏禅业，门徒发展到1300多人，有殿堂楼阁一千多间。

弘忍在东山弘法期间，继承和发扬道信的定居传法，农禅并重的禅风。经过十多年的艰苦探索，对达摩的禅法进行了大胆改革，创造出具有独特见解的禅学思想体系即“东山法门”。弘忍的禅法是主张：“即心即佛，见性成佛”、“顿悟成佛”的修持观。他改革传统繁琐的禅修方式，创造出一套简明通俗的禅学方法．为广大僧众易学易懂，一见即悟，从而为禅学在华夏大地广传开辟了一个新的途径。他的禅法更加中国化、大众化，轰动了佛界内外，震惊了朝野。

《历代法宝记》载：弘忍“广开法门，接引群品”、“一生教人无数”。故门下大师辈出，神秀、智诜、刘主簿、慧藏、玄约、老安、法如、慧能、詈德、义方为十大弟子，各为一方人物，使禅宗很快传遍大江南北，成为中国佛教第一大宗派。

唐高宗显庆五年（公元660年），两次派大臣到东山接弘忍入京，弘忍谢绝未赴。唐高宗于是派使者赐送衣药到东山，将大师就地供养。唐高宗上元二年（公元675年），弘忍圆寂，葬于东山。后来，弟子将他的语录编成专著为《最上乘论》，为中国禅宗第一部理论经典著作。因此有人主张五祖寺是中国禅宗发源地，五祖弘忍是中国禅宗的创始人。

唐黄德年间，佛法昌盛，五祖寺受到朝廷的重视，唐代宗赐田3千多亩，后唐宪宗又赐四千多亩，加上原有的山林和庙产形成了宏大的寺院庄园。从此，寺庙按照丛林规格，大兴土木，殿堂楼阁建设得十分壮观辉煌，至唐末，仍继续兴盛。

宋代，五祖寺进一步得到扩建和发展，特别是南宋，高宗赵构大力弘扬佛教，大兴宝刹，修建殿宇佛塔，楼台亭阁，布满东山，卓冠丛林，驰名中外。礼佛拜祖僧众常住千多人，拥有庙田山林4万多亩，殿堂楼阁2500多间，藏佛经千多卷，宋末因遭兵火，一时萧条。

元朝崇尚佛教，五祖寺又得到恢复，重兴土木，钟声又起，法席大振，四方禅学云集，一时影响华夏大地。元末又遭兵灾，损失严重。

明朝洪武年间，五祖寺的殿堂楼阁又修复一新，正德八年（公元1513年）寺毁于火灾。嘉靖年间，祖庭重振，寺院又焕然新貌。万历年间寺

庙得到扩建，后被毁。崇祯初期，再次重修，恢复了原貌。明末战乱频繁，几经劫火，又复萧条。

清朝政府尊重佛教，五祖寺得到很好的恢复，康熙年间比较兴盛，有殿堂楼阁 1700 多间。咸丰四年（公元 1854 年）毁于兵灾。同治年间，陆续重建，虽然没有恢复全貌，但已初具丛林规模，至清末香火还十分旺盛。

民国年间，几复几毁。抗战时期，日本飞机轰炸五祖寺，部分殿堂楼阁遭毁。抗战胜利后，寺庙住持僧募捐修复了一些殿堂，1947 年国民党地方武装强行拆掉钟鼓楼，将材料修炮楼。至新中国成立前夕，仅有十几栋殿堂和部分名胜古迹以及一些山林田地。

五祖寺实为风水福地，伫立峰顶，俯瞰山腰，古寺藏幽。极目遥望，发源于古角、垄坪山的东、西二河，像两条玉带紧锁东山。古时蓝军恒曾写下“东山突起正中央，玉带双飘锁凤凰”的诗句，恰如其分地描绘了古寺环境。远眺南野，庐山烟云，隔江对峙；滚滚长江，漂流期间；百里平川阡陌纵横，田园如画，披霞着锦；太白、龙感两湖，犹如两面大明镜，镶嵌于田野之中。侧目东西，起伏的山群，好似两条巨龙，朝东山飞腾而来。转身北望，山山环抱，岭岭相连，峰峦蜿蜒，层层叠叠.仿佛是东山的卫侍，威武雄壮，不断向白莲峰涌来。此种风水格局，山环水抱，藏风聚气，由于风水绝佳，五祖寺大师辈出，享誉 1300 余年，至今不衰。

第十节　文化名寺——四会六祖寺

六祖惠能寺位于四会市贞山风景旅游区内，原寺始建于唐代，距今已有一千三百多年有历史。于清嘉庆十四年重修时，六祖惠能寺的建筑面积为六百多平方米，灰沙春墙杉木瓦结构。整体为中轴线平面布局，

分别由大门、前殿、后殿及左右辅以的厢房、廊庑及小巷构成一体。寺庙四面环山，山势峻峭，景色宜人。与六祖惠能寺相邻的山间，还有“六祖惠能池”、“佛堂顶”、“仙人路”、“烂布衣”等与六祖惠能当年行迹有关的地名和山名。

六祖惠能寺自唐代建成以来，就吸引了众多善男信女前往参拜。逢年过节，寺门香客如鲫，香火甚为鼎盛。参拜者除本地信众外，珠江三角洲一带亦有不少人慕名前往参拜。

四会六祖惠能寺坐落在贞山区内，建筑群颇具气势。每年的水利法会吸引成千上万的信众。我国佛教禅宗六祖惠能（公元 638 年～公元 713 年）曾因避难藏身于四会龙甫镇营脚村扶卢山达 15 年之久，六祖姓卢，当地村民为纪念他，故以山为“扶卢”名，山上有“六祖池”，山下建有“六祖庵”，该庵为唐代所建，清嘉庆十四年重修，改为六祖惠能寺，旧址至今犹存，我们游览的六祖惠能寺是 1998 年动工兴建的。

六祖惠能为岭南佛法之始，为什么要在四会避难藏身呢？相传惠能投湖北黄梅东山寺五祖弘忍门下，因作谒得到了弘忍赏识后，弘忍便秘传禅法，付与法衣钵盂，成了禅宗六祖惠能，弘忍的大弟子神秀因未能得到师傅亲付衣钵，很不服气，于是纠集一班门徒，欲害惠能，夺回衣钵，弘忍见有人想害惠能，便吩咐他从速南去，临行前对他说“逢怀则止，遇会则藏”（怀指今怀集县，距四会 140 多公里，会指四会市）。惠能便带着衣钵匆匆南下，神秀派人跟踪，直到韶州（今韶关市），还有人追逐他。惠能回到广东后，想起师傅的嘱咐，为了避开敌人，隧往四会，当他走到龙头铺子林时，见那里山高林茂，地势偏僻，景色宜人，村民以耕种、打猎为生，他想猎人以杀生为业，又多在山林中出没，是避开敌人追踪的最好处所，于是便找到一个姓叶的猎户家住下来，当时惠能还是一个二十多岁的年轻人。惠能经过多年的避难藏身经历，亲自接近下层乡民，对他后来的宗教哲学影响是很大的，如他主张“心平何劳持戒，行直何用修禅”。意思是不用背诵佛经，不要累世修行，只要放下屠刀，便可立地成佛，六祖惠能还认为“下下人有上上智”。其佛教理论都是有中国自己宗教哲学的独特见解。

据传，在四会一直流传着六祖惠能点化阮公圣佛阮子郁，阮子郁又点化梁公圣佛梁慈能，相继成佛的故事。四会还有唐朝所建的祭祀梁公圣佛和阮公圣佛的宝林古寺和宝胜古寺。

新六祖惠能寺于 1997 年 3 月奠基重修，历时四载而成，寺院占地 6 万余平方米，建筑面积 5000 多平方米。建有六祖大道、牌坊、风雨亭、放生池、山门、天王殿、大雄宝殿、六祖殿、藏经阁、钟楼、鼓楼、功德堂、永思堂、观音堂、罗汉堂。各殿堂供奉诸佛菩萨金身。六祖金身塑像慈祥可亲可敬，端坐殿内，庇佑人间风调雨顺，国秦民安、人寿年丰。此外，还建有斋堂、配殿、客舍、方丈室、僧人宿舍以及广场、停车场等。全部建筑采用白墙绿瓦红柱传统古典寺院设计，蔚为壮观。据说，这是各地众多六祖惠能寺院中规模最大、最为堂皇壮丽肃穆、唯一被命名为“六祖惠能寺”的古刹寺院群体。六祖惠能寺驻有德高望重的方丈大师和众僧数十人，每天烛灯长明，香火鼎盛，瑞气蒸腾，禅贯乐耳。海内外汇资金慕名前来参拜者络绎不绝。

由于原六祖寺的重修和发展均受到所在地环境改变的制约，近年来异地重修。新六祖寺址，经多位佛教界知名大师，特别邀请香港风水师多次实地测勘而定。

六祖寺

新六祖寺依山面水，于1997年3月奠基重修，历时四载而成。佛寺占地面积近6万平方米，建筑面积5000余平方米，建有牌坊、风雨桥、放生池、山门、天王殿、大雄宝殿、六祖巷、藏经阁、钟楼、鼓楼、功德堂、永思堂、观音堂、罗汉堂。

重修落成的六祖寺坐西北向东南，三面环山而抱，林木苍翠，灵秀幽静；寺前溪水清澈，潺潺水流；左、右山脉如青龙、白虎般向前伸展，伏卧两侧；登殿堂远眺，迎面一山丘，宛如一座天赐神炉；丘上的青松翠竹，如一柱柱永不熄灭的香烛；再远眺，城区若隐若现，犹如蓬莱仙阁，人置其中，仿如身处圣境。

中国风水学认为，山环水抱必有气，这是古人在长期观察山与水之后，总结其经验得出的结论。

所以说：水能吸收聚气。这便是中国风水学“气遇水则界”之谜。中国风水学中所说的“气”，包含了宇宙辐射，具有“波粒两重性”。众所周知，猎犬嗅觉很灵，但如果逃犯过了河，则猎犬就感受不到“气味”了。原因正是气被水隔断吸收了。水面越大，聚气越厚。

中国的风水学认为水有聚气作用，用现代科学观点分析，也不谋而合。

曲水气聚，中国风水学认为：“气为水之母，水为气之子，气行则水随，水止则气蓄。”气蓄需水止，二者是因果关系。这就是说，水流到拐弯处，近乎水止的地方，气就有所储蓄。曲水比直水好。《水龙经•论形局》中说：“水见三弯，福寿安闲。屈曲来朝，荣华富饶。”

江河支流气聚。这与天地人三个气场性质类同有关。对于人体来说．天地气场为外气，人体气血气场为内气。当天地人三个气场流速相合时，对人体有利。大江大河气场流速大，气散，中国风水学称“气冲”。江河支流流速小，接近于人体气场流速。《水龙经》中说：“大江大河虽有湾抱，其气旷渺。”因此，中国风水学认为：大江大河旁适于建大都市，因为大城市建筑物多、高大、墙垣多等，可遮挡或吸收旷渺之气；而江河支流，适于建小村镇、民居等。现代医学证明，人是由百分之七十的水构成的。所以，人也吸收宇宙辐射。人与气场有关。

中国风水学对山和水有分别具体的论述。龙、砂、穴、水、向是中国风水学为达到“聚气”而概括性的总结。中国风水学与现代物理学的不谋而合，不是偶然的，是由它们的科学性所决定的。

第十一节 文化名寺——当阳玉泉寺

玉泉寺位于湖北省当阳市城西南 12 公里的玉泉山东麓。

相传东汉建安年间，僧人普净结庐于此。南朝后梁大定五的（公元 559 年），梁宣帝萧察敕玉泉为“覆船山寺”。隋开皇十二年（公元 592 年），晋王杨广应智头奏请在此起寺，敕名“一音”，后改为“玉泉寺”；隋开皇十四年（公元 594 年），杨广敕封智头为“智者禅师”，并亲书“智者道场”匾额。唐贞年间（公元 672 年～公元 649 年）僧法瑱增建；仪凤二年（公元 677 年）唐高宗诏请寺僧弘景为师；后周长寿三年（公元 694 年）金轮圣皇帝亲授舍利并敕建七层砖塔瘗之；三朝国师神秀在寺创禅宗北宗。宋天禧末年（公元 1021 年）明肃皇后感慕容邂逅之恩，捐银扩建，改额为“景德禅寺”；崇宁时又敕为“护国寺”。元世祖、武宗、仁宗皇帝敕修。明、清屡毁屡修。1949 年后又进行了多次修葺。现存殿堂楼阁多具明清营造风貌，其间也部分保留宋、元规制遗风。

玉泉寺曾与浙江天台国清寺、山东长清灵严寺、江苏南京栖霞寺并称为“天下四绝”，鼎盛时期其规模“为楼者九，为殿者十八。三千七百僧舍”，“占地左五里、右五里、前后十里”，被誉为“三楚名山”、“荆楚丛林之冠”。

玉泉寺

东汉建安二十二年（公元 218 年）普净和尚在此结茅为庵，打坐修行。

南北朝后梁大定五年（公元 559 年）梁宣帝敕建覆船山寺（即今玉泉寺）。

隋开皇年间，佛教天台宗创始人智口和尚在这里正式创建了玉泉寺。

唐朝时，禅宗北宗神秀从黄梅东山寺来此弘扬禅法，四海倾仰。

宋朝时，宋真宗明肃皇后对玉泉寺加以扩建，并改额为“景德禅寺”，被誉为“荆楚丛林之冠”。

明初，恢复“玉泉寺”名号。明万历年间，明神宗敕赐“荆楚第一丛林”匾额。

1983 年，成为全国首批重点对外开放寺庙之一。

1985 年 8 月，玉泉寺作为佛教活动场所，由文物部门移交给佛教界管理使用。在寺僧人成立了“当阳县玉泉寺管理委员会”管理寺务，明玉法师任主持。

1987年，玉泉寺恢复了十方丛林体制，明玉法师升座为方丈，并按照丛林制度按排了相应的执事。

建筑格局

玉泉寺的主要建筑，布置在一条东西轴线上，由东而西有三大建筑：天王、大雄、毗卢三殿，与天王殿隔溪相望的北宋铁塔和三园门牌坊，都向南偏离了该轴线。三大建筑均是宫殿式的建筑。三大建筑中，大雄宝殿是主体建筑，高大雄伟，殿前有宽敞的月台，南有唐代千年古银杏，北有明代仅存的大塔柏，树下历代铁铸法器，更增添了古刹神秘而庄重的气氛。

与中轴线建筑形成对照的，是南北两翼的附属建筑，各堂口体量相应减少，一律不用中轴线建筑所用的灰筒瓦，而改用小青瓦。以水墨画装饰墙面，不用重彩。南翼建筑，是三组深宅大院：西禅堂、藏经楼、退居堂，是安养、阅藏、坐禅的地方。北翼建筑，是一组花园式的建筑，布局灵活，讲经台、般舟堂、东禅堂、大士阁（已毁）、圆通阁、送子庵，依山就势，高低错落。

天王殿

天王殿是中轴线上的第一座建筑，坐西朝东，门前有宽阔的广场。面阔七间，进深三间，除了高大的中门外，在尽间各开一园门，南尽间作票房。粉墙高5米；屋面为单檐硬山灰筒瓦顶，正脊的云龙拼版和吞脊大吻，全部是灰陶制品。殿内梁架为木结构穿斗式，是鄂西地方民居的一般做法。

殿内造像全为现代重塑。明间正面本尊，是弥勒化身的布袋和尚坐像，汉白玉石料。弥勒佛背后，雕塑手执宝杵，现天将军身的韦驮天像，全身金盔金甲，左手握杵拄地，右手插腰，左足略向前立，面向大雄宝殿。在天王殿南北梢间，塑四大天王像。

天王殿始建时间不详，自明代以来经过多次重修。1990年，当阳市地方财政拨款，全落架大修天王殿。

大雄宝殿

大雄宝殿位居天王殿之后，两殿之间有丹池、青石甬道相连。现存大殿为明代风格的建筑。建筑通高21米，台明面阔40米，进深30米，高0.4米，建筑面积1253平方米。台明上立柱三层，即廊柱、檐柱、金柱各24根。72根立柱全部是金丝楠木。整体梁架吸收了我国南北古建筑的优良传统，采用了穿斗与抬梁相结合的手法，榫卯结构，具有很好的防震功能。明间立柱用材硕大，是长江中下游一带，屈指可数的单体大佛殿之一。殿中斗拱，分内槽、外槽二种，共154朵。天花板共91块，每块厚0.05米，1.66米见方，上面用矿物颜色粘贴彩画，彩画种类有火珠、云龙、莲荷，色彩边缘以松烟墨重重勾勒，不失传统风貌。大殿屋面为重檐歇山灰色筒板瓦顶，正脊高1.3米，以40余块灰陶花版拼成，两面各有高浮雕5条腾云驾雾的蛟龙。正脊两头的吞脊大吻，各高1.8米，是明代典型的官式建筑造型手法。在屋面的2260余件艺术构件中，大吻是唯一的明代原件。其余艺术构件，是1982年大修时，聘请山西应县老工艺师迟亮夫妇重新塑制的。

殿上檐“智者道场”直匾，是中国佛教协会会长赵朴初的手笔。殿内并排砌有三个须弥座，中间的塑像为释迦牟尼佛，坐像与须弥座通高8米。南次间须弥座上供奉阿弥陀佛，北次间供奉药师佛。殿内南北山墙下，各塑罗汉九尊，皆为坐姿。佛坛背后，是海岛观音雕塑。观世音菩萨身后，雕塑20尊威德诸天群像，同时夹杂着中国神话人物，如海龙王、千里眼、顺风耳等。海岛观音两侧，普贤菩萨与文殊菩萨对称。另外，在殿内西北角供奉一尊铜胎地藏王菩萨坐像，东北角安装幽冥铁钟一口。大雄宝殿始建于隋开皇十三年（公元593年），历代重修。1982年至1984年由国家文物局拨款，全落架大修。

毗卢殿

毗卢殿大堂即法堂，也称讲堂，是演说佛法皈戒集会的场所，在寺院中是仅次于大殿的主要建筑。大堂面宽五间，进深三间。檐下悬挂“毗卢上方”匾，王任重题。大堂中央，供奉毗卢遮那佛一尊。佛座四周，龛内塑500罗汉坐像，另增一尊执扇济公像。大堂经历次改建，形成两坡水硬山小青瓦顶，结构简单。大堂南山墙有小门通观音堂，堂中塑千手千眼观音像一尊，堂中有小天井，天井内有小假山。

毗卢殿清代多次大修。1965 年国家文物局拨款 4 万元修复，1975 年再次小修。

上方殿

上方殿与毗卢殿北山墙相连，坐西朝东，中间是大天井。上方殿第一进大门两侧，南间为烧香师住，北间为衣钵师住。穿过天井，是第二进，面宽三间，三间统连，中无立柱，俗称大厅，厅南北两侧摆红木坐椅，是平时住持与八堂当家师议事的地方。大厅之后是面宽三间的方丈楼，楼下是方丈室、会客厅，楼上是陈列室，挂名人字画，摆镇山八宝等珍贵文物。

上方殿是清代寺院中建筑最精美的地方，抗日战争期间被大火烧毁，现仅存遗址。

观音殿

观音殿又名吞珠阁，在毗卢殿之后。观音殿始建年代不详，清康熙十八年（公元 1679 年），川湖总督蔡毓荣、守备刘汉臣捐造观世音菩萨泥金大像供奉于殿内。

殿前平台上，放置元代大铁釜二口，铁香炉一只，四周植有桃、杏、石榴、柚子、罗汉松等果木树和观赏树。观音殿面宽五间，共两进，中隔天井，两侧有围屋，殿外筑有封闭的围墙，十分幽静。观音殿及围墙 1960 年后倒塌，现遗址处仅存元代铁釜一口，重 3 千斤。

天上天

天上天在观音殿之后，有台阶 50 步通天上天大门。天上天面宽五间，五底三楼，屋面为硬山小青瓦顶。1966 年自然塌毁。

玉皇顶

玉皇顶又名玉皇阁，在天上天之后， 面宽五间，共两进，两进之间有天井。第一进单檐歇山小青瓦顶，第二进重檐硬山小青瓦顶。第二进楼下供奉佛、菩萨像，楼上供奉民间信奉的雷公和闪母娘娘造像。玉皇顶南侧在清代末年尚有小泉，祖印和尚曾于泉畔筑石室闭关。抗日战争时期，玉皇顶建筑塌毁，泉眼枯竭。

玉泉铁塔

玉泉寺前三园门北侧青龙山馀脉冈地上有玉泉铁塔一座。铁塔本名“佛牙舍利塔”，俗称“棱金铁塔”、“千佛塔”，北宋嘉佑六年（公元 1061 年）为重瘗唐高宗、则天皇后所授舍利而铸建，仿木构楼阁式，八角十三级，通高 16.945 米，重 26472 公斤。铁塔由地宫、塔基、塔身、塔刹四部分组成。地宫为石质六角形竖井，内置汉白玉须弥座，座上置石函三重，函中供奉舍利；塔基、塔身均为生铁铸造，塔基须弥座八面铸有铁围山、大海、八仙过海、二龙戏珠及石榴花饰纹，座八隅各铸顶塔力士一尊，状极威猛；塔身平座上铸有单钩阑，塔身各作四门，两两相对，隔层交错；塔身及平座铸有斗拱；腰檐出檐深远，翼角挑出龙头以悬风铎；塔身上著有铭文 1397 字，记载了塔名、塔重、铸建年代、工匠和功德主姓名及有关史迹，还铸有佛像 2279 尊，俨然一幅铁铸佛国世界图；塔刹为铜质，形似为宝葫芦。铁塔通体不施榫扣，不加焊粘，逐件叠压，自重以固；其外型俊秀挺拔，稳健玲珑，如玉笋嵌空。玉泉铁塔是我国现存最高、最重、最完整的一座铁塔，它对研究中国古代冶金铸造、金属防腐、营造法式、建筑力学、铸雕艺术以及佛教史具有十分重要的价值。

显烈祠

玉泉寺北侧显烈山下有中国最早的关庙——显烈祠，祠前有一泓珍珠泉水，俗名“金龙池”，相传为三国蜀将关羽死后显灵之处。珍珠泉为全国三大间歇名泉之一，宋朝苏轼称之为“漱玉喷珠”，明朝袁宏道赞之为“珠泉跳玉”。游人若临岸静观，则清碧如玉，泡如珍珠，若击掌跺石，则泉沸水涌，迭如贯珠，其水质甘洌醇香。泉南山脚竖有明万历所立石望表，上刻“汉云长显圣处”；望表西有清阮元念唐碑书“最先显圣之地”石碑一通。泉上珍珠桥为 1949 后增建。循寺北向西，有溪水湛天、千年银杏、狮子崖、梅花井、智者洞、宋敕修传灯录院遗址、金霞洞、一线天；向南有退居、紫柴庵、幻霞洞等人文景观、名胜古迹深藏幽谷。

玉泉八景

明朝末年，玉泉寺有十处风景点，分别为智者洞、朝阳阁，金龙池，珍珠泉，楞枷峰，讲经台，松风亭，石乳窟，行宫台，古邮亭。清康熙年间（公元 1662 年～公元 1722 年）重修山志，改为八景：珍珠跳玉、铁塔棱金、妆台镜月 、溪水湛天、知识禅关、唐贤碑碣、邮亭夕照、画阁朝阳。

风水布局

寺院背倚覆船山，可称为玄武，山门前的溪水可称为朱雀，溪流上的双桥，可起到聚气、止气的作用。整座寺院背山面水，负阴抱阳，形成了与天象相吻合的四灵兽的格局。寺院背山朝阳，抵挡西北方向的寒流，面临溪水，接纳东南方向的凉风，山门东向，有良好的光照。寺院后隆起的八字小山脉，缓解了山洪对寺院的威胁。

第十二节　文化名寺——广州光孝寺

光孝寺位于广东省广州市越秀区光孝路北端近净慧路处。据《光孝寺志》载，初为南越王赵建德之故宅。三国时代，吴国虞翻谪居于此，世称虞苑。寺名曾几次更改，东晋隆安五年（公元 401 年）称五园寺，唐代称乾明法性寺，五代南汉时称乾亨寺，北宋时称万寿禅寺，南宋时称报恩广孝寺，不久后改广字为光字，才改名光孝寺。

三国时，吴骑都尉虞翻谪居于此讲学，多植诃子树，时人称为虞苑，又称诃林。虞翻后人施其宅为寺，名制止寺。

东晋隆安五年（公元 401 年）罽宾国（今克什米尔）僧昙摩耶舍到广州，在此建佛殿，奉敕译经传教，改寺名为王苑朝延寺（俗称王园寺）。其后，又易名为乾明法性寺、乾明禅院、崇宁万寿寺、天宁万寿禅寺、报恩广孝禅寺。

南宋绍兴二十一年（公元 1151 年）易名光孝寺。

明朝成化十八年（公元 1482 年）获敕赐光孝禅寺匾额。

1650 年清军南下，炮轰广州城，光孝寺也笼罩于战火之中。清军入城后，光孝寺被占为兵营，隔年又由于广东贡院在清军入城时毁于战火，故把光孝寺作为贡院。期间，光孝寺进行过修建。

光孝寺

光孝寺建筑结构严谨，殿宇雄伟壮观，特别是文物史迹众多。如始建于东晋的大雄宝殿，南朝时达摩开凿的洗钵泉，唐朝的瘗发塔、石经幢，南汉的千佛铁塔，宋、明时期的六祖殿、卧佛殿，以及碑刻、佛像、诃子树、菩提树等，都是珍贵的佛教遗迹遗物。

大雄宝殿

大殿神龛上供奉的是华严三圣：中间的佛像高 5 米多，是世界教主释迦牟尼如来佛，只见他结蜘趺坐，左手横放在左脚上，右手举起，曲指作环形，正在向众生说法；侍立在他两旁的是迦叶尊者和阿难尊者；

在释迦牟尼两旁的两位菩萨，左边是文殊师利，又叫大愿菩萨，右边是普贤，又叫大行菩萨。这一佛两菩萨三尊佛像合起来称作“华严三圣”，与其它佛殿供奉三世佛（过去世、现在世、未来世）、三身佛（法身佛、应身佛、报身佛）和三方佛不同。而令人惊喜的是，1950 年在大佛腹中竟发现有一批木雕罗汉像，经考证均是唐代木雕，这批珍贵木雕现已收藏在博物馆内，成为难得的唐代文物精品。

睡佛殿

睡佛殿在大雄宝殿的西侧。殿内这尊睡佛采用缅甸白玉雕成，长 4 米，重 6 吨，刻的是释迹牟尼的涅像。整座睡佛头西面南，作侧卧状，体态自然，面部表情十分安祥。传说当年释迦牟尼为了传播佛教，几乎走遍了整个印度半岛。80 岁时，在拘尸那伽附近的娑罗对树下入灭（圆寂）。后来所有的卧佛像都雕成了他圆寂时那样的姿势。

瘗发塔

瘗发塔为仿楼阁式的砖塔，八角七层，高 7.8 米，是当年六祖惠能削发受戒后埋藏头发的地方。瘗发塔建于唐代，形制十分精致。这类隋唐时期的古塔，是广东省乃至全国至今保留的为数不多的珍贵文物之一，在广东省仅存 5 座，除瘗塔外，还有潮阳灵山寺的大巅祖师塔、龙川县佗城的正相塔、新会市龙兴寺的石塔和玉台寺的镇山宝塔。

风幡阁

瘗发塔的东面是风幡阁，由原来的睡佛阁与风幡堂合为一体而得名。睡佛格为唐代建筑，原楼上供奉睡佛，下藏梵经。风幡堂亦唐代所建，是为纪念六祖在光孝寺的“风幡论辩”事迹而建的。明代重修时将两楼合为一体。现风幡阁中有六祖、达摩的石刻像碑，一面刻有六祖像，另一面刻有达摩像，这是元代的碑刻。风幡阁墙壁上有两幅彩画：一幅是记载六现风幡论辩的事迹，一幅则记载达摩东渡的故事。达摩当年自古印度东渡来穗，在西来初地结庵居住（该质即现在的华林寺），再到光孝寺（诃林）住下讲学，传播佛教。光孝寺门内东边的洗钵泉，相传还是达摩洗钵的一口深井。

六祖堂

六祖堂在瘗发塔的旁边，建于北宋真宗年间，是为纪念六祖惠能而修建。堂内有座六祖惠能的雕像，为近年所雕，神态安祥，表情中充满了智慧。而在六祖堂前还有一只大木鱼，木鱼为佛教法器之一，刳木为鱼形，中凿空洞，扣之作声，鱼头是朝外的。按佛寺里的规定，只有十方丛林才能将鱼头朝外，由此可见光孝寺地位之高。木鱼是和尚们做法事诵经时撞击用的法器。又因为鱼日夜都不会合眼，所以专意用它来警醒众僧，白天黑夜都不要忘记修行，才能“以至于道”。

东西铁塔

在大雄宝殿的东西两侧，还有两座铁塔，这是南汉国在广州遗留下来的古迹。西铁塔建于南汉大宝六年（公元 963 年）清末时塔殿倒塌压坏四层，现剩下 3 层。东铁塔是南汉大宝十年（公元 967 年）建造的，高 7.69 米，共 7 层。这座塔的基座上有盘龙图案和莲花宝塔，铸造得十分精细，这可算是国内目前发现的最大、最古老、最完整的铁塔了。据史书记载，在清代乾隆年间，这座铁塔上还曾有过千只贴金的小佛像，所以它又叫“涂金千佛铁塔”。

建筑特色

光孝寺的建筑规模雄伟，为岭南丛林之冠。它不仅在佛教历史上占有重要的位置，并且开创了华南建筑史上独有的风格和流派。原有十一殿：大殿、毗卢殿、西方三圣殿、观音殿、罗汉殿、六祖殿、伽蓝殿、韦陀殿、天王殿、悉达太子殿、轮藏殿；六堂：戒堂、风幡堂、客堂、禅堂、檀越堂、十贤堂；三楼:睡佛楼、钟楼、鼓楼。由于历史变迁，寺院几遭破坏。1987 年落实宗教政策，将光孝寺归还佛教界，经过十年的努力修葺，光孝寺有山门、天王殿、大雄宝殿、钟鼓楼、伽蓝殿、六祖殿、睡佛楼、洗钵泉、东西铁塔、大悲幢、痉发塔等建筑与历代碑记文物。

建筑群中以大雄宝殿最为雄伟，东旨时代创建，唐代重修，保持了唐宋的建筑艺术，殿内采用中间粗、上下略细的梭形柱，大殿下檐斗拱都是一跳两昂的重拱六铺作，这种风格是中国著名古建筑中所罕见的。

六祖殿是北宋祥符元年创建的，内供六相惠能大师坐像。六相殿前有古菩提树，为印度高僧智药三藏种植，“光孝菩提”为羊城八景之一。痉发塔是唐住持僧法才为纪念惠能大师在光孝寺出家剃度因缘而募款兴建，塔内痉藏六祖头发，以石为基础，砖灰砂结构，八角形，九层，高7.8米。每层有佛龛，嵌有泥塑佛像。大殿后还有一株千年诃子树，为三国虞翻种植，真可谓千古遗珍。

寺院气势十分雄伟，殿宇结构工艺威严壮丽，特点鲜明，具有唐宋风格。大殿右侧为供奉护法神之伽蓝殿，左侧为六祖典，建于北宋。大雄宝殿作为光孝寺最主要的建筑，构筑在高高的台基上，钟、鼓二楼分建在殿之左右。殿内是新修建的三尊大佛像，中为释迦牟尼，左右分别是文殊师利和普贤菩萨，三尊佛像合称为“华严三圣”。六祖殿前为瘗发塔，相传唐高宗时，六祖惠能在菩提树下削发为僧，主持僧法才随即将惠能头发埋入土中，尔后在该处建塔以纪念这位开创禅学南宗流派的大师。塔呈八角形，高6.7米，共7层，每层均有佛龛8个。造型独特，是寺内珍贵的文物之一。宝殿台基左右两侧还有一对石法幢。

光孝寺是中、印佛教文化交流的策源地之一。自创寺以来，常有中外高僧到寺中驻锡传教弘法。东晋时期罽宾国三藏法师昙摩耶舍来寺扩建大殿，并翻译佛经，刘宋文帝元嘉年间，印度高僧求罗跋陀那在寺中创建戒坛传授戒法。梁武帝天监元年（公元502年），智药三藏自西印度携来菩提树，植于戒坛前。梁武帝普通八年（公元527年），达摩祖师驻锡本寺。陈武帝永定元年（公元557年），印度高僧波罗末陀（即真谛三藏法师）在寺内翻译《大乘唯识论》、《摄大乘论》等经论。唐中宗神龙元年（公元705年）西域高僧般刺密谛三藏于此翻译《首楞严经》十卷，宰相房融笔受。唐玄宗开元十二年（公元724年），不空三藏于光孝寺建立规模宏大灌项道扬传授密法。唐玄宗天宝八年（公元749年），鉴真和尚往日本传法，遇海风漂至南方，遂在奥地弘法，也到寺中传授戒法，受四时供养。

光孝寺的历史源远流长。公元前二世纪，南越王赵佗的玄孙赵建德在此处建宅。三国时，吴国贵族虞翻流放南海，居此讲学，人称“虞苑”；

因苑中有不少诃子树，又名诃林。虞翻死后，家人捐宅为寺，名“制止寺”。光孝寺作为寺庙的历史便从这时开始的。

东晋隆安元年（公元397年），昙摩耶合法师航海到达广州，在这里创建佛殿，改名“王苑延寺”，又称“王园寺”。他是光孝寺住锡的第一位高僧。南北朝时期，中天竺高僧求报恩广孝禅寺。绍兴二十一年，再改名光孝寺，一直沿用至今。

元、明、清时期，光孝寺香火兴盛。寺庙规模扩大，殿堂雄伟。除下前面介绍的有十一殿外，还有六堂：戒堂、风幡堂、客堂、禅堂、檀越堂、十贤堂；有三楼：睡佛楼、钟楼、鼓楼。此外还有方丈室、库房、僧舍、笔授轩、延寿庵、兜率阉、虞翻祠等建筑，为岭南丛林之冠。据《光孝寺志》记载，兴盛之时，田产不下五十余顷，常年食僧万人，是南方最富有的寺庙。这一时期住持光孝寺的名僧有正源、通炯、德清、天然、至善、道济、铁禅等。

寺院布局

中轴线起由南往北的建筑计有；山门、天王殿，主殿大雄宝殿，瘗发塔；其西有鼓楼、睡佛阁、西铁塔；其东有洗钵泉、钟楼、客堂、六祖殿、碑廊；再东有洗砚池、东铁塔等。形成了一组颇具规模的古建筑群。

第十三节　文化名寺——新兴国恩寺

国恩寺，始建于唐代高宗弘道元年638年。它与六祖惠能祝发道场广州光孝寺，毕生弘法道场曲江曹溪南华寺鼎足而立，并称六祖三大祖庭。国恩寺因为既是六祖肉身菩萨的故居，又是六祖弘法、示寂以及辑录六祖“法宝坛经”的圣地而名扬海内外。

唐宋时期，国恩寺在佛教界被视为“岭南第一圣域”，“中国禅文

化的发祥地”。香火鼎盛，僧人甚多，来寺朝拜参学者络绎不绝，寺院殿堂颇具规模，有僧田1800亩。宋绍兴年间寺宇重修，明永乐年间再次修葺。尔后，国恩寺渐衰，僧田多被豪强侵占，寺产被变卖。至使这座被尊为“中国禅宗发源地”的古寺，殿堂失修崩塌，香火式微。

明穆宗隆庆元年（公元1567年），知县邓应平发起，官民集资重修寺宇。此后国恩寺不断扩建。

明神宗万历二十六年（公元1598年），名士欧真义建龙粤庵（观音殿），万历四十四年（公元1616年）知县陶若曾建浴身亭；万历四十六年（公元1618年）新州知县吴士熙、绅士赵良洗建山门牌坊，并凿寺前镜池；万历四十八年（公元1620年），本寺方丈白现法师、名士潘文伯等建金刚楼和左右禅房。

明思宗崇祯六年（公元1633年），新州名士潘尚茂建经堂。崇祯十二年（公元1639年），本县名人潘稷建珠亭。

清顺治七年（公元1650年）至十二年（公元1655年）再次重修和扩建；举人麦安创建法堂，新州名士美符重修山门石桥等。至此，国恩寺便形成了较为庞大的建筑群，殿堂鳞次栉比，气势巍峨庄严，成为广东省境内屈指可数的大丛林及全国仅存的两大祖师故居之一。

国恩寺

国恩寺虽历经沧桑兴废，至新中国成立前仍保存着唐朝至清代五朝古迹文物。但在“文革”期间，寺内佛像、法器等文物古迹均受到严重破坏，僧众被遣散。只有鼎光、自觉等几位法师坚持在寺内生活。他们常与到寺庙搞破坏者讲佛法、论道理，使搞破坏者认识到自己的所作所为，从而使整个建筑物没有受到太大破坏，得以保留了部分主要殿堂。

建筑结构

国恩寺由半山亭、山门牌坊、金刚殿、大雄空殿、六祖殿、方丈室、两旁回廊有诸天佛殿、禅房、观音堂、六祖纪念堂、五百罗汉堂、报恩塔等建筑物组成，建筑面积一万多平方米。寺侧有六祖父母坟、龙山碑林、卓锡泉、浴身池、六祖手植千年荔枝树，以及五祖亲传的袈裟衣钵，武则天手书的敕赐“国恩寺”题匾等文物古迹。国恩寺还将筹建藏经楼、钟鼓楼、经堂、普同塔、焚香亭、僧舍、贵宾楼、重塑佛像金身，还将把保存的文物古迹展示出来让游人观赏。

寺前山门大牌坊、天王殿、大雄宝殿、六祖殿及配殿、方丈室、客堂、禅堂、报恩塔、六祖纪念堂、圆通宝殿等主体建筑已经修复和重建。同时还重修了六祖父母坟、浴身池、卓锡泉，理护了六祖亲手种植的荔枝树，新建了以弘扬六祖禅文化为主的龙山碑林等。纵观国恩寺，寺宇殿堂，依山而建，错落有致，各具特色而浑然一体。

国恩寺背枕龙山，故又名“龙山寺”。一块“敕赐国恩寺”金光闪闪的大牌高悬在寺门之上。国恩寺的山门西向。寺正门广场前，一条10米长的巨龙横亘腾跃，气势逼人，一对巨龙夺宝的立体雕饰，则雄踞于近百米长的寺前高墙之上，气势恢宏。经历朝修建，院宇精严，布局壮观，建筑面积广达9200多平方米。

国恩寺主体为斗坎式三层次横列长方形巨石砌成的平台构筑，依着山势，次第增高。内分三进，即金刚殿、大雄宝殿、六祖殿。两廊还有达摩、地藏王、目莲、文殊、普贤等诸夭佛殿和禅房，寺侧有观音堂、报恩塔等建筑物。

六祖殿供奉惠能金身袈裟坐像，与韶关南华寺、广州六榕寺的六祖像造型相同，乃由其弟子塑像家方辩所造，故形态逼真，如肉身菩萨。

殿内原存有惠能的衣钵用具及武则天、唐中宗赐给他的金钡、宫灯等物。此外，各殿尚有佛像40余尊，形态各异，撞艺精湛。

国恩寺名闻中外，与海内外有久远香缘。国内外常有参拜团来此顶礼，又以日本佛教访华团为最。1982年2月，“日本六祖足迹参拜访中团”谒国恩寺，就举行过隆重的参拜仪式，并赋诗留念。1990年海外华侨、港澳台同胞来国恩寺朝拜、游览的就有10多万人。1989年广东省人民政府把国恩寺定为省级文物保护单位。

二十罗汉

在中国汉传佛教的寺院里，大雄宝殿两边供奉的罗汉一般都是十六或者十八个，而六祖惠能故居国恩寺的大雄宝殿两边却供奉着二十罗汉。国恩寺大殿为什么要多供奉两个罗汉呢？说起来这里还有一段鲜为人知的动人故事，相传于唐先天二年（公元713）八月初三日六祖惠能于故居国恩寺圆寂。

为使祖师所创的禅宗正旨流传于世，以神会、法海为首的众弟子便在国恩寺成立“录经堂”，把六祖一生所弘扬的正法眼藏整理辑录成书。因很多邪魔外道皆惧怕六祖禅宗正旨流传于世，故在辑录经书其间，众魔多次前来破坏，皆因有神会、法海等一批有道行的高僧舍身护法，所以这些邪魔外道每次前来滋事均以失败而告终。就在《六祖法宝坛经》将要辑录成书之际，众魔趁夜深人静大部分护法弟子都进入梦乡的时候，便放火烧“录经堂”；妄想把《六祖坛经》全部毁灭。眼看火焰将要烧到经书之际，神会奋不顾身地纵人火海并用身体遮住经书。随后法海等弟子把火扑灭了，经书被神会用身体保住了，而神会的身体和脸部却被烧伤了。通过正与邪的一番较量，最终正法战胜了邪魔，使六祖惠能所弘扬的禅宗正旨流传于世。众弟子为了表达对两位高僧的崇敬，均称其为护法罗汉。并把他们的法相供奉在国恩寺大雄宝殿两旁和其他罗汉一起永为供养。所以国恩寺大殿两旁比其它寺院的大殿两旁多供奉两位罗汉。后来佛弟子们还称神会为禅宗第七代祖师!

佛宝舍利

2006年12月28日，国恩寺报恩塔地宫遗址发现舍利和珍贵文物。

其中包括隋唐时期的鎏金素面圈足铜圆盒、鎏金提梁水罐、鎏金铜棺、水晶球、“五铢“和“开元通宝“铜钱等。舍利供奉在舍利殿，让广大信众瞻仰。

父母坟

相传在唐武德年间，有一风水大师寻龙追穴来到新州，因长途跋涉，衣衫不整；形似乞丐；所到之处无人理睬。后来到龙山惠能母子居住的地方，惠能母子看见他实在是可怜，便热情地招待他。晚上惠能还把自己的床铺让给这位老人睡，而自己则睡于地下。这位大师因连日劳累，一就枕便呼呼入睡，可是由于床凳高低不平，当他一侧身床板就摇动，如是辗转难于入眠；惠能听知；心里不安，于是便潜入大师床底以硬物垫床凳；使床不摇动，这样大师才能美美地睡了一觉。第二天早上大师起来，看见惠能还睡在床底下。大师看出惠能将来一定是个有所作为之人，于是便对惠能母子说明身份，并将所寻得的龙穴告诉惠能母子；让其安葬父亲。说：“我所寻得的是万佛朝宗穴，不同的向法出不同的人才。不知你要的是九代状元；还是万代香烟呢?”惠能母亲说：“他父亲就是因为当官才贬到新州的，我们安分守纪；不求九代状元；但求万代香烟；世世平安吧。”于是大师便按其母子之意把惠能父亲的骨骸安葬于龙穴内。后来惠能出家学佛得道成为禅宗第六代祖师，受世人敬仰，真可谓是万代香烟。惠能母亲去世后，六祖惠能大师又将其骨骸合葬于此穴内。故后人称此墓为六祖父母墓，并立碑纪念。“文革”时墓顶和碑文均遭到破坏，仅保留墓基和碑文图案。按其原有墓基重新修复，以供香客参拜。

六祖手植千年古荔 在寺的东北面有一棵距今已有1300多年的古荔。是六祖惠能带领门徒回故居时亲手种植的。虽历经兴衰，甚至在文革期间遭人用火烧过，但至今仍茁壮成长，巍然挺拔，枝繁叶茂，高十数丈，盛夏结果，优于它荔。日本、韩国等佛教信徒来寺寻宗访祖时，均视此树为圣物，予以参拜，且称此树为“圣树”，是“佛荔”。每逢荔果成熟季节，海内外特别是东南亚国家的信众们常来此品尝佛荔果。有些信徒把荔枝叶也当成了驱邪去病的灵药，认为喝了荔叶泡的茶能使人身体健康且延年益寿。

慧能在故乡一直生活到24岁。此后，在宝林寺出家弘法的慧能“为报佛恩、父母恩、国恩和众生恩”，于唐高宗弘道元年（公元683年），派门人在故乡建报恩寺，后又建报恩塔。唐神龙年间（公元705年～公元706年），唐中宗和武则天颁旨赐六祖故居报恩寺为国恩寺，后武则天亲书“敕赐国恩寺”匾额，此匾至今仍挂在国恩寺。

国恩寺背山面水，群山环绕，流水弯弯，山岭回环，草茂林盛，生机盎然，是藏风聚气的风水宝地。因此历经1300余年而不衰。

第十四节　文化名寺——天台国清寺

国清寺位于浙江省台州市天台县城关镇，始建于隋开皇十八年（598年），初名天台寺，后取“寺若成，国即清”，改名为国清寺。寺庙占地面积7.3万平方米。

隋代高僧智越在国清寺创立天台宗，为中国佛教宗派天台宗的发源地，影响远及国内外。鉴真东渡时曾朝拜国清寺。日本留学僧最澄至天台山取经，从道邃学法，回国后在日本比睿山兴建沿历寺，创立日本天台宗，后尊浙江天台山国清寺为祖庭。

国清寺现存建筑为清雍正十二年（公元1734年）奉敕重修。浙江天台国清寺与济南灵岩寺、南京栖霞寺、当阳玉泉寺并称中国寺院四绝。该寺曾驻锡不少有名高僧，包括唐一行法师、寒山、拾得、济公和尚、日本东密开宗祖师空海大师、日本台密开宗祖师最澄大师等。

南宋嘉定《赤城志·寺观门二》“景德国清寺”条下称：“在（天台）县北一十里。旧名天台，隋开皇十八年为僧智顗建。先是顗修禅于此，梦定光告曰：‘寺若成，国即清’。大业中遂改名国清。李邕《记》所谓‘应运题寺’是也。唐会昌中废。”

国清寺

国清寺始是依据天台宗创始人智顗亲手所画的样式所建的。智顗开创天台宗后，想建一寺庙，作为该宗的正式祖庭，但限于资金，迟迟不得动工。他在临终遗书晋王说："不见寺成，瞑目为恨。"晋王杨广（后为隋炀帝）见书后，极为感动，便派司马王弘监造国清寺。初建的国清寺寺址在大雄宝殿后面约 100 米处的八桂峰前山坡上。

唐会昌中（约公元 845 年），原寺毁于火，旋即重建。

唐大中五年（公元 851 年）著名书法家柳公权在寺后石壁上题写的"大中国清之寺"六个大字摩崖石主刻，至今仍清晰可辨。

从唐大中朝到清雍正朝的 880 多年间，国清寺几度或毁于兵火，或摧于风暴，但都是屡毁屡建。每次重修，寺宇规模都有所发展，位置也越来越往下移至山麓平旷地带。 但从明人李汶在《游天台纪略》一文中提到的国清寺"最后委藏处石泉，名锡杖泉"句分析，可见当时锡杖泉已在寺的最后，即今位置。那么说明至迟在明代，国清寺已移至今址。

清雍正十二年（公元 1734 年），国清寺进行了一次全面的整修。

20 世纪 60 年代末"文革"的动荡时期，国清寺再次被毁。

1973 年，周恩来下令敦促在 1975 年前完成国清寺修复，并拨款 30 万元，同时从北京调运大量珍贵的佛像、法器到该寺。

1984 年重新复办了天台宗佛学研究社（如今的天台山佛学院）。

2006 年，国清寺被国务院批准为第五批全国重点文物保护单位。

建筑格局

国清寺为建于清早期的建筑为官式建筑，弥勒殿和雨华殿为单檐歇山顶，大雄宝殿为重檐歇山顶，三圣殿、罗汉堂和禅堂是典型的南方厅堂建筑，妙法堂、方丈楼和迎塔楼为中西合璧。

国清寺依山就势，层层递高，按四条南北轴线布列六百多间古建筑，分为五条纵轴线，正中轴由南而北依次为弥勒殿、雨花殿、大雄宝殿、药师殿、观音殿；还有放生池、钟鼓楼、聚贤堂、方丈楼、三圣殿、妙法堂（上为藏经楼）伽蓝殿、罗汉堂、文物室等，大雄宝殿正中设明代铜铸释迦牟尼坐像。西轴线为安养堂、三圣殿、罗汉堂（文物室）、妙法堂（楼上为藏经阁）。东一轴线为聚贤堂（僧众餐厅）、方丈楼、迎塔楼。东二轴线为里客堂、大彻堂和修竹轩。像背壁后，有以观音像为中心的慈航普渡群塑，殿两侧列元代楠木雕刻的 18 罗汉坐像。山门外各建筑物——隋塔、寒拾亭、“教观总持”照壁，丰干桥、“隋代古刹”照壁和国清寺山门，它们顺地势安排，没有一个相互平行，也没有互相垂直，自自然然地散落各处，却显得和谐协调。一进朝东的山门转入正中甬道，甬道两旁是仅高 1.7 米的黄色矮墙，矮墙后面是茂密的竹林。构成一个拥有 2.8 万平方米建筑面积、达 7.3 万平方米、8 千余间房屋的古建筑群。

主要建筑：

塔碑

国清寺主建筑群后的小山坡上，在苍郁的松林中有一座重檐挑角、方石铺地的碑亭。亭额上写着“法乳千秋”四个金字，亭中“品”字形排列着三座长方形的石碑。

正中的丰碑为“天台智者大师赞仰颂碑”，碑座高 0.86 米、宽 0.86 米、长 1.86 米、碑身高 2.6 米、宽 1.26 米、厚 0.11 米。长篇碑文和诗赞颂佛教天台宗创造人智者大师。右边的丰碑为“行满座主赠别最澄大师诗碑”。丰碑稍低于智者丰碑。左边的一座丰碑是“最澄大师天台得法灵迹碑”，这座碑的大小与行满碑大小相同。三座丰碑的背面，有日本山田是谛 1982 年 5 月写的敬白，长篇日文铭记了高祖先德，祈念中日两国永远亲善友好的虔诚心意。在“法乳千秋”碑亭左方，有一口围着石栏的古泉，上刻“锡杖泉”三字，相传宋僧普明坐禅于此，因寺内取水不便，遂以锡杖顿地曰：“此处当有泉！”即有泉水涌出，故名。

隋梅

国清寺有隋梅一株，在大雄宝殿右侧，由隋代高僧、天台宗五祖章安灌顶大师手植。据考证，隋梅距今已有 1300 多年的历史，是中国国内三株最古老的梅树之一。关于它的传说，现代诗人邓拓写给隋梅的《题梅》诗最为传神：“剪取东风第一枝，半帘疏影坐题诗。不须脂粉绿颜色，最忆天台相见时。”

隋塔

隋塔位于天台城关镇东北 6 里。隋开皇十八年，晋王杨广为报智者大师受菩萨戒而建造的报恩塔。唐会昌法难受损，南宋建炎二年（公元 1128 年）修葺。残高 59.4 米，边长 4.6 米，六面九级，为浙江最高的古塔之一。系空心楼阁式砖木结构，因遭火焚毁飞檐斗拱，形成四周的空洞。

后人对塔基进行了加固，四周铺筑了台阶，已予整修一新，已列为省级文保单位。隋塔建造别致，除砖砌塔壁上，精雕佛像外，塔顶上没有通常的尖形塔头，站在塔内，切可直接仰见蓝天。

方丈楼

方丈楼在国清寺建筑群东部的中心位置上，是一座两层七开间房子，前有“聚贤堂”（斋堂——僧众用餐的地方），后有迎塔楼（寺中宾馆）。楼前有一个方石铺地的院子。

方丈楼正中直条排列着三张八仙桌，两旁各有三排茶几木椅方凳，条桌上方挂有“弘阐天台宗”的大红底金字匾额，额下排有名画家邵宇、王子舞写的智者大师水墨画像。旁边挂有几幅名人字画，这是国清寺接待中外来宾的地方。

观音殿

与锡杖泉相邻处，新建有重檐歇山，斗拱翘角的观音殿，雄踞于大雄宝殿之后上方，观音殿长约15米，宽12米，殿内正中供奉着千手千眼观音木雕贴金像一尊，两旁或立或坐着观音的三十二化身。

此殿为美国洛杉矶天台山国清寺护法会夏荆山、杨茂慈先生、吴梅影女士等捐资十五万元建成。1983年10月29日举行了隆重的开光大典和法会。

报恩塔

报恩塔是观音殿西邻，建于1985年9月，高约3米，塔顶为黄铜宝顶，紫铜瓦盖成，在阳光下熠熠发光，塔体为录岩。呈四方形，正前方为日本文“南无妙法莲华经（日莲）”碑名，另三面各嵌有黑底金字的经文。台基也为录岩铺成。

这座经幢是日本莲宗信徒捐赠1千万日元建造的。宝塔建立在天台山国清寺的理由是，天台山是传教大师（日僧最澄大师）曾经留学过的最兴盛的灵址，日莲僧人非常敬仰天台大师（智者大师），而且坚信作为正法的法华经的源流是天台国清寺，以表“知恩报恩”的深意。

七佛塔

七佛塔，在寒拾亭前，俗称“七支塔”，也称迎宾塔，是为纪念“过去七佛”而建，他们分别是：毗婆尸佛、尸弃佛、毗舍浮佛、拘留孙佛、拘那含牟尼佛、迦叶佛和释迦牟尼佛。因为是祭祀过去七佛，所以建在寺院门前。建于隋唐时的七佛塔已不存在，1973年在旧址上重建七佛塔，我们看到的七佛塔只有30多年的历史。新建的七佛塔旁也没有任何的文字说明。新七佛塔与旧七佛塔在造型上最大的区别在于新塔为实心，而旧塔是镂空的。

七佛塔的上方，可以看到“一行禅师墓”。

雨花殿

出门神殿，即见钟、鼓两楼中间又一座殿堂，常匾上书“雨花殿”三字。此名在别的佛寺中难得见到。相传是天台宗祖师智者大师曾在此讲述《妙法莲花经》，其精诚所至，感动天庭，天上下起法雨天花，故得此名。

殿中供奉有“四大天王”神像。印度古神话传说中的“四天”指的是东、南、西、北四方，并说每一方都有一神堂管着，所以尊他们为“王”。“四大天王”亦称“四天神”或“四大金刚”所以一般寺庙中称此殿为“金刚殿”或“天王殿”。

妙法堂

大雄宝殿左侧妙法堂，这是一座两层楼五开间的精舍。堂前芭蕉茂盛，玉桂常青，环境十分清幽。妙法堂楼上为藏经阁，开敞明净，阁的周转排列着百只木箱，珍藏着《妙法莲华经》、《大藏经》等经籍。楼下为“台宗讲席”，是弘扬天台宗教义的场所。其布置正中为精雕细刻的讲座，座后挂有阿弥陀佛水墨画像，座前摆有香案蒲团。讲座两边分列着几十张长条桌。每当讲经时，主讲法师高踞台上，两边讲座上坐落了老少僧众和男女信徒。妙法堂左近有罗汉堂，现辟为文物室。1975 年文物室整修开放，集中展出了佛教天台宗的历代祖师造影，天台宗主要经典著作，国清寺与日本佛教界友好交往等方面的文物。智者大师遗物衣钵及钦赐龙衣、造型精美的钦赐银亭、白玉卧佛、明万历铜镜。还有唐贞元二十年（公元 804 年），日本高僧最澄入唐求法时的“度牒”（护照），上有台州刺史的指示。1979 年国清寺方丈唯觉随中国佛教代表团去日本访问，受到日本朝野人士的欢迎，方丈将从日本带回的文物、纪念品也在此展出。日本朋友来天台山访问一年四季不断，并留下了“风月同天永，万古结深缘”等字画，及法器、文物。

这座隋代古刹当时显赫辉煌，扬名海内外。唐代高僧鉴真和尚第四次东渡日本未成之后，曾来到国清寺驻留。第六次东渡日本成功，他把“天台三大部”带到了日本，在日本兼弘天台宗。唐贞元二十年（公元 804 年）。日本高僧最澄法师来到国清寺修习天台宗，次年回日本创立了天台宗，也称为“日莲宗”。公元十一世纪天台宗还传扬到了朝鲜，创立了朝鲜天台宗。

天台山素有“南国天台山水奇”之誉，国清寺坐落在天台华顶山南

麓的溪谷之中，四面环山，古木参天，清静幽深。一溪自东而来，折南过山门与西来的溪流会合，形成“双涧回澜”的美景。寺前隔溪而立有一座高 60 米的隋代砖砌古塔，六面九级，有 1300 多年历史。一侧还有七座小佛塔并列。七塔后的密林中有唐代天文学家一行禅师的墓。这位创立“大衍历”的天文学家曾远行千里，来到国清寺，向精通算法的达真法师求教。当时正值天台山大雨，寺前东溪水位猛涨，倒流入西溪. 这一奇观后来就演化成“一行到此水西流”的说法。现在溪上丰干桥畔还树有一块刻有“一行到此水西流”的石碑。

国清寺的山门前照壁上刻有“隋代古刹”四个大字，山门却别具一格地隐蔽在东侧，进山门，浓荫修竹夹道，整座寺院深藏于古松、巨樟和青竹之间。寺内有殿宇 14 座，由山色、草色、树色、云霞色，更兼 48000 丈峰峦色，有色皆空。方广寺旁的“石梁飞瀑”乃是天台山上最为奇特的自然景观，一条长 7～8 米，宽 20～60 厘米，形状上窄下宽，背似龟，身如龙的天然巨石横跨溪水，溪水流过石梁，落差 40 米，飞注而下，瀑宽 10 米，声震如雷。宋代大书法家米芾在此题刻“第一奇观”，清代康有为也在此留有“石梁飞瀑”、“喷雪飞云”的题刻。

浙江天台国清寺，为天台宗祖庭，四面围合藏风聚气，《名山游访记》载：“国清寺，群峰围绕，林木参天，山明水秀，风景绝佳，时已入暮，前有双涧，合流南注大溪。”还有天台高明寺，《名山游访记》载：“高明寺，四面皆山，面临一溪，松竹围绕，寺藏其中。”另外，天台山上的华顶拜经台，《名山游访记》叙述：“上华顶拜经台，隋智者大师拜经处。时华峰顶上，出五色云，日轮渐升，一望无际，东沧海，西括苍，南雁荡，北钱塘，了然在目，九峰崒嵂，犹如莲花，此为花心之顶，有降磨塔，下瞰众山，如龙盘虎踞，旗鼓布列之状。”

天台山华顶峰是天台山的最高处，众山环拱，如片片莲瓣，华顶正当花心，故名。其中的华顶寺更是独得其佳胜之处。

浙东天台县城北首之平原，北行至天台最高峰华顶山。国清寺后坐丛山，前向平陆，为进天台境朝山及参道者咽喉之地，自隋智者大师宏阐大乘止观法门以来，台宗大昌，迄今已历一千余年。

国清寺开山于智者大师时为上元一运，癸山丁向兼子午六度，坐后坐五十里大气脉，近十里内一路涧水曲折奔赴，遥相护送，后方来水及左右涧流，绕至巽方全襟流出，寺坐坎宫入桂峰，高插碧空，及艮方琴峰，巽方灵芝峰，兑方祥云峰，五峰环拥，坤方有环绕曲水，遥相映照。

天台山国清寺以其独特的风水格局，开创了中国佛教的天台宗，影响远及日、韩，成为天台宗信徒的祖庭，真是地灵人杰的最佳明证。

第十五节　文化名寺——宁波天童寺

浙江天童寺坐落在宁波市东南 20 公里的太白山麓，有 1700 余年历史。天下禅宗之宗太白，比梁大同间宗嵩山少室，唐永隆前亏之宗曹溪宝林尤盛，天童寺得名最久。清代与镇江金山寺、常州天宁寺、扬州高旻寺并列为禅宗四大丛林。天童寺更被日本曹洞宗视为祖庭。

天童寺

天童寺，位于浙江省宁波市东 25 公里的太白山麓，始建于西晋永康元年（公元 300 年），佛教禅宗五大名刹之一，号称“东南佛国”。

全寺占地面积 7.64 万余平方米，建筑面积达 3.88 万余平方米。有殿、堂、楼、阁、轩、寮、居 30 余个计 999 间。寺院坐落在层峦叠嶂的太白山下，“群峰抱一寺，一寺镇群峰”，东、西、北三方有六峰簇拥。背枕巍巍主峰太白峰；左依东峰、中峰、乳峰；右靠钵盂峰，圆秀突起，状如覆钵，聿旗峰，陡惊峻险，似旌展扬。唯独南面天阔山远，一条郁郁葱葱万松大道恭迎宾客朝山进香。

天童寺创建于西晋永康元年（300 年），距今已有 1700 多年历史，是宁波东部地区最著名的两大古代寺庙之一（另一座为阿育王寺）。僧人义兴云游至南山之东谷，见此地山明水秀，遂结茅修持，当时有童子日奉薪水，临辞时自称是“太白金星”化身，受玉帝派遣前来护持。自此山名“太白”，寺曰“天童”。唐开元二十年（公元 732 年），法璇禅师建太白精舍，后人称之为“古天童”。至德二年（公元 757 年），宗弼禅师将寺迁到太白峰下，即今寺址。乾元二年（公元 759 年），肃宗赐名为“天童玲珑寺。”咸通十年（公元 869 年），唐懿宗敕赐“天寿寺”名。景德四年（公元 1007 年），宋真宗敕赐“天童景德禅寺”额。寺僧惟白多次与神宗皇帝研讨佛理，宋徽宗敕赐他“佛国禅师”称号，并御书天童景德寺惟白续灯录序。建炎三年（1129 年），曹洞宗著名禅师正觉（公元 1091 年～公元 1157 年）住持，住山三十年，弘传曹洞宗教义，倡导“默照禅”。1134 年，寺内修建容纳千人僧堂，继而扩大山门为佛阁，内供千佛。中建卢舍那阁，置五十三善智识像，称“千佛阁”。

寺内常住僧人上千，被称为中兴时期。淳熙十六年（公元 1189 年），日本僧人荣西本寺习禅，承临济法脉，回国后创立日本临济宗。宋淳熙五年（公元 1178 年），孝宗赐“太白名山”四字。绍兴四年（公元 1134 年）虚庵禅师来寺住持，扩建千佛阁，高 3 层 12 丈，成为东南第一大殿。宋嘉定年间被列为“禅院五山”之第三山。天王殿四大天王特高特大，为江南诸刹所不及。

天童寺寺院殿堂顺着山势，由低渐高，从寺前的六塔到天王殿到佛殿到法堂再到罗汉堂，整个建筑梯级布局，错落有致。中轴线由南向北依次为外万工池、七塔苑、内万工池、照壁、天王殿、大雄宝殿、法堂、先觉堂、罗汉堂，均重檐歇山顶，筒瓦骑缝，并饰以鸱尾脊兽。天王殿、钟楼、东禅堂等重建于 1936 年。天王殿高 19.6 米，宽 31.77 米，深 23.64 米，四天王总高 7.77 米，特高特大，为江南诸刹所不及。现存佛殿为 1635 年（明崇祯八年）建，是寺内最古建筑，殿高 21.5 米，宽 39 米，深 29.25 米，殿内三世佛坐像 3 尊，总高 13.5 米，其中佛身高 6.38 米。迦叶、阿难侍立释迦佛左右，两翼为高约 2 米的十八罗汉坐像。三世佛后为海岛观音。法堂改建于 1931 年，上层为藏经楼，堂西为罗汉堂，内层高 1．5 米的十八罗汉石刻像碑，刀工精细，形象生动，传说在水灾时，这 18 罗汉拯救了此寺。从天王殿到法堂，两侧有庑廊与配殿相连。中轴线西有佛祖殿、选佛场、禅场，后有东桂堂，又西为大鉴堂。中轴线东有钟楼、御书楼、御碑亭等。登上台阶，从上面望去枣黑色的屋瓦像波浪一般伸展开来，煞是出色。寺内佛殿前有清顺治帝书“敬佛”碑、康熙帝书“名香清梵”匾、雍正帝书“慈云密布”匾。寺内有宋、元、明、清碑刻 30 余方。“曹洞宗”是日本佛教重要派别之一，其开山祖师道元禅师曾在该寺参禅得法。日本“临济宗”始祖千光荣西，也曾来此参学，并从日本募大批百围巨木，建成千佛阁。此外，日本一代绘画巨匠雪舟和尚，还曾任过天童寺首座。以后代有日僧来此学禅。天童寺景区正在进行旧房拆迁和环境整治，这是景区多年来第一次进行大规模的整治。此后，寺院外围综合性的绿化、修路、布景等建设也将启动，让这个闻名海内外的“东南佛国”环境更加优美，旅游设施更加完备。

天童寺坐落在宁波市东南部太白山深处，其整体景观结构实在是中国人心目中的理想风水宝地。在面积约 20 平方公里的范围内，太白山主脉山脊蜿蜒回环，围合成一山间盆地，只有西侧有一豁口与外界相联系。空间围合感极强，可谓“委宛自复”、“环抱有情”，堪称形止气蓄的真龙。天童寺坐北朝南，西北侧依太白山主峰，构成背依玄武之势；自主峰东西两侧分出数脉，迤逦南下环护于寺庙之两侧，构成穴之护沙，其他诸支脉或环列于前，或回抱于两侧，如“肘臂之环抱”；侧脉之间的水流蜿蜒曲折尽汇于盆地之中；为使穴前清流护绕有情，构建者在寺前挖两个大水池，引右侧之水注入，后绕经寺前汇入盆地，确是“玄武垂头，朱雀翔舞，青龙蜿蜒，白虎驯俯”之穴；至于土厚水丰，植被茂密则更是其他地方所罕见，因而被列为森林公园；为了“聚气”，在四周护山，盆地之豁口处及完全人工设计的曲折香道两侧广植松竹，形成了长达二公里的古松长廊——“深径回松”和“凤岗修竹”等景。从对穴前水流之人工处理及香道的设计和周围的绿化，都可以看出人为活动都在使自然景观结构的某些缺陷得以弥合，从而使风水更符合理想。天童寺群山环抱，藏风聚气，地灵人杰，实在是风水福地，所以能历经一千七百年而不衰。

第十六节　文化名寺——宁波保国寺

保国寺历史悠久，创于东汉，建于唐代，兴于北宋，现存大殿即为北宋祥符六年（公元 1013 年）所重建，是江南古老、保存完整的木结构建筑，具有很高的历史、艺术和科学价值，为江南一绝的古建筑瑰宝。保国寺内殿宇古老素朴，园林绿树繁花，是一个罕见的文化、生态完美交融的旅游园区。

它坐落在宁波市江北区灵山山腰，自南向北分布有天王殿、大雄宝殿、观音堂和藏经楼，两侧有钟楼和鼓楼连接其他建筑，错落有致，大殿前有水池，池水清澈，四季不涸。寺内大殿为北宋时期的建筑，在中国建筑史上具有很高的历史、艺术和科学价值。

保国寺在宁波市郊马鞍山麓（旧名灵山）。大殿和天王殿前各有水池，四时不涸，四周涧流溪绕，满山松竹，参差掩映。山巅亭台相望，山下阡陌纵横，远处甬江苍茫，帆影时见。保国寺隐现在万绿丛中，形胜殊绝。其背枕贸峰，左辅象鼻，右弼狮岩，寺幽而势阻，地朗而形藏。

保国寺

灵山寺是保国寺的前身。保国寺位于的山叫灵山，相传在东汉世祖时，骠骑将军张意和他的儿子中书郎张齐芳隐居此山。此山又名骠骑山。《四明谈助》记载："山之西，峰联，耸如马鞍，又名'马鞍山'乃府治后镇山也。"汉时骠骑将军张意隐居于此，又名骠骑山。山脉东南至夹田桥，东北直至鄞之江北岸青墩，为府治后托。灵山与鄮山共为鄞邑东外护。《吴越春秋》有记载：东汉时高级将领骠骑将军张意（地位仅次于大将军，为汉代高级武官，正二品）还曾被派"以水军讨伐东瓯"（见《太平御览》引《东观汉纪》佚文）。他们死后，其宅舍便被建成了寺院，名为灵山寺。现存的骠骑山、骠骑将军庙、骠基坪（保国寺东围墙外 9 百平方米，古木参天）、骠骑井泉，足以说明人们对父子俩隐居于此的一种历史痕迹的纪念。唐武宗李炎会昌五年（公元 845 年），诏毁佛寺。灵山寺被毁。

会昌六年李炎死，李忱（宣宗）继位，大中元年（公元 847 年）四月又恢复佛寺。根据现在的考证，除了寺志，更应该获取最原始资料。

《宋元四明六志》中的《宝庆四明志》和《延祐四明志》，对保国寺的建置定于唐僖宗广明元年（公元 880 年），其他资料又佐证了这一点。如与保国寺同时赐名的还有京城的“护国寺”。其中的历史情景在于：唐僖宗李儇（公元 862 年～公元 888 年）在咸通十四年（公元 873 年）由宦官拥立即位，时年十二，佛法的力量一时难以重振，却遭遇灾旱连年，黄巢、王仙芝等农民大起义屡屡爆发。广明元年，唐僖宗正好 18 岁。黄巢起义军逼近长安，令唐僖宗胆战心惊之余，唐僖宗乞求突然获得一种潜在的护国力量，于是有意赐名“保国寺”。但雍正碑又有记载寺院恢复的时间“如从宋治平二年（公元 1064 年），上溯二百十四年，应为唐李忱（宣宗）大中四年（公元 850 年）。大家都知道，保国寺的开山鼻祖是可恭。可恭是国宁寺和尚，国宁寺始建于唐大中五年（公元 851 年）。而可恭上长安兴复灵山寺之征决不是在广明元年当年完成的，当在广明元年之前，是广明元年九月才回到明州的。所以恢复建灵山寺应有一个历史过程，雍正碑的记载也是有道理的。可以这样说，可恭有意恢复灵山寺可从 851 年算起。至于可恭哪一年带上刺史的奏请，偕檀越许标等人，寻往长安，我们不得而知。他们途经关东（注：汉、唐定都在今陕西，称函谷关或潼关以东地区为关东），时值关东大旱。可恭“跪诵莲典，未终，霖雨大澍，禾黍旆穗，民气获苏。有司奏状，遂得召见”。可恭以恢复灵山寺为请求，唐僖宗答应了，并要求可恭在长安弘福寺（唐僧玄奘取经归来之所，高僧宿集）讲五大部经，约有三个月之久，又讲诘朝纶章，法誉大振。于是唐僖宗非常高兴，敕“保国”之额并赐可恭紫衣袈裟一袭，允许其还山建寺。这里就产生了一个时间段。

可恭回到明州的时间正好是唐广明元年秋九月。随后便“庀材鸠工，重新殿宇，营构有槐林之柱，罘罳绝布网之尘，巧夺公输，功侔造化。”而同年十一月黄巢起义军还是占领了长安，逼唐僖宗逃亡入蜀。“保国”两字最终没有给唐僖宗带来保佑。

保国寺的风水：

保国寺，位于浙江宁波江北灵山。原名灵山寺，后因唐僖宗赐“保国”匾额，遂改今名。现为全国重点文保单位。远远望去，寺院藏于灵山山腰之中的燕子窝。它北依贸山为坐山，左辅象鼻峰，右弼狮子岩，南面的太白峰朝拱为案山。寺幽而势阻，地朗而形藏。一条灵龙泉潺潺涓流，四季不涸。据《慈溪保国寺志》记载："古灵山，推其发脉之祖，乃从四明大兰而下，至陆家埠过江百余里凸而为石柱山，为慈邑之祖山，转南折东崔娄而特立者，贸山之顶也。顶之下复起三台，若隐若现，越数百丈为寺基……又名八面山。堪舆家谓是山乃西来之结脉处。"古时即有"天光开图画，山翠入波纹"的好风水诗赞。

寺院依山而建，主要建筑沿中轴线分布，高低错落，富有韵律感。四周涧流淙淙，清瀑作响。正因为保国寺声名远播，也就有了鲁班营造该寺的传说；但传说归传说，而关于寺内无梁殿内"虫不蛀，鸟不入，蜘蛛不结网，灰尘不上梁"之说，倒是千真万确的，这又给这"风水宝寺"增添了另一层神秘的色彩。鉴于它在佛教界的巨大历史影响，连东瀛之国日本的京都竟也仿造有"保国寺"一座。

鸟瞰保国寺，环境优越，其总体布局与山水脉络之间存在着密切的关系，其地形地貌与水系都相互作用着，使其成为一个能发展且能保持长久不衰的风水宝地。整个建筑群体包含唐、宋、明、清以及民国建筑，壮丽之中不乏江南秀雅，阴阳和谐、气运流畅。从中映射出营造这座寺院的劳动者运用堪舆科学，寻求人与环境整体意识的独特智慧和建筑观念。

一、保国寺建筑选址与"山"的关系

保国寺的地理位置，依据八卦定位观察，东面为象峰山，属青龙山，南面为狮岩，称作朱雀山，西为马鞍山，为白虎山，北为贸峰山，应是玄武山。东、南方是寺院的出入口，象峰山、狮岩自然形成佛教意义上的吉祥物狮、象，两峰峙立着寺院山门之前，与建筑含义上紫气东来门户开法和建筑风水学说相吻合。同时从其本身建筑的布局上观看，保国寺的建筑依自然环境的山势而建造，背倚雄伟高大的贸峰山，处于玄武位，有着高大深沉之含义，意托其雄厚之本使其沉稳而立。雄踞于此的整个建筑最高点的是藏经楼，即成为寺院建筑的重要场地，其楼下设为法堂，楼上为方丈殿与藏经之处，实可视为佛教神圣的宝地，至高无尚的所在。由于在青龙与白虎两首之间存在着明显高低位差，直接导致了处于白虎首的西厢房建筑高于处于青龙首的东厢房建筑的建筑布局，因此在建造东、西厢房建筑时，遵循传统的《易经》卦爻“藏风”、“迎阳”理论，对东、西厢房的形制、体量以及建筑位序上进行了适当的调整与改变，使西厢房建筑体量和规制比东厢房建筑稍许弱小，并前后错位，从而满足八卦风水学意义上的青龙首应高于白虎首之原理，即“青龙抬头”之说法。

二、保国寺与“水”的关系

在中国传统建筑择地观念中，泥土和草木不过是皮肉毛发，损之易于复原，而山石和川流则是骨骼和血脉，不容毁伤。对保国寺来说，水是命脉之系，无水即无保国寺的人物历史活动。处于山脉之岙坡西侧的保国寺，东面山溪沟壑环其左侧，引溪水入寺蓄于池塘，右侧也有溪坑，寺前虽有狮岩作屏，屏外慈江经流，完全能够满足水的供给，滋养着一方生灵。保国寺整个建筑群中蓄水之处有三，一为天王殿前洗菜池，二为大殿前净土池，三为大殿站台上的骠骑井。在很长一段时间里，是水给予了保国寺僧人健康的体魄，培育出了像德贤、敏庵等一批使保国寺振兴的和尚，但也因水质和水系的曾经改变，造成了保国寺不少和尚短命的悲哀。据民国《保国寺志》记载，在前廿八世禅师中，年龄在四十岁上下过世的人就有十来位，最小只十二岁。志书还记载了保国寺历代和尚大多殁后葬于青龙山嘴角处，即枫树坪周围，所建之处均位于溪水经流之地，建坟后地上水流被人为截断，因而向地下分流，从而改变了部分地下水流方向，这可能给地下水流带来有害的矿物质提供了条件，其直接后果都会在利用上和实际存在上反映出来，是人为扰乱自然环境后所造成的恶果。我们可从保国寺曾在一段时期里水系之一的骠骑井遭受过污染情况中得以证实，据七十年代初洪塘卫生医疗部门对骠骑井水

质进行过测试，据说水质测定后认为含铅量偏高，如这个事实当初属千真万确的话，那么保国寺和尚的短命原因也就有了比较可靠的解释；另一种臆测含铅量高的原因或许是当时因战乱与社会变革因素，人为地将大量佛事用的锡铅器皿等投入水中，经长期溶解致使水质变化。但据说现在水井的水质比较好了，这可能应归功于在保国寺东北角上方建造蓄水小水库有关，使原本泾流枫树坪的水系被其上游所筑的一道水坝给截断了，向下流淌的水源消失，地下渗水也就因其断流而随之变化，改善了水资源环境。当然，风水家对道路称为虚水，甚至比真水的作用还要大。目前保国寺的山路仍开拓不多，保持着建筑与山体理气的一元性。

三、保国寺建筑本体的堪舆关系

山水乃天地两大神器，为风水入用之本。传统建筑更强调建筑本身顺应自然、尊重环境的原则，这个原则概括起来讲就是“在自然环境中尊重自然，在建成环境中尊重现状”。在自然环境中，自然面貌是风水，在人为环境中，建筑现状是风水。后来者要充分尊重现状，不容无端赶前错后，过高过低，不容在形式上有所冲犯，作势欺压。因此，在保国寺的所有建筑上看，新建筑不许“冲犯”老环境，换成现在说法，北宋大殿以后所建造的新建筑，虽也有其一定的个性，但这个个性外表上却遵循了原有建筑环境的秩序，所以很自然地能够融入到整个寺院环境中，与前人的业绩达到了和谐、统一。在建造中将前人不高明之处甚至蹩脚的地方，在自己的新构图中化腐朽为神奇，这在整个保国寺建筑发展历史中都可看出，以后的作品都不是个人作品，是一个可持续发展的过程，所有建筑虽历经上下千年，但总体给人感受还是浑然如一。从保国寺主体建筑依山势而建造的布局与自然环境的配衬中看出，其左右两庑的厢房，也是依据其狭窄的地理环境，结合寺院建筑功能特点与宁波地方建筑特色，从而形成房墙连体形式的围墙房屋式建筑结构。尤其要指出的是北宋大殿建筑，在清代康熙廿三年“前拔游巡两翼，增广重檐”的一次大改变，也是尊重了当时地理环境情况，只在殿周的东、西、南三面

增加檐口，而后面的没加檐口，应当是受当时的山体影响原因，未动土改造所致，这从一个侧面反映了尊重自然的原则。虽然保国寺的建筑总体特点是随着时代迁逝有所发展和变化，但原有堪舆环境理念贯穿其中，即建筑整体的一种气势延续下来。清乾隆五十二年重建于大殿后的观音殿和民国初增建的藏经楼的通面宽度，基本与大殿一致。

尊重现状包括不轻言改造现状，拆屋动土通常是风水的禁忌，粗暴的改造无异于摧毁，这在我们现在文物保护中也有所不取。整个保国寺寺院在历代重修中也基本保持立而不破，保留原来面貌后进行有机更新。

保国寺北宋祥符年间的大殿在清朝康熙年间增加三面重檐和乾隆年间的“移梁换柱，立磉植楹”、“内外殿基悉以石铺”的建筑升高和增广等过程中，就是依照原来基本面貌进行的古刹重辉式的有机更新。在建筑风水的美与吉观念中，保国寺大雄宝殿从其美学角度上观看，是一般建筑无可比拟的，但美与吉并不全然互相涵盖，所以常常循美求真，循美求善。清代康熙间的大改造，使其在美学角度上发生了极大变化，首先是大殿的外观改变，从原来的单檐歇山顶变化成了重檐歇山顶，外墙位置与形式也同时改变，至今仍难以说明其墙体外观和形式及具体位置，这个改变从美的角度上讲是有失和谐之美：一是因其建筑总体高度有限，下檐需要保持一定的高度，使其建筑上檐的高度明显不足，给人有压抑感和失去和谐之美感。二是虽大殿在前檐廊上开设有宽大门窗，东、西两侧也开设许多小窗，但还是造成室内采光问题，使整个殿堂阴暗沉闷，室内外明暗反差大的后果。然因其依山而建，耸立于平台之上，人们俯仰之间，总体上还是保持了相对的和谐美。和谐之美而非冲突之美，悠闲之美而非峻急之美。

保国寺，位于浙江宁波江北灵山，远远望去，寺院藏于灵山山腰之中的燕子窝。它北依贸山，左辅象鼻峰，右弼狮子岩，高低大小远近左右相称。南面的太白峰朝拱为案山。寺前还有一条灵龙泉潺潺涓流，四季不涸。四周有山环抱、负阴抱阳、背山面水。无疑是一个风水福地。寺院依山而建，主要建筑沿中轴线分布，高低错落，富有韵律感。四周涧流淙淙，清瀑作响。有如此绝佳的风水，保国寺因此能享誉千年。

第十七节　文化名寺——慈溪五磊寺

五磊寺位于慈溪市观海卫镇五磊山象王峰南麓，据光绪《慈溪县志》等有关史料记载，五磊寺的雏形崭露于公元 3 世纪。

五磊寺名胜古迹较多，寺门前有一水池，取名“真明池”，碧水从东面的象眼冢汩汩流出，注入真明池后又经小渠流到月亮湖，常年不枯竭。据说这也是那罗延亲率众弟子日夜开凿成的，其间曾与山中妖魔斗法，死伤多人，故又名“万工池”，池水清洌甜爽，能助人祛病驱邪。池旁有赤松五棵，作为五磊寺的香木，为后世传人所栽。离寺不远的山坡上，有参天古树数株，有些树龄难以估计，需几人才能合抱。寺内以樟树居多，枝叶繁茂，四季常青，与五磊寺的金黄建筑交相辉映。到了唐僖宗文德元年（公元 888 年），五磊寺的规模得到了极大的扩展。

五磊寺各种经幢阁楼美不胜收，殿堂亭榭尽浮佳气，真可谓“古寺楼台高避暑，晴天松柏昼生寒”。

五磊寺

相传在2千年前，印度高僧那罗延遍访中国名山胜境，跋山涉水，选中了五磊山上的这块风水宝地，最后在五磊山结庐传经，燃起篝火，招徕信徒。当熊熊大火冲天而起之时，也是中印文化交流的开始之日。然圣火虽炽，应者几无；高山相隔，知音难觅。据说某日孙权母亲坐船经过，发现篝火隐约，遂命人详察，方知原委。于是特意在圣火升起之处修建一座小小寺院，这大概便是五磊寺的前身。有了这个小寺院，这才使那罗延结束了多年来餐风露宿、枕石漱流的生活。

五磊寺初建于三国时期。清雍正《慈溪县志》载："五磊寺，吴赤乌间有梵僧那罗延结庐修静，唐文德间僧岑建，名灵山禅院。"查康熙年间编成《五磊寺志》，所载与雍正志相同，说明五磊寺三国赤乌年间开山。五磊寺周围，还有不少与那罗延相关的遗迹。内五峰之一的牛角峰顶东南坡上有一石洞，相传为那罗延田石为墙面壁坐禅处，人称"祖师洞"。寺西天峙峰麓"剩口湾"有那罗延尊者塔。塔柱上刻："开山那罗延尊者之塔"九字。五磊寺自三国开山后至唐中页间兴盛五六年。

唐僖宗文德年间（公元888年），寺僧募资建寺，名"灵山禅院"。宋大中祥符初年，敕赐寺额"五磊普济院"。宋仁宗天圣九年（公元1031年）僧岑继募资修葺，去残布新，殿堂焕然。旋由云间宗六世智环禅师任住持，传讲云门教义，深山古刹，自此渐令人瞩目。五磊山清幽景色，奇丽风光，遂使朝野名士，行吟忘返。明永乐年间（公元1403年～公元1424年）册定全国寺院名称，五磊普济院改名"五磊禅寺"。明万历四十六年（公元1048年）住僧守智、福顺募资重建寺院。明末，国事多故，载火时起，朝政不修，民生维艰，致佛事衰落，寺院渐废。

顺治四年（公元1647年），五磊寺达变禅师，在窑房山建普同塔，计三顶三塘，上盖瓦房，并函请其曰"寝息诸缘"，请释真头书联："一穴共埋千僧骨，四时常覆万松荫"。司后，每逢望，寺僧均于塔诵经超度。同期，建砖窑于普同塔旁，专为寺院修建烧制砖瓦。今存遗址，沿称"窑台"。顺治六年（公元1649年），达变禅师圆寂，五磊寺由拙岩接任住持，二十余年间，撤旧创新，百废俱举，寺院扩大，佛事兴旺，自顺治六年至康熙十年二十余年间，共修葺、扩建殿堂楼客140间，使

寺院规模恢宏，造型庄严，吸引四方信众，一时间香火鼎盛，佛事兴旺，五磊寺遂成为浙东名刹，十方丛林。

咸丰三年（公元1853年），大殿及其两侧建筑，尽毁于火。后难募资重建，规模已非昔比。同治、光绪两朝，政局动荡，载火频起，佛事渐衰。延至清末，寺院废驰，香火式微。时寺院讲法檀越页鸿年、吴作贤辈图挽残局，乃请鸣鹤场金仙寺住持炳瑞法师兼主寺务，始稍有起色。宣统三年（公元1911年），天台宗四十三世法司谛闲法师莅寺主持讲席，弘扬天台宗教义，改寺额为“灵山讲寺”，五磊寺遂转为天台宗道场。民国三年，炳瑞法师由金仙寺迁五磊任住持，遂重建大雄宝殿，次年建成。

五磊寺门前有一水池，取名真明池，碧水从东面的象眼冢汩汩流出，注入真明池后又经小渠流到月亮湖，常年不枯竭。

五磊寺主要佛教建筑是：天王殿，原为清末重建之弥勒殿，后因破残，近年修建后改称天王殿。殿为砖木结构单檐硬山式，殿内佛会中面南为金面金身弥勒坐像，佛会两侧为泥塑彩绘四天王坐像，佛会中面北为金面金身韦驮坐像，佛会前案下之荷花石板及两房之侧为云霞莲瓣柱，为宋朝遗物。

五磊寺风水独特，处于莲花形的地形中，山峦层层环抱，藏风聚气，因此千余年来香火不断，正是地灵人杰的写照。

第十八节　文化名寺——南京栖霞寺

栖霞寺位于南京市栖霞区栖霞山中峰西麓，三面环山，北临长江，是中国四大名刹之一，江南佛教“三论宗”的发源地，南朝时期与江南鸡鸣寺、江北定山寺齐名，是目前南京地区最大的佛寺。

栖霞寺

栖霞寺位于南京市栖霞区栖霞山下，栖霞寺不仅规模宏大，殿宇气派非凡，是南京风景最佳处，且因其在中国佛教史上的重要地位而声名显赫。栖霞寺是中国佛教三论宗的祖庭之一，历经战火。

栖霞山寺依地形由三山两涧即龙山、虎山、中峰、桃花涧、中峰涧组成。因山中盛产各类药材，食之可以摄身，故又名摄山。栖霞寺始建于南齐永明七年（公元 489 年），梁僧朗于此大弘三论教义，被称为江南三论宗初祖，隋文帝杨坚于八十三州造舍利塔，其立舍利塔诏以蒋州栖霞寺为首。唐代时称功德寺，规模浩大，与山东长清的灵岩寺、湖北当阳市的玉泉寺，浙江天台的国清寺，并称天下四大丛林。

栖霞寺最初称栖霞精舍，唐时改名功德寺、隐君栖霞寺，南唐时重修栖霞寺改名为妙因寺，宋代又改名为普云寺、栖霞寺、严因崇报禅院、景德栖霞寺、虎穴寺（因栖霞山又名虎穴山）。明洪武五年（公元 1372 年）复称栖霞寺。清朝末年，太平天国与清兵作战时，栖霞寺毁于战火。现寺为 1919 年重建。

作为佛教活动场所对外开放。中国佛教协会赵朴初会长亲笔撰写了《重修栖霞寺碑文》，对栖霞寺1500年的历史作了总结和介绍。

摄山栖霞寺为南朝古刹，以山多药草可以摄养故名摄山。初齐居士明僧绍隐居于此，会法度禅。师自黄龙来，讲《无量寿经》于山舍，僧绍深敬重之，因舍为寺以奉。时为齐永明七年也。后僧朗法师来自辽东，大弘三论之学，世称为江南三论之祖。僧诠、法朗诸师继之，其学益盛。先是僧绍欲于此山造佛像未果，其子仲纬继其志，与度禅师就西峰石壁造无量寿佛及二菩萨，高俱三丈有余。梁大同中，齐文惠太子与诸王又斉造大小诸佛像于千佛岩。仁寿元年，隋文帝于八十三州造舍利塔，其立舍利塔诏以蒋州栖霞寺为首。唐代寺运益隆，遂与台州国清寺、荆州玉泉寺、济州灵岩寺并称为天下四绝。

鉴真和尚第五次东渡未成，归途曾驻锡于此。宋元以降兴衰不一。明末清初云谷觉浪二师并加修葺。清乾隆帝五次南巡俱设行宫于栖霞，益增殊胜。太平天国以后乃趋萧条。民国初年，诗僧宗仰自金山来稍事复兴，未竟全功而殁。其后寺僧以水泥修补千佛岩，佛首涂抹失真，识者臧马。新中国成立以来政府对此名刹甚为关注。1963年中日两国饰教文化等各界人士共同举行纪念鉴真和尚圆寂1200年盛大活动，日本佛教界以鉴真和尚雕像斋赠中国，奉安此寺。1966年，四凶之乱，经像法器多遭破坏，寺僧散于四方，而千佛岩之佛首又被毁，殿堂赖部队保护未受摧残，鉴真像亦幸无恙。中国佛教堂供奉鉴真像，以为中日世代友好之纪念。如此千年古刹今后宜如何保护，盖后之责也，固略述栖霞寺之盛衰往迹以谂来者。

三论宗的根本论典是印度龙树的《中论》、《十二门论》和提婆的《百论》，故名。又因注重宣扬“诸法性空”，亦称法性宗。此宗以“二谛”和“八不”之说为中心，发挥宇宙万法“缘起性空”之理。在中国的渊源自鸠摩罗什译出“三论”后，即为僧睿、僧肇、僧导、昙影等相继研究，其中以僧肇最为出名，与鸠摩罗什并称为“什肇之学”。

什肇之学，原流行于北方，后得僧朗传播，流入南方。僧朗住在钟山草堂，遇见隐士周　，即传授所学，周因而着《三宗论》。当时江南

成实宗很盛，三论的玄纲几乎断绝，僧朗来到江南，非难成识大乘师，破斥从来认为三论与成实一致的旧说，使三论学重旧纯粹。在栖霞山，僧朗游于法度的门下，后继承法度的栖霞寺法席。梁武帝很器重他，遣僧怀等十人到栖霞山从他学习三论大义，其中僧诠学有成就。嗣后数代相传，遂有“摄岭相承”的宗派。

僧朗受学之后，始终隐居栖霞山，住止观寺，故有山中师、止观诠等称号，一生精研三论，成就卓著。僧朗的门下有兴皇寺法朗，长干寺智辩，惮众寺慧勇，栖霞寺慧布，称为诠公四友。由于他们的宣扬，摄岭三论之学越发恢宏。其中传承学统而开辟后来一宗规模的是法朗。法朗弟子几乎遍于全国，最著名者当数三论宗的实际创始人吉藏。吉藏七岁从法朗出家，勇猛精进，成为修持有道的高僧。隋朝平定江南后，吉藏往越州（今浙江绍兴）嘉祥寺说法，听众踊跃，世称嘉祥大师。后又应隋炀帝之请，住长安日严寺，完成三论注疏，是三论宗的集大成者，也是中国佛教史上著名的高僧。法尊，又使栖霞山与三论宗紧密相联，栖霞寺也以三论宗的祖庭而名扬天下。

三论宗是中国佛教的宗派之一，渊源于古印度大乘佛教的中观宗，三论宗以《中论》、《十二门论》、《百论》为主要典据，由鸠摩罗什翻译，流传中国。在中国实际完成三论一宗的大业者为隋代吉藏。该宗着重阐扬诸法性空的理论，也称法性宗。该宗建立“真俗二谛”、“八不中道”等理论，认为世间万物都是以众多因缘和合而生（缘起），离开众多因素和条件就没有独立不变的实体（性空）。一切众生智能成佛，只因迷故，为无明妄想所蒙蔽，所以成佛与否，关键在于迷悟。

建筑格局

栖霞寺占地面积40多亩，共有毗卢殿、藏经楼三进院勤务，依山势层层上升，格局严整美观。栖霞寺前是一片开阔的绿色草坪，有波平如镜的明镜湖和形如弯月的白莲池，四周是葱郁的树木花草，远处是蜿蜒起伏的山峰，空气清新，景色幽静秀丽。寺内主要建筑有山门、弥勒佛殿、毗卢宝殿、法堂、念佛堂、藏经楼、鉴真纪念堂、舍利石塔。寺前有明徽君碑，寺后有千佛岩等众多名胜。

寺前左侧有明徽君碑，是初唐为纪念明僧绍而立，碑文为唐高宗李治撰文，唐代书法家高正臣所书，碑阴“栖霞”二字，传为李治亲笔所题。此乃江南古碑之一，是珍贵文物。

进入山门，便是弥勒佛殿，殿内供奉袒胸露、面带笑容的弥勒佛，背后韦驮天王，昂首挺立。出殿拾级而上，是寺内的主要殿堂枣大雄宝殿，殿内供奉着高达10米的释迦牟尼佛。其后为毗卢宝殿，雄伟庄严，正中供奉高约5米的金身毗卢遮那佛，弟子梵王、帝释侍立左右，二十诸天分列大殿两侧。佛后是海岛观音塑像，观世音伫立鳌头，善财、龙女侍女三旁，观音三十二应化身遍布全岛。堂内塑像，工艺精湛，入化传神，令人赞叹。

过了毗卢宝殿，依山而建的是法堂、念佛堂和藏经楼。藏经楼内珍藏着汉文《大藏经》7168卷，另有各种经书1.4万余册。在佛龛中供奉着释迦牟尼玉像一尊。藏经楼左侧为“过海大师纪念堂”，堂内供奉着鉴真和尚脱纱像，陈列着鉴真第六次东渡图以及鉴真和尚纪念集等文物，这些都是日本佛教界赠送的，是中日佛教界友好往来的历史见证。

寺内还新建了玉佛楼，正中供奉一尊高1.5米，重390公斤的玉佛像，玉佛雕凿精细，装金着彩，是台湾僧人星云大师捐赠的。玉佛楼两壁挂有释迦牟尼佛成道彩图。

寺外右侧是舍利塔，始建于隋文帝仁寿元年（公元601年），七级八面，用白石砌成，高约15米。塔基四面有石雕栏杆，基座之上为须弥座，座八面刻有释迦牟尼佛的“八相成道图”，有白象投胎、树下诞生、九龙浴太子，出游西门、逾城苦修，沐浴坐解、成道、降魔和涅槃。八相图之上为第一级塔身，第一级塔身特别高，八角形，每角有倚柱，塔身刻有文殊、普贤菩萨及四大天王像等浮雕。以上各层上下檐间距离较短，五层檐由下至上逐层收入，塔身亦有收分。各面均滩两石竟，龛坐一佛。檐下斜面上还雕刻飞天、乐天、供养天人等像，与敦煌五代石窟的飞天相似。塔顶刹柱为莲花形。整个舍利塔造型精美，不仅是隋唐时期江南石雕艺术的代表作，也是研究古代佛教、艺术、文化的珍贵实物。

南朝宋、齐、梁、陈四朝君主都笃信佛教，当时均大兴土木修建佛

寺。晚唐诗人杜牧为此作诗：“南朝四百八十寺，多少楼台烟雨中。”其实，梁武帝时仅在南京一带就建寺超过五百，大多建在城内或近郊，而栖霞寺坐落在远离都城的山林之中，因此一千五百多年来保存至今。栖霞寺一度和天台国清寺、泰山灵谷寺、湖北玉泉寺并称我国的四大丛林。

栖霞寺建成以后，受到北方大凿石窟的影响，在栖霞山上也开始了凿刻佛像。南齐武帝永明年间，即在云冈石窟之后、龙门石窟之前，由法度和明僧绍的儿子一起先在西崖上雕成三尊巨佛，即无量寿佛及其左右的观音、大势至菩萨，高 10 米以上。以后不断有南朝王族出资凿造石窟石像。这一称为千佛岩的石窟是我国南朝唯一的一处大型石窟群像，共有佛龛 349 个，大小造像 515 尊。三尊大佛所在的洞窟也称为无量殿，洞窟前的殿檐后来都改成砖砌。从无量殿旁石径上山，岩壁上下布满佛龛，或三五尊一龛，或十来尊一窟，其中佛像、菩萨、天王、力士丰姿各异，神态自如。

诸多石像中，还有一个引人注目的石匠殿，位于无量殿左侧角落中，龛洞高仅两米，雕有一个持锤的石匠。传说当时一位叫王寿的石匠被逼限期凿造佛像，直到最后一夜，天将破晓，还剩下最后一尊佛像未凿完，情急中跳入佛龛，化为石人。人们在这里看到这样一尊普通石匠的凿像，不禁为创造这些流芳百世的石刻艺术的能工巧匠感到肃然起敬。

在栖霞寺之外，千佛岩前的广场之中，还有一座隋代所建的舍利石塔。这是隋文帝于仁寿元年（公元 601 年）下令所建，但现在所见到的是唐代重修的。这座石塔高约 16 米，雕刻十分精美。除塔座、塔刹以外共有五层，平面呈八角形。整座塔用大块灰白玉分层雕成。底层塔身的八个平面上分别刻有《释迦八相图》。即白象投胎、树下诞生、出游四门、裔城苦修、树下坐禅、成道说法、降服魔王、涅槃焚化，记录了释迦牟尼的生平故事。塔身上下的浮雕，不论是鸟兽人物，还是花卉树草，都是线条流畅、刀法精细，具有极高的艺术价值。

栖霞寺前东侧有一座御碑亭，亭内石碑高两点七米，叫“明征君碑”。这是唐高宗李治为褒扬栖霞寺的开创者明僧绍所立。碑文由李治亲撰，

由唐代书法家高正臣书写，碑文飘逸灵动，洒脱不拘。此碑立于唐高宗上元三年（公元676年），至今保存完好。栖霞寺前有一片宽阔的草坪，山门坐落在石阶之上。门上高悬“栖霞古寺”，两侧门柱上书有“六朝胜迹”和“千佛名蓝”，向人们显示出这一名刹非同凡响的地位。

栖霞寺最初是由南齐高帝建元年间（公元479年～公元482年），居士明僧绍舍宅建“栖霞精舍”，请法度主持。唐高祖时，增建殿字楼阁四十九所，改名“功德寺”。唐高宗时，改名“隐君栖霞寺”。南唐时，称为“妙因寺”。宋初，改名“普云寺”，后又改名“虎穴寺”。明太祖洪武二十五年（公元1392年），改称“栖霞寺”。清咸丰五年（公元1855年），毁于兵火。光绪三十四年（公元1908年），重修殿宇。民国初年又陆续增修，直到1928年才恢复到如今的规模。

栖霞寺在中国佛教史上具有特殊的地位，江苏省佛教协会设在栖霞寺，中国佛学院栖霞山分院也设在寺内，成为中国佛教教育的基地之一。

栖霞山北临长江．南望钟山，虽不似钟山之宏伟，却有“金陵第一明秀山”之誉。栖霞寺濒临长江，青峰逶迤，属于宁（南京）镇（镇江）山脉的一部分，包括多座山峦，自南而北，最南为景致岗，中间为千佛岩，北面有黑石挡、平山头及三茅峰。栖霞寺坐落于凤翔峰西麓，虎山环抱其东，层峦叠嶂，山环水抱，真是藏风聚气的好所在，因此能盛行1500年，至今不衰。

第十九节 文化名寺——苏州虎丘寺

虎丘在今江苏苏州阊门外山塘街。据传春秋末期吴王阖闾葬此，后有虎踞其上，故称虎丘。一说丘如蹲虎而得名。东晋时，司徒王、司空王珉在此山建宅，建和二年（公元327年），二人因崇佛而舍宅为寺，取名虎丘山寺，分东西二刹。后多次被毁，今存者是后建。

虎丘寺

虎丘山被誉为“吴中第一名胜”的虎丘，又名海涌山、海涌峰、虎阜，位于江苏省苏州古城西北，距阊门3.5公里的郊外。

虎丘占地虽仅300余亩，山高仅30多米，却有“江左丘壑之表”的风范，绝岩耸壑，气象万千，并有“三绝九宜十八景”之胜。最为著名的是“云岩寺塔”和剑池：高耸入云的“云岩寺塔”已有100多年历史，是世界第二斜塔，古朴雄奇，早已成为古老苏州的象征；剑池幽奇神秘，埋有吴王阖闾墓葬的千古之谜以及神鹅易字的美丽传说，风鹤云泉，令人流连忘返。

虎丘海拔34.3米，占地约20公顷，山体为距今一亿五千万年的中生代侏罗纪时代喷发的岩浆凝结而成的流纹岩。

远古时代，虎丘曾是海湾中的一座随着海潮时隐时现的小岛，历经沧海桑田的变迁，最终从海中涌出，成为孤立在平地上的山丘，人们便称它为海涌山。“何年海涌来？霹雳破地脉，裂透千仞深，嵌空削苍壁。”宋人郑思肖的诗句形象地道出了虎丘的由来。如今虎丘虽已远离大海，

人们依然能感受到海的踪影，海的资讯。人们来到虎丘，未踏进头山门，就看到隔河照墙上嵌有“海涌流辉”四个大字；进山门后，一座石桥跨过环山河，桥被称作“海涌桥”；上山路旁的一些怪石，圆滑的石体是因为海浪冲刷而致；憨憨泉因为潜通大海，又被称作“海涌泉”；拥翠山庄月驾轩内立有清代学者钱大昕书写的“海涌峰”石刻。虎丘曾有过望海楼、海泉亭、海宴亭等胜景。在历代文人笔下，更可见虎丘与海的渊源，“海当亭两面，山在寺中心。”（白居易）“宝刹近城郭，峰从海涌来。”（顾瑛）“尝疑海上峰，涌起自天外。”

虎丘的人文历史可追溯到2500年前，和苏州古城一样历史悠久。相传，春秋时期，这里就是吴王阖闾的离宫所在。虎丘由帝王陵寝成为佛教名山和游览胜地始于六朝。东晋时，司徒王及其弟司空王珝各自在山中营建别墅，咸和二年（公元327年），双双舍宅为虎丘山寺，仍分两处，称东寺、西寺，刘宋高僧竺道生从北方来此讲经弘法，留下了“生公说法，顽石点头”的佳话和生公讲台、千人坐、点头石、白莲池等脍炙人口的古迹。六朝时的虎丘即已建有佛塔，陈代张正见、江整二人咏虎丘诗有“远看银台竦，洞塔耀山庄”。和“宝塔据高垄，经台镇岭头”。之句，可为佐证。这是虎丘见于记载的最早的塔，废毁已久。

结束南北朝分裂局面，使中国复归一统的隋文帝杨坚，笃信佛教，于仁寿年间（公元601年～公元604年）下诏各州郡建造舍利塔，并由“有司造样送往当州”，也就是附发了塔的样式，以便统一规制。于是，虎丘历史上便有了第二座塔，位于山顶东晋王琴台故址，不过，据古建筑专家刘敦桢考证，它只是一座方形的木塔，早已无有，决非保存至今的以砖结构为主的八角形塔。这一结论已是毋庸置疑的了。

到了唐代，为避唐高祖李渊祖父李虎名讳，虎丘一度改名武丘，寺名亦易为武丘报恩寺，仍分东西两寺。颜真卿诗有“不到东西寺，于今五十春”之句。

唐武宗李炎在位时，崇道辟佛，发动了一次大规模的灭佛运动，于会昌五年（公元845年）诏令没收寺院土地财产，毁坏佛寺佛像，强迫僧尼还俗，史称“会昌灭佛”。远离长安的苏州也未能幸免于难，建寺

已500余年的虎丘东西二寺当即被拆得片瓦无存。但过了不久，佛教又得到恢复。重建的虎丘山寺合二寺为一寺，并从山下迁移到山上，逐步形成保留至今的依山而筑的格局。

山下则另建东山庙和西山庙，以纪念舍宅为寺的王、王珉兄弟。五代时期，中原分争，江南一隅比较太平。当时苏州是吴越国钱氏政权统治下，仅次于都城杭州的重镇，国主钱第四子钱元、钱文奉父子治理苏州数十年，大事修建佛寺、构筑圆林。据记载钱元："每游虎丘山寺，前路引望已欣动颜色。比至，必规画修缮。"虎丘的寺院和胜迹在这一时期也得到了维修和发展。特别值得一提的是，根据现代修塔施工中，发现文物的文字纪年和塔的形制判断，虎丘现有的佛塔，就是五代最后一年后周显德六年（公元959年），亦即吴越国王钱弘在位的第十三年，至北宋建隆二年（公元961年）的建筑。建成后十七年，吴越国「纳土归宋」，苏州正式归入宋王朝的版图。

北宋至道年间（公元995年～公元997年）苏州知州魏庠奏改虎丘山寺为云岩禅寺，由律宗改奉禅宗。景元年（公元1034年）诏以宋真宗赵恒御书300卷副本藏于寺中，为此四年（公元1037年）特建御书阁。皇初（约公元1044年），又改禅寺为十方住持。此后常为禅僧挂锡之所。南宋绍兴初（约公元1131年），高僧绍隆到虎丘讲经，一时众僧云集，声名大振，遂形成禅宗临济宗的一个派别"虎丘派"。绍隆法师名重宇内，声闻海外，"法席鼎盛。东南大丛林号为'五山十刹'者，虎丘遂居其一。"绍隆于绍兴六年（公元1136年）圆寂坐化于虎丘。虎丘旧有隆祖塔院，在东山庙畔，昔时日本使者来华至苏，必定要朝拜隆祖塔，可见影响之大。宋代在山上创建的还有应梦幻观音殿、石观音殿、转轮大藏殿、水陆堂、陈公楼（双井桥、千顷云阁、和靖书院等。

元代至元四年（公元1388年）到至正四年（公元1344年）年间，云岩寺有过一次较大规模的修建，塔的维修也第一次见于记载，现存的二山门（断梁殿）即当时所建。同时修缮和改建的还有大佛殿、千佛阁、三大士殿、平远堂、小吴轩、花雨亭等建筑，并铸造巨钟一口，疏浚环山溪六千余尺。元末群雄并起，至正十六年（公元1356年）张士诚占领平江（苏州）割据称王。为保卫城池，选中水陆要冲的虎丘驻军布防，在疏浚环山溪的同时，沿溪修筑了一座环山城，将登临之人岁无虚日的名胜之区变成了介戒备森严的军事要害。一时“山上楼台山下城，朱旗夹道少人行。”（吕志学句）但虎丘土城在军事上并未发挥作用。至正二十六年（公元 1366 年），朱元璋派大将徐达、常遇春率军征讨张士诚，围攻孤城平江（苏州）达十个月之久。相传徐达的攻城指挥部就设在虎丘，而常遇春亦屯兵于虎丘，与张士诚军激战于山塘至阊门南北濠一带。

明代是虎丘历史上的多事之秋，曾三次发生火灾，毁而复建。第一次，洪武二十七年（公元 1394 年）“僧舍不戒于火，寺焚，延及浮图”。至永乐初（约公元 403 年）修塔，建大佛殿、文殊阁，十七年（公元 1419 年）至十九年建妙庄严阁、千佛阁、大悲阁、转轮大藏殿、天王殿、旃林选佛场等。第二次，宣德八年（公元 1433 年）“火复作于僧舍，浮图又及于灾，而加甚于昔焉。”距第一次灾后修复竣工仅十二年。巡抚侍郎周忱、知府况锺闻知云岩寺住持南邱立志复兴，率先以俸禄捐助，苏州官民纷纷施以财物。自正统二年（公元 1437 年）至景泰四年（公元 1453 年）约十五年间，先修复宝塔、重建大佛殿，而后构建敕赐藏经阁庋藏敕赐《藏经》、三大士殿、伽蓝殿、香积堂、海泉亭等。嘉靖万历和天启年间。在知府胡瓒宗等倡议和赞助下，又陆续修建了万佛阁（妙庄严阁）、西方殿、伽蓝殿，天王殿。千手观音殿、大悲阁、转轮大藏殿、千佛阁、悟石轩、和靖祠、五贤祠、申公祠、仰苏楼等，并再次修塔。但时隔不久，崇祯二年（公元 1629 年）第三次失火，大雄宝殿、万佛阁、方丈楼观，一夕而毁。十一年（公元 1639 年）至十三年（公元 1640 年），巡抚张国维捐俸重建大雄宝殿、千佛阁，并修塔。据刘敦祯教授考证，塔的第七层即当时改建。

清代，虎丘经历了一个盛极而衰的过程。虎丘最兴盛之时，为康熙至乾隆期间。康熙帝玄烨和乾隆帝弘历都曾六次南巡，每次下江南都要光临虎丘，并曾驻跸山上，有几次从浙江回京途经苏州还要重游虎丘。祖孙二人先后在虎丘题写匾额楹联数十处，吟诗不下二十余首。现今头山门所悬“虎阜禅寺”竖匾，就是玄烨的手笔。为此虎丘于康熙二十七年（公元1688年）至四十五年（公元1706年）先后建起了万岁楼、御碑亭、文昌阁，以及宏伟的行宫“含晖山馆”，接着又重修了大雄宝殿、千佛阁。乾隆十五年（公元1750年），再次全面修整，十九年（1754年）建千手观音殿、地藏殿，三十八年（公元1773年）修塔。当时山前山后轩榭亭台逶迤参差，多达五千零八十馀间，共有胜景二百多处；白堤春泛、莲池清馥、可中玩月、海峰雪霁、风壑云泉、平林远野、石涧养鹤、书台松影、西溪环翠、小吴晚眺，号称“虎丘十景”。虎丘衰落之时，为咸丰十年（公元1860年）至同治二年（公元1863年）的兵火摧残。1860年，太平天国忠王李修成自天京（南京）挥军东征，一路势如破竹，迅速逼近苏州，溃败的清军在城外枫桥、虎丘、山塘、上塘、下塘和南濠、北濠一带纵火，大火延烧三昼夜。“山塘七里繁华梦，赢得姑苏一炬红”（俞平伯诗）

被誉为“红尘中一二等风流之地”的苏州阊门，繁华商市及虎丘、寒山寺等胜迹，旦夕之间化为废墟。1863年虎丘又成为太平军苏城保卫战的西北前哨阵地，曾在附近修筑防御工事。战后的虎丘，殿阁楼台仅存断壁颓垣，唯有破败的云岩寺塔、二山门。二仙亭和石幢兀立于荒烟蔓草中；危塔暮鸦，西风残照，人迹罕至，荒凉不堪。同治十年（1871年）起山寺殿宇才略有恢复，但因陋就简，规模已大不如前。光绪十年（公元1884年），状元洪钧、词人郑文焯等集资于憨憨泉坡地依山势创建拥翠山庄。辛亥革命后，1918年吴中名士金松岑、费仲深、汪鼎丞等募建冷香阁于拥翠山庄北，并于阁旁植红绿梅数百株，成为品茗赏梅胜地。此后十余年，又陆续修建了头山门、石观音殿、申公祠、三泉亭、致爽阁、可中亭诸胜。但八年抗战期间，胜迹失修，树木被砍，又出现了荒凉景象。

1949年以后，虎丘胜迹才真正开始全面修整。

苏州虎丘寺规模宏伟，琳宫宝塔，重楼飞阁，曾被列为“五山十刹”之一。古人曾用“塔从林外出，山向寺中藏”的诗句来描绘虎丘的景色。苏州虎丘寺不仅以风景秀丽闻名遐迩，也以它拥有天下名泉佳水著称于世。四周环水，山境幽奇，风景秀丽，号称三绝。古人在评价虎丘寺的特色时，曾提出九宜之说，即：宜月、宜雪、宜雨、宜烟、宜春晓、宜夏、宜秋爽、宜落木、宜夕阳。

虎丘寺山环水抱，实在是风水福地，香火历久不衰，自隋代至清末，曾被毁七次，但不久即重修，盛行1600余年，至今仍是“吴中第一名胜”。

第二十节　文化名寺——庐山东林寺

庐山东林寺，即东林寺。位于江西省九江市庐山西麓，北距九江市16公里，东距庐山牯岭街50公里。因处于西林寺以东，故名东林寺。

东林寺建于东晋大元九年（公元384年），为庐山上历史悠久的寺院之一。东林寺是佛教净土宗（又称莲宗）的发源地，也被日本佛教净土宗和净土真宗视为祖庭。

庐山东林寺

晋太元六年（公元 381 年），与佛图澄、道安并称“日、月、星”之称的佛门栋梁——慧远大师，南下罗

浮传法，途经浔阳，“见庐山闲旷，可以息心”，遂驻足弘法。短短三年，徒属众广。江州刺史桓伊肃然起敬，为之立寺。慧远带领僧众，缔构伽蓝，剃草开林，增卑架巘，夷峻筑台，疏峦抗殿，万事毕备，命曰“东林”。由于朝廷施恩，百姓助缘，建寺速度飞快，故有“出木池”、“鬼垒墙”、“神运殿”之胜迹和传说。

慧远大师在东林“影不出山，迹不入俗”，潜心佛学，广弘佛法，阐扬佛理，著述佛书，形成“众僧云集、四海同归”的局面。太元十五年（公元 390 年），他见机缘成熟，遂邀集“息心贞信之士”百有二十三人，其中高贤十八，既有中外高僧，又有达官贵人，还有学者隐士，创立了中国佛教第一个社团：白莲社。远公的莲社，以同修净业、共期西方为宗旨，熔释、儒、道于一炉，开佛教中国化之先河。以东林为中心的庐山，遂成为中国南方的佛教中心。远公倡导的“弥陀净土法门”时称莲宗，后经南宋示晓法师与志磐法师立莲社六祖（七祖）、元朝普度法师著《莲宗宝鉴》及《庐山复教集》立净土宗之名，至清朝中叶，净宗立名及立祖谱系初成，后世遂尊慧远大师为初祖，尊东林为净土宗祖庭。

素有“匡庐奇秀甲天下”之誉的庐山，雄峙在鄱阳湖畔的长江南岸，北距九江市仅三十多公里。庐山平地拔起，突立于坦荡的平原之上，气吞长江，影落鄱阳，巍峨壮丽。早在东晋、南北朝至唐、宋时代，佛、道两家在庐山互争雄长，佛教终于极盛一时，先后形成了著名的西林寺、东林寺、大林寺这三大古寺和海会寺、秀峰寺、万杉寺、栖贤寺、归宗寺这五大丛林。众多寺院之中，以东林寺名声最大、影响最深，列为庐山名寺之首。

庐山成为东晋、南朝时期南方佛学研究和佛教活动的一个重要中心，与北方的佛学研究和佛教活动的中心长安相抗衡，在佛学史上具有重要地位。这个时期，也是庐山历史上佛学的鼎盛时期。

这时庐山佛学和佛教活动的主要人物是慧远。慧远本姓贾，雁门（山

西省代县）楼烦人。公元334年生，从幼好学，熟读儒家经典，精通老子、庄子著作。公元355年，往太行山、恒山从名僧道安学佛，皈依佛门。慧远十分推崇道安，说是“真吾师也”。接受道安讲授的《般若经》。《般若经》的主要思想，是用否定的思辨方法，以论证现实世界的虚幻不实。它认为一切物质现象和精神现象，都是实际不存在的。道安在讲授《般若经》时，引用当时风行的玄学家王弼、何晏等人主张的贵无思想加以解释。把《般若经》理解为“以无为本”，把佛学与玄学结合起来，借以在社会上层争取支持。慧远从道安的讲解中受到启示，懂得要在当时的中国推进佛学，必须借助玄学，他决心追随道安，同他小三岁的弟弟慧持，一道落发出家，成为道安的门徒。

慧远原来就有儒、道两家学说的基础，学佛很容易通晓。24岁时，他开始讲经，有的徒众听不懂，慧远就引证庄子哲学中有关虚无的思想比附阐发，“于是惑者晓然”。道安也允许慧远借助“俗书”（佛经以外的书），以阐明佛书中的哲学原理。慧远在几次讲经和辩论中，获得成功。慧远的办法是把儒、道、佛三家冶于一炉，而以佛为主。他走的是一条佛教中国化的道路，这使他很快打开局面，拥有很多信徒，并得到上层统治者的扶植和支持，成为当时有数的大师。道安对慧远极为赏识和称赞，说：“使道流东国，其在远乎！”道安是有经验和识见的高僧，他发现慧远这一位佛门中的高才，在中国佛教史上一直传为佳话。

公元365年（晋兴宁三年），由于北方战乱，慧远、慧持随道安南至襄阳。公元377年，前秦兵从北方南下，苻丕占据襄阳。道安在襄阳将门徒分别遣散到各地去宣扬佛法，慧远等南下到荆州，而道安却被苻丕带回长安。

慧远南下是政治形势所迫，但到庐山多少带有偶然的成分。原来道安的弟子慧永，也是慧远的师兄，曾与慧远约定，一道去罗浮山（广东博罗、增城二县境内）修行。罗浮山也是名胜之区，蜚声海内。慧永在前往罗浮山途中，先期到达庐山。公元367年，江州刺史陶范为慧永在庐山西北麓的香炉峰下建造西林寺，慧永就在庐山停留下来了。公元381年（晋太元六年），慧远从荆州抵达浔阳，来会慧永，准备履行拟议中

的罗浮山之行。慧永乃邀请慧远同住西林寺。慧远“见庐山闲旷，可以息心”，就在西林寺旁筑龙泉精舍，显然是庐山幽雅清静吸引了他，去罗浮的打算就不再提了。由于西林寺比较窄小，龙泉精舍也很简陋。公元386年，慧永请江州刺史桓伊为慧远另建一座寺院。新寺建在西林寺东，因而命名为东林寺。名刹名僧，相辅相成，东西二林，从此名扬宇内。此后，慧远就一直以东林寺为中心，开展他的佛教和佛学活动。

东林寺选择的位置和地势很好，“正对香炉峰。峰分一枝东行，自北而西，环合四抱，有如城廓，东林在其中，相地者谓之倒挂龙格。”“寺南面庐山，北倚东林山，山不甚高，为庐之外廓，中有大溪，自南而西，驿路界其间，为九江至建昌（今永修县）孔道，寺前临溪，入门为虎溪桥。”这是宋代诗人陆游和明代旅行家徐霞客在当时的描述。现在见到的东林寺周围情景，依然当年风貌。

东林寺

慧远自公元381年到庐山，至公元416年（晋义熙十二年）去世，在庐山36年。据说他在这三十余年中，“迹不入俗，影不出山”。在东林寺聚集徒众，宣扬佛法，阐发佛理，论赞佛经。他派遣迎远禅师等人，横跨荒漠，逾越葱岭，前往天竺（今印度等地）取经。迎远禅师等返回庐山后，在慧远主持下，将佛经译成汉文，与长安的名僧鸠摩罗什交换经本，慧远还编写《般若经》序文。前后所著经、论、序、铭、赞、记、诗等，凡十卷，编为《庐山集》。同时，慧远还与达官、显贵、学者、闻人相交往。慧远虽不在朝，却声震遐迩，成为南方佛教和佛学中一个重要派别的领袖。唐、宋时期，庐山佛教达到鼎盛，一时有“三大名寺”、“四大丛林”。周銮书详述如下：

“唐宋时期的庐山佛教，在东晋南朝的基础上，有进一步发展，大小寺院多达数百所，是庐山佛教最繁盛的时期。其中西林、东林、大林称为“三大名寺”。归宗、栖贤、开先、圆通称为‘四大丛林’。是庐山诸寺中，最为佼佼者。”

寺内文物甚多，诸如：唐代尊胜陀罗尼经幢（公元683年），为东林寺现存最古老的石刻；译经台——昔日远公请西域经师来东林寺译经驻锡之地；柳公权残碑；康有为题刻；李邕《东林寺碑》并序。聪明泉，出木池，护法力士，六朝松，谢灵运《庐山慧远法师碑》，王阳明诗碑等。

如此深厚的文化遗产，形成了独特的东林净土文化。今天的净土宗风所及已遍布世界。东林寺与日本、新加坡、美国、加拿大、马来西亚等国家和港、澳、台地区佛教界来往频繁，借净宗文化搭建起一座对外交流的金桥，沟通着不同国家、地区、民族之间的联系，泽被四方。

千年白莲传友情

气势宏大的天王殿滚圆龙柱前，一方莲池，格外引人注目，庐山清泉注入池中，荷花盈池繁茂竟秀，碧水白花相映生辉，池中假山耸立着泥塑滴水观音，容颜慈祥，俯视山门。

东林白莲（即青莲华），花色青白，丰满清香，每朵有130余枚花瓣，其品种之罕有中外驰名，皆是远公当年亲手栽植。江州司马白居易

有《东林寺白莲》赞曰："东林北水塘，湛湛见底清，中生白芙蓉，菡菡三百茎。白日发光彩，清飙散芳馨。池香银囊破，泻露玉盘倾……"

日本大阪留学僧澄圆，追慕莲社风迹，于公元1317年，远涉重洋到东林求道，1321年学成归国。临别，庆哲大师相赠白莲以永志纪念。澄圆回到日本，在堺市创建旭莲社，凿池播种使莲芽萌生，以后逐步栽种到日本各大净土宗佛刹道场，并因将庐山之风带进日本而知名。

1987年底，日本吉祥寺主持青柳俊文随日本净土宗朝拜团来东林礼祖，得知莲池在文革中废为水田，白莲绝种，深以为憾，发起成立"青莲华回归祖庭援助会"，捐助莲池建设款203万日元。台湾埔里体通法师闻讯，捐助美元、港币折合人民币50万元。新加坡原佛教总会会长广洽老法师，以90高龄年迈之躯，不远万里亲赴东林，捐赠新币17万元，重建"白莲旧社"大殿。在中国地方政府帮助下，东林收回了原有的莲池寺产，开池时，竟然掘到了原址，出土了护栏、连体石雕狮头立柱。在中日建交20周年时，日本净土宗两次组团来华，返赠莲籽和莲藕。昔去扶桑，今还震旦。日本净土宗总务总长成田有恒与果公上人携手步入莲池，共同种下了象征友谊与和平的青莲华。原全国政协副主席杨成武将军到寺视察，欣然挥毫泼墨，题写了《莲池》碑，为东林增光添彩。

祖庭中兴再重辉

晚清之后，东林渐次衰败，至二十世纪五十年代，仅剩破殿两三椽。1959年7月7日，周恩来总理视察东林，指示要复修东林，保护文物。久旱逢甘霖，总理的亲切关怀，成为东林中兴的重要转折。

1961年，当代名僧果公上人应邀振锡东林，他不遗余力重建东林。至1965年已初具规模。然而天有不测风云，文革狂飚席卷梵宇，僧人被扫地出门，庙堂被改为药厂。13年后，落实党的宗教政策，果公上人方得以回寺，再造东林。

复建后的东林寺，主体建筑以大雄宝殿为中轴线，向前后延伸，往左右展开。大雄宝殿为仿宋重檐歇山顶式，飞檐翘角，琉璃碧瓦，古朴端庄。殿前铁制香炉高耸、殿中三世佛像庄严。大殿两侧为东西两座罗汉堂，是香港排名前10位巨富陈庭骅先生捐赠50万元港币重建，500

罗汉造艺极高，艺术风格生动朴实，姿态各异，栩栩如生。大殿前的天王殿和大殿后的玉佛殿（藏经楼）、祖师殿（三笑堂）、十八高贤殿（影堂），均为香港地区全国政协委员、香港大环集团有限公司主席施展熊先生捐款150港元所建和重建。玉佛殿内供有侨居缅甸的傅风英女士赠送的玉石坐佛和重达4吨的玉石卧佛，藏经楼内藏有乾隆版《龙藏》、日本赠送的《新修大正藏》及美国、台湾、香港赠送的《大藏经》等珍贵经书。

玉佛楼旁六朝松，相传为远公亲手栽培，苍劲挺拔，虬干曲枝。曲径通幽处，但见一眼清泉，泉水清澈见底，一年四季不涸，名为聪明泉，是远公与荆州刺史殷仲堪辩论之处，聪明泉碑名为唐太宗手书。聪明泉后沿石阶上攀，有谢灵运译经台、远公塔院、尼泊尔高僧佛陀跋驮罗塔院，正可谓山深道远。

十年再造，尽复旧观，果公上人夙愿得偿，东林已成为中国佛教重点对外开放寺庙，江西重点文物保护单位，九江重点旅游景点，在国内外享有盛名。为了弘扬传统文化，培育僧才，东林寺创办了江西佛学院，成立了净土宗文化研究学会，出版了《净土》杂志。正在东林寺加快与社会主义建设相适应步伐之时，省政协常委、省佛协会长、东林寺主持果公上人于1994年3月圆寂，四众弟子悲痛欲绝，继任方丈中国佛协常务理事、中国佛学院副院长传印法师，决心完成果公未尽事业，谱写东林新的篇章。

东林寺面对香炉峰，峰分一支东行，自北而西，环合四抱，有如城廓，东林在其中，相地者谓之倒龙格。峰分一支，指龙脉分支。干龙气旺，分出适量支脉回旋护穴，是一种吉象。

东林寺背负北香炉峰，旁依瀑布，林木葱郁，烟云出没，虎溪潺潺环流，清野悦心。慧远在《庐山略记》中，对东林寺周围的自然环境，津津乐道：

“北负重阜，前带双流。所背之山，左有龙形而右截基焉。下有甘泉涌出，冷暖与寒暑相变，盈减经水旱而不异，寻其源，出自龙首也。面对高岑，上有奇木，独绝于林表数十丈；其下似一层浮图，白欧之所翔，玄云之所入也。东南有香炉山，孤峰独秀起，游气笼其上，则氤氲若香烟，白云映其外，则炳然与众峰殊别。”

东林寺群山环抱，溪水回流，寺南翠屏千仞，寺前一泓清流虎溪迂回向西而去，溪上跨着一座石砌拱桥。在如此绝佳的风水格局中，难怪慧远可以开宗立派，名垂千古。

第二十一节　文化名寺——奉新百丈寺

百丈寺地处江西省修水、铜鼓、宜丰、奉新四县交界的赣西北山区，坐落于国家4A级景区百丈山风景名胜区内，总占地面积约1200亩。是中国佛教禅宗古寺庙之一，“禅林清规”（即“天下清规”）发祥地。最初为“乡导庵”，后因大智禅师怀海在此住持修行改为“百丈寺”。百丈寺东、西、北三面均倚山，寺院卧其中呈“太师椅”之势。迄今已有1200年历史，在中外佛教界享有盛名。

奉新百丈寺

唐大历间（公元766年～公元778年），由乡绅甘贞创建，初名为“乡导庵”。当时唐朝极度盛行佛教，倡导因果轮回。佛教为当时“国教”。后延请大智禅师怀海在此住持修行，遂改名为“百丈寺”。怀海到达百丈寺后，勤研佛经，探究禅理，尽改僧尼云游在外，沿门托钵，不事劳作之习，开创农禅并重的实践，强化丛林组织形式，终于在百丈寺为禅宗另立一种规式，撰写了“诏天下僧悉依此而行”的《禅门规式》又称“百丈清规”。从此百丈寺声名大振，香火极盛，四方僧人前来朝圣者络绎不绝，在中外佛教界极负盛名，有“三寺五庙四十八庵”之说。大智怀海禅师影响甚大，沩仰、临济、黄龙、杨岐诸宗皆出其下。

唐宣宗登基时御赐“大智寿圣禅寺”匾额。

到南唐，曾迁寺于原寺址的西北面，不久被毁。

宋代元丰年间，又在原址建起寺院。张元尽曾为它写过文章。

明清两代达到了鼎盛时期。北门大殿规模宏伟，院内有凌云亭、师表阁、大雄宝殿等主体建筑物。后来几经兴废，寺院几乎倾塌殆尽，现大雄宝殿与僧寮二栋尚存。大雄宝殿为同治六年（公元1868年）修建留下，长10米，宽12米，高4米，是寺院中的正殿。大雄宝殿古朴、端庄，从现存的大雄宝殿可以看出当年百丈寺的规制。

清咸丰十一年（1861年），太平天国李秀成，率领大军路过奉新，再次焚毁百丈寺，只留有一座大雄宝殿、僧疗。

1949年后，百丈寺仅存大雄宝殿及右侧的两栋客房，殿内正中的如来佛像在文化大革命期间被毁，只留下巨石砌成的佛像座及东侧地藏菩萨座基。改革开放后，百丈寺又重新进行了维修，有大雄宝殿、玉佛殿、三圣殿及伽蓝殿等建筑。

2004年当代佛门泰斗，百岁高龄本焕长老集亿元善款重建百丈寺祖庭。重建工程于2009年9月顺利告竣，寺庙占地1200余亩，建筑面积4万余平方米。2011年8月31日举行了开光庆典。

唐代大书法家柳公权曾来奉新参观过百丈寺，写下“天下清规”四个大字，勒石置于百丈山西石壁，石质坚硬，石色如铁，正东南一面恰似神工鬼斧削切而成，每字长0.51米，宽0.53米，字迹清晰、完好，石壁在上角竖刻有隶书“碧云”二字，“天下清规”石刻于1957年公布为省级文物保护单位，为百丈寺镇寺之宝。

真源石刻

唐宣宗在百丈寺当沙弥时，到后山凿石引泉，寻找水源，在此发现源头并亲书“真源”二字。

“龙蟠石”，位于百丈寺后山，相传是怀海禅师常在此石上坐禅，因禅门将有真正道行的修行者称为“龙象之才”，从把它称为“龙蟠石”唐宣宗也常在此参禅打坐。

皇娘墓

在百丈山西北处，有一座皇娘墓。相传当年落难时的唐宣宗在百丈寺当沙弥时，遇上清纯秀丽、朴实可爱并给他带来温暖和快乐的村姑。后来唐宣宗回宫即位后下圣旨将村姑接进宫来享受荣华富贵，村姑被迎亲仪仗队吓坏，以为自己犯下滔天大罪，于是跑到后山崖边跳崖而死。唐宣宗得知后悲痛不已，下旨当地县官给村姑修了一座“皇娘墓”。

犀牛潭瀑布

在百丈大雄山上，当年黄檗禅师与唐宣宗在此对诗。黄檗吟道：“千岩万壑不辞劳，远看方知出处高。”唐宣宗接道：“溪间岂能留得住，终归大海作波涛”，流露出皇者气派，后果然即位。

野狐岩

位于百丈寺后的一块长满苔藓的石头上，上刻有“狐岩”二字，人们常对不甚懂禅道的和尚叫野狐禅，即由此而来。百丈山距县城 65 公里，山高 1200 米，俗称百丈。因其高大，气势雄伟，又称大雄山。

长山奇竹

在溜头乡海拔 500 米的七里长山，有一片面积 100 多亩奇特的毛竹，是茫茫林海中的一大奇观。这片毛竹林，从幼笋破土始，便东倒西歪，长大成竹后，即为一个或两个“S”形的翘竹，又名“龙竹”。

关于百丈寺还有一段关于唐朝一个皇帝唐宣宗的传说，当时，宫中宦官专权，宣宗李忱尚未即位，李忱遭其侄武宗之猜忌，处境险恶，遂决定出外避避灾祸。有一天，他遇见一名高僧，谈及此事，高僧留下“退至百丈”四个字便走了。于是李忱翻阅地图，发现奉新有座百丈山、便历尽辛劳，不辞万水千山，来到百丈山，一来到此处，见高山耸立，峰峦叠翠，山花吐艳、景色迷人。便写下一首诗“仙花三月不间色，灵境无时六月寒，更有上方人来到，晨钟暮鼓碧云端”。于是留下来参禅修行，后来他回到朝廷当了皇帝。

野狐岩的故事：野狐岩石位于百丈寺后山，相传有一老者在回答：“大修行者还落因果吗”？老者错答为：“不落因果。”因此五百多年来，一直堕于野狐身中不能解脱。一次怀海大师开堂讲法时，他化为人形前来听法，经怀海大师点化，才明白不落因果为不昧因果，他才得以脱掉野狐之身重变为人身，野狐岩就是他脱身之所。

茶道故事

茶的使用，在中国最少有4700年的历史。到唐代，茶文化伴随着茶禅的出现而确立。茶禅，又是伴随着《百丈清规》的诞生而形成。虽在《百丈清规》之前，佛教已经普遍出现饮茶的现象，但那不过仅仅是为了防困倦，作为静思维的助修方法。《百丈清规》的建立，正式确定了茶在禅门的重要地位。

《百丈清规》的不少条文中，均提及茶在寺院中的使用方式、作用和意义。寺院法堂设有两面鼓：东北角设“法鼓”，西北角设“茶鼓”。讲座说法擂法鼓，集众饮茶敲茶鼓。寺院中有“茶堂”设施，有“茶头”执事，有供祖师的“奠茶”仪式，有坐香后的饮茶助修，有集体吃茶的“普茶”活动。院中还种植茶树，采制茶叶，所有这一切都被视为佛事。更有百丈禅师的“吃茶，珍重，歇”禅门三诀，以茶悟道。

宋时，茶从中国的寺院传到日本。临济宗禅师圆悟克勤手书“茶禅一味”四字真诀，由日本留学生带回东瀛，被奉为国宝，代代相传，直至今日。日本禅师荣西入宋时，将茶从中国带回国种植。其后，日本茶道始祖千利休以禅宗思想为背景，将其发展成为日本茶道。吃茶之风由寺院传至文人士大夫，最后普及到民间。在这一过程中，产生了日本“和敬清寂”的茶道理念。

高僧云集

唐、宋、元、明、清都曾有许多高僧在此住持弘法。临济宗鼻祖黄

檗禅师，沩仰宗鼻祖灵佑禅师也曾追随怀海大师在百丈寺参禅学佛。唐朝惟政，宋代有道恒、道震、智映、净司；元代有大昕、德辉等；明代有明雪禅师；清代有云堂、德清、石兰等高僧都曾在此住持弘法。

青原净居寺，在庐陵县水东十五里，七祖行思道场。唐景龙三年为兰若，天宝十年为寺，会昌间废，大中五年重创。段成式有记。宋治平三年，赐额安隐寺，崇宁三年，复旧名。元末兵毁。明洪武九年。僧师巩复修，二十四年，立为丛林。嘉靖间，绅士创会馆讲学于此。万历末，迁会馆于山之阳，还其故地。

净居寺因青原行思而成为禅宗祖庭，青原行思是六祖慧能的传人，得慧能印可后，即自曹溪分化卢陵。当时，六祖法嗣四十余人，分化各地，唯以青原山为第一。青原禅风，不但流传华夏南疆北国，还东传日本，辉煌海外。禅宗至慧能后分南岳、青原二大系，南岳下出沩仰、临济二宗，青原下出曹洞、云门、法眼三宗，对佛教禅学思想的发展起了极大的推动作用。

净居寺

净居寺环境优美，气候宜人。左象右狮对峙，山环水抱，翠拥花园。四周古木参天，绿苗铺地，群峰耸列，百鸟和鸣。净居寺红墙碧瓦，金辉耀日，法鼓金铎，响彻晴空。寺前流水潺潺，大雄宝殿建在四方环水，三桥拱立之中，宛如清水中托出一座琼楼玉阁。布局巧思，令人称奇。还有象鼻峰、狮子峰、玉带峰、翠屏峰、虎跑泉、喷雪泉、珍珠泉、沸珠泉、钓鱼台、试剑石、飞来石、飞来塔、拱圣桥、万善桥、待月桥、谷口桥等，共有三十六处胜景。历代名儒文士，登临览胜，留下了不少珍贵墨迹。唐代书法家颜真卿题了“祖关”二字；南宋文天祥三登青原山，为山门题写了“青原山”匾额；北宋黄庭坚的诗文刻碑八块，嵌在大殿两边墙上；南宋李纲的诗文刻碑十一块，嵌入斋堂墙上；唐代杜甫、北宋苏东坡、南宋周必大等也为青原山题诗作文。理学家王阳明，在此设阳明学院。

净居寺气势雄伟，四周深阴蔽日，环境清幽，寺内现存天王殿、大雄宝殿、毗卢阁，寺内的木建筑物上雕龙画风，飞禽走兽，栩栩如生，殿内四大金刚、十八罗汉、观音、韦陀等姿态传神。大殿两侧的墙上嵌有宋代诗人黄庭坚题诗石刻。明代铁钟一口，钟铭：“永镇祖山，晨昏扣击，俾尽大地。”

净居寺面朝茫茫赣江，背依莽莽嵩华山，枕山怀壑，吞风吐云，海拔三百多米，地势虽不高，但奇峰秀起，峰峦多姿，满山树木葱茏，花香扑鼻，虫鸣鸟翔，岩间泉涌，石上瀑飞，溪水潺潺。这种背山面水的风水格局，藏风聚气，历来是风水师选择的上吉之地。藏风聚气的风水之地要山岭婉转迤逦，或顺或逆，迂回盘绕，层层拱卫。向前拥簇而不僭逼，能够聚止而不陡急。来山凝结，止而聚集，阴阳调和。土层高厚，聚水深沉，草木茂盛。总之，这是一个群山环绕，流水弯弯，山岭回环，草茂林盛的生机盎然之地。

风水布局中最常见的就是背山面水，这种居住环境就是一个具有生态学意义的典型环境。因为中国大部分地区位处北半球，且季风气候占主导地位，村落和民居多选择在背山面阳、背山面水之地。

此种选址的生态学价值是：背后的靠山，可以有效地抵挡冬季北方

吹来的寒风；面朝流水，有利于迎接夏日掠过水面南来的凉风，还能享有舟楫、灌溉、养殖之利；朝阳之地，有充分的日照，又有紫外线可杀菌；在山坡地上建造房屋，不但不受洪水为患，又有广阔的视野；屋后的茂林，不但有薪柴可用，还有利于水土保持，并调节了小气候。种种因素综合在一起，就形成了一个有机的生态环境，一个最适合人居的环境。

净居寺就是典型背山面水、藏风聚气的格局．在此风水福地修行弘法，因此青原行思能够开宗立派，名垂千古，被后世尊为禅宗七祖。

第二十二节　文化名寺——宜春栖隐寺

仰山栖隐禅寺位于江西宜春市袁州区城南二十多公里的明月山集云峰下（现为袁州区洪江乡古庙殿上村，所谓仰山即指集云峰）。仰山栖隐禅寺是禅宗“一花五叶”之第一叶沩仰宗祖庭，该寺始建于唐朝会昌年间（842 年），距今已有 1164 年的历史，开山祖师为慧寂法师。仰山栖隐禅寺鼎盛时期有殿、堂、楼、阁二十八座，僧人逾千，在国内外有着重要地位和重大影响。

宜春栖隐寺

栖隐寺原名仰山寺，唐开成年间，唐朝高僧慧寂由沩山来到袁州府宜春仰山，诛茅修“仰山寺”传法，世称仰山禅师，它是以沩山禅师灵佑和仰山禅师慧寂为祖，世称“沩仰宗”，为禅宗南宗五派之一。由慧寂禅师亲手创建于唐会昌五年（公元 845 年），兴起于宣宗元年，由当时的宰相裴休和江西观察使韦宙大力支持营建；因武宗反佛，慧寂曾外出栖隐他处，故宣宗大中年间改称为“栖隐寺”。原寺额“栖隐寺”三字为唐宣宗亲笔题赐。栖隐寺背靠的集云峰（即仰山）是江西宜春市风景名胜区明月山的群峰之一。山麓一片开阔的坡地，小溪沿坡地两侧淙淙而下，最后在坡地前的一个峡口汇流，再穿过山峡奔流而出。坡地前沿，原本建有山门，山门内原有照地势依次飞升的五进大殿，层层高耸，富丽堂皇，如琼楼玉宇，似西天梵宫。历史上，集云峰一向是宜春县乃至全袁州府的风水形胜之地，也正是僧俗追求清净隐居修禅的极好处所。

鼎盛时期

宋朝

宋太宗赵炅太平兴国年间，栖隐寺奉敕改名为“太平兴国寺”。太平兴国寺已不再是单一的沩仰宗道场，而改成了所谓“十方选贤住持院”，也就是不管属于哪种派系，只要是有名的高僧大德，就可以被请来住持该寺院。因此，在宋代，临济宗的楚圆禅师、曹洞宗的仰山禅师、云门宗的佛印禅师、黄龙宗的行伟禅师……等等著名高僧，都曾住持过太平兴国寺。宋代著名文人黄庭坚、范成大、辛弃疾、朱熹等等，也都慕名造访过该寺。宋代的太平兴国寺不仅本身兴旺发达，而且带动整个仰山兴起了大批的“卫星”寺庙。其中的木盆寺等，都达到了海内外闻名的程度。由于宋代仰山人口大增，居民垦山开田，逃避苛政；当年的著名文学家范成大在其《骖鸾录》中记载：“岭坂上皆禾田，层层而上及顶，名梯田”。“梯田”一词，就是起源于此。

元朝

太平兴国寺由著名的希陵禅师住持。希陵禅师曾应元世祖忽必烈之召进宫讲经，因此，朝廷屡次给他加赐佛号。忽必烈赐给他“佛鉴”之号；元成宗又赐给他“大圆”之号。大德七年冬（公元 1304 年初），该寺一度毁于火灾。但在希陵禅师的艰苦努力之下，新的寺宇于8年后又在原址矗立起来，而且新的寺宇“广员倍于旧而加美焉”，江西行省将寺宇绘图上报朝廷，元仁宗亲题“大仰山太平兴国寺”匾额一块，诏封慧寂禅师为“慧慈灵感昭应大通正觉禅师”，并且命大臣程钜夫撰写《大仰山重建太平兴国寺记》，由大书法家赵孟頫书丹，勒石立碑于寺前。元皇庆元年（公元1312年），太平兴国寺不仅供奉仰山佛教开山祖师慧寂禅师，同室还供奉仰山古庙的仰山二神神像。

明清

明清时代仰山不仅禅林遍布，而且俗世人口继续增加，居民大规模开发山林种植水稻等粮食作物，梯田越开越多。尤其是明朝覆灭之际，大批不愿被清朝奴役的明朝官员躲进了这天高皇帝远的深山里隐居，有的甚至干脆剃度出家，溜进僧人队伍，逃避清朝的迫害；更使太平兴国寺及以其为核心的仰山一带，增添了浓厚的文化氛围。

早在西汉文帝刘恒在位时（公元前179年～公元前156年），就有仰山神（龙王）庙立于仰山之阿，俗称“仰山古庙”，其时，地域色彩浓郁的民间仰山神崇奉活动便已开始，后来发展到“仰山行祀几半天下”的盛况。仰山古庙既是古时名播遐迩的仰山龙王香火地，又是全国各地龙王菩萨的发祥地。魏、晋时，相传道教祖师葛玄、葛洪曾先后在仰山集云峰修仙炼丹，距今已有一千多年历史。宋代民族英雄文天祥曾亲为之书赠“葛仙观”巨匾。

仰山栖隐寺位于宜春袁州区洪江乡古庙殿上村，所谓仰山即指集云峰。开山祖师仰山慧寂（公元814年～公元890年）俗姓叶，韶州浈昌人（今广东南雄西南），十五岁想出家，父母不许。两年后，断手二指，跪父母前，誓求正法。遂在南华寺出家为沙弥，未登具，即游方。初谒耽源应真，从学数年，良有所得，后参沩山灵佑，于言下顿悟，遂登堂奥。旋往江陵受戒。自此执侍沩山灵佑，盘桓十五载。

仰山慧寂嗣法沩山（今湖南宁乡境内）。慧寂禅师由湖南郴州来到宜春明月山的仰山，见四山各有佳峰，每峰如一莲花之叶，数十峰连绵迭嶂，有如一个“莲花盆”。他一眼看中了这块风水宝地．便在这里搭建茅屋隐居下来，于唐武宗会昌元年（公元841年）在仰山建寺以居，名仰山寺。因会昌五年（公元845年）“武宗灭佛”，而慧寂在禁令中潜匿集云峰。翌年，武宗服丹身亡。唐宣宗继位大开佛门禁令，凡天下所拆寺庙一一修复。慧寂也还山归寺，重振庙宇，宣宗将仰山寺赐名栖隐寺。他自号“小释迦”，于仰山大行禅法，徒众四集，盛绝一方，世称仰山慧寂。栖隐寺兴起于唐宣宗大中元年（公元847年），由当时的宰相裴休和江西观察使韦宙大力支持营建，原寺额栖隐寺三字为唐宣宗亲笔题赐。唐昭宗大顺元年（公元890年）圆寂，寿77，追谥“智通大师”，塔名“妙光”。有《袁州仰慧寂禅师语录》传世。

慧寂居仰山栖隐寺，创立了禅宗五家中的第一家，因其发端于湖南沩山，成型于仰山，故称沩仰宗。当时的沩仰宗风遍传天下，慧寂禅师在仰山创建的栖隐寺规模宏大，僧侣如云，成为中国古代佛教丛林胜地，印度、韩国、日本、朝鲜等海内外僧人参学问道络绎不绝，游览观光者不可胜数，过往名贤往往慕名造访，在此留下了众多碑碣及摩崖题刻。

仰山栖隐寺风水独特，云雾环绕中的仰山主峰集云峰依稀可见，西南有狮子峰，南有白云山，东有书堂山，栖隐禅寺当初便选址在这块小盆地的中央。

南宋范成大有言曰：四山各有佳峰，如是数十峰周遭绕寺山中，目其形胜为“莲花盆”。当初仰山慧寂看中这里四面围合，山环水抱，形如莲花，藏风聚气，风水绝佳，是修行弘法的最佳所在，因此兴建禅寺，因此而开宗立派，使仰山沩仰宗盛名不衰，流传了1100多年。

第二十三节　文化名寺——永修真如禅寺

真如寺位于江西省永修县西北的云居山上，1983年，被国务院确定为汉族地区佛教全国重点寺院。

云居山因其山峰常年笼罩在云雾之中而得名，真如寺坐落在云居山之顶，周围群峰环绕，状如莲瓣攒簇，形成了“莲峰簇簇绕华台，一钵中央倚镜开。对寺面看云捧出，当湖直逼海浮来”的意境。

登上云居山顶，一泓湖水，长平如镜，拱卫寺门，湖形似月，故名明月湖。每当红日初升，金光荡漾，寺殿生辉；入夜皓月当空，满湖明月，映出莲城古寺影像，显得无比恬静！从明月湖侧转过山口，山坡上有虚云和尚舍利塔。

永修真如禅寺

在云居山顶的莲花城内，有大片连绵不断的竹林，无论是赤日当空，还是大雪压顶，这簇拥的根根翠竹，透着翡翠般晶莹。盛夏时节，步入竹林，仿佛空气也变成了透明的绿色，使人顿觉凉意透过心肺。在竹林的深处，掩映着一座盛名的禅宗胜地真如寺，是全国汉传佛教三大丛林之一，为佛教曹洞宗发祥地。

云居山旅游风景区位于江西省九江市永修县西南部，105、316 国道傍山而过，面积 216 平方公里，山体主峰海拔 969.4 米，15 公里水泥路通达山顶。云居山，是一座历史悠久的名山。云居山气势雄伟，林壑清幽。登上山顶，却又是一番景色，这里群峰耸簇，中间是坦坦荡荡的小平原大坝子，遍布园林湖田，俨然似一大城郭，又宛如一朵盛开的莲花，故又称此地为莲花城。自古以来，云居山以其秀丽天成的风景和佛教禅宗著名道场被人们所称道。古人称其“云岭甲江右，名高四百州”，“冠世绝境，天上云居”。

真如寺，始建于唐宪宗元和年间（公元 806 年～公元 820 年）。当时有位道容禅师与司马头陀同游云居山，登上山顶时，见这里地平如掌，湖澄如境，四周龙珠峰、袈裟峰、钵盂峰、象王峰环列如屏障，就在这里开基建——云居禅院。道容禅师建寺后，与弟子全庆、全诲等相继居住约七十年之久。唐僖宗中和三年（公元 883 年），曹洞宗二祖道膺禅师来主此山，僧众云集一千五百馀人，唐僖宗赐额“龙昌禅院”。

道膺禅师（公元 835 年～公元 902 年），是佛教禅宗五宗之一曹洞宗洞山法系的传人。禅宗从初祖菩提达摩创建后，传到六祖惠能时分南宗惠能，北宗神秀，其后又分化为沩仰宗、临济宗、曹洞宗、云门宗、法眼宗五个派别。曹洞宗由良价（公元 807 年～公元 869 年）和本寂（公元 840 年～公元 901 年）分别在江西洞山和曹山创立，主要是宣传理事不二、体用无碍的思想，“家风细密，言行相应，随机利物，就语接人”。而曹山这一法系四传后就断绝了，只靠洞山法系道膺禅师一脉在云居山真如寺弘法，使之得以绵延流传下来。从这个意义上说，真如寺是曹洞宗的源地。禅宗五宗中，沩仰、云门、法眼三宗在宋朝以后都失传了，只有临济和曹洞二家保存下来。由此也可看到云居山真如寺在佛教史上的地位。

道膺禅师住持龙昌禅院三十年，圆寂后谥“弘觉禅师”。在五代至宋这段时间里，先后有道简、道昌、怀岳、怀满、德缘、智深住持，仍提倡曹洞宗。北宋大中祥符年间（公元 1008 年～公元 1016 年），宋真宗敕改名为“真如禅寺”，一直沿习至今。

真如禅寺始建于唐宪宗元和年间（公元 806 年～公元 810 年）。开山祖师道容与名僧司马头陀同游云山，上山后，见这里地平如掌，湖澄如镜，四周峦岫环列，屏障护持，宛然为一处远离尘嚣，清静幽雅的桃源胜境，于是率徒诛茅垦山，治基建寺，一时名声大振，从者如风，唐宪宗李纯亲赐寺名“云居禅院”。

此后，道容与其弟子全庆、全诲在此弘扬佛法，师徒相继约七十年。至唐僖宗中和三年（公元883年），应管理江西中部的镇南节度使南平王钟传之请，时称“南宗伟人”的道膺，上山担任主持，遂使真如禅寺闻名天下。

元朝末年，兴盛了三百多年的真如寺在火灾中化为灰烬。明初，寺院的殿堂房屋、湖田山产逐渐被当地豪右侵吞盘夺。

明神宗万历二十年（公元1592年），北京万佛堂住持洪断和尚到云居山重建真如寺。神宗母亲慈圣皇太后得知消息后，派使赐予紫衣等法物和一尊千华卢舍那佛铜像，铜像高达丈余，还赐了《大藏经》一部共678函。万历三十年（1602年）殿堂僧舍相次落成，神宗皇帝御书了匾额楹联。禅堂联云：“智水消心火，仁风扫世尘。”匾曰：“寡过未能。”据史书记载，洪断法师把他重兴真如寺的经过，简记刻石，与前代渗金古释迦像、舍利磁瓶、梁公砚、古炉瓶等法宝文物一起，埋藏于大殿佛座下地宫石涵内，作为永久纪念。据说，此物至今尤存。其后的住持有颛愚、戒显、元鹏、明熙和尚等。直到清朝，真如寺一直兴盛不衰，成为我国佛教禅宗的重要寺院。

唐代以来，香火缭绕，高僧辈出。白居易、苏东坡、佛印等众多历代文人墨客在此留诗作画，目前，仍保留着摩崖石刻、唐代铜佛、康熙千僧锅及二百多座中外历代高僧墓塔。

真如禅院风水形胜：

连绵的高山、林森树茂，一条小路通往山巅，山巅有一关隘如屏障，怎知一穿过去，豁然开朗，山顶上竟有一块很大平地，周围的山峰状似莲花，把这块平地包围，而平地上还有一个圆形的天池，确为世外桃源。

出寺门，梯田节节，山坡绿草如茵、灌木成林，沿坡上有溪水环流，水色清碧，终年不涸，名为碧溪。佛印桥飞架碧溪．苏东坡曾为之写下诗句："欲与白论心事，碧溪桥下水潺潺。"听畔有巨石，莹洁平整，石下流水淙淙. 石旁古树浓阴，相传苏东坡与佛印和尚曾谈经论法于此，故名谈心石。

这种四面围合的地形，历代风水师均视为上吉之地，许多千年古寺的开山祖师，喜欢选此种地方建寺弘法，浙江天台山国清寺、慈溪五磊讲寺、安徽九华山化城寺、江西奉新百丈寺、宜春栖隐寺、河南登封少林寺、汝州风穴寺、福建福清南少林寺、北京潭柘寺等，都是选址于此种风水格局，因此长盛不衰。

第二十四节　文化名寺——衡山南台寺

南台寺位于湖南省衡阳市南岳区瑞应峰下。四周苍松翠竹，浓荫蔽日；径幽溪吟，山鸟啼鸣，是一个修行和避署的理想胜地。历代高僧曾驻锡这清虚灵寂之境，使得南台古刹成为天上人间的"三宝净地"。

南台寺

南台寺始建于南朝梁天监年间（公元 502 年～公元 519 年）传说海印和尚来到南岳后，见瑞应峰下有处平坦之地，翠峦环绕，茂松修竹，苍翠飞烟，于是结茅造庵，草创此寺。因地处山阳，故名“南寺”，后又改名为“南台寺”。现在寺院齐堂后面有一处摩崖石刻，上刻三个径大二尺的横额“南台寺”大字。两旁分别刻有“梁天监中”及“沙门海印”的题款。

南台寺因法脉繁衍海内外，是佛教禅宗曹洞、云门、法眼三宗的法源之地，自古被称为“天下法源”。它位于海拔 600 余米的瑞应峰下，是由沙门海印创建于南朝梁天监年间（公元 502 年～公元 519 年），该寺由山门、天王殿、大雄宝殿和说法堂、祖堂、藏经阁等组成。因寺庙后的南山岩壁上有一如台的大石，相传当年海印和尚就是在这块大石上坐禅念经，故名“南台寺”。现此处还留有沙门海印所题的“南台寺”手迹。

南台寺名声很大，海内外的佛教徒对它非常崇拜，这不仅因为它是六朝古刹，历史悠久，而且是名僧辈出，六朝的海印、唐朝的希迁、近代的敬安、现代的明真法师等均任过该寺的住持。唐天宝二年（公元 742 年）石头希迁和尚自江西青原山来南岳后，在南台寺大阐禅宗宗风，使天下佛徒慕名而来，盛极一时。石头有弟子惟严、天然、道悟等 21 人，他们宣教弘法，法脉繁衍海内域外，远及日本、朝鲜、韩国等国，法徒遍布天下，创立了曹洞宗、云门宗、法眼宗。石头希迁与江西马祖道一同样名闻天下，时人称之为“并世二大士”。从唐朝至现在，南台寺所创立的三大支派的佛门弟子，都把希迁视为祖师爷。尤其是他的弟子所创立的曹洞宗派更为昌盛，成为中国佛教史上规模最大、影响最深远的南禅主流。当时在佛教界盛传着“临济临天下，曹洞曹半天”之说。近年来，曹洞宗一派的弟子，还专程来南台寺寻根礼祖，因此南台寺有“曹洞祖庭”之称。日本动画片《聪明的一休》中的一休和尚就属曹洞宗。希迁创作的《参同契》、《草庵歌》对出家人坚持清苦修行具有深远的影响。

宋代以后，寺庙几经修葺，直至清光绪年间，祝圣寺住持淡云和尚与其法徒妙见和尚，到处云游慕捐，历时5年，重建南台。清光绪33年（1907年），日本佛教曹洞宗法脉，石头希迁的第42代法孙梅晓和尚（又称六休上人）率领一个日本佛教礼祖代表团来到南台寺，承诺他于清光绪29年（1903年）朝礼祖塔时，见正在重建中的南台寺所许下的宏愿：带来《铁眼和尚仿明本藏经》全部5700余卷，贝叶佛像32张赠送南台寺。当时还举行了赠经法会，誉为天下盛事，成为中日文化友好往来的佳话，清代著名学人王闿运写文记录此事。1980年，旅居泰国的华侨黄彰任、欧阳遇夫妇捐赠鎏金铜像一尊，供于藏经楼；1989年5月，台湾省台北市嵩山寺方丈灵根法师向南台寺赠送《大藏经》一部及一批佛学著作，共46箱1117册，惠存于藏经楼。1983年4月，南台寺被国务院确定为汉传地区佛教全国重点寺院。

南台寺第一进是山门，门上镶嵌着“古南台寺”匾额。山门内是一面照墙，它是用以隔开繁华尘世的纷扰的。照墙两边各有中日两国文字，对南台寺的历史和现状作了介绍，它是中日友好交往的一个历史见证。

第二进，弥勒殿（天王殿）。殿内供奉的是一尊坦胸露腹、乐哈哈的弥勒佛坐像，相传弥勒佛是以五代时浙江奉化的一位名叫布袋和尚的模样塑造的。他慈眉善目，身体矮小肥胖，挺着个大肚子，不怕寒冷，他经常手拿一根竹杖，竹杖上挂一个布袋到处乞讨，有人给他东西，他就放进布袋里哈哈大笑，给人以仁慈祥和、安定舒泰的感觉。他在圆寂前说了一句偈语：

弥勒真弥勒，身分千百亿；
时时示时人，时人自不识。

中国佛教就把布袋和尚看成是弥勒佛的化身。各佛寺以布袋和尚为原形塑其金身，予以供奉，并在他堂前贴有一副寓意深刻的哲理性对联：

大肚能容，容天下难容之事；
开口便笑，笑世上可笑之人。

这副对联的意思是劝世人要以慈悲大度为怀，要用乐观的态度看淡变幻的世界和无常的人生。

弥勒佛后侧为护法神韦陀神像，它面对大雄宝殿。据佛经记载：韦陀是佛教天神。传说该人姓韦名琨，为南方增长天王的八大神将之一，居四天王三十二神将之首。故他被称为救护众生的护法神将。两侧为四大天王，像高均3米，分别为：东方持国天王、护持国土；南方增长天王、护持佛法；西方广目天王、护持人们；北方多闻天王、护其财富。俗家还以四天王各执的法器，称呼为“风、调、雨、顺”四神将，以表彰他们护人济世的功德。

第三进，大雄宝殿参观。门上挂的匾额“大雄宝殿”四字是由已故中国佛教协会会长赵朴初书写。大雄宝殿是寺僧诵经念佛、举行佛事活动的神圣之地。殿堂中供有三尊佛像：正中为释迦牟尼，右边是药师琉璃光佛，传说他生前发下十二大愿，要解除众生痛苦，医治人间疾病，消灾消难，所以非常受人尊重；左边是阿弥陀佛，传说他是西方极乐世界的教主，能接引念佛人前往西方净土，俗称接引王。大殿两侧，还供有十八罗汉和文殊、普贤等塑像。十八罗汉都有惩恶扬善、大慈大悲、护持佛法的功德。在三尊佛像的背后，供奉的是观音、阿弥陀佛和大势至菩萨，俗称西方三圣。

第四进，说法堂、祖堂、药师殿和往生功德堂。说法堂是寺院宣讲佛法和传戒集会的场所，堂中供奉着释迦牟尼卧佛像，这尊汉白玉卧佛是1995年11月美国纽约华人社团联合总工会赠送的，希望“佛光普照”天下。药师殿里供奉的是消灾延寿的药师琉璃光佛。往生功德堂上嵌有记载着善人、居士和信徒们为修缮南台寺捐资金额的功德牌。祖堂神案上供奉着玄奘、青原行思、慧思和石头希迁和尚。满面红光的那位是南台寺三大宗派的祖师石头希迁祖师。由于他道行高深，石头希迁曾被唐德宗封为无际禅师、清雍正加封为智海无际禅师。他圆寂之后，留下了肉身成佛之谜。据传石头希迁和尚知道自己将要坐化，便停止进食，只是要徒弟们按他开的药方到山上采草药熬汤给他喝。喝药后，他先是天天下泻，然后便大汗淋漓，反反复复一个多月后，大师的下道自行关闭，

面如枣红色，停止喝草药汤后，身体一天比一天干瘦。大师自知在世时日不多了，最后向徒弟们交代：“我圆寂后一个月，肉身如有变化就火化，如果原样不变，则留此身。”结果大师圆寂后，奇迹出现了：大师的肉体栩栩如生，满堂散发着芳香的草药味，数月不减。于是他的弟子们化缘修建了“无际禅寺”，专门供奉大师肉身，自此禅寺香火非常兴旺。石头和尚成佛肉身与九华山的金地藏成佛肉身作为中国佛教史上的两个奇迹而驰名于世界，这也是南台寺名闻海外的一个重要原因。传说，到了民国初年，日本牙医渡边四郎来岳见到这奇迹后，于是用计毒死看守禅寺的小和尚，并将大师肉身装入木箱运走，用一把火烧掉了无际禅寺。从此，人们都以为大师肉身焚于大火。渡边将大师肉身偷运到日本后，将其秘藏在东京效外的地下仓库内。直到1974年渡边突然死后，人们在清理他的遗物时才从日记中得知此事。打开仓库一看，人们被大师栩栩如生、两眼明亮生辉的形象惊呆了。据说日本已将大师肉身视为“国宝”。唐代希迁的墓塔在端应峰下，紫云峰顶。说法堂的右方，便是南台寺的方丈室，这里是南台寺方丈起居之地，也是方丈接待宾客之所。说法堂楼上为藏经楼，内藏放着新添置的“龙藏”、“大正藏”、“铁眼藏”、“敦煌碛沙藏”、“大藏经”等佛教经典及佛学界一些“经、律、论”的通俗版本近4万余册。

南台寺的东西两厢分别是僧寮、禅堂及居士们歇宿之所。两侧是招待所房舍，对游人及信徒居士开放，人们可以在这里品尝美味可口的斋席，体验众僧生活。

今日的南台寺周围绿树环抱，翠黛含烟；寺内花草繁多，绿叶扶疏；周围曲径通幽，清泉如漱。千年古刹，殿堂整洁，佛像庄严，是南岳别有洞天的胜地。处此山环水抱之地，实在是修行弘法的首选，由于风水绝佳才能历千年而仍然生机盎然。

第二十五节　文化名寺——宁乡密印寺

密印寺，位于宁乡县沩山山腰、毗卢峰下。是我国佛教南禅五大宗之一沩仰宗的起源地。禅宗有“一花五叶”之说，沩仰宗为五叶之首。唐宪宗元和二年（公元807年），灵祐禅师来沩山开法，后公元847年，由时任潭州观察使、后任唐朝宰相的裴休奏请朝廷，唐宣宗李忱御笔亲书“密印禅寺”门额，建立了这座寺庙。

宁乡密印寺

密印寺创建一千多年来，历经朝代更迭，屡遭兵火，又多次重建。现存建筑有山门、大殿（万佛殿）、警策殿、选佛场、禅堂、祖堂等，占地共九千多平方米。山门高大庄严，为红色三开牌楼式砖石结构建筑，黄色琉璃瓦，中为拱形大门；万佛殿是密印寺内最著名的建筑，高九丈，重檐歇山顶，内外三十八根柱，全为白色，花岗石，金色琉璃瓦顶。墙砖高尺余，每砖模制贴金佛像，共 12988 尊，镶嵌于四壁，佛像神态肃穆，殿内金光灿烂，令人目眩，实为我国寺院之奇观。

密印寺，位于宁乡县沩山山腰、毗卢峰下。是我国佛教南禅五大宗之一沩仰宗的起源地。禅宗有“一花五叶”之说，沩仰宗为五叶之首。唐宪宗元和二年（公元 807 年），灵祐禅师来沩山开法，后公元 847 年，由时任潭州观察使、后任唐朝宰相的裴休奏请朝廷，唐宣宗李忱御笔亲书“密印禅寺”门额，建立了这座寺庙。

密印，来源于佛教中的“密传心印”一语。密印寺开山祖师为唐朝灵佑禅师，灵祐禅师承继于禅宗门下南岳怀让一脉，其弟子慧寂禅师前往江西仰山传法，后人合称沩仰宗。故寺门门联曰：“法雨来衡岳；宗风启仰山。”据史籍记载，唐宋时，密印寺占地广阔，殿宇宏伟，传说极盛时有僧众 3 千余人，寺内铸有千僧锅、万斛洪钟，声震山野。历代著名方丈先后有宋空印法师、明彻当法师、清慧山大师、民国太虚大师等，现任中国佛教协会会长传印法师、前任佛教协会会长一诚大师，均为沩仰宗嫡系传人；历史上最有名的兴寺大德有唐丞相裴休，裴休之妻陈夫人、宋著名大思想家张栻、抗金名将张浚等。

密印寺传承法系是沩仰宗的发祥地，其宗风在中国佛教史上独树一帜，法嗣源远流长。

大殿之后的警策殿得名于开山祖师灵佑禅师所著《沩山警策》，现与《佛遗教经》、《四十二章经》为佛教三经，是入门佛教徒必修功课。

油盐石

相传密印寺创建之时，裴休从长沙携家眷常来小住。一天傍晚，有位老尼来拜访陈夫人。陈夫人乃裴休夫人，亦信佛教，聪颖贤惠。她将老尼引入室内，虽是初交，却似曾相识。不用寒暄，就佛门经文法典、人生风情礼仪、天南地北畅谈起来，一夜同床共枕，直聊到天明。老尼为报一宿之缘，问夫人有何烦心之事，陈夫人答道："吾别无心忧之事，只愁庙宇人多，油盐供给不足，众人营养不良，精神疲倦，拖延建庙时日。"老尼说："这有何难，我为你解脱此忧。"她们来到院内一大磐石旁，老尼爬上磐石，画上两个碗大的圆圈，口中念念有词，瞬刻之间，只听"轰隆"一声巨响，两柱碎石灰片如喷泉腾向天空。磐石上形成两个大小一般的石孔，油盐也随之溢将上来。老尼对陈夫人说："此油盐取之不尽，用之不竭，可供寺庙永久享用。"陈夫人正要拜谢，老尼却不见踪影了。夫人醒悟，原来是菩萨助修寺庙。自此以后，寺庙再无油盐之忧。不知到了什么年月，庙中有位司厨将油盐偷送情人，从这以后，孔底闭塞，再无油盐了。神奇的"油盐石"尚存院内，完整保留无损。

来木井

修建沩山密印寺需大量木材，周围有用的树几乎砍完，主持为之担忧。这时，来了位苦头陀，毛遂自荐为其化缘解难。主持欣喜万分，遂令爱徒慧同小头陀陪同前往。时过三更，苦头陀将小头陀唤醒，用布蒙其双眼，叮嘱一番，便挟持他腾空而起。小头陀顿觉身轻如燕，两耳生风。拂晓之前降临到四川佳林江畔一座大庄园之前。进得庄来，只见一家人题库不已，财主独生女儿身患恶疾，四方求医，病情愈来愈严重，现已气息奄奄。苦头僧安慰说："此病何难？老夫一杯水可也！三天之内即可治愈。"财主磕头称谢。事后，老僧对财主说："我特来此处有事相求"。遂将建寺化缘之事说了。财主本是个小器之人。念其对女儿的救命之恩，要出点血本也得割舍，答应以山中断了尖的树相送。是夜，仅一个时辰的龙卷风，把大山之中的树尖都吹断了。财主见之，虽有些心痛，但一言既出，却也无可奈何。苦头陀尽将木材往河里丢，慧同见木料被河水冲走，恸哭起来，老僧道："不要紧的。"第七天清晨，苦头陀将慧同送回密印寺，告辞而去。慧同小头陀将来往之事细细禀告师父。苦头陀领灵佑及众僧来到寺前的一口井旁，果有木料从井底冒出来，众人急忙捞起，接着又浮出一支，这样源源不断直到庙宇建成，主持道："木料够了，不要了。"木料停止上浮，最后一根卡在井中间，看得见，摸得着，就是取不出，千百年来陷在井中。后人称这井为来木井，也称神木井。此井位处今沩山乡沩江村，遗迹尚存。

来旨坳

沩山乡清溪村（现沩山社区）茶亭组，有个小山头，叫来旨坳。当年灵佑禅师大兴土木创建密印寺，唐宣宗李忱派钦差大臣钦赐匾额，方丈率众僧就在这山头上跪接圣旨。御赐“密印禅寺”匾额一到，鼓乐齐鸣，山呼雷动，经幡飘扬。整个山头充满皇风紫气，热闹非凡。为感谢皇上恩典，僧侣在这山头行人要道旁立一石碑，碑上刻着“密印禅寺”四个大字，并命名此地为来旨坳。

回心桥

相传沩山密印寺开山始祖灵佑禅师遵师命来沩山开发佛地，弘扬佛法。他孤单一人，住石窟，卧柴薪，饮清泉，食野果，日与猿猴为伍，夜与山月相依，不以为苦。看中毗卢峰之阳，实为法王之地。可此处乃一泥潭深渊，建庙工程浩大。他在此苦度七年，事业进展艰难。于是暗自思忖：我乃无能，更无缘造此大业，不如速回江西仰山禀告师父，另择贤人，以免延误时日。留连数日之后，还是携带行装，离开沩山。他走出百叶坡，刚入祖塔地界，沩溪上一座不知何年何月何人架设的石板桥，桥下清清的溪流边有一老阿婆，手持铁棒，在石块上悉心磨擦，灵佑问：“老阿婆磨擦此物，作何用途？”阿婆边磨边答：“磨成绣花针，作缝衣绣花之用。”灵佑大惊：“谈何容易！阿弥陀佛。”老阿婆答道：“世上无难事，只怕有心人。只要功夫深，铁杵磨成针。”灵佑沉思：尊师委以重任，创建道场，弘扬佛法，而今空手而归，有何颜面？我乃佛门堂堂一僧，还不如老阿婆之恒心，不觉惭愧。遂回心转意，返身回走。回头再看老阿婆却不见踪影，顿时醒悟，知道是菩萨点化，更坚定了信心。回到毗卢峰下，只见无数蜜蜂，遮天蔽日，来来往往衔土填潭，片刻工夫把深渊填平了。

寺庙建成后，后人把灵佑回心转意的石板桥改建成石拱桥，并将此桥取名为“回心桥”。此桥位处今祖塔乡上回村，原为青石块建造，古式拱形桥，高两仗，长三丈。1995年修祖沩公路，此桥改建成公路桥。

古桥虽已毁，但当年灵佑坚定信心建寺的意境尚存。

关于回心桥，民间还有一传说。相传灵佑在沩山与猿猴为伴苦受七年，无所建树，欲离沩山。刚入祖塔地界，一群虎豹狼蛇挡去道，龇牙咧嘴，眼射凶光，将灵佑团团围住。灵佑心惊肉跳，汗流浃背。叹曰："吾命休矣！"转而醒悟：莫非是我动摇信心，众生灵不容吗？遂合十对群兽道："汝等为何阻我去路？若为我有开辟沩山之缘，愿作汝口中之物。"言毕，遂闭目静候。少许，忽听到群兽悉悉生响，灵佑观之，群兽皆匍匐于此，摇头摆尾，胡天皮毛，各自离去。灵佑大悟，速返沩山。

千人锅、万人床

密印寺建造之时，和尚工匠达千人之众。他们吃住在工地，十分艰辛。六月炎天的一天傍晚，来了位其貌不扬的老僧，径直到伙房化缘求吃，厨司慷慨给予。饱餐之后，他见伙房一字儿排开十口大锅造饭，个个灶眼烈火熊熊，热不可耐。伙夫虽挥汗如雨，仍来回添柴不断。他顿起恻隐之心，来到一口锅前，比比划划，然后对司厨说："你们如此这般劳作，太辛苦。以后只需用此锅造饭，无论多少人吃都会有的。"司厨虽将信将疑，仍诚意应允道谢。晚上，他与众人挤睡在大青石板上，汗气熏人，惹来群群蚊子，嗡嗡乱叫，四处横飞，这老僧常被叮咬，翻来覆去难以入眠。"阿弥陀佛，我还得尽点微薄之力。"他面向南方站立起来，将手中烂蒲扇左右拍打，并念道："左扇三十里，右扇三十里，蚊儿远远飞，陀二好好睡。"后用食指画了个四方框，形成一张巨床。对众人说："这床无论多少人都能睡下，更无蚊虫干扰了。"说话间，老僧不见了。众僧知道是仙人相助，伏地叩拜。后来就有千人锅、万人床故事相传。

龙王井

现密印寺北侧一里许，至今有口水井清澈如镜，深不可测。井旁立一石碑，碑刻"龙王井"。

建庙之时，工匠众多看，用水量极大，生活用水、施工用水及饮水都在前面小溪里，污染严重。因饮水患病者与日俱增，和尚秉烛烧香求拜上苍庇护。玉皇大帝得其详情，令龙王前来解救。龙王即日来到沩山，化作腰弯背曲、双眼凸出、容貌奇丑的怪老头，求灵祐一口水喝。灵祐亲自恭恭敬敬献上香茶，怪人见水浑浊，遂掷于地；灵祐又递上一杯，复泼于地；灵祐欲解释其由，怪老头摆手道："大师乃慈祥之人，无须道明。此水有毒，不能饮用，我正为此事而来。"他们来到寺后一个地方，怪老头用拐杖在地面画了个"井"字，用拐杖向"井"字中心捅去，只见一缕金光冲起，随之一声巨响，"井"字内的土徐徐下榻，直到深不可测。灵祐正惊奇间，怪老头纵深跳入井中不见踪影，却有清泉直涌。后众人饮用此水，精神极佳，百病皆除，长供寺庙饮用。

白果含檀

至今密印寺院内，警策殿后面有一颗古老银杏（俗称白果树），相传为灵祐禅师亲手种植，至今千多年了。树大七围，高十丈有余，树冠荫地亩余。此树几经劫难，生长独特，人们称为"灵树"。明神宗万历四十年，寺院被大火焚烧，银树难逃厄运，枝桠叶片尽烧，仅剩光秃秃的树身。后人思其遗爱，不忍砍伐，年年在根部培土施肥。时过二十多年的明崇祯年间，枯木逢春，银杏又勃发生机，长出新枝绿叶来。更为奇特的是，在树干中间又长出一株黄檀树。枝繁叶茂，为银杏增添异常。人们称它"白果含檀"，又称"灵树"。

寺外还有裴休墓、仙人朝贡、芦花瀑布、镜子岩、狮子岩、大沩凌云、美女枧等"沩山三十六景"。寺周山环水绕，灵秀所钟，景致不凡。

千手观音

位于密印寺的后面，有高达99.19米的千手观音，雄伟壮观，人在其下，如同观音踏莲驾云而来。万佛灵山公园拜道呈菩提树状，共有吉祥、如意、莲生、平安四大广场，共有台阶619级，象征观世音菩萨诞辰之日。主佛像周围还有33尊观音化身像，围绕主佛像。

密印寺有很多令人称道的特点：

其一，千年古寺，历史悠久。唐代著名禅师灵佑于公元801年（唐德宗贞元十六年）受百丈禅师指派，从江西到沩山，荜路蓝缕，结庐草创。公元807年正式建寺，已历1200年。

其二，沩仰祖庭，源远流长。灵佑禅师建密印寺弘法，其弟子慧寂回江西仰山创立栖隐寺，师徒共创汉传佛教禅宗南宗首派沩仰宗，被誉为“五祖分灯第一家”。作为沩仰宗摇篮的密印寺一直钟鼓长鸣，香烟缭绕，千年不息。

其三，两赐御匾，无比崇隆。灵佑禅师建寺之初，即得大唐宰相、时任潭州观察史的裴休鼎力相助，经裴休奏请，唐宣宗亲题“密印”，敕赐御匾。后来宋神宗再赐御匾，使密印寺屡获殊荣。

其四，万佛满堂，独具一格。密印寺占地宽阔，布局雄伟，特别是寺中大殿墙壁有贴金佛像12988尊，形象各异，为国内外罕见，独具佛教文化内涵和特色，拟申报列入吉尼斯纪录和世界文化遗产名录。

其五，独踞名山，环境幽雅。密印寺位于沩山毗庐峰，沩山为雪峰山余脉，曾因舜帝儿子“沩”受封于此而得名。山间物产丰饶，地沃泉清，长年云雾缭绕，景色奇丽，清雅宜人，唐代寺院风水大师司马头陀遍游名山大川，经实地踏勘后，对沩山赞叹不已，视为最理想的建寺场所，足以容纳一千五百人以上，回江西后极力向百丈禅师推荐，百丈禅师于是派灵佑到沩山建寺。

其六，规模宏大，盛极一时。密印寺在唐宋时期，僧人最多时达3700人，往来僧人川流不息，是国内规模最大的丛林之一，“天下禅学辐辏焉”，属于海内著名禅林。

其七，寺灵人杰，贤才辈出。从密印寺发源的沩仰宗弟子如云，遍布海内外，高僧大德，屈指可数。中华全国佛教总会会长寄禅法师（八指头陀）于1895年至1897年任密印寺住持，中华佛学会会长太虚法师从1922年至1937年兼任密印寺住持，曾任中国佛教协会会长虚云法师、现任中国佛教协会会长一诚法师都是沩仰宗弟子，法门龙象。

其八，人文荟萃，底蕴深厚。沩山山麓的转耳仑、炭河里一带，因出土四羊方尊等一千多件商周青铜器而被考古界誉为南中国青铜文化中心，炭河里西周古城遗址被评为2004年度全国十大考古发现之一，沩山下的巷子口、沙田、黄材诞生了唐代著名诗僧齐己、宋代状元易祓、中共一大代表何叔衡、全国政协副主席谢觉哉、解放军上将甘泗淇；唐代宰相裴休、宋代抗金名将张浚及其子、大理学家张拭都因眷恋沩山风水而长眠于此；温庭筠、朱熹、陆游、陶澍、王闿运、杨度都曾到沩山游览；毛泽东 1917 年与萧子升游学到此，连宿两晚，解放后两次指示保护好密印寺。

其九，众星拱月，美景繁多。沩山周围既有城墙大山、扶王大山等海拔千米的高山，风景奇秀，又有潺潺而下的沩水，碧波万顷的青洋湖，风光旖旎，更有中南第一奇洞——千佛洞，洞内钟乳石千姿百态而皆似佛像，相传灵佑祖师在洞内参禅。造化之谜，令人费解。

其十，八方敬仰，四海朝宗。“千年密印，万佛灵山。”密印寺不但在大陆丛林中至为突出，而且在港澳台、韩国、日本、东南亚、美国影响深广，弟子如云。日本等国的僧人曾专程组团前来朝拜。2005 年 9 月，首届中国宁乡国际佛文化节在密印寺隆重举行，一诚、觉光、净雄等海内外高僧及吴小丽、朱军等文艺明星云集于此，密印寺名驰遐迩，光华灿烂，沩山风景名胜区更加游人如织。

密印寺位于大沩山．主峰由数十座丛山环抱，突出其中，山顶形成天然盆地，方圆 40 平方公里，海拔 1070 公尺，蜿蜒磅礴，怪石林立，地势险峻，漫山苍松翠竹，林间鸟语花香，溪流泉水清清．司院依山傍水，绿野平畴，位于盆地中，山环水抱，实为风水上吉之嗣，在此修行弘法，人才辈出，因此能开宗立派，影响千年而不衰。

第二十六节　文化名寺——浏阳石霜寺

石霜寺位于湖南省浏阳市金刚镇石庄村霜华山上，距市区 70 华里。石霜寺为湖南名寺，因山而名。石霜山，位于浏阳城南金刚镇境内，因山峻水秀，触石喷霜而名。史籍载：“法道盛时，石霜、道吾俱为选佛之场。”该寺始建于唐据僖宗年间。

浏阳石霜寺

石霜寺创建于唐僖宗（公元874年～公元888年）时期沙门庆诸之手。庆诸（？～公元888年），《五灯会元》有传，俗姓李，庐陵新淦（今江西清江）人，拜绍銮为师，出家学佛。初参访沩山灵佑，在密印寺当米头，后又到道吾山参访宗智。一天，宗智说："我心中有一物，久而为患，谁能为我除之？"庆诸答："是物俱非，除之益患。"家智赞之，封为普慧禅师。传说庆诸初到石霜山，找到里正要求施舍一块袈裟大小的土地建寺，里正应允后，庆诸将袈裟抛向空中，竟遮盖了墨庄、都庄。石庄三村土地。里正惊悔，协商后将石庄拨出建寺，庆诸为住持，开堂说法。时宰相裴休贬为湖南观察使，笃信佛教，执笏来访。庆诸指其笏说："此物在天子手中为珪，在官人手中为笏，在老僧手中且道唤作什么？"裴休无言以对，遗笏而去，后建遗笏堂。此笏虽曾遗失多次，终完璧归赵，至今仍在，为寺存八宝之一。庆诸居石霜寺30年，僧众追随者上千人，其中十之七八参禅长坐不卧，屹若株机，谓之"枯木禅"，名声远扬。唐僖宗派人赐紫衣，不受，后为之大造寺院，由裴休监造。石霜寺遂成为湖湘名寺。相传唐父僖宗的第三个儿子，即普闻禅师，在石霜寺出家，法号"龙湖"，山涧旧有"太子桥"遗迹。唐代高僧慈明、楚图及其弟子慧南、方会，在黄龙山、杨歧山布道讲经，创立黄龙、杨歧两佛教流派。

以后如楚圆、方会、慧南等名僧辈出，成为临济宗杨歧派和黄龙派的共同祖庭，在中国和日本禅宗史上，都有着极其重要的地位。有日本国明庵荣西和俊芿来此学法。回国创立了日本佛教中的临济宗、中严宗两派系。1983 年，日本驹泽大学佛教部第五次佛教史迹访华参观团曾到石霸寺拜祖，并敬谒庆诸塔墓。

石霜寺现存建筑物布局是：中轴在线为山门、大雄宝殿、大悲阁。东边厢房，直排为云水堂，横排为客堂、库房、大寮、齐堂、祖堂。西边厢房直排为华严阁，横排为禅堂、关圣殿、二僧寮、方丈。其寺宇布局匠心独具，不同于一般丛林。石霜寺现存文物主要是：唐庆诸植古松柏、古银杏数株，树龄 1000 多年；僧人墓塔 138 座（现仅存 10 座）；各类碑记 20 块。

这座千年古寺是禅宗著名寺院之一，宋代禅宗五家七宗中有两派都发源于石霜寺。日本高僧明庵荣西和俊都曾在石霜寺学法，归国后分别创立了日本佛教中的临济和中严两个宗派。所以石霜寺在日本佛教发展史上也具有重要地位。

唐朝的石霜寺建筑宏伟，佛像庄严。寺修成后，朝廷赐给香火田，以充寺院经费。当时的石霜景色优美，古迹甚多。“内八景”有千僧锅、万人床、象牙朝笏、祖师袈裟、禅杖、包公砚池、枯木堂、自鸣钟。“外八景”有虎扒泉、盐醋井、飞来塔、仙女晒鞋、山人下棋、仙人推磨、打鼓岭、蛤蟆滴水。此外，山寺附近还有不少神话传说，颇为有趣。隔河相会、仙人椅、上马石、木鱼石、关公桥、棋盘石、引路松、太子桥等等，皆据自然景物，随意立名，引人入胜。寺前坪山门内及寺后现存有千年古柏、古银杏各一株，据说柏树还是幼苗时，即向左倾斜，小沙弥欲拔掉，被庆诸制止，用土石垒围正，故名为左柏，高 30 米，胸径达 80 厘米，枝叶繁茂。如今，树在人亡，佛塔累累，该寺的开山祖庆诸和尚和他的后继者就葬在寺的后山附近，而古柏和银杏仍迎朝送晚，屹立寺后。

石霜寺，前有浏翠峰，晴岚雨雾，春华秋月，气象万千；后有风翔峰，状若凤凰展翅。狮子峰居其左，象王峰居其右，有如狮象拱卫门庭。中出小溪一泓，蜿蜒绕山而下，注入山麓金刚河。寺宇山环水抱，藏风聚气，实为风水佳地，因此开宗立派，大师辈出，盛行一千一百多年，影响至今不衰。

第二十七节　文化名寺——西安大慈恩寺

大慈恩寺，著名的佛教寺院，唐代长安的四大译经场之一，也是中国佛教法相唯识宗（法相宗）的祖庭，迄今已历 1350 余年。大慈恩寺创建于唐太宗贞观二十二年（公元 648 年），是唐贞观二十二年（公元 648 年）太子李治为了追念他的母亲文德皇后而建。大慈恩寺是唐长安城内最著名、最宏丽的佛寺，它是唐代皇室敕令修建的。唐三藏（玄奘），曾在这里主持寺务，领管佛经译场，创立中国佛教宗派之一（法相宗）。寺内的大雁塔又是他亲自督造的。所以大慈恩寺在中国佛教史上具有十分突出的地位，一直受到国内外的重视。

大慈恩寺

大慈恩寺，位于今西安城东南的雁塔村，唐代属长安城南的晋昌坊。原为隋代的无漏寺，唐高祖武德初（公元618年）废弃，唐太宗贞观二十二年（公元648年），高宗李治在春宫当太子时，为了给他早已去世的母亲文德皇后追荐冥福，下令再建此寺，故称“大慈恩寺”。寺院当时南望终南山，北对唐大明宫含元殿，靠曲江临杏园，黄渠水绕寺门东西而过，环境幽静，一片田园景色，堪称长安城的形胜之地。规模也是唐长安城内最大的。据《慈恩传》、《长安志》载，唐大慈恩寺重楼复殿，云阁洞房，凡十余院，总1897间，面积占晋昌坊半坊之地。为现在慈恩寺的六至七倍，“水竹森邃．为京都之最”。

大慈恩寺是唐高宗即皇帝位前为其母文德皇后所建的一所院寺。唐贞观十年（公元636）六月己卯，太宗文德皇后崩，十一月庚寅葬于昭陵。贞观二十二年，高宗李治在春宫，以其母文德皇后早弃万方，一心“思报昊天，追崇福业。”于是于六月庚辰，使中大夫守右庶子高季辅宣令说：“寡人不造，咎谴所锺。年在未识，慈颜弃背。终身之忧，贯心滋甚。风树之切，刻骨冥深。每以龙忌在辰，岁时兴感。空怀陟屺之望，益疚寒泉之心。既而笙歌遂远，瞻奉无隶。徒思昊天之报，罔寄乌鸟之情。窃以觉道洪慈，实资冥福。冀申孺慕，是用皈依。宜令所司，于京城内旧废寺，妙选一所，奉为文德圣皇后，即营僧寺。寺成之日，当别度僧。仍令挟带林泉，务尽形胜，仰规忉利之果，副此罔极之怀。”根据此令，有司于是仔细普查京城各处形胜，并最后决定在宫城南晋昌里面对曲江池的“净觉故伽蓝”旧址营建新寺。

经过一番“瞻星揆地”的测量定位工作，最后制定了“像天阙，仿给园（祇树给孤独园之略）”的建造方案。整个工程，“穷班李巧艺，尽衡霍良木”，“文石、梓桂、橡樟、并榈充其材，珠玉、丹青、赭垩、金翠备其饰”。按照设计，寺院建成之后将是“重楼复殿，云阁洞房”，总共有十余院1897间，“床褥器物，备皆盈满”。

至当年十月戊申，太子治又下令说：大慈恩寺工程“渐向毕功，轮奂将成”，但僧徒尚缺，奉太宗皇帝敕旨，度僧300人，别请50名大德“同奉神居，降临行道”；同时正式赐新寺寺名为“大慈恩寺”，并增建“翻经院”。很快，翻经院宣告落成，“虹梁藻井，丹青云气，琼础铜沓，金环华铺，并加殊丽。”随后，太子治复令玄奘法师自弘福寺移就大慈恩寺翻经院继续従事佛典翻译，充上座，纲维寺任。

十二月戊辰，太宗皇帝为玄奘举行了盛大隆重的入寺升座仪式。《大慈恩寺三藏法师传》卷七对此做了详细的记载描述，是谓：又敕太常卿江夏王道宗将九部乐，万年令宋行质、长安令裴方彦各率县内音声及诸寺幢帐，并使务极庄严，已巳旦集安福门街，迎像送僧入大慈恩寺。至是陈列于通衢，其锦彩轩槛、鱼龙幢戏，凡千五百余乘，帐盖五百余事。先是，内出绣画等像二百余区、金银像两区、金缕绫罗幡五百口，宿于弘福寺，并法师西国所将（来）经像佛舍利等，爰自弘福（寺）引出，安置于帐座及诸车上，处中而进。又于像前两边各严大车，车上竖长竿悬幡，幡后即有狮子神王等为前引仪。又装宝车五十乘，坐诸大德；次京城僧众执持香花，呗赞随后；次文武百官，各将侍卫部列陪同；太常九部乐挟两边，二县音声继其后。而幢幡锺鼓訇磕缤纷，眩目浮空，震曜都邑，望之极目，不知其前后。皇太子遣率尉迟绍宗、副率王文训练东宫千余人充手力，敕遣御史大夫李乾祐为大使，与武侯相知检校。帝将皇太子、后宫等，于安福门楼手执香炉，目而送之，甚悦。衢路观者数亿万人。经像至寺门，敕赵公、英公、中书褚令执香炉引入安置殿内，奏九部乐、《破阵舞》及诸戏于庭前，讫而还。

此后不数天，太子治再在仗卫的扈従、百僚的陪同下到大慈恩寺礼佛，会见五十大德，讲述其造寺之原由，不禁呜噎酸感，史称其“蒸蒸之情，亦今之舜也”。侍臣及僧共睹此景，无不为之哽泣。会罢大德，太子遂登东阁，宣布大赦令等。继而巡历廊宇，至玄奘法师房，亲制五言诗一首帖于户，其诗谓：停轩观福殿，游目眺皇畿。法轮含日转，花盖接云飞。翠烟香绮阁，丹霞光宝衣。幡虹遥合彩，空外迥分辉。萧然登十地，自得会三归。

永徽三年（公元652年）三月，玄奘法师欲于大慈恩寺端门之阳造一座高30丈的石塔，一是供安置、保存従西域请回来的经像，以避免年久散失，兼防火患；二是借之以显大国威风；三是作为释迦牟尼佛的故迹垂世，供人瞻仰。高宗闻讯，遂向法师提出三条意见：一、用石造塔，工程大，恐难速成，宜改用砖造；二、不用法师辛苦、破费，一切用度皆以大内、东宫、掖庭等七宫亡人衣物折钱支付；三、建塔地点改就寺之西院。塔建好后，方形塔基，面宽各140尺；塔形仿西域（印度）制度，不循中土旧式；塔分五级，包括相轮、露盘在内，总高180尺；层层中心皆有舍利，或一千二千，凡一万余粒；最上层以石为室，藏经像；塔下层南外壁有两碑，左为太宗皇帝所撰《大唐三藏圣教序》，右为高宗皇帝在东宫时所撰《述三藏圣教序记》，皆为尚书右仆射河南公褚遂良书。初，建塔奠基之日，玄奘法师曾自述诚愿，略述自己皈依佛门经过、赴印求法原因、太宗父子护法功德等，最后说："但以生灵薄运，共失所天，惟恐三藏梵本零落忽诸，二圣天文寂寥无纪，所以敬崇此塔，拟安梵本；又树丰碑，镌斯序记，庶使巍峨永劫，愿千佛同观，氛氲圣迹，与二仪齐固。"在建塔过程中，奘师"亲负篑畚，担运砖石"。"首尾二周，功业斯毕。"慈恩寺塔自此成为长安城内、乃至大唐帝国全国的一处著名胜迹。

慈恩寺位于雁塔区境中心地带，占地46亩，是唐代的皇家寺院和国立译经院，属唐长安城南的晋昌坊。由于同唐高僧玄奘法师的佛事活动紧密相联，使慈恩寺成为闻名世界的佛教寺院。

唐时慈恩寺建筑共有13庭院、1897间（包括翻经院），重楼复殿、云阁、蝉房并有塑像，十分壮观。除现有的一个院落（即当时的西塔院）外，其余早已荡然无存。

唐代著名高僧玄奘由印度取经回国途中，曾两次遭意外散失部分经本后，对带回长安的经卷，倍加爱护。为保护带回的520夹、657部梵本佛经，遂于永徽三年（公元652年）上书唐高宗李治，建议在慈恩寺的西院，仿照西域的建筑形式，建造慈恩寺塔。为藏经本而建塔，是修建大雁塔的真正缘由。

大慈恩寺建筑规模宏大，占据晋昌坊半坊之地，面积近四百亩，有十多个院落，各式房舍1897间，是唐长安城最宏伟壮丽的皇家寺院。寺院建成后有三百多僧人主持宗教活动，礼请西行求法 归来的玄奘法师任大慈恩寺首任主持，玄奘法师在此翻译佛经、弘法育人 11 年，合弟子窥基创立了佛教的一大宗派法相唯识宗。使大慈恩寺成为唯识宗（又称“法相宗”）祖庭。现今的大慈恩寺识明代成化二年（公元 1466 年）起在原寺院西塔院基础上陆续修建而成的。现占地 76 亩多（50738 平方米），寺院山门内，有钟、鼓楼对峙，中轴线之主体建筑依次是大雄宝殿、法堂、大雁塔、玄奘三藏院。寺内藏经阁藏经众多，浮雕壁画叹为观止。

大雁塔：唐永徽三年（公元 652 年）由唐三藏玄奘，为供养从印度请回的经像、舍利，奏请高宗允许而修建。现塔高 64.5 米，共七层，塔底呈方锥形，底层每边长 25 米，塔内装有楼梯，供游人登临，可俯视西安全貌，令人心旷神怡。塔上有精美的线刻佛像，有著名的《大唐三藏圣教序》、《大唐三藏圣教序记》碑，有中国名塔照片展览、佛舍利子、佛脚石刻、唐僧取经足迹石刻等。现今大雁塔经过修复，古塔雄伟，寺殿香火缭绕，庭院鲜花争艳，是一处特别吸引国内外游人的游览胜地。钟、鼓：是寺院的号令，俗有“晨钟暮鼓“之说。东侧钟楼内悬吊明代铁钟一口，嘉靖二十七年十月（公元 1548 年）铸造，重三万斤，高三米多。唐代学子，考中进士后到慈恩塔下题名，谓之“雁塔题名”，后沿袭成习。

玄奘三藏院：殿上供奉有玄奘法师的顶骨舍利和铜质坐像，殿内壁面布满唐代高僧玄奘法师生平事迹巨幅壁画，为铜刻、木雕和石雕。是当前规模最大的玄奘纪念馆，供游人瞻仰参观。联合国教育、科学及文化组织来此参观，誉玄奘三藏院为当代敦煌。

雁塔广场：新建的占地 20 多亩的以玄奘为主题的雁塔广场位于大慈恩寺门前，广场中央台座上 ，坐落着一尊高大的唐僧取经铜像，花坛锦簇，华灯成行，马路宽阔，设施齐备。大慈恩寺大雁塔有着一千多年的光辉历史，曾有过辉煌的一页，据史书记载：唐贞观二十二年（公元 648 年），大慈恩寺建成后，皇太子李治恭请玄奘任该寺上座，寺中专为玄奘辟有翻经院，供其翻译佛经。为了协助玄奘译经，还特地选择了 50 名高僧作为玄奘的助理。玄奘由原来居住的弘福寺移居大慈恩寺时，举行了隆重的仪式。玄奘与 50 名助理乘车，京城僧众列队随后，文武百官侍卫陪同，太宗皇帝与太子李治及后宫嫔妃在安福楼上手持香炉目送，长安各界人士夹道欢呼。

大慈恩寺地处长安城南风景秀丽的晋昌坊，南望南山，北对大明宫含元殿，东南与烟水明媚的曲江相望，西南和景色旖旎的杏园毗邻，清澈的泸河黄渠从寺前潺潺流过。背山面水的格局，藏风聚气，堪称风水福地，因此，玄奘、窥基师徒在此开宗立派，创下丰功伟业，1300 多年来，人才辈出，影响深远。

第二十八节　文化名寺——西安兴教寺

兴教寺塔位于西安城南约 20 公里处少陵原畔的兴教寺内，兴教寺又称“大唐护国兴教寺”，建于唐高宗总章二年（公元 664 年），是为供奉纪念唐代著名翻译家、旅行家玄奘法师的灵塔所建。后其弟子窥基和圆测也长眠于此，灵塔陪侍左右，兴教寺由此成为唐代樊川八大寺之首，中国佛教八宗法相宗祖庭之一。

西安兴教寺

兴教寺塔位于兴教寺西跨院内，西跨院又称慈恩塔院，“三塔”距今已有1300多年的历史，在苍柏翠竹之中，三塔作“品”字形参差耸立。

兴教寺塔并非单指玄奘舍利塔，而是兴教寺唯识宗祖师玄奘、窥基和圆测的三座灵塔的总称，是中国现存最古老的楼阁式塔。

兴教寺塔最早的一次修葺是在唐穆宗长庆元年（公元821年），当时主持修葺塔寺的和尚是法讳昙景，这次修葺规模较小。第二次修葺在唐文宗太和二年（公元828年），当时安国寺有僧义林筹修玄奘塔，同时备石准备刻铭，但塔未修毕，义林圆寂。圆寂前他遗言门人令检，要他一定寻找名人撰铭。唐文宗开成四年（公元839年），刘轲应请作成塔铭镶嵌于塔最底层北面壁间。唐文宗大和四年（公元830年）七月迁窥基塔于平原，“徙棺见基齿，四十根不断如玉”。唐末战乱，兴教寺遭兵火，灵塔被盗掘。宋以后历代屡有修葺。

宋徽宗政和五年（公元1115年），同州（今陕西大荔）龙兴寺仁王院僧广越法师，从丰德寺东岭上圆测塔中分出部分舍利及供养物，移葬于兴教寺奘师塔东。圆测塔的风格、形状、规模与窥基塔完全一样。塔铭由贡士宋复编纂并手书。在修建圆测塔时，“同时并基公塔即旧而新之”（见《大周西明寺故大德圆测法师舍利塔铭并序》）。在圆测塔铭中，还记述着测塔建成后“金轮宝铎，层构双耸，矗如幻成，其下各环以广庑，神像崇周，左右以附……及于塔之前，创修献殿六楹落成”。

元代是否对兴教寺和灵塔修葺过，无从稽考。今法堂西北角山墙顶头下压一方元碑，经度量，碑长65厘米，宽45厘米，厚13厘米，上面刻字外露部分是“奉政大夫华州知州刘……大元初功□兵马都元帅太师秦”。有可能是一方重修碑。

清同治年间，兴教寺寺内除三塔外，全部建筑毁于兵火。

民国十四年（公元1925年）地震，兴教寺塔塔顶震落，残破益重，寺僧妙法对舍利塔和兴教寺塔进行了修缮。民国十九年（公元1930年）秋，辛亥革命元老朱子桥将军等赈灾来陕礼塔得舍利，发愿重修，于民国二十年（公元1931年）秋动工，一月后修复玄奘、窥基、圆测三塔及钟鼓二楼。民国二十三年（公元1934年），因日本侵略军攻打南京，国民政府“中枢议建西安为陪都”。因有中枢议建西安为陪都这个非同寻常的决定，兴教寺和舍利塔重修一事被提上日程。这一次修葺显然并非一件单纯的佛事，而是具有非同寻常的目的。“或倡修周陵以振兴中国文化，或倡修茂陵以表现中国民族尚武精神，皆示国人以反本自奋为救国图存之地。”“又出其余力，倡修慈恩塔院，盖以佛法救正人心，拨乱反治之本原也”。

玄奘舍利塔由石灰石石块砌成，作单层造。塔体外方内圆，造型简洁，比例适度，坚固朴实。墓塔全部是用砖砌筑而成的，塔通高 21 米，平面呈四方形，五级，楼阁式，每层的边长 5.2 米，向上各层逐级内收，收分较大，因此塔身稳重坚固。塔身下为低矮的台基。

第一层塔身的南面辟有砖砌拱门，内有方室，供奉着玄奘的塑像。二层以上塔壁作枋木结构，每层每面用四根八角形倚柱分成三间。檐下用砖隐砌出最简洁的斗拱，在其它建筑物上少见。塔檐采用叠涩砖挑出和收进的做法，第一、三层砖用菱角牙子挑出，以上到十一层砖均逐层挑出，然后又逐层收进。挑出的檐砖逐层加大，使叠涩呈现出向内曲的弧形曲线，檐角缀风铃。这是唐代叠涩塔檐的艺术特点。每层挑出较大的叠涩出檐，砖层较多，更显楼阁式塔的意味。塔顶置巨大的方形塔刹，刹座为四瓣仰莲，上面承托覆钵、莲瓣、宝瓶和宝珠等。各层均为实心，不能登临。

和法门寺塔一样，玄奘墓塔下可能也藏有千年地宫。玄奘自印度取经归来后，所带回的珍宝有可能藏于玄奘墓塔下的地宫内。据史料记载，唐太宗贞观十九年，玄奘从印度取经归来后，带回大量佛舍利、上百部贝叶梵文真经及八尊金银佛像。为了供奉和珍藏带回的佛经、金银佛像、舍利等宝物，经朝廷批准，玄奘亲自设计建造了玄奘墓塔。但直到现在，玄奘所带回的珍宝到底珍藏在哪里，却无人知晓。陕西省社会科学院宗教研究所所长王亚荣认为，古塔地下一般情况下都有地宫，由此推测，玄奘墓塔的地宫里极有可能藏有玄奘当初带回的珍宝。玄奘墓塔保管所所长解守涛介绍，有关部门曾对玄奘墓塔的内部结构进行探测，探地雷达曾经探测出玄奘墓塔地下有空洞，这些空洞应该就是玄奘墓塔的地宫。

玄奘舍利塔左右窥基灵塔和圆测灵塔，均为3级，底边长2米，形制与玄奘塔略同。

窥基舍利塔始建于唐高宗永淳元年（公元682年），唐文宗大和三年（公元829年）重建。坐北朝南，为方形三层楼阁式砖塔，高6.76米，底层边长2.4米。层间叠涩檐下施一排菱角牙子，塔顶平砖攒尖，置宝瓶式塔刹。

圆测舍利塔与窥基舍利塔形制几同，通高7.10米。

玄奘舍利塔第一层塔身北面镶嵌着唐文宗开成四年（公元830年）篆刻的《唐三藏大遍觉法师塔铭》，铭文详细记载了玄奘的生平事迹，共76行，满行42字左右，总计约3千字。由唐刘轲撰文。刘轲，字希仁，今西安曲江人，生卒年均不详。童年嗜学，著书甚多。曾为僧。公元820年，登进士第。历宫史馆，终洛州刺史。著有《新唐书艺文志》传于世。唐宣宗朝大臣马植曾称“其文为韩愈流亚”。唐代诗僧齐己曾有云：“诗同李贺精通鬼，文拟刘轲妙入禅”来肯定和赞颂刘轲的文采。

铭文由唐僧建初书写。唐僧建初生平未见记载。观其书写之铭文，书法风格类《怀仁集圣教序》，清秀、淡雅，笔势遒劲，心气平和。此外，还书有玄奘高足《基公塔铭》。此精拓本今藏海宁吴氏天乐斋。

1978年国家对兴教寺塔进行了大规模维修。这次维修中在玄奘墓塔基座中发现唐朝时期的佛教文物600余件，其中有大量的佛像和写本佛经，其中有一尊金质观音像，重1135克，高24厘米，极为珍贵。这是迄今为止发现的唐朝贞观时期文物中最为丰富的一批，价值极高，为中外所瞩目。这些发现，揭开了古代这个“佛国”的一道神秘面纱。

窥基舍利塔底层龛室内有窥基泥塑像，北壁嵌有唐文宗开成四年（公元839年）“大慈恩寺大法师基公塔铭并序”碣。二层南壁镶有“基师塔”砖铭。

圆测舍利塔底层龛室置圆测泥塑像，北壁嵌“大周西明寺故大德圆测法师舍利塔铭并序”碣。二层有“测师塔”砖铭。

兴教寺塔是中国现存最古老的楼阁式塔，展现了佛教沿丝绸之路传至长安后的发展及其对朝鲜半岛的影响。兴教寺为佛教唯识宗重镇，兴教寺三塔是唯识宗的三位祖师墓塔，在佛教传播史和中印文化交流史上具有重要地位。

兴教寺塔作为玄奘法师及其弟子的墓塔，与他沿丝绸之路西行至印度求取佛经的这一佛教传播史和东西交通史上的重大历史事件密切关联，也佐证了玄奘师徒共同翻译阐释佛经、在东亚地区发展弘扬佛教的历史。

兴教寺在陕西西安市南二十公里少陵原畔。唐代樊川八大寺院之一，玄奘遗骨迁葬地。玄奘于麟德元年（公元664年）二月五日圆寂于玉华寺，四月十四日葬浐河东岸之白鹿原。因唐高宗居大明宫内，可望见玄奘的墓所，不时为之伤感，故于总章二年（公元669年）四月八日“敕徙葬于樊川北原建塔宇”。后肃宗亲题塔额曰“兴教”，故名。今寺内殿房均为近代建筑，唯唐建三座砖塔，耸立寺内西院，最高者为玄奘舍利塔，呈正方五级，底层北面镶《唐三藏大遍觉法师塔铭》，铭文详述玄奘生年事迹。左右两侧较矮的两座砖筑舍利塔，是玄奘两弟子窥基和圆测（新罗人）之塔。均有石刻塔铭。三塔下层洞内各有泥塑像一尊。玄奘圆寂后，头顶骨被分为六份，其中一份在20世纪40年代被日本人在南京得到。1984年10月，日本法相宗访华团将玄奘头顶骨舍利护送回国探亲，在该寺受到中日两国佛教徒的诵经膜拜。

兴教寺即护国兴教寺，位于西安市东南长安县少陵原上。少陵原地处樊川以北，杜曲之东，在原上俯视樊川水，滴河如带；南望终南山玉案峰，高峰耸立；西观神禾原，起伏如画；风景秀丽，气象万千，自古即是佛教寺院及高官地主的别业聚集之地。兴教寺坐北朝南，寺院倚垣边而建，东西长，南北狭。门内钟、鼓两楼夹道对峙，气象庄严，远眺终南山，峰峦叠嶂，景色秀丽，是游览和瞻仰玄奘遗迹的胜地。寺院山环水抱，藏风聚气，实为风水佳地，以玄奘灵骨塔成为法相宗祖庭，扬名中外一千三百多年，真是实至名归。

第二十九节　文化名寺——西安香积寺

香积寺，佛教净土宗祖庭。位于西安市西南约 17 公里神禾原西端，长安区郭杜镇香积寺村，南临滈水，西傍潏水。滈水和潏水交汇于寺西南，新修的子午大道过其东侧。香积寺在子午谷正北微西。历经千年风雨的香积古寺，古塔巍峨，寺院清幽，雕梁画栋，流丹溢彩，法像庄严，引得国内外的游人、居士、高僧大德的顶礼膜拜。

关于香积寺的建寺年代，至今有两种说法：第一种是唐高宗永隆二年（公元 681 年）；第二种说法认为是唐中宗神龙二年（公元 706 年）。

西安香积寺

关于香积寺名的来源同样有两种说法：第一种说法，当年建寺于隋代的香积堰的东北。隋开皇三年（公元583年），在神禾原下滈水和潏水交汇处，修建香积堰，逼水上原（今西安市长安区郭杜镇地区及雁塔区丈八沟等地），引入长安城内，称清明渠，唐时改为永安渠。故名寺曰：香积寺。另一种说法，源于佛经“天竺有众香之国，佛名香积”之句。取名香积寺，意把善导比作香积佛。千百年以来，在人们的心中以善导大师为香积佛。

香积寺自建寺以来，千百年间，几度风霜，几经劫难，几多沧桑。唐高宗皇帝和武则天曾到此礼佛，并分别赐与寺院舍利千余粒和百宝幡花作供养。唐代诗人王维在其著名的诗篇《过香积寺》描绘说：“不知香积寺，数里入云峰。古木无人径，深山何处钟。泉声咽危石，日色冷青松，薄暮空潭曲，安禅制毒龙。”诗中作者很有感悟地描写了众香之国香积寺的幽深、静谧和闲淡。

今日的香积寺，焕然一新，从南至北，依次为汉白玉的石牌坊，精工细作，远处望去气势宏大，前书“香积古刹”，后书“净土祖庭”，八个镏金大字，在汉白玉的烘托下，金光四射。青狮、白象、金毛吼，三种灵瑞奇兽，各具形态，左右对称，负起牌坊，石工之细，刀法之精，令人赞叹。

进入香积寺，首先是富丽堂皇的天王殿，雕梁画栋，飞彩溢丹，飞檐斗拱，翘角重叠，壁画浓墨粉彩，弥勒佛和颜悦色居中，八大金刚分于两侧，形态不一，怒目而视，惟妙惟肖，生动形象地再现了“金刚怒目”。天王殿前的石瓶，制作精良，工艺上成，极具观赏。沿天王殿右侧小道为香积寺建筑群的中轴线，两旁古柏高耸，花草清幽，西边碑廊上，镶嵌者镌刻有历代以来高僧大德和文人的书法墨迹。

向后是大雄宝殿，它古香古色，与金碧辉煌的天王殿相比，大雄宝殿另是一种别具风格的装饰，显得古朴典雅，一种肃穆气象，殿内法像庄严，清香萦绕，令人身心俱舒，陶醉此间。大雄宝殿前十棵苍劲的柏树，象征着中日两国人民间的友谊如松柏一样万古长青。在大雄宝殿前分布着客厅、念佛堂、戒堂、客房等建筑。

再向后边走是法堂五间，是香积寺原有的建筑，后边西院内就是香积寺内现存唐代建造的善导塔，修建于公元681年。此塔是青砖砌成，壁厚2米，平面正方形，为仿木结构。塔顶因年久残毁，现有十一级，高约33米（据载原为十三级）。塔身周围保存有鞍形的十二尊半裸古佛，雕刻精巧，实为珍品。善导塔底层四面有门，南门楣额上嵌有砖刻的“涅槃盛事”横额，是清代乾隆三十二年（公元1767年）修补时所作。塔身四面并刻有楷书《金刚经》，字迹雅秀，笔力遒劲，颇引人注目。另外在东塔院还有净业塔一座，五级，高约四至五米，院内有地藏殿一座两层等。

说起香积寺的历史，不能不说善导大师。

善导，生于隋炀帝广大业九年，俗姓朱，山东临溪人，幼年于密州拜明法师为师出家为僧。唐贞观五年受具足戒。他求佛心切，广搜博求，修为日深。贞观十五年，29岁的善导去山西石壁玄中寺拜高僧道绰为师，自此一心不二专习净土法门。贞观十九年（公元645年），道绰圆寂后，他回到长安，先后在长安悟真寺、光明寺讲经说法，大力弘扬净土法门。善导大师艰苦自励，常坐不卧，好食供众，粗恶自奉，广行教化，声闻天下。武则天闻师盛名，助钱两万贯，于调露元年（公元679年）专门为善导修建一座奉先寺，供养其居住，历时三年工程方竣。善导大师著有《观无量寿经疏》，亦称《观经四帖疏》四卷、《往生礼赞偈》一卷、《争土法事赞》二卷、《观念法门》一卷、《般舟赞》一卷等多种净土宗典籍，可谓“集大成于前，开先河于后”，创立净土宗。8世纪时，其经典传入日本，日僧法然据此立教，创立日本是否为净土宗，成为净土宗海外一脉，声播东瀛。

唐永隆二年（公元681年）3月14日，善导大师圆寂于实际寺，其弟子怀恽“想遗烈而崩心，顾余恩而雨面，爰思宅兆，式建坟茔，遂风城南神禾原建崇灵塔，后又于寺院造大奉堵波，周圆200步，直上13级”。此即今存的善导供养塔。故世人以香积寺及初祖道绰主持的玄中寺为其祖庭。佛经云“天竺有众香之国，佛名香积”之句故寺名香积。

香积寺历遭劫运，至明嘉靖年间（公元1520年），进士王鹤游寺曾有诗曰："古塔依萧寺，长川抱啊河。林深青霭合，地僻白云多。春意摧花鸟，幽情寄薜萝。探奇得胜境，税驾自岩阿。郊夕牛羊下，林归渔牧歌。佛光天上转，僧影自中过……"明万历十六年，赵崡游香积寺时说："寺塔中裂，院宇荒凉。"清乾隆三十二年（1768 年），曾修善导塔，塔门上所嵌"涅磐盛事"即此时镌刻。清之后，不复当年壮观景象，使游人到此，只能望断臂触目伤怀了。

香积寺内古树挺立，草色清秀，环境幽深，小径静谧、闲淡雅致，处处表现出佛家的清修观念。可谓："幽而不僻，静而不寂。"站在古塔前，仰望着千年古塔，聆听着诵经清音，几缕清香，几声角铃，清幽之极。香积寺位于西安神禾原下潏河与滈河汇流处，南对终南山，三面环水，风光秀丽，景致清幽。唐朝王维写诗赞曰："不知香积寺，数里人云峰。古木无人径，深山何处钟。泉声咽危石，日色冷青松。薄暮空潭曲，安禅制毒龙。"

第三十节　文化名寺——汝州风穴寺

风穴寺又名香积寺、千峰寺，白云禅寺。位于汝州市区东北 9 公里的中岳嵩山少室山南麓风穴山中。始建于东汉初平元年，后经北魏、唐、宋、金、元、明、清历代重修与扩建。 风穴寺总面积约 50 余亩，现存主要建筑有天王殿、中佛殿、悬钟阁、藏经阁、七祖塔等。在中原四大名寺中保留下诸多唐宋金元明清的建筑遗存，为中国建筑史上留下厚重的实物资料，被古建专家誉为中国的古建博物院。

风穴寺院藏在山谷之中。入山口后，两山夹道，山侧苍松叠翠，流水潺潺，葱郁静雅，蜿蜒曲径。约走 1.5 公里后方见寺院，确有"深山藏古寺"，"曲径通幽处"的诗情画意。寺院占地约 50 亩，现存建筑有金代中佛殿、明代毗卢殿和钟楼，寺周有一处大型塔林，为元明清各代和尚的墓塔百余座，仅次于少林寺。另存有历代碑刻和元明清各代佛教造像数十尊。寺院群山环抱，北有紫霄峰，侧有紫云峰、纱帽峰、香炉峰、石榴嘴峰等 9 条山脉逶迤相连，朝向寺院，有“九龙朝凤穴，连台建古刹”之誉。寺内殿、阁、楼、台 140 余间，依山就势而建，高低错落有致，多变多姿，集中秀丽。

风穴寺

寺院的天王殿、中佛殿、大雄宝殿依山就势兴建，高低错落有序，与白马寺、少林寺建筑迥然不同。三宫殿、六祖殿、韦驮殿、神堂布局如棋盘。西南角有钟楼，西北角有藏经楼，七祖塔耸立在水陆殿前寺院的中心左侧，俊秀挺拔，给人“五步一楼，十步一阁，抬头一景，转弯另一天地”的扑朔迷离情趣。中佛殿是河南省保存最完整的金代殿堂建筑。面阔、进深各三间，歇山顶，图案规正，结构严谨，雕梁画栋，比例适当。殿内的石雕、木刻、佛像、菩萨等形神兼备，刚劲潇洒。

接圣桥

寺前有接圣桥，传说是拜接乾隆帝圣旨的地方，故名“接圣桥”。桥上青石栏杆雕刻玲珑。桥北是观音阁，为重檐歇山式，飞檐挑角，细工剔透。该阁俗称“水府”。因阁前有大慈泉，碧水喷涌。阁后有东西龙眼、君子、问清、盈科诸泉汇于桥下，泉水环绕“涟漪亭”一周，观音阁恰似水中龙宫，故名“水府”。

中佛殿

中佛殿建于金代，距今已有 8 百多年，为单檐歇山式建筑。毗卢殿位于中佛殿后，重建于明成化十一年（公元 1475 年），殿内有永乐七年周王朱肃献的汉白玉释迦牟尼佛像一座。三层悬钟阁建于宋代，阁内悬挂有北宋宣和七年（公元 1125 年）铸造的铁钟一口，重 4998 公斤，造型浑厚古朴，铭文清晰。中佛殿，为典型的金代建筑，建于 15 米高的砖台上，飞檐挑角，似展翅欲飞，为河南省保存最完整的金代殿堂建筑。毗卢殿，建于明成化的间，是一座琉璃殿，殿中一尊汉白玉石佛，为明永乐七年住地开封的周王所献。

大雄宝殿

大雄宝殿之后，拾级而上，攀登 108 级台阶，穿过方丈殿、罗汉殿，便是望州亭。此处海拔 305 米，临亭俯瞰，寺内亭台楼阁、殿堂碑塔尽收眼底；向北眺望，九华里处的玉皇山紫霄峰连着紫云峰、香炉峰、沙帽峰、石榴顺峰等九峰，透迤叠拥着寺院，宛如九条长龙，故称九龙口；向下俯视，山峦环拱，状若莲花，寺院恰居莲台中心。

七祖塔

现存最早的建筑是唐开元年间建造的七祖塔，高 24.16 米，为九层密檐方形砖塔。风穴寺寺院周围有元、明、清各代寺塔 84 座，是河南省第二处较大塔林。风穴寺历史悠久，不少文人墨客曾在这里留下了珍贵的足迹。新中国成立后，该寺被列为全国重点文物保护单位之一。现已对外开放，不少国际友人慕名而至。其中七祖塔，建于唐开元二十六年（公元 738 年），高 24.16 米，为方形九层密檐式砖塔，塔身外轮廓呈抛物线，是中国迄今保存完好的 6 座唐塔之一。

悬钟阁

风穴寺悬钟阁，建于宋，内悬9999斤重的宋宣和七年（公元1125年）铸造的大铁钟，为宋代保存至今的稀有珍品。该钟铸造精致，声音洪亮，因此，“风穴钟声”为汝州八景之一。

奎光塔

风穴寺外有奎光塔，和寺内的至高点望州亭遥相呼应。寺院周边的山坡上还分布着上下两处大型塔林，包括唐、元、明、清和近代的僧人墓塔及其他砖塔石塔146座，数量仅次于河南登封少林寺和山东长清灵岩寺，位居中国第三。寺外有塔林数处，保存历代基塔计115座，仅次于少林寺而居河南省第二位；另存有历代碑刻和元明清各代的佛教造像等。 全寺周边山清水秀，林木葱郁，风景幽美，现已辟为一处国家森林公园。

碑碣

寺内碑碣林立，上自五代时后汉乾祐三年（公元950年）的《风穴千峰白云禅院记》，下至宋、元、明、清碑刻，或记事，或赋诗，真、草、隶、篆，各体具备，其中不少是艺术珍品。此外，有珍珠帘、大慈泉、玩月台、升仙桥、翠风亭、银屏风、吴公洞、望州亭八大奇景，还有小龙门、石龙门、洗风尾、东山仙人靴、西山一尊佛、半云巢、无心处等72小景。

风穴寺建筑风格奇特，无中轴线，随山就势，高低错落，古柏清泉，谷深景幽，具有江南园林风格，历为游览胜地。刘禹锡、岑参、元结等涉足观光，并留下动人的诗篇。 风穴寺地处群山环抱之中，建筑依山崖溪流等自然条件布局，整体具有园林的风格。全寺现存建筑140余间，多为清康熙五年（公元1666年）重修时所建，主要有山门、天王殿、中佛殿、毗卢殿、方丈院、地藏殿、观音阁、钟楼、藏经阁、七祖塔、望州亭等，其中尤以七祖塔、钟楼、毗卢殿和中佛殿历史悠久，保存最好，价值较高。

寺内现存最古老的建筑是唐开元二十六年（公元738年）建造的七祖塔，由唐玄宗赐名，供奉佛教禅宗七祖贞禅师的舍利。塔高22米，为

九层方形密檐式砖塔，外廓呈梭形曲线，每层均悬挂风铎。塔刹由覆钵、相轮、宝盖和火焰组成。整个塔造型优美，比例匀称，是中国现仅存的7座唐塔之一。

中佛殿是典型的金代建筑，坐落在高1米的砖砌台基上，面阔、进深俱为三间，单檐歇山顶。殿内供奉释迦牟尼和二菩萨、二弟子像，殿前多明清碑刻。钟楼和毗卢殿建于明代。钟楼又名悬钟阁，建在6米高的石台上，为三重檐歇山顶式楼阁，楼内悬挂一口北宋宣和七年（公元1125年）铸造的大铁钟，重约800公斤。毗卢殿面阔五间、进深三间，单檐悬山顶，是全寺最大的木建筑。其殿前有月台，四隅置石兽，殿内中部为神坛，横占三间，上置明永乐七年（公元1409年）周藩王所赠白玉石佛一尊，高2米多。院落内还有铁佛一尊，为明正德十五年（公元1520年）所铸。

佛教传承风穴寺在全国著名寺院中，是名字最多的寺院。后汉乾祐三年《风穴七祖千峰白云禅院记》中就有“风穴”、“七祖”、“千峰”、“白云”四个名字。碑载：“风穴禅院，汝乳之北，嵩少之南。路广由旬，地安窣堵。后魏，山前为香积寺。属当兵火，像毁寺焚。有乡人卫大丑，收以材石，构成佛堂于此山之西北，镇压风穴，即今之院基是也。至隋，又为千峰寺。”这里又提到了“香积寺”，说明风穴寺至少有五个名字。

民间传说更为神奇。唐初扩建寺院，院址初选龙山东南山下，待料物备齐第二天将要破土动工时，夜里突然一阵大风将砖木石料一卷而走不知去向。第二天僧人发现没有了物料，四处寻找，终于在现河南省汝州市东北九公里风穴山中找到了物料，众人决定在此处建寺院。因以“风”点穴，故名“风穴寺”。这些传说无疑增加了风穴寺的神秘感，但与风结合也合乎情理。

风穴寺名字虽多，但直到今天仍然用的是风穴寺，其他的名字可谓昙花一现。这是什么原因呢？

寺院命名常常借助著名的地理标志，好让人们知道它的位置，这是常理也是常识。风穴寺之名得之于风穴山，因为风穴山是汝州乃至全国

的名山，风穴山有两个风洞在周代之前在全国就很有名气。风穴山的名字就源于这两个风穴洞，这是风穴山与别的名山不同之处，后来的风穴寺自然要借风穴山的知名度来扬名。

唐代重修寺院时将隋前香积寺改回风穴寺，以神通广大的佛来镇寺东南风穴洞的风神，以减轻大风给汝州人民生产、生活带来的灾害。这一说法无疑提升了建寺者的公心，也能引起人们对重建寺院的重视。

箕山南麓风穴洞

汝南自古多大风。周代汝州为王畿之地，管理汝州的官府在汝河南岸，故汝州有汝南之称。汝南超多的大风给人们带来意想不到的灾害，成为人们生产和生活中的大敌。长期以来，由于人们对风的形成认识的局限性，多认为是神力所成，汝南的大风则出自汝北箕山南麓的两个风洞中。

汝州古时的风穴在全国很有名。

《中国风土谣谚释》说：宋时谚有：“汝、许、濮三大，汝州风，许州葱，濮州钟。”讲的是河南汝州的风大，许昌的葱大，濮阳的钟大。“汝州风”成为一个独立的词汇，收入《中国汉语大辞典》中。

汝州自古多大风也引起了宋代大科学家沈括的关注，亲来汝州考察。他在《梦溪笔谈》卷二十四中写道：“今所谓风穴者已夷以矣。”沈括来汝州考察风穴洞时发现洞口“已夷以矣”，这里的夷应为“平”义，说明宋代风穴洞已被泥沙淤平，风已无出处，但汝州仍然风很大。

风穴寺附近的两个风洞，名为大风穴和小风穴，列入风穴寺的七十二景中第一和第二位。清代汝州进士任枫《风穴志略》记载：“龙山阳侧有大小二风穴洞，洞深数十里，天变时，洞内出风，猛不可挡，故名风穴山，寺因山而取名“风穴寺”。《风穴志略》对大小风穴洞有着详细描述，这说明清代这两个洞还在，不应像沈括所说“已夷以矣”。不知沈括是否真的考察过这两个洞，抑或是听人说而已，毕竟宋代的风穴山还很偏远，洞周围多虎狼出没，是个危险的地方。寺庙中最有文物价值的是寺院右殿后侧的七祖塔。该塔建于唐开元二十六年(公元 738 年)，唐玄宗赐名七祖塔。塔的形制为四方形，九层，密檐式砖结构，高二七米，塔的各部比例均匀，造型优美，为唐代早期密檐的典型风格。塔刹由覆钵、相轮、宝盖及火焰组成，塔身和塔刹都保存完好，是唐塔中较为罕见的。

风穴寺周围松柏如涛，群山如障，风光绮丽，自古为寺庙胜地。

风穴山口，两山夹道，林木葱茏，流水潺潺。迤逦北行三华里，方能发现寺院，确有“深山藏古寺”，“曲径通幽处”的诗情画意。寺院群山环抱，北有紫霄峰，侧有紫云峰、纱帽峰、香炉峰、石榴嘴峰等九条山脉逶迤相连，朝向寺院，有“九龙朝风穴，连台建古刹”之誉。寺内殿、阁、楼、台，依山就势而建，高低错落有致，多变多姿，集中秀丽。

风穴寺山环水抱，藏风聚气，风水格局独特，所以能盛行千年而不衰。

第三十一节　文化名寺——福清万福寺

万福寺位于福建省福清县渔溪镇的黄檗山。万福寺创建于唐贞元五年（公元 789 年）。自唐以后，历代兴废不一，明朝时期多次修建，明万历四十二年（公元 1614 年）皇帝御赐“万福禅寺”匾额。1928 年，寺被山洪冲毁。福建省佛教协会成立了修建委员会，对万福寺进行了修复。 1983 年，万福寺被定为汉族地区全国重点寺院。

万福寺创建于唐贞元五年（公元 789 年）。自唐以后，历代兴废不一，明朝时期多次修建，明万历四十二年（公元 1614 年）皇帝御赐“万福禅寺“匾额。1928 年，寺被山洪冲毁。福建省佛教协会成立了修建委员会，对万福寺进行了修复。

万福寺

清顺治九年（公元1652年），日本长崎华僧所建的兴福寺住持逸然及唐三寺各位护法，多次度海联名邀请该寺的隐元东渡弘扬佛法。1654年5月隐元率领徒众三十人南行，7月5 日抵达日本长崎。到达日本后，又得到天皇和德川幕府德川家康将军的优待，在京都宇治赐地建立寺庙。新寺建成后，隐元不忘故山，命名黄檗山万福寺，并创立一新宗派，与日本原有的临济、曹洞并立，称为黄檗宗。后来日本黄檗宗僧侣就称福建的祖寺为“古黄檗”，称京都的新寺为“新黄檗”。日本黄檗山的建筑规模、丛林制度和宗教仪式等，完全仿照福清黄檗山的形式，今犹保存三百年前隐元时代的规模。其最初十几代的住持，多由中国渡日的僧侣担任。清中叶后，中日黄檗山僧侣的往来濒于停滞。

1979年，日本黄檗宗各寺以宗议会议长吉井鸠峰为团长，组成“古黄檗拜塔友好访华团”，来到福州黄檗山万福寺拜塔礼祖，恢复了中断已久的中日两国黄檗山佛教的友好联系。其后，“日中友好临黄（临济与黄檗）协会”又多次组团来华访问。1983 年，他们在黄檗山建立了一座“日本黄檗山万福寺开山隐元禅师东渡振锡之地”碑以作纪念。后来临济宗名僧希运法师在此出家，他得法于百丈怀海，唐宪宗年间（公元 806 年～公元 820 年），希运禅师主持万福寺，寺院成为福建大禅林。后义玄法师参学希运，在河北正定县创立临济禅院，使临济宗成为禅宗的重要派别，盛行天下。希运法师之后，有大安、月轮等禅师住持万福寺。

宋朝时，万福寺达到鼎盛，至元朝渐趋衰微。明朝时得到复兴，明太祖洪武二十三年（公元 1390 年），大休禅师住持万福寺. 在地方官吏的资助下，重修天王殿、大雄宝殿及法堂，使之初步恢复。明世宗嘉靖三十四年（公元 1555 年），遇倭寇之乱，佛寺毁于兵燹。明神宗万历二十九年（公元 1601 年），正圆禅师筹措资金予以重修，初具规模。明万历四十二年（公元 1614 年），敕额“万福禅寺”，御赐藏经六七八函，及紫衣、白镪、千金等物，万福寺得到复兴，从此寺院驰名海内外。明思宗崇祯十年（公元 1637 年），著名禅师隐元住持万福寺，使之成为东南沿海的名刹，福建佛教文化的中心。

清末以来，黄檗山万福寺因年久失修，加上山洪暴发，殿堂尽遭毁坏。1949 年后仅留下一座法堂。近年来陆续重修。1978 年后，重修该寺的法堂，并绘制了隐元、叶向高、周心鉴等画像。1985 年隐元纪念堂竣工。

万福寺是明朝式样的禅寺。寺门右侧为放生池，左侧是万寿院。寺内山门、天王殿、大雄宝殿和法堂纵列于中轴线，左右两侧对称地建有东西方丈、斋堂、禅堂、伽蓝殿、视师殿、钟鼓楼等。天王殿正顺供弥勒佛坐像，两旁为四大天王。大雄宝殿中供如来三尊像、两旁为泥塑雕十八罗汉，造型生动，表情各异。

寺中最独特的建筑是法堂，仿宋朝风格，为南北建筑风格相结合的重檐歇山式。十座塔林中，最古老的是明朝无缝塔。寺中还立有隐元禅师纪念碑。寺后有龙井一口，水质甘甜，终年流畅不涸；寺西南有九龙潭飞瀑，蔚为壮观；山上有蟒蛇洞，相传明朝叶向高曾入洞探险，未穷其底。

万福寺风水：

黄檗山距福清县城西二十里，为宏路驿。由驿而南，循金印铺，缘大壤而入，为清远里之黎湾。黎湾即狮子、香炉二峰内，本邑叶文忠公有纪游亭于道左。亭西数武，为下棋垄。垄之右为桑池园，接寺拱桥。逾桥数武，即寺之旧山门也。历内桥为进寺之始。

寺山故有黄檗，因以为名。唐贞元间（公元 785 年～公元 805 年），正乾禅师为开山祖。继有断际希运禅师，出家其中。厥后阐化江外，所住巨刹，皆以黄檗称，为酷爱兹山幽邃故也。

远溯来源，自金鸡、白鹤逾三溪，越灵石，北向而下，首出大帽峰，高出云表，峭拔无双。本县中龙之祖也。剥下两枝，东为宝峰。西行十里许为陈九郎故居。突起为罗汉峰，迤逶曲折至香城，自高山脱脉而东，宛转向南，磊落而下为绛节峰，乃寺之主山也。东自绛节分岫，由化龙直趋下棋垄，为寺左障。西自罗汉、天柱、屏嶂列拥为寺右障。西南自五云、报雨、吉祥诸峰涌腾而下，为寺内案；吉祥之余麓，屹然环绕，与下棋垄相构，为寺内垣；从前案遥引而东，复有香炉峰与狮子峰对峙，为寺外垣。自小帽而东，特起一峰曰佛座，即寺之外朝也。内水则自香城分界，发源自罗汉泉，注石门溪，从内石桥流入放生池，拱桥而出，与外水会。外水则自大帽发源，历九渊而来，绕吉祥而逝，与内水汇，直至径江。诚禅门法苑、祖裔福基也。

自唐迄今，千有余载，正干、断际而下，诸师或扬化他方，或韬光此土；隆替不一，未可悉数。福清万福寺处于如此风水形胜之处，因此成为 1200 余年的古刹，至今不衰。

第三十二节　文化名寺——福清南少林寺

南少林寺历史悠久，源远流长，始建于唐代，毁于战乱。近年经考古工作者调查、考证和考古挖掘，在 1993 年 6 且 4 日，在福清市东张镇少林自然村，找到了少林寺遗址。又经福建省、福州市联合考古队对遗址进行考古发掘，出土大量珍贵文物，诸如遗址中发现“少林院”、“少林”等石刻铭文，以及石桥、石盂、石槽、石碾（药臼）、石碑、石础、石舂臼、石磨、石香炉、瓷器、钱币、铜镜，还有和尚墓塔等上千件文物，不胜枚举使少林寺遗址得到科学的验证。这一争论多年的历史悬案，终于有了圆满的答案。

福清南少林寺

相传河南嵩山少林寺13武僧帮助唐太宗统一中国后，唐太宗赐于"僧兵"，并准许在全国各地建立十座分寺。据考，福清的南少林寺，就是少林寺十座分寺中较早创建的分寺之一。因为规模宏大（占地约三万平方米），武风鼎盛，影响南中国，故称之为南少林寺。据考，该寺于清初被清兵焚毁。

南少林寺分别为天王殿、大雄宝殿等。福清少林寺历史悠久，源远流长，始建于唐代，毁于战乱。经考古工作者调查、考证和考古挖掘，在1993年6且4日，在福清市东张镇少林自然村，找到了少林寺遗址。又经福建省、福州市联合考古队对遗址进行考古发掘，出土大量珍贵文物，诸如遗址中发现"少林院"、"少林"等石刻铭文，以及石桥、石盂、石槽、石碾（药臼）、石碑、石础、石舂臼、石磨、石香炉、瓷器、钱币、铜镜，还有和尚墓塔等上千件文物，使少林寺遗址得到科学的验证。福清发现的少林寺遗址，史册记载之多，遗址规模之宏伟，遗迹结构之完整，遗物分布之广泛丰富，以及所显示的文化内涵与河南嵩山少林寺之相似，在福建都是仅见的。

特别是经过省、市考古队对遗址进行考古发掘，无论在史证和物证两方面，福清南少林寺是与史籍记载相符的福建少林寺(史称南少林寺)。这个重大成果已得到各界专家肯定。特别是嵩山少林寺三十三代法师、中国国际友好联络会理事、嵩山少林寺武术学校校长释永寿听说后，特地率团到福清考察少林寺遗址，经过七天的考察研究，他向外界郑重宣布，福清南少林寺的寺址无可置疑是名副其实的少林寺遗址。因此，有理由认为，中国南北两个少林寺是历史的事实，我们也有理由认为南少林寺在福清。

福建共有三座南少林寺，它们分别在莆田、泉州和福清。其中，创寺最早的莆田南少林寺，据《兴化府志》记载："莆田南少林寺原名林泉院，建于南朝陈永定元年（公元557年），比莆田置县早11年，较嵩山少林寺晚建61年。"其次为泉州少林寺，据《晋江县志》与《泉州府志》记载："泉州少林寺建于唐僖宗乾符（公元874年～公元879年）年间，原名镇国东禅少林寺，今名东禅寺"。而最有说服力的算福清南

少林寺，在一些史书如《八闽通志》、《三山志》以及清乾隆皇帝钦定的《四库全书》中有记载“福清少林”字样，根据在福清南少林寺遗址所挖掘的文物来评估，福清南少林寺约创建于唐代，至今有一千余年的历史。

据历史记载，中国的少林寺，差不多有十处之多。最有名的当属河南登封少林寺，建寺最早、影响最大。其次是福建省晋江市东门外的泉州东禅少林寺。在中国武术发展中的贡献，也以这二者为最，传奇故事颇多。

福建泉州东禅少林寺，相传为唐初嵩山少林寺武僧智空入闽所建，地址在清源山之东岳山麓，一向为中国南禅及南少林武术之中心，声名远播。自唐、宋、元、明、清以来，历经三废三兴。据清代《西山杂志》记载：“唐昭宗天祐元年（公元 904 年），少林寺反王审知附梁。被毁，北宋太宗太平兴国六年（公元 981 年）诏修。”南宋景炎元年（公元 1276 年），清源少林寺千僧蒲寿庚之降元，千僧抗元，少林寺再次被毁。明太祖洪武十年（公元 1377 年），州官黄立中“疏奏朝廷，敕修少林寺”，直至清乾隆二十八年（公元 1763 年），泉州少林寺第三次被毁，火烧少林寺之后，少林寺和尚至善禅师避祸民间，继续招收少林弟子，反清复明。部分武僧逃入德化避难，其藏身地一直是个谜。近来有人证实，泉州市德化县福建省著名的戴云山脉是当年南少林武僧的落脚点。在乾隆年间，一代武林宗师洪熙官进了泉州少林寺，拜至善禅师为师，继续发展南少林拳。后来他在广东佛山开馆授徒，培养出了南少林拳王黄飞鸿，后又由黄飞鸿弟子传至香港，并远播东南亚及美国等地。

现位于东岳山脚下的泉州市少林寺，挖出了大量唐、宋时期南少林寺的建筑构件之后，位于南安石井镇埭头村的颜岗寺又发现了一处“南少林五祖”之一的墓塔，为“南少林发源地在泉州”的说法再添一重要佐证。

1986 年，莆田市在西天尾镇北部层峦叠嶂中的九莲山麓发现一处古建筑遗址，以及五口建造于北宋年间的大型花岗岩石槽残碑、石柱等，学者们从石槽旁刻有“诸罗汉浴煎茶散”字样，判断这是僧兵治疗伤病用的石槽。残碑、石柱上有“林泉院”、“寺山界”字样，最引人注目的是那口重达数千斤的宋代石槽，槽上刻有“当院僧兵永其佳其合共造石槽口”，推测此地可能是南少林寺遗址。

九莲山南少林寺海拔五百多米，地形酷似河南的山间盆地，居九华山脉中段，地势十分险要，是理想的兵家用武之地。山间盆地小平原，耕植可以自给，大本营离各个隘口不过数里之遥，且坡度平缓，如有军情，到隘口凭险据守不过片刻工夫。从地理形势上看，此地实在是个易守难攻的藏龙卧虎之地。寺区周围有朱山、樟江、寨头等十多个山寨。目前各寨遗址均存。山头尾和梧桐山还有高三四十米颇为壮观的山涧瀑布。少林寺遗址正处在九莲山盆地的中心，寺院的基地有两万多平方米，十方丛林的气度可想而知。清初，南少林寺因在反清复明中与天地会有着千丝万缕的联系，清王朝深为忌恨，遣兵焚毁，莆田南少林寺从此湮没于历史烟尘之中。

1992 年 4 月 25 日，莆田市在北京人民大会堂举行新闻发布会，正式公布发现南少林寺遗址，中国佛教会理事、嵩山少林寺第 29 代方丈德禅大师出席新闻发布会，他根据先辈叮嘱，暂定了林泉院即南少林寺，并赠送了“南少林就在福建莆田九莲山下”的亲笔题词。现在，莆田南少林寺已初具规模，大雄宝殿、天王殿、钟鼓楼、山门以及赵朴初题额的“南少林”牌坊等，巍峨壮观，金碧辉煌。周围的“古竹寺”、“霞梧院”、“九莲岩”等大小寺院环绕着南少林寺形成气势昂扬的寺院群落，重现了当年十方丛林的恢宏气度。唯一的遗憾是所有记载只是“林泉院”的痕迹，并无记载“少林寺”的字样，还是不能服众。

福清少林寺历史悠久，源远流长，始建于唐代，毁于战乱。近年经考古工作者调查、考证和考古挖掘，1993 年 6 月 4 日，在福清市东张镇少林自然村找到了少林寺遗址。又经福建省、福州市联合考古队对遗址进行考古发掘，出土大量珍贵文物，诸如遗址中发现“少林院”、“少林”等石刻铭文，以及石桥、石盂、石槽、石碾、石碑、石础、石舂、石磨、石香炉、瓷器、钱币、铜镜，还有和尚墓塔等上千件文物，使“少林寺”遗址得到科学的验证。这一争论多年的历史悬案，终于有了圆满的答案。

南少林寺坐落于福清市西部闽中的崇山峻岭之中，寺院四面群山绵延，雄浑巍峨，一泓绿水环绕着座座青山，密林深处，风吹草动山舞峰移、云烟拂拂、悠然飘逸。

寺院座西朝东南，周围溪、涧、流、瀑、泉，清水汩汩，涌泉自出，构成了难得的秀水奇观。整座寺院依山起势、背倚着五老峰，也名“嵩山”，无论地形或山峦与河南嵩山如出一辙，令人称叹！寺前一溪横卧，迳流蜿蜒曲折，溪水清澈、晶晶莹莹，长流不涸。进入寺院，必先跨上长近二百米的铁索拉桥，人站在上面稍有摇晃之感，心境顿时豁然开朗。桥下是清澈如镜的湖面，把群山、寺院、绿荫映入水中。由于谷低，枕石漱流，清音潺潺，加之苍崖夹谷清泉长流，谷中常云蒸霞蔚，山色空蒙，时有紫气苒苒，神秘莫测。南少林寺门前的广场上，矗立一座金字“南少林寺”大碑坊，乳白的坊柱顶天立地威武雄浑。

第一宝殿——天王殿，只见殿堂正中盘坐着一笑口常开喜迎宾的大型“弥勒佛”像，它面对山门，慈光四照，笑容可掬，舒眉展眼，温和善良。殿堂两旁分立着威武庄严的大型塑像“四大金刚”，它们握蛇仗剑，举伞抱琴。殿堂后部“十六手佛”像威风凛凛。穿过天王殿后面花形水泥板铺就的两层院埕，顺石阶登上，即是第二殿“大雄宝殿”。庄严的大雄宝殿斗拱交错，檐楹相摩，煞是雄伟。殿内画栋雕梁，壁画重彩，令人称绝。殿堂正中盘坐着微笑慈祥的三位“释伽牟尼”的巨型塑像。殿堂左右排列着脸庞形态不同、表情眼神各异的“十八罗汉”塑像，其工艺技术精湛，黄金塑色金亮，激人思古。

整个寺院的山门、殿宇、楼阁的工程建筑物，全是乳白色的墙基，红色的墙壁、门户、梁柱，顶部仿古的斗拱、椽条红白相间，形状逼真；屋盖全用金黄色琉璃瓦，阳光照得闪闪发光。总观工艺古朴清新，结构精巧，无不体现设计者高超的艺术水平。南少林寺居山区盆地，这里丛林茂密，与外界隔绝。并且气候特殊，冬温夏凉，是炎夏避暑的宝地，谷外各种水果飘香，犹为著名的可算枇杷、龙眼以及柑桔了。福清少林寺坐落在九莲山中，四周有石壁山、竹马山、东坑山、尼庵山、驴路山、虎咬马山、寺塘山和弥勒山九座山头，簇拥成圆形，其状似莲花，统称九莲山。少林寺梵刹建在弥勒山麓，朝东偏南。环山树木参天，秀竹成荫，秀丽的少林溪经寺前蜿蜒向南流注入东张水库。

据《续高僧传》载："当年天竺高僧佛陀从西域跋涉东来，看到幽邃的嵩山很像一朵莲花，便有意在'花'中建少林寺。"由是选择嵩岳林谷，并带有莲花宝座的佳境建寺院，成了少林寺的独特风韵。福清少林寺亦在"莲花"中，无论其山川地貌、寺院风水和文化内涵都与河南嵩山少林寺相似。

福清南少林寺坐落与北少林寺相似，同为莲花宝地，九莲山环峙的山坳盆地之中。这种地形格局山环水抱、藏风聚气，正是风水吉地。

第三十三节　文化名寺——曲江南华寺

南华寺坐落于广东省韶关市曲江区马坝镇东南 7 公里的曹溪之畔，距离韶关市区南约 24 公里。南华寺是中国佛教名寺之一，是禅宗六祖惠能宏扬"南宗禅法"的发源地。

南华寺始建于南北朝梁武帝天监元年（公元 502 年）。天监三年，寺庙建成，梁武帝赐"宝林寺"名。后又先后更名为"中兴寺"、"法泉寺"。至宋开宝元年（公元 968 年），宋太宗敕赐"南华禅寺"，寺名乃沿袭至今。因禅宗六祖在此弘法，也称六祖道场。南华寺建筑面积一万二千多平方米，由曹溪门、放生池、宝林门、天王殿、大雄宝殿、藏经阁、灵照塔、六祖殿等建筑群组成。建筑除灵照塔、六祖殿外，都是 1934 年后虚云和尚募化重修的。

曲江南华寺

有中国佛教禅宗祖庭盛誉的曲江南华寺，位于广东省曲江县宝林山麓，始建于南朝梁武帝天监元年（公元 502 年），2002 年 11 月 11 日庆贺建寺 1500 年。六祖慧能曾在此广收门徒，大畅禅义真言．令僧俗尽折腰。六祖慧能所领导的中国禅宗革命运动．从南华寺开始，蓬蓬勃勃开展起来，影响蔓延全中国，几乎使唐朝以后的中国佛教为禅宗一家的天下。

南朝梁武帝天监元年（公元 502 年），据载，梵僧智药三藏率徒来中国五台山礼拜文殊菩萨，路过曹溪口时，掬水饮之，觉此水甘美异常，于是朔源至曹溪。四顾山川奇秀，流水潺潺，于是谓徒曰：此山可建梵刹，吾去后 170 年，将有无上法宝于此弘化。后韶州牧侯敬中将此事奏于朝廷，上可其请，并敕额“宝林寺”。

南朝梁武帝天监三年（公元 505 年），宝林寺建成。

隋朝末年，南华寺遭兵火，遂至荒废。

公元 638 年，惠能诞生。

公元 677 年至唐凤二年，六祖惠能驻锡曹溪，得地主陈亚仙施地，宝林寺得以中兴。

唐中宗神龙元年（公元 705 年），中宗皇帝诏六祖赴京，六祖谢辞，中宗派人赐物，并将“宝林寺”改名为“中兴寺”。

公元 708 年，敕额为“法泉寺”，并重加崇饰。

公元 713 年，惠能坐化于新州国恩寺，享年七十六岁。后其徒广集六祖语录，撰成《六祖坛经》。

宋初，南汉残兵为患，寺毁于火灾。

宋太祖开宝元年（公元 968 年），太祖皇帝令修复全寺，赐名“南华禅寺”。

元末，南华禅寺三遭兵火，颓败不堪，众僧日散，祖庭衰落。

明万历二十八年（公元 1600 年），憨山禅师大力中兴，僧风日盛。然至明末，南华寺又复荒废。

清康熙七年（公元 1688 年），平南王尚可喜将全寺重新修饰，使禅宗名刹焕然一新。

1934 年，虚云和尚重修南华禅寺。

1981 年，惠能真身于 1981 年农历十月开座于修建焕然一新的六祖殿中，以供参拜。

1962 年，南华寺被列为广东省文物保护单位。

1982 年，人民政府落实宗教政策，恢复了丛林方丈制度，惟因法师受请为南华禅寺方丈。

1999 年，现任传正大和尚应两序大众邀请复返南华，接任住持。

2000 年，南华禅寺曹溪佛学院正式开学。

2002 年，南华寺举行建寺 1500 周年的盛大庆典。

1936 年至 1943 年，近代名僧虚云和尚驻锡南华寺，筹积款项，相地度势，重建殿堂。总计新建殿堂房宇庵塔约 243 楹，新塑大小佛像 690 尊。当时六祖真身像的木龛被白蚁损坏，虚云请出祖师肉身，重新装修。另照阿育王塔形式，重新制作祖师坐龛。龛外塑南岳、青原、法海、神会四像侍侧。当时的南华寺盛极一时，面积从曹溪门到最后的卓锡泉，南北深 151 丈，由东边寺墙至禅堂西壁，广 39.5 丈，建筑面积达 1.2 万平方尺。主要建筑有：中路的曹溪门、放生池、五香亭、宝环门、天王殿、大雄宝殿、法堂、灵照塔、六祖殿、方丈室。左侧依次是虚怀楼、报恩堂、钟楼、伽蓝楼、客堂、待贤楼、香积厨、斋堂、回向堂、回光堂、延寿堂、念佛堂、东贤殿。右侧依次为云海楼、西归堂、鼓楼、祖师殿、云水堂、韦驮殿、维那寮、班首寮、如意寮、禅堂、观音堂、西贤殿。寺东有无尽庵、海会塔，寺后有飞锡桥、伏虎亭、卓锡泉。虚云法师带领僧人严守戒律，遵循百丈清规“一粥一饭，持午因时，一步一趋，悉守仪范”。

新中国成立后，多次拨款重修大雄宝殿、藏经阁、六祖殿、钟鼓楼及其他建筑。1981 年 10 月 19 日至 21 日，南华寺六祖殿重建一新，举行了六祖真身像安座典礼，香港、澳门、广州等地宗教界知名人士意昭、圣一、心明、性智、宽纯等和当地僧俗群众三百多人参加了这一庆典。

南华寺庙宇依山而建，殿堂在同一中轴线上，结构严密，主次分明。进入第一道山门曹溪门（又称头山门）后，就是放生池。池为椭圆形，上建一座八角形、圆柱挑角、攒尖顶式五香亭。宝林门是南华寺第二道山门，明嘉靖十三年（公元 1534 年）建，清代及 1912 年重修，门联是“东粤第一宝刹，南宗不二法门”，横批是“宝林道场”。钟、鼓二楼相对，元大德五年（公元 1301 年）建。明清两代及 1933 年均曾重修。楼分三层，歇山顶，檐角挑起，格子门窗，钟楼顶层悬有宋代铸造万斤铜钟。天王殿建于明成化十年（公元 1474 年），清代重建，原为罗汉楼，后改为天王殿，殿正中央供奉弥勒佛像，后面塑韦驮像，两边塑四大天王像。

全寺建筑的风格，呈中轴线两边对称布局。从正门进入，依次是曹溪门、放生池、宝林门、天王殿、大雄宝殿。

南华寺所见格局，重修于 1934 年，由时任广东西北区绥靖公署主任李汉魂资助，著名高僧虚云和尚主持，历时十年，表建成殿堂房舍 243 楹，新塑圣象 690 尊。

六祖真身像是南华寺最珍贵的文物，六祖真身像供奉在六祖殿内，坐像通高 80 厘米，据广东省考古学家徐恒彬、韶关市博物馆和南华寺僧人考证和研究，六祖造像是以六祖惠能的肉身为基础夹纻法塑造而成。

五百罗汉群像

寺内木雕五百罗汉造像是中国现存唯一的宋代木雕五百罗汉群像。明朝曾经重新饰金，清光绪年间，曾补雕过 133 尊被火烧毁的罗汉。1936 年，虚云法师主持修庙时，将大部分木雕罗汉藏在大雄宝殿里三尊高达 15 米大佛的腹中，直到 1963 年才被发现。现存 360 尊，其中有 133 尊为清代补刻。有 154 尊罗汉像上刻有铭文。从铭文中可以看出，这五百罗汉像雕于北宋仁宗庆历三年至八年（公元 1043 年～公元 1048 年），由“会首弟子”杨仁禧组织募化和雕造这批罗汉像，捐造者有商人、手工业者、僧人和平民等，匠师有张续、蔡文贽、廖永昌、王保、郝璋等。每尊造像都用整块木坯雕成，通高 49.5～58 厘米，直径 23.5～28 厘米，木料主要是柏木，少量为楠木、樟木或檀香木。每尊像由底座和坐像两部分组成。这些罗汉造具有相当高的艺术研究价值，是十分珍贵的历史文物。

千佛袈裟

千佛袈裟是罕见的唐代传世刺绣，绢底呈杏黄色，上面绣有 1000 个佛像，佛像全部为结跏趺坐式，手式有入定、接引、说法、合掌等，口、鼻、眼和发髻清晰分明。用金线绣出形象，然后以蓝色、浅蓝色、朱红色、黄色丝线陪衬，再绣蓝色背光。四周是十二条形象生动的蛟龙。据广东省博物馆有关专家考证，此袈裟是唐中宗赐给六祖惠能法师的。

武则天圣旨

唐代女皇帝武则天，于万岁通年元年（公元 696 年），御赐南华禅寺六祖惠能大师圣旨一道，长 140 厘米，宽 42 厘米，纸质，楷书首尾及边用绫装裱。

南华寺还有北齐昭帝皇建元年（公元 560 年）的铜佛造像、唐代花缎袜、六祖坠腰石、唐代铁质观音殿、天人像、释迦牟尼像、明代四大天王木雕、清代五百罗汉瓷瓶、明代金书《华严经》残卷等文物，都具有一定的历史价值。

根据虚云自述，他重兴南华寺大致可归纳为10件大事，其中第1至第4项，皆与风水布局有关。

一、更改河流以避凶煞

考曹溪河流，由东天王岭，绕出寺前，西达虹光桥，以入马坝。寺门距溪边约140余丈，因年远失修，沙石壅塞，溪水改向北流，直冲寺前大路边，向寺门激射，此反弓格也。故必先更改河流，恢复旧道，以避凶煞。民国二十四年乙亥夏，勘定水线，计挑筑新河，填补旧河，全程共870余丈，所费甚巨；正拟动工，乃于7月20日夜雷雨大作，水涨平堤，冲开新河，旧河已被泥土淤塞砂石堆积，反形成寺前之一字案。此护法神之力也。云何功焉，今寺前林木葱郁，沙环水带，非复曩时景象矣！

二、更改山向以成主体

查旧日山门在樟树西边，越过深坑，乃得出入，不成门面。而现在山门外之大路坪场，坡陀历乱，野葬纵横，因此先迁葬乱坟，挑平土石，即以土石筑成左右护卫山，高有数丈，以其基地改为曹溪正门，外辟广场，栽种树木，绿荫翳天，白云覆地，望之俨然一清净道场！

三、培主山以免坐空，及筑高左右护山以成大场局

寺所枕山，形象似象，后人将方丈后之靠山，分段铲去，使寺后落空无主。寺坐象口，其左右是象之下颔，夷成平地，阴阳不分。其右系象鼻，应当高耸，分节起伏，又被人在毗卢井处切断，一路挖平，直到头山门，成大空缺，又无树木掩护，远望孤寺无依，近察鼻节已陷，殊痛恨也。云于拆平旧殿堂及丹墀时，所有土石，悉归三处，右高于左，形象鼻也；稍曲而东，形鼻之卷也，中凿莲池，象鼻之吸水处也；培高后山，依倚固也；三处皆栽林木，今幽翠矣！

四、新建殿堂以式庄严

民国二十五年丙子，新建大雄宝殿。按旧日殿基，在现今之功德堂后，灵照塔压其左臂，其方向为坐艮向坤，平藩尚可喜所建也。云以大殿为全寺主体，关系重大，乃相度地势鸠工备材，移大殿于塔前，即以

灵照塔作殿之靠背，去压臂之患．获端拱之安，其方向以坐癸丑，向丁未；癸丁八度兼丑未线，将与宝林门同一方向。既协定星，复观大壮，堂堂正正，烨然巨观，外像象王之居，中施狮子之座，塑五丈高金身大佛三尊，伽叶阿难二尊者侍侧，四周塑五百罗汉，左右文殊普贤二菩萨，座后塑观音大士，使寻声而至者，睹面相呈；慕曹溪而来者，饱尝而去。筑殿基时，土中挖出铁塔一座，高寻丈，为清代雍正时造，移铁塔于鼓楼之下，金饰而庄严之，复将平藩二碑，分嵌于钟鼓楼内，以备考古；同时挑平今曹溪门地基，及门口之乱坡，砌泄水沟五十余丈，自象鼻冈下穿过山隈，挖成水洞，注入曹溪门内水池。池周四十余丈，中建五香亭，其形如象鼻之卷莲花也；麟甲之类，以栖息焉。

廿六年丁丑，建曹溪门，现稍移东，取坐癸丑向，丁未六度兼癸丁线，与四天王殿同向。旧日天王殿，在今之西归堂后，今之殿址多为乱坡，夷平之下，以建四天王殿，其左为虚怀楼，右为云海楼，复建香积厨、斋堂、库房等屋宇。建香积厨时，土中挖出千僧大饭锅一具，元代物也，移置大殿后观音菩萨座前，以植莲花。

廿七年戊寅，建宝林门，其原址在现今西边空缺处，坎坷不平，乃挑其土以培高左右砂手……

南华寺因方位朝向不对，致使佛法不兴，寺院衰败，经虚云重新相度形势，更改方向，以十年光阴，终于中兴南华寺，使气象一新。

第三十四节　文化名寺——潭柘寺

潭柘寺位于北京西部门头沟区东南部的潭柘山麓，距市中心 30 余公里。寺院坐北朝南，背倚宝珠峰。潭柘寺寺内占地 2.5 公顷，寺外占地 11.2 公顷，再加上周围由潭柘寺所管辖的森林和山场，总面积达 121 公顷以上。

潭柘寺始建于西晋永嘉元年（公元 307 年），寺院初名“嘉福寺”，清代康熙皇帝赐名为“岫云寺”，但因寺后有龙潭，山上有柘树，故民间一直称为“潭柘寺”。

潭柘寺始建于西晋愍帝建兴四年（公元 316 年），是佛教传入北京地区后修建最早的一座寺庙。始创时规模不大，名叫嘉福寺。当时佛教还未能被民间所接受，因而发展缓慢。以后又出现了北魏和北周两次“灭佛”，故而嘉福寺自建成之后，一直未有发展，后来逐渐破败。

潭柘寺

唐代武则天万岁通天年间（公元 696 年～公元 697 年），佛教华严宗高僧华严和尚来潭柘寺开山建寺，持《华严经》以为净业，潭柘寺就成为了幽州地区第一座确定了宗派的寺院，潭柘寺得到兴盛。

唐代会昌年间，唐武宗李炎崇信道教，在道士赵归真和权臣李德裕的怂恿下，唐武宗下令在全国排毁佛教。潭柘寺也因此而荒废。

五代后唐时期，著名的禅宗高僧从实禅师来到了潭柘寺，铲除荒夷，

整修寺院，“师与其徒千人讲法，潭柘宗风大振”，才使潭柘寺走出了“武宗灭佛”的阴影，重又繁盛了起来。当时的潭柘寺也从此由华严宗改为禅宗。

辽代时期由于幽州地区律宗大盛，而禅宗则发展缓慢，潭柘寺的香火衰微。

金代，禅宗在中都（今北京）地区有了很大的发展，潭柘寺先后出现了数位禅宗大师，大大提高了寺院的声誉。金熙宗完颜亶于皇统元年（公元 1141 年）到潭柘寺进香礼佛，并拨款对潭柘寺进行了整修和扩建，这是第一位到潭柘寺进香的皇帝，使后代皇帝争相效仿，这对于进一步提高潭柘寺的地位，繁盛寺院香火，都起到了极大的推动作用。金熙宗将当时的寺名龙泉寺改为“大万寿寺”，拨款对潭柘寺进行了大规模的整修和扩建，开创了皇帝为潭柘寺赐名和由朝廷出资整修潭柘寺的先河。

金大定年间，皇太子完颜允恭代表其父金世宗完颜雍到潭柘寺进香礼佛，当时的住持僧重玉禅师为此特写下了《从显宗幸潭柘》一诗，记述了当时的盛况，后于明昌五年（公元 1194 年）镌刻成碑，立于寺中，现此碑犹存，镶嵌在金刚延寿塔后边地阶的崖壁上。在金代，潭柘寺禅学昌盛，其代表人物是临济宗大师广慧通理禅师开性。开性终老于寺中，圆寂后被佛门尊为“广慧通理”禅师。

元代元世祖忽必烈的女儿，妙严公主为了替其父赎罪，而到潭柘寺出家。后终老于寺中，她每日里在观音殿内跪拜诵经，“礼忏观音”，年深日久，竟把殿内的一块铺地方砖磨出了两个深深的脚窝。现今妙严公主“拜砖”依然供奉在潭柘寺的观音殿内，是潭柘极为珍贵的一件历史文物。后妙严大师终老于寺中，其墓塔在寺前的下塔院。元代末期的元顺帝孛儿只斤·妥欢贴睦尔崇信佛教，特别是对当时名贯京城的潭柘寺极为青睐，元顺帝曾请潭柘寺住持雪涧禅师享用御宴，并且由皇妹亲自下厨，礼遇之高前所未有。

明初重臣姚广孝法号道衍，被明太祖朱元璋挑选高僧，从侍燕王朱棣，建文帝削藩时，朱棣按照姚广孝的谋划，起兵“靖难”，从而夺取了皇位，即为明成祖。朱棣继皇帝位后，封姚广孝为僧录司左善世，庆寿寺钦命住持，后又加封为太子少师，赐名“广孝”，仍参与军政大事。功成名就之后，姚广孝辞官不做，而到京西的潭柘寺隐居修行，每日里与自己的老友，潭柘寺住持无初德始禅师探讨佛理。期间，明成祖朱棣曾到潭柘寺看望过他。据说当年修建北京城时，设计师就是姚广孝，他从潭柘寺的建筑和布局中获得了不少灵感，北京城的许多地方都是依照潭柘寺的样子修建的，太和殿就是仿照潭柘寺的大雄宝殿而建的，同为重檐庑殿顶，井口天花绘金龙和玺，所不同的是更高大了一些而已。后来姚广孝奉旨主持编纂《永乐大典》才离开了潭柘寺，但其在潭柘寺隐居修行时的住所少师静室，至今犹存遗址。

明代从太祖朱元璋起，历代皇帝及后妃大多信佛，由朝廷拨款，或由太监捐资对潭柘寺进行了多次整修和扩建，使潭柘寺确立了今天的格局。

明代的潭柘寺成为当时对外交流的一个窗口，许多外国人久慕潭柘寺的盛名，而纷纷到此来学习佛法，有的甚至终老于此，其中最著名的有日本的无初德始、东印度的底哇答思、西印度的连公大和尚等人。

万历二十三年，达观大师奉神宗皇帝朱翊钧之命，任潭柘寺的钦命住持。在此期间，由万历皇帝的母亲慈圣宣文明肃皇太后出资，在达观大师的主持下，对潭柘寺进行了大规模的整修。达观大师与朝廷密切，经常奉诏进宫为皇室讲经说法，从而进一步加深了潭柘寺与朝廷的联系。

在明代，潭柘寺曾进行了多次大规模的整修和扩建。宣德年间，“孝诚皇后首赐内币之储，肇造殿宇”，对潭柘寺进行了整修和扩建。从正统三年二月到第二年九月，潭柘寺又大兴土木，在皇室的资助下，扩建寺院，广造佛像。在此期间，英宗皇帝“诏考戒坛”，奉英宗皇帝之命，在寺内修建了戒坛，英宗皇帝赐名为“广善戒坛”，越靖王朱瞻墉还在寺内建造了一座高大的金刚延寿塔，正统四年，明英宗“颁大藏经五千卷”给潭柘寺。

弘治十年（公元 1497 年），司礼监太监戴义出资作为工食费，并奏请明孝宗拨款，对潭柘寺再次进行了整修和扩建。正德二年（公元 1507 年）三月到次年九月，潭柘寺又进行了历时一年半的整修，“殿庑堂室焕然一新，又增僧舍五十余楹”，再一次扩大了寺院的规模。万历二十二年（1594 年），由孝定皇太后出资，整修潭柘寺，增添殿宇，并建造了方丈院等房舍 80 余间。

明代的两百多年期间内，皇帝几次对寺院赐名，因而寺名几次更改。明宣宗赐名“龙泉寺”，天顺元年，明英宗敕改仍名“嘉福寺”，但民间仍称其为潭柘寺。

清康熙二十五年（公元 1686 年），康熙皇帝降旨，命阜成门内广济寺的住持僧，著名的律宗大师，与自己相交多年的震寰和尚为潭柘寺的钦命住持。当年秋天，康熙皇帝驾临潭柘寺进香礼佛，并且留住了数日，赏赐给潭柘寺御书金刚经 10 卷、药师经 10 卷、沉香山 1 座、寿山石观音 1 尊、寿山石罗汉 18 尊。

康熙三十一年，康熙皇帝亲拨库银 1 万两，整修潭柘寺。在震寰和尚的亲自主持下，从康熙三十一年秋到三十三年夏，历时近两年，整修了殿堂共计 300 余间，使这座古刹又换新颜。

康熙三十六年，康熙皇帝二游潭柘寺，亲赐寺名为“敕建岫云禅寺”，并亲笔题写了寺额，从此潭柘寺就成为了北京地区最大的一座皇家寺院。

康熙三十七年，康熙皇帝为牌楼亲题匾额，并赐给潭柘寺桂花 12 桶和龙须竹 8 杠。

康熙三十八年，康熙皇帝命著名的律宗高僧止安律师为潭柘寺的钦命住持，并赐给潭柘寺镀金剑光吻带四条，安装在大雄宝殿的殿顶上。

清雍正年间一向深居简出的雍正皇帝也专程到潭柘寺进香礼佛。

乾隆七年（公元 1742 年），乾隆皇帝第一次游幸潭柘寺，“赐供银二百金、匾额九、楹联二、诗二、章幅子一轴、法琅五供一堂”。在潭柘寺到处都留下了乾隆皇帝的墨宝。乾隆九年，乾隆皇帝把御笔心经和自己手书的诗篇赐给了潭柘寺。

1929 年蒋介石来北京时，曾专程到潭柘寺去进香。

1950 年，北京市园林局接管了潭柘寺，稍加整修后，作为名胜古迹景区向游人开放，成为北京市首批开放的七个公园景区之一。

1956 年，全国人大朱德委员长到潭柘寺视察，指示有关部门，要修建一条从门头沟通往潭柘寺的公路，为前来游览的人们提供交通上的方便。

1957年夏，陈毅副总理到潭柘寺参观视察。

1957年10月28日，经北京市人民政府批准，潭柘寺被列为北京市首批重点文物保护单位，对潭柘寺的文物保护工作起到了很大的作用。

1964年春，全国政协委员、末代皇帝溥仪到寺参观考察。

文革期间，潭柘寺受到了空前的浩劫，文物遭到了毁坏和流失，建筑也受到了损坏，因而于1968年底被迫关闭，停止开放。

1978年，北京市政府拨款，重修潭柘寺。这次重修不仅整修了殿堂，重塑了佛像，而且还修建了旅游服务设施。1980年7月，潭柘寺进行试开放，8月1日是正式游人开放。

1997年初，潭柘寺恢复宗教活动。

2001年6月，国务院确定潭柘寺为全国重点文物保护单位。

2003年夏季，潭柘寺举办一系列庆典活动，庆祝建寺1696年周年。经考证潭柘寺创建于西晋永嘉元年（公元307年），这个考证结果得到各界认同。

2007年9月9日潭柘寺举行了隆重的建寺1700年周年庆祝活动。

潭柘寺寺院坐北朝南，主要建筑可分为中、东、西三路，中路。

主体建筑有山门、天王殿、大雄宝殿、斋堂和毗卢阁。东路有方丈院、延清阁、行宫院、万寿宫和太后宫等。西路有愣严坛（已不存）、戒台和观音殿等，庄严肃穆。此外，还有位于山门外山坡上的安乐堂和上、下塔院以及建于后山的少师静室、歇心亭、龙潭、御碑等。塔院中共有71座埋葬和尚的砖塔或石塔。

山门外是一座3楼4柱的木牌坊，牌楼前有古松二株，枝叶相互搭拢，犹如绿色天棚，牌楼前有一对石狮，雄壮威武。过牌坊是单孔石拱桥，名“怀远桥”，过桥就是山门。

天王殿殿中供弥勒像，背面供韦驮像，两侧塑高约3米的四大天王神像。天王殿两旁为钟鼓楼，后面是大雄宝殿。宝殿面阔五间，重檐庑殿顶，黄琉璃瓦绿剪边，上檐额题“清静庄严”，下檐额题“福海珠轮”。

正脊两端各有一巨型碧绿的琉璃鸱吻，是元代遗物，上系以金光闪闪的鎏金长链。殿内正中供奉硕大的佛祖塑像，神态庄严，后有背光，背光上雕饰有大鹏金翅鸟、龙女、狮、象、羊、火焰纹等。佛像左右分立阿难、伽叶像，均为清代遗物。大雄宝殿后为斋堂院，是和尚们吃饭的地方，堂后有三圣殿，但此二殿均已拆除。只剩两株娑罗树和两株银杏树，树体高大。中轴线终点是一座楼阁式的建筑，名毗卢阁，高二层，木结 构。站在毗卢阁上纵目远眺，寺庙及远山尽收眼底。

寺院东路由庭院式建筑组成，有方丈院、延清阁和清代皇帝的行宫院，主要建筑有万寿宫、太后宫等。院中幽静雅致、碧瓦朱栏、流泉淙淙、修竹丛生，颇有些江南园林的意境。院内有流杯亭一座，名猗轩亭。

寺院西路大多是寺院式的殿堂，主要建筑有戒坛、观音殿和龙王殿等等，一层层排列，瑰丽堂皇。戒坛是和尚们受戒之处，台上有释迦牟尼像，像前有三把椅子，两侧各有一长凳，是三师七证的坐处；观音殿是全寺最高处，上有乾隆手书莲界慈航，内供观世音菩萨，敛目合什，隽秀端庄。

潭柘寺二宝：

宝锅：天王殿前有一口铜锅，直径 1.85 米、深 1.1 米，是和尚们炒菜所用。此锅原在东跨院北房西次间，那里还有一口更大的锅，直径 4 米、深 2 米，一次煮粥能放米 10 石，需 16 个小时才能煮熟。由于锅大底厚，文火慢熬，故而熬的粥既黏且香。关于这两口锅，还有“淡砂不漏米”之说，原来，锅底有“容砂器”，随着熬粥时的不断搅动，砂石会沉入锅底的凹陷处。

石鱼：潭柘寺观音殿西侧有龙王殿，殿前廊上有一石鱼，长 1.7 米、重 150 公斤，看似铜，实为石，击之可发五音，传说是南海龙宫之宝，龙王送给玉帝。

进香古道，从金代以后，每个朝代都有皇帝到这里来进香礼佛，特别是从明代之后，潭柘寺就成了京城百姓春游的一个固定场所，“四月潭柘观佛蛇”已经成为了京城百姓的一项传统民俗。在每年潭柘寺举办“浴佛法会”、“莲池大会”、“龙华圣会”等佛门盛会的时候，各地的游僧和善男信女涌身潭柘寺，成千上万，如风如云。潭柘寺地处深山，交通不便，在历史上曾形成了多条古香道，从不同的方向通往潭柘寺。这些古道有的是皇室或官家出资修建，有的是由与潭柘寺结有善缘的民间香会出自于对佛的虔诚之心，而集资修筑的，还有的是当地的商号与百姓共同修筑的。这些古香道经过了历代不断的整修，使用了几百年乃至上千年，为潭柘寺的对外交往，为善男信女到潭柘寺进香礼佛，发挥了巨大的作用。

芦潭古道，这条古道是旧城通往潭柘寺的一条主要道路，原是一条山间土路，路面质量较差。从清代世宗雍正皇帝起，在河北省易县修建皇陵，即清西陵，雍正皇帝即葬于斯。为了拜谒皇陵之需，乾隆年间由朝廷出资，将原有的道路拓宽展平，并将部分路段用条石铺砌，当时称为“京易御道”。芦潭古道是京易御道的支线，当时也得到了整修，拓宽展平，部分路段铺砌了条石或石块。芦潭古道起自于京易御道上的卢沟桥，过长辛店，东王佐、沙窝村、大灰厂，穿过石佛村，到达戒台寺，翻过了罗睺岭，走南村、鲁家滩、南辛房、平原村，到达潭柘寺。

庞潭古道，这条古道从石景山区的庞村，过永定河后，经卧龙岗、栗园庄、石门营、苛罗坨、越罗睺岭，与芦潭古道会合，到潭柘寺，全长 20 公里的路线与现今 108 国道门头沟段基本相吻合。

新潭古道，现今门头沟永定镇的东、西辛称村，原来合称为“新城”在历史上是永定河上的一处古渡口，也是一座繁华的大集镇。新潭古道从新城开始，经何各庄、太清观、万佛堂，翻过红庙岭，经桑峪到达潭柘寺。这条道路几乎是直线，全长不到 20 公里，是京城到潭柘寺最近的一条古道。

门潭古道，修建于唐代的古“玉河大道”是从北京到门头沟的主要道路，从石景山区的麻峪开始，过永定河后，经大峪、东西辛房到圈门，上九龙山，经峰口庵到王平口。其中从麻峪到圈门一段为平原，道路即宽又平坦。于清康熙年间，对道路进行了重修，于清代末期改建为京门公路，新中国成立以后重修了京门公路，并开通了门头沟区的第一条公共汽车线路，从阜城门到门头沟的圈门。门潭古道从圈门向南，翻越南大梁，到达潭柘寺，这条道路只有上山时为几百米长的上坡路，到了山上之后，基本上都是盘山而行的山路平道，绕过两个山头之后就到了潭柘寺，全长只有三四公里。

潭王古道，这是指从潭柘寺通往王平口的一条古道。从潭柘寺开始，经阳坡园、赵家台、十字道到达王平口。王平口是京西重要的交通枢纽，从王平口向西经宅舍台、玉皇庙、东板桥、千军台，翻越大寒岭，过煤窝到军响，进入清水河谷地，向西经斋堂、清水到洪水口，翻越山岭就到了河北省的涿鹿县，远可达山西、内蒙古等地，是西北而来的香客去潭柘寺的主要道路，门头沟西部地区的香客去潭柘寺也都走这条古道。在抗日战争时期，斋堂地区是平西抗日根据地的中心，根据地的许多物资都是从这条古道运进山里去的，八路军、武工队、县大队也通过这条古道进入潭柘寺地区，打击敌人，将潭柘寺一带由敌占区变为游击区，并以此为依托，向永定镇一带发展。解放战争时期，中共宛平县委和县大队也是从这条古道进军潭柘寺地区，并于1947年解放了潭柘寺地区。

潭柘寺九峰环抱，宛如莲心，四面围合，藏风聚气，风水格局独特，因此能成为北京第一古寺，名垂千古。

附：全国重点佛寺

汉族地区佛教全国重点寺院名单，均为中国大陆境内汉族地区重要佛教寺庙，共142座。

北京：广济寺、法源寺、佛牙舍利塔、广化寺、通教寺、雍和宫、西黄寺

天津：大悲院

河北：正定临济塔院、承德普宁寺

山西：太原市崇善寺、大同市上华严寺、交城县玄中寺

五台山：显通寺、塔院寺、菩萨顶、殊像寺、罗喉寺、金阁寺、广宗寺、碧山寺（广济茅篷）、十方堂、黛螺顶、观音洞

辽宁：沈阳市般若寺、沈阳市慈恩寺

吉林：长春市般若寺、长春市地藏寺、吉林市观音古刹

黑龙江：哈尔滨市极乐寺

上海：玉佛寺、静安寺、龙华寺、沉香阁、圆明讲堂

江苏：南京市灵谷寺、南京市栖霞寺、苏州市西园戒幢寺、苏州市寒山寺、苏州市灵岩山寺、镇江市金山江天寺、镇江市焦山定慧寺、常州市天宁寺、常熟市虞山兴福寺、南通市广教寺（大圣寺）、扬州市大明寺、邗江区高明寺、句容市隆昌寺

浙江：杭州市灵隐寺、杭州市净慈寺、宁波市七塔寺、鄞州区天童寺、鄞州区阿育王寺、新昌县大佛寺、天台县国清寺、天台县高明寺、天台县方广寺、温州市江心寺

普陀山：普济寺、法雨寺、慧济寺

安徽：合肥市明教寺、安庆市迎江寺、潜山县乾元禅寺、滁州市琅琊寺、芜湖市广济寺九华山：化城寺、肉身殿、百岁宫、甘露寺、祗园寺、天台寺、旃檀林、慧居寺、上禅堂

福建：福州市涌泉寺、福州市西禅寺、福州市林阳寺、福州市地藏寺、闽侯县雪峰崇圣寺、厦门市南普陀寺、莆田市广化寺、莆田市囊山慈寿寺、莆田市光孝寺、福清市万福寺、泉州市开元寺、晋江市龙山寺、漳州市南山寺、宁德市支提华严寺

江西：九江市能仁寺、九江市东林寺、永修县真如寺、吉安市青原山净居寺

山东：济南市千佛山兴国禅寺、青岛市湛山寺

河南：郑州市少林寺、洛阳市白马寺、开封市大相国寺

湖北：武汉市归元寺、武汉市宝通寺、黄梅县五祖寺、当阳市玉泉寺

湖南：长沙市麓山寺、长沙市开福寺

南岳：祝圣寺、福严寺、南台寺、上封寺

广东：广州市六榕寺、曲江区南华寺、乳源县云门寺、肇庆市庆云寺、潮阳区灵山寺、潮州市开元寺

广西：桂平洗石庵

重庆：罗汉寺、慈云寺、双桂堂

四川：成都市昭觉寺、成都市文殊院、新都区宝光寺、乐山市乌尤寺

峨眉山：报国寺、万年寺、洪椿坪、洗象池、金顶

贵州：贵阳市宏福寺、贵阳市黔明寺

云南：昆明市圆通寺、昆明市筇竹寺、昆明市华亭寺

宾川县鸡足山：祝圣寺、铜瓦殿

陕西：西安大慈恩寺、西安大兴善寺、西安卧龙寺、西安广仁寺、西安青龙寺、西安荐福寺，西安至相寺、西安兴教寺、西安香积寺、西安净业寺、西安草堂寺、西安庆山寺、宝鸡法门寺

宁夏：银川海宝塔寺

第五章 文化名墓在中国

宇宙无时不在运转，万物亦随宇宙运转而无时不在消长。宇宙周期中国称之为“气运”、“元运”或“气数”。元运即是宇宙星辰运行的周期律与地磁气转变的规则。其观念来自中国的《易经》，是风水地理计算时间的基础。

风水学所说的元运，包括天运、地运、人运。清朝的史学家赵翼，在《二十二史札记》中，以地气的变迁来论历史的发展。认为国家兴衰、人事变迁，都与地运有关。关于地运的变迁，民国初年的梁启超在《中国地理大势论》一文中，对历代的大都会及运河贯穿南北作过详细分析。

中国地气盛衰随元运而转移，呈现由北向南的趋势。地气推移最明显的例证，是经济重心跟着变化。中国的经济重心是由北方黄河流域向南方长江流域逐渐迁移，夏、商、周而至秦、汉，中国的经济重心始终都是在中原地区。至宋室南渡以后，中国的经济已形成南重北轻的局面，在此后的数百年，北方经济始终未能赶上南方的经济。

在中国的风水学著作中，最早讨论元运、地运变迁的是南唐的何溥，他的著作收录于《四库全书》。何溥撰《灵城精义》云：

“宇宙有大关合，运气为主；山川有真性情，气势为先。”

何溥认为，世界的转折变化在于气运，山川的真情实性在于气势。什么是气运呢？例如说，找到了一块福地，但居住在此或葬在此的人，不能享受这个福气，或者能够受这个福气，但时候又不合适，这就是气运。什么是气势呢？山峰秀丽是气势，水流澄净是气势，岩石威仪成体是气势，平原上如同骨脊一样隆起的地方也是气势。《灵城精义》记载：

“地运有推移而天气从之，天运有转旋而地气应之；天气动于上而人为应之，人为动于下而天气从之。”

这里讲世界的气运不是孤立的，而是在天、地、人三者之间相互感应。

佚名作者的风水经典《紫白诀》，开宗明义即云：

“紫白飞宫，辨生旺退煞之用，三元分运，判盛衰兴废之时。生、旺宜兴，运未来而仍替；退、煞当废，运方交而尚荣。总以运气而权衡，而吉凶随之变化。”

在历代的风水著作中，都认为地域的兴衰与地运的推移有关。在《儒门崇理折衷堪舆完孝录》中有《论气运通塞》，即在说明地运的影响。项乔的《风水辨》也说到地运影响盛衰。明朝缪希雍著《葬经翼》，其中《望气篇》也论及地运并非一成不变。

元运通指地运而言，地运的根源来自天文，地月五星和三王周复会合约 180 年，此为元运之基础，两因得 360 年为天运周期，分阴分阳，三因得 540 年为地运周期，分上中下三大元，每大元又各分九运，每运各 20 年。此天地不易之理。其实元运之说，在中国正统玄空风水学，是从北斗的运转衍生而来的。

大地的旺气是每 20 年变化一次，只要掌握这道运气，在好的风水之地建吉祥之家，就可能保有数十年的家运昌隆或财源滚滚。只不过，依地运的变化，必须在适当的时期加以改建或增建。反之，若在不适当的时期改建或增建，反而会使良好的地运失之交臂。

研究这些名墓的风水，研读五百年来中国的历史，可知中国历代祖先独创的风水学，真是博大精深。

第一节　文化名墓——明成祖朱棣长陵

明长陵为明十三陵之首，是明成祖朱棣和皇后徐氏的合葬墓，位于北京市昌平区天寿山主峰南麓。明长陵建于永乐七年（公元1409年），在十三陵中建筑规模最大，营建时间最早，陵园规模宏大，用料严格考究，施工精细，工程浩繁，营建时日旷久，仅地下宫殿就历时四年。地面建筑也保存得最为完好。

长陵的陵宫建筑占地约12万平方米。其平面布局呈前方后圆形状。其前面的方形部分，由前后相连的三进院落组成。它是十三陵中的祖陵，也是陵区内最主要的旅游景点之一。1961年被公布为全国重点文物保护单位。

明成祖长陵位于天寿山，旧名黄土山，属燕山余脉军都山的一支。燕山山脉起于太行，自古就被视为“王气所聚”之地。特别是天寿山一带，其主峰雄峙陵北，层峦叠嶂，千峰崔巍，东蟒山、西虎峪左右环抱，南面有龙山、虎山等秀丽的小山陵遥遥相对，环山之内川原开阔，西北山水于平原中部汇合后曲折向东南流去，真是山环水抱藏风聚气。

从马甸北行四十多公里，就来到十三陵。登上水库南岸的凤山，一百二十平方公里的陵区尽收眼底。只见无尽的天穹下，是连绵起伏、远接太行的燕山山脉，坐北朝南如太师椅的天寿山，护卫着以长陵为中心的一座座陵寝。群山中的雨水下来，形成了一个冲积小平原。一九五八年建成的十三陵水库波光粼粼。陵区东是蟒山，西是虎峪，由北而南龙凤门、石像生、碑亭、大红门、石牌坊依次排开。了解古代人文地理、环境地理知识的人都知道，这样的山形水势正合“前朱雀，后玄武，左青龙，右白虎”和“天人合一，道法自然”之意，既有山川大聚的龙脉气魄，又有藏风得水的形局。

明成祖朱棣长陵

长陵位于陵区中心，也就是天寿山主峰的位置，主峰三峰并峙，犹如皇帝临朝身后的仪仗。从永乐七年（公元 1409 年），朱棣亲自选定天寿山为吉壤建陵开始，十三陵经历了几百年的经营，特别是陵区德胜口、碓石口等十座山口军事防御工程的建设，使十三陵形成一个完整的皇家陵园体系。

朱棣发动“靖难之役”坐上龙椅后的第五年，即永乐五年，明开国元勋徐达的女儿、朱棣的皇后徐氏在南京去世。此时，朱棣已在经略燕京，准备迁都，徐氏以及自己的“万年吉地”自然要选在京师附近了。那么，是谁发现的这块风水宝地的？据当地人说是姚广孝。有一年，刚刚做了皇帝的朱棣带领群臣勘察地形，他们走遍了燕京的山山水水，什么“珠窝”、“屠家营”，什么“潭柘寺”，不是地名不雅，就是风水不正。一天，他们来到黄土山（后改为天寿山）下的龙母庄，只听庄里鼓乐齐鸣，唢呐声声。一打听，说是一户人家在娶亲。永乐帝掐指一算，

“今天不是吉日，娶媳妇为何选在今日？”一行人进庄来到娶亲人家，有人禀告，“隐士姚广孝算定今日真龙降瑞，大吉大利！”于是，皇帝召见姚广孝并封其为“选陵侯”，姚广孝为朱棣选中的正是天寿山。

明成祖朱棣夺得皇位之后十分重视北方的防务，并有意迁都北京，最重要的是在北京为自己选择陵址。明长陵是明朝第三位皇帝朱棣在营建北京紫禁城的同时选择的陵址。

由于相继即位的12个皇帝在其左右建陵，遂称十三陵，占地面积40平方公里。永乐七年（公元1409年），明成祖以北京为基地进行北征，同时开始在北京附近的昌平修建长陵。

明朝皇帝建陵选址最讲“风水”，永乐五年（公元1407年），仁孝徐皇后去世之后，明成祖朱棣并未在南京选择陵址而是去北京选择陵址，江西术士廖均卿说昌平北有“吉壤”，叫黄土山，山前有龙虎二山，形成风水宝地。寥均卿当年在选长陵的时候，给永乐皇帝上了一道奏折，他就说长陵的水流“天门山拱震垣，地户水流囚谢”。因为在风水里东南方向是地户口，这个东北方向叫鬼门，西南方向叫人门，西北方向叫天门。朱棣决定在此建造陵墓，并改黄土山为天寿山，于永乐七年（公元1409年）6月20日开始修建长陵。

明长陵陵园营建时，四周因山势筑围墙，总长达12公里，围墙险要处设十几个关口，并建城关、敌楼，驻军把守。设口驻军，除保卫陵园之外，还有捍卫京师的重要意义。明长陵是明朝历代皇帝陵寝中建筑规模最大，原古建筑保护最完整的一座。历经近600年，仍然金碧辉煌。工程浩繁，用料严格，动用了全国的人力、财力。仅地下宫殿就历时四年、永乐十一年（公元1413年）建成。地面上建筑至宣德二年（公元1427年）3月基本完工。陵园的先导是一座雕琢精细的大石牌坊，建于嘉靖十九年（公元1540年），五门六柱，额枋上有11座带檐的小石楼。院内，明朝时建有神厨（居左）、神库（居右）各五间，神厨之前建有碑亭一座。神厨、神库均毁于清代中期，碑亭则保存至今。

新中国成立以后，毛泽东、邓小平、周恩来、刘少奇、叶剑英、宋庆龄、杨尚昆、万里、彭真、阿沛·阿旺晋美、郭沫若等老一辈国家领导人，在百忙中都到过长陵。毛泽东曾三次到长陵。邓小平、刘少奇来过两次。英国女王伊丽莎白二世及丈夫爱丁堡公爵菲利普亲王、瑞典首相约兰·佩尔松、德国总统罗曼·赫尔佐克等国家首脑到长陵参观后表示非常赞赏。

2003 年，明长陵被列入世界文化遗产目录。

明长陵的整体布局为“前方后圆”，整个陵宫建筑南向偏西 9 度。长陵的陵宫建筑，占地约 12 万平方米。其平面布局呈前方后圆形状。包括陵门、神库、神厨、碑亭、祾恩门、祾恩殿、棂星门、宝城、明楼等（现部分建筑已不存）。宝城砖砌，圆形，直径约 340 米，周长 1 公里多，上有垛口，形似城堡。内为高大的封土，封土下面就是地宫的位置。宝城南面中央有门，可沿磴道上达明楼。楼呈方形，四面辟券门，中贯十字形穹窿式天花。顶为黄筒瓦重檐歇山式，檐下榜额书“长陵”二字。楼正中有碑一座，额篆书“大明”二字，碑身刻“成祖文皇帝之陵”。除陵园本身外，还有东西二坟，东坟在德陵馒头山南，西坟在定陵西北，坟内分别埋葬 16 个为朱棣殉葬的宫妃，因其坟形如深井，故名东井、西井。

明长陵前面的方形部分，由前后相连的三进院落组成。

第一进院落，前设陵门一座。其制为单檐歇山顶的宫门式建筑，面阔显五间，檐下额枋、飞子、檐椽及单昂三踩式斗拱均是琉璃构件；其下辟有三个红券门。陵门之前建有月台，左右建有随墙式角门（已拆除并封塞）。院内，明朝时建有神厨（居左）、神库（居右）各五间，神厨之前建有碑亭一座。神厨、神库均毁于清代中期，碑亭则保存至今。

第二进院落，前面设殿门一座，名为祾恩门。据《太常续考》等文献记载，天寿山诸陵陵殿名为“祾恩殿”，殿门名之为“祾恩门”，始于嘉靖十七年（公元 1538 年）。

第三进院落，前设红券门制如陵门，为陵寝第三重门。院内沿中轴线方向建有两柱牌楼门和石几筵。

陈启铨著《风水采风录》中，论及明长陵风水：

“十三陵的堪舆经过本人实地勘察结果，其东、西、北三面形成一个紧密之山环，也就是堪舆学上所称之‘罗城周密，水泄不露’。山势自西向东而来，中开屏，只有向南一方才不会被群山遮蔽，也就是此十三陵虽然明堂开阔，但真龙正结之地只有‘长陵’而已，为天寿山落脉，结果转折起伏脱卸而为干龙所结之正穴，其案山有龙山、虎山对峙而立，又似守门的文武臣将，也就是龙虎守水口，方可结此陵寝大地，由‘长陵’远望明堂可容千军万马，气势雄伟万千，其余各陵大都为护砂之地，‘景陵’和‘献陵’在‘长陵’之后建，为‘长陵’之内手所结之副地”。也就是说除了“长陵”以外就是“景陵”和“献陵”之风水最好。

长陵坐北朝南，（景、献也同）为诸陵之首，十三陵之最中心，两侧排列着其他各陵墓，水由坤兑而来流向东方，在东方出口处有聚库，也就是十三陵水库转东南巽方而去，也就是龙门八大局的收先后天，聚库而出正窍位。被挖掘的“定陵”为其龙砂，坐戌向辰兼乾亥，收后天来败先天，难怪“定陵”的万历皇帝朱翊钧死后的廿四年明朝就灭亡了。

长陵择址时为明成祖永乐七年（公元 1409 年），岁次己丑，时中元五运，六白值年。江西廖均卿择址，艮卯脉立癸山丁向，旺山旺向。正合《天玉经》所云：“坎离水火中天过，龙墀移帝座；宝盖凤阁四维朝，宝殿登龙楼。”真不愧名家手笔。

明成祖永乐二十二年（公元 1424 年），岁次甲辰，七月辛丑成祖崩，十二月庚申葬天寿山长陵，时中元六运，九紫值年。天心已变，癸山丁向成为双星到向，其子仁宗朱高炽继位不及一年而崩，实因九紫年五黄到山，故损丁。

长陵在明十三陵中规模最大。明亡后，陵园建筑经过多次修葺，除左右廊庑、神厨、神库、宰牲亭、具服殿不存外，其他主要建筑均被保存下来，其中楠木结构的棱恩殿和祾恩门是明代陵寝中仅存的殿门建筑，规制宏阔，用材考究，堪称我国古建中的瑰宝。

长陵地宫的内部情况，史书上没有记载，但从已发掘的定陵地宫来看，其建筑无疑是奢丽豪华，而随葬品一定丰富珍贵的，有朝一日我们得见时，必又是一番惊奇。

第二节　文化名墓——明仁宗朱高炽献陵

明十三陵中有“献陵最朴，景陵最小”之说，它为此后的明陵建筑树立了楷模。

明仁宗朱高炽献陵

献陵的路面为中铺城砖，两侧墁碎石为散水，十分俭朴，并且没有单独设置石像生、碑亭（现存碑亭为嘉靖年间增建）等建筑。陵宫建筑与长陵比较，同样非常俭朴。其朝向为南偏西20度，占地仅4.2万平方米左右。其陵殿、两庑配殿、神厨均各为5间，而且都是单檐建筑；门楼（祾恩门）则仅为3间；方城、明楼不仅不像长陵那样高大，而且城下券门改为更简单的直通前后的形式。照壁则因之不设于券洞内而设于方城之后，墓冢之前。上登明楼的礓石察量路则改为设于宝城之内的方城左右两侧。由于献陵陵制不追求奢华，所以，前人在述及明陵时有“献陵最朴，景陵最小”之说，它是之后的明陵建筑树立了楷模。

明仁宗朱高炽，成祖长子，洪武十一年（公元1378年）七月初一日生于安徽凤阳；二十八年（公元1395年）闰九月二十一日，册立为燕王世子。永乐二年（公元1404年）四月四日，立为皇太子；二十二年（公元1424年）八月十五日即皇帝位，次年改元洪熙。洪熙元年（公元1425年）五月十二日，逝于钦安殿，享年四十八岁。谥“敬天体道纯诚至德弘文钦武章圣达孝昭皇帝”，庙号“仁宗”。九月六日葬献陵。

仁宗皇帝虽然在位时间很短，却是个较能体恤民情、处事宽和的帝王。

他被册立为燕王世子不久，朱元璋命他与秦、晋、周三世子，分阅武士。其他三位世子很快检阅完毕，只有他回来最晚。太祖问他晚白的原因。他说：早晨冷得很，士兵们还没有吃完饭，我让他们吃饱饭才检阅，所以回来晚了。

后来，朱元璋命几位世子分阅大臣奏章，仁宗向朱元璋禀报的都是与军民利益相关的大事，奏章中的错字从不挑剔。朱元璋拿着奏章对他说：“孩子，你疏忽了，这几处毛病你没看出来。”他说：“孙儿没有疏忽，这不过是小毛病，不足以渎天听。”朱元璋又问他：“尧、汤时水旱严重，老百姓靠什么生活？”他回答说：“靠圣明天子的恤民之政。”太祖听了高兴地说：“孙儿有君人之识矣！”

仁宗当了皇帝以后，能够任用贤臣，虚心纳谏。他曾先后赐吏部尚书蹇义，户部尚书夏元吉，以及大学士杨士奇、杨荣、金幼孜等人刻有“绳愆纠缪”（意思是纠正过错）的银章，让他们同心协力，赞襄政务，凡朝廷处事失当，可写好奏章，密封后加盖此章，转达皇上。有一个大理寺卿，名叫戈谦，上疏仁宗时，言词激烈，仁宗颇有些恼火。许多官员也说他诬罔圣上。仁宗虽然没有降罪于他，每当他言事时，都对他怒目而视。于是，杨士奇对仁宗说：“戈谦是根据您的号召陈言的，如果这样对待他，今后谁还敢说话？”仁宗觉得有理，马上改变了对戈谦的态度。不久，将近一个月的时间，大臣们很少言事，仁宗越发后悔对戈谦的态度不好，又下诏自责过错。后来，有个太监在四川采办木料扰害百姓，仁宗特命戈谦为副都御史前往查办。

仁宗对百姓的疾苦也比较关心。通政使曾向仁宗提议，将四方雨泽奏章送给事中收贮。仁宗不同意，说：“祖宗令天下奏雨泽，是想得知水旱情况，以便对受灾地区进行救济，奏章积压在通政司已经不对了，怎能再收贮到给事中那里呢？”他还规定，受灾地区的官员如不为受灾百姓申请赈济，就要治罪。有一次，他听说山东一带遇灾，老百姓没有吃的，地方官却照常催征夏税，就召大学士杨士奇草诏，免去当年夏税及秋粮的一半。杨士奇提出先让户、工两部知道。仁宗说：“救民之穷，就像救人于水火之中一样，不能迟疑。如再让户、工两部商议，他们顾虑国用不足，一定会议论不决。”说着，赶快让太监拿来文房四宝，让杨士奇就地草诏，盖上玺印，付诸实行

由于仁宗在位期间推行了较为开明的政策，史书评论他：“在位一载，用人行政，善不胜书。”又说，如果他能多年在位，政绩可与汉代的文、景二帝相比。

仁宗去世后有五妃殉葬。按《明宣宗实录》记计有：“贵妃郭氏，谥恭肃；淑妃王氏，谥贞惠；丽妃王氏，谥惠安；顺妃谭氏，谥恭僖；充妃黄氏，谥恭靖。”其中贵妃郭氏身分颇为特殊。明沈德符《万历野获编》补遗卷一《宫闱》“仁庙殉诸妃”条记：“贵妃（指郭氏）所出有滕怀王、梁庄王、卫恭王三朱邸，在例不当殉。岂衔上恩，自裁以从天上耶！”按《大明会典》记，明朝的殉葬诸妃，俱“从葬”，也就是说是与皇帝一同葬进了山陵。

诚孝昭皇后张氏，仁宗元配，永城人，洪武二十八年（公元1395年）封燕王世子妃，永乐二年（公元1404年）封皇太子妃。仁宗即位，册立为皇后。宣宗即位，尊为皇太后。英宗即位，尊为太皇太后。正统七年（公元1442年）十月十八日去世，谥“诚孝恭肃明德弘仁顺天启圣昭皇后”。葬献陵。

张皇后在明代诸后中颇为精明能干。文献记载，她平时对中政事、群臣才能及品行都格外留意。仁宗死后，每遇军国大事，宣宗都禀明母后再决定。张氏也常询问宣宗处理朝政的情况，并经常提示宣宗注意体恤百姓疾苦。

宣宗死后，九岁的英宗朱祁镇继皇帝位。有的大臣认为皇帝年幼，请太皇太后垂帘听政，她却说："以我寡妇，坏祖宗家法，不可。"遂委政于仁、宣时杨士奇、杨荣、杨溥三位老臣，而自己从中主之。当时掌管司礼监的太监王振，是个善于玩弄权术，专门引导皇帝走邪道的家伙。由于该监掌管皇城内一应礼仪，替皇帝管理章奏文牍，有时还代皇上批答大臣的奏章。皇帝的口述圣旨，也由该监用朱笔记录，然后交内阁撰拟诏谕正式颁发。为了防止这些人欺蒙皇上，胡作非为，张皇后特别申令，无论什么事都要先由内阁大臣议定，才能施行。她常派中官去司礼监检验，如果没有照她说的去做，就把王振叫来责问。

正统二年（公元 1437 年）的一天，张氏御便殿，召英国公张辅及三杨、胡濙等五位大臣入内，女官各佩刀剑侍立左右。英宗站在东侧，五位大臣站在西侧。张氏对英宗说：这五位大臣都是先朝留下的忠正大臣，今后遇事一定要与他们商量才能去办。过了一会儿，又派人把太监王振叫来，王振跪在地上，太后突然脸色一变，厉声喝道："你侍候皇上不循规矩，应当赐死！"女官们应声而起，将刀放在王振的脖子上，吓得王振浑身乱抖。这时英宗和五大臣都跪下为王振讲情，太后才饶了他。

由于张氏在朝廷政务的处理上，倚重忠实正派的大臣，协调君臣之间关系，限制内宫对朝廷政事的干预，正统初年王振虽有宠于英宗皇帝，却没有达到专权擅政的程度。再加上仁、宣旧臣的协力辅政，朝廷政局大体稳定。

献陵的营建是在仁宗死后开始的。仁宗临终曾遗诏："朕既临御日浅，恩泽未浃于民，不忍重劳，山陵制度务从俭约。"

宣宗朱瞻基即位后，遵照仁宗遗诏营建献陵。他召尚书蹇义、夏元吉至皇宫，对他们说，"国家以四海之富葬其亲，岂惜劳费？然古之圣帝明王皆从俭制。作为孝子也只是想使亲人体魄永久保存，并不想厚葬。

秦、汉时期厚葬的弊病，足为明戒。何况皇考遗诏从俭建陵，天下共知，今建山陵，我认为应遵皇考先志，卿等以为如何？”蹇义等回答说：“圣见高远，发于孝诚，这是对千秋后世都有益处的事。”于是宣宗亲定陵园规制，并委派成山侯王通、工部尚书黄福总理修陵事宜。从洪熙元年七月兴工，到八月玄营落成，埋葬仁宗，仅用了三个月的时间。地面建筑也陆续营建。八月，行在工部奉命营建门楼、享殿、左右庑配殿和神厨。正统七年（公元1442年）十二月建造明楼，次年三月，陵寝建筑全部完工。

建成后的献陵，陵寝制度确实比较俭朴。其神道从长陵神道北五空桥北分出，长约一公里。途中建有单空石桥一座。路面为中铺城砖，两侧墁碎石为散水，十分俭朴，并且没有单独设置石像生、碑亭（现存碑亭为嘉靖年间增建）等建筑。陵宫建筑与长陵比较，同样非常俭朴。其陵殿、两庑配殿、神厨均各为五间，而且都是单檐建筑；门楼（祾恩门）则仅为三间；方城、明楼不仅不像长陵那样高大，而且城下券门改为更简单的直通前后的形式。照壁则因之不设于券洞内而设于方城之后，墓冢之前。由于献陵陵制不追求奢华，所以，前人在述及明陵时有“献陵最朴，景陵最小”之说，它为此后的明陵建筑树立了楷模。

明献陵还有一个特点，这就是祾恩殿和方城明楼在院落上彼此不相连属。前面以祾恩殿为主，建有一进院落，殿前左右建两庑配殿和神帛炉。院的正门，是祾恩门，也即陵园的大门，门前出大站台，院后设单座门一道。后面以宝城、明楼为主，前出一进院落。院内建两柱棂星门、石供案。院门为三座单檐歇山顶的琉璃花门。二院之间，隔一座小土山。那么，选择中隔小山这种布局的原因是什么呢？原来，这与陵园的风水有关。

献陵宝城前的这座小山，名为玉案山，它从陵园左侧延伸而来，是献陵的龙砂。因其屈曲环抱陵前，所以，又是献陵的近案。风水中，“龙喜出身长远，砂喜左右回旋”，“龙虎环抱，近案当前”，当论内明堂格局。献陵玉案山以及龙砂、虎砂和来山范围内的小格局，正是风水术士们所鼓吹的完美的内明堂格局。所以，修建献陵时只在明堂范围之内修建了宝城、明楼和一进院落。而将举行祭祀仪式的祾恩殿修在了玉案山前。经过这样的经营设计，不仅解决了献陵明堂地域面积小，建不下宝城和前面两进院落的问题，维护了“龙砂不可损伤”的风水信条，而且使陵园山重水复、殿台参差，形成了人文景观与自然景观和谐统一的美，使几何形体陵园建筑在山、水、林木的映衬下，更加错落有致。

献陵的陵寝建筑在清乾隆五十至五十二年间曾得到修缮。在该次修缮中，明楼，外形未改，但内部木构梁架改成为条石券顶结构。两庑配殿及神厨等附属建筑大多被拆。祾恩门则缩小了间量，且顶部由歇山式改成了硬山式。神功圣德碑亭被拆除了四壁，仅于台基之上，石碑的四周砌以齐胸高的宇墙。以后祾恩殿、祾恩门又相继在清末民初时毁坏。日军侵华期间，为修炮楼取砖，第一进院落的围墙及祾恩门、祾恩殿的山墙又被拆毁。现在除宝城、明楼及第二进院落陵墙，经修缮保存较好外，其第一进院落的建筑已全成遗址。

第三节　文化名墓——明宣宗朱瞻基景陵

宣明景陵位于天寿山东峰（又名黑山）之下，是明朝第五位皇帝宣宗朱瞻基与皇后孙氏的合葬陵寝。

明陵园制度一遵献陵俭制。其神道从长陵神道北五空桥南向东分出，长约 1.5 公里，途中建单空石桥一座。陵宫朝向为南偏西 55 度，占地约 2.5 万平方米。宝城因地势修成前方后圆的修长形状。前面的二进方院和后面的宝城连成一体。中轴线上依次修建祾恩门、祾恩殿、三座门、棂星门、石供案、方城、明楼等建筑。

明宣宗朱瞻基，仁宗长子，建文元年（公元 1399 年）二月三日生于燕王府。永乐九年（公元 1411 年）十一月十日，立为皇太孙；二十二年（公元 1424 年）仁宗即位，十月十一日立为皇太子。洪熙元年（公元公元 1425 年）六月十二日即皇帝位。次年改元宣德。

宣德十年（公元 1435 年）正月初三日，逝于乾清官，享年 37 岁。谥“宪天崇道英明神圣钦文昭武宽仁纯孝章皇帝”。六月二十一日葬景陵。

明宣宗朱瞻基景陵

嘉靖十五年（公元 1536 年）四月二十七日，明世宗朱厚熜亲阅长、献、景三陵，见景陵规制狭小，对从臣郭勋等说：“景陵规制独小，又多损坏，其于我宣宗皇帝功德之大，殊为勿称。当重建宫殿，增崇基构，以隆追报。“根据《帝陵图说》记载，增崇基构后的景陵祾恩殿，“殿中柱交龙，栋梁雕刻，藻井花鬘，金碧丹漆”，殿中有暖阁三间，黼座（帝座）地屏直到康熙年间犹有存者。此外，嘉靖年间还在陵前增建了神功圣德碑亭。

现在，陵内的祾恩殿台基，仍是嘉靖年间改建后的遗物。从遗存的明代殿宇檐柱柱础石分布可以看出，该殿原制面阁五间（31.34 米），进深三间（16.9 米），后有抱厦一间（面阔 8.1 米，进深 4.03 米），前面的御路石雕二龙戏珠图案，比献陵一色云纹，显得更为精致壮观。

清乾隆五十年至五十二年（公元 1785 年～公元 1787 年），清廷曾对明陵进行一次较大规模的修缮。为省工省料，景陵的祾恩门、祾恩殿均被缩小间量重建，两庑配殿及神功圣德碑亭因残坏而拆除。现在，祾恩门、祾恩殿的台基上还有清代改建后遗留的柱础石。神功圣德碑亭仅存石碑及台基。

宣宗在治国方面颇有成就。他继承了前代与民休息的政策，多次下诏开仓赈济受灾百姓，益蜀免受灾地区的田赋。他亲撰《织妇词》赐给朝臣，命人画成画悬挂宫内，使内外之臣了解农家的艰苦。

在宫廷生活上，他注意节俭，反对奢靡。即位不久，锦衣卫指挥钟法保，建议派人到广东东莞采珠。宣宗听了生气地说："这是扰民以求利"，将他关进监狱。工部尚书吴中奏称制造御用物料，需到民间采买。宣宗说："汉文帝服御帷帐无文绣，史称恭俭。联饮食器用，当从简朴。"遂命从库藏物中取用，不再重新购买。

在用人行政上，宣宗亲贤臣，远佞幸。重用仁宗朝的蹇义、夏元吉以及三杨等老臣。对不称职的官员，不论关系亲疏，一概斥而不用。如，内阁大学士陈山、张瑛是宣宗东宫（太子）旧臣，因不称职，宣宗也把他们调出内阁。所以，史称其时为"吏称其职，政得其平，纲纪修明，仓庾充羡"。并把仁、宣两朝的统治合称为"仁宣之治"。

宣宗皇帝还是个能书善画、精于骑射的人。《万历野获编》记载，该书作者沈德符，幼年时曾见过宣宗画的一个扇面，上画折枝花和竹石，题有宣宗御制诗："湘浦烟霞交翠，剡溪花雨生香。扫却人间炎暑，招回天上清凉。"扇面的画，渲染设色直追宋人，书学颜真卿，而微带沈度姿态，是一件上乘的艺术佳品。宣宗青年时代，曾习武于方山，练就了娴熟的骑射技艺。宣德三年（公元 1428 年），蒙古贵族兀良哈部骚扰会州。宣宗北巡，亲率 3000 精兵出喜峰口进击，在宽河与敌交锋。宣宗引弓搭箭，接连射倒敌人的三个前锋，两翼明军奋出追击，打得敌人溃不成军，望见宣宗的黄龙旂（一种旗子）就跪地请降。

宣宗去世后，有10妃殉葬。按《明英宗实录》卷三记，分别是：惠妃何氏，赠为贵妃，谥端静；赵氏为贤妃，谥纯静；吴氏为惠妃，谥贞顺；焦氏为淑妃，谥庄静；曹氏为敬妃，谥庄顺；徐氏为顺妃，谥贞惠；袁氏为丽妃，谥恭定；诸氏为恭；谥贞静；李氏为充妃，谥恭顺；何氏为成妃，谥肃僖。谥文中说为她们上此徽称，是因为她们“委身而蹈义，随龙驭以上宾”。

景陵内埋葬的皇后是孝恭章皇后孙氏，她是邹平人，永城县主簿孙忠女。年幼时，因容貌俊美，被诚孝皇后张氏的母亲彭城伯夫人看中，常常入宫说孙忠有个好女儿，遂被选入宫内，当时年仅10余岁，成祖命养在张氏宫中。后宣宗（当时为皇太孙）到了结婚年龄，济宁人胡氏，被选为皇太孙妃，孙氏被选为嫔。宣宗即位，册封胡氏为皇后，孙氏为贵妃。

按照旧时的宫廷礼制，皇后被册封后赐金册宝（印），贵妃以下有册无宝。孙氏入宫后，极受宣宗宠爱，宣宗遂破格于宣德元年（公元1426年）五月，向太后请示，制金宝赐予孙氏。此后，明代诸帝贵妃被册封，均册、宝俱备。

胡氏、孙氏，一皇后，一贵妃，虽受恩宠，却都没有生儿育女。孙贵妃暗地里将其他宫女所生的孩子（即英宗）据为己有，伪称是自己所生。从此恩宠更在胡后之上。胡后身体不好，常常有病，渐被宣宗冷落。宣宗为立孙氏为后，命胡后上表辞位，以早定国本（太子）。宣德三年三月，胡后辞位，退居长安宫，赐号“静慈仙师”，贵妃孙氏被正式册立为皇后。

英宗即位后，孙氏被尊为皇太后。英宗在“土木之变”中被蒙古瓦剌部所俘，太后命郕王监国。景泰帝（郕王）即位，尊孙氏为上圣皇太后。英宗被囚，孙太后多次派人送御寒衣裘。英宗被放回，幽居南宫，太后常去看望。后来，大官僚石亨等人导演的“夺门之变”，也是先秘密征得孙太后的同意才动手的。英宗复辟后，为孙氏上徽号“圣烈慈寿皇太后”。天顺六年（公元1462年）九月四日，孙太后去世，谥“孝恭懿宪慈仁庄烈齐天配圣章皇后”。合葬景陵。

景陵的营建始自宣宗去世之后。英宗朱祁镇即位后随即派人赴天寿山陵区卜地。宣德十年（公元 1435 年）正月十一日，陵寝营建正式动工。太监沐敬、丰城侯李贤、工部尚书吴中、侍郎蔡信等奉命督工。成国公朱勇、新建伯李玉、都督沈清及内府各衙门、锦衣卫等共发军民工匠 10 万人兴役。六月二十一日，葬宣宗。天顺七年（公元 1463 年）三月十九日，陵寝工毕。其间断断续续共历 28 年的时间。

明宣宗朱瞻基出生于明洪武三十一年，在明宣宗朱瞻基出生的那天晚上，他的皇祖当时还是燕王的朱棣曾经作了一个梦，他梦见太祖皇帝将一个大圭赐给了他，大圭上镌着“传之子孙，永世其昌”八个大字。在古代，大圭象征着权力，太祖皇帝朱元璋将大圭赐给他，正说明要将江山传给他。明成祖朱棣醒来以后正在回忆梦中的情景，忽然有人报告说皇孙朱瞻基降生了。成祖朱棣马上意识到难道梦中的情景正印证在孙子的身上？他马上跑去看孙子，只见小瞻基长得非常像自己，而且脸上有一团英气，明成祖朱棣看后非常高兴，这件事对以后朱棣下决心发动靖难之役也有很大的作用。

明宣宗朱瞻基于公元 1411 年被明成祖朱棣册封为皇太孙。并亲自挑选当时的著名文臣担任皇孙朱瞻基的老师，并多次指示，皇孙是个可造之才，你们一定要尽心竭力，同时成祖朱棣也不忘亲自教导，永乐中期以后的远征蒙古漠北，成祖朱棣总是将皇孙朱瞻基带在身边，让他了解如何带兵打仗，锻炼他的勇气，这对后来明宣宗朱瞻基的亲征有非常大的帮助，每次远征归来经过农家，明成祖朱棣都要带皇孙朱瞻基到农家看看，让皇孙了解农家的艰辛，让他以后做一位爱民的好皇帝，成祖朱棣对皇孙朱瞻基的精心教导对朱瞻基以后成为著名的守成之君，有着极其重要的意义。

很大程度上明仁宗朱高炽被立为太子是沾了儿子的光，因此父子俩就成为了皇二子朱高煦等人的眼中钉，青年的朱瞻基也被卷入了这场争斗，但是凭着祖父对他的喜爱，凭着他的勇气与睿智，他总是能够帮助父亲化险为夷，最终使世子朱高炽登上了皇帝的宝座。谁知父亲的皇位还没有坐热，十个月之后就暴病去世了。

当时皇孙朱瞻基正在南京，当日他动身北归，曾听说他的皇叔、汉王朱高煦要在半途截杀他，然后自立为帝。左右都劝他整顿兵马以作防范。朱瞻基说："君父在上，谁敢如此胆大妄为？"依然轻身出发，日夜兼程赶到北京，当时汉王朱高煦还没有派人设伏，他没有料到朱瞻基会来的如此之早。回到北京之后，他一方面妥善处理了父皇的后事，一方面加紧北京城的戒备，防止有人伺机作乱，然后从容登基，改年号为宣德，是为大明宣宗皇帝，自此开始了他的帝王生涯。

明宣宗朱瞻基登基之后，摆在他面前最大的问题就是太祖皇帝留下的外藩问题。这个问题在明建文、永乐、洪熙三朝都没有得到根本解决，宣宗朱瞻基即位之后，马上着手整顿军务，准备迎接来自强藩的挑战。他的皇叔朱高煦在靖难之役中就战功赫赫，很会带兵打仗，明永乐朝被封乐安之后，就从没有放弃武力夺取政权的野心，终于机会来了，明仁宗病逝，宣宗即位，国家动荡，皇帝年轻，正是谋反的好时机，于是经过精心的准备后也像他的父亲一样扯起了"清君侧"的大旗，矛头直指五朝老臣夏原吉。早已准备就绪的宣宗皇帝在大臣杨荣的建议下御驾亲征，在声势上一下就压倒了叛军，以前同意与汉王朱高煦共同起兵的几路兵马也都按兵不动，明军很快包围了乐安城，见大势已去，汉王朱高煦只得弃城投降，这次战役以明军的大获全胜，生擒汉王朱高煦而告终。群臣都劝明宣宗朱瞻基将汉王朱高煦正法，明宣宗朱瞻基念其是藩王网开一面，没有杀他，而是将他废为庶人，软禁在西安门内逍遥城。

御驾亲征得胜之师回到北京后，宣宗朱瞻基马上传召给另外一个皇叔朱高燧，暗示他交出兵权（当时的亲王都有自己的军队，称作卫），朱高燧并没有反抗，乖乖地交出了三卫兵马，就这样明朝的藩王问题在宣德朝终于得到了解决。

明宣宗朝文有"三杨"（杨士奇、杨荣、杨浦）、蹇义、夏原吉；武有英国公张辅，地方上又有像于谦、周忱这样的巡抚，真是人才济济，这使得当时政治清明，社会安定，百姓安居乐业，经济得到空前的发展，出现了即"文景之治、贞观之治、开元盛世"之后著名的"仁宣之治"的盛世局面。这也是明朝三百余年间的极盛时期。

安南问题也是大明宣德朝的一个重要问题。早在明永乐时期，由于安南国内部的争斗，使得安南国原来的统治者绝嗣，安南一片混乱，明成祖派大将张辅率兵平叛，并在安南正式建衙，并派人管理，但是由于一些贪官污吏的压榨，加之历史渊源，安南几乎没有断过兵燹，这使得明朝的财政背上了沉重的负担。到了明宣宗朱瞻基即位，安南问题日趋严重，在这种情况下，宣宗毅然决定议和，放弃对安南的占领。这在当时曾经引起了不小的争议，从长远来看，此举减轻了人民负担，节省了大批人力财力，也有利于安南与中国各族人民的和平交往。

大明宣德皇帝朱瞻基可算是历史上一位称职的皇帝，他对大明王朝的贡献是不可磨灭的。他被史学家称之为太平天子、历史上著名的守成之君，是他开创了大明王朝的“永宣盛世”，这些称号对于大明宣宗皇帝来讲都并不夸张。

公元 1435 年正月，明宣宗朱瞻基染上不明之症，病危之时命左右起草遗诏，由皇太子继位，所有军国大事均须禀告皇太后方能决定。不久病故于北京乾德宫。一代明主就这样撒手人寰，享年三十八岁。他的英年早逝怎能不令人慨叹。

大明宣德十年（公元 1435 年），明宣宗朱瞻基病故于乾清宫，谥号“宪天崇道英明神圣钦文昭武宽仁纯孝章皇帝”。庙号宣宗。葬北京昌平景陵。

明宣宗生前遵父亲遗诏从简修了献陵，他自己的陵就更不好超过献陵了。据《帝陵图说》记载：“天寿诸陵，献陵陵之最朴素者，景陵陵之最小者。”

嘉靖十五年（公元 1536 年）四月二十七日，明世宗朱厚熜亲阅长、献、景三陵，见景陵规制狭小，对从臣郭勋等说：“景陵规制独小，又多损坏，其于我宣宗皇帝功德之大，殊为勿称。当重建宫殿，增崇基构，以隆追报。”根据，《帝陵图说》记载，增崇基构后的景陵祾恩殿，“殿中柱交龙，栋梁雕刻，藻井花鬘，金碧丹漆”，殿中有暖阁三间，黼座（帝座）地屏直到康熙年间犹有存者。此外，嘉靖年间还在陵前增建了神功圣德碑亭。

第四节　文化名墓——明英宗朱祁镇裕陵

明英宗睿皇帝朱祁镇（公元 1427 年～公元 1464 年），汉族，明宣宗朱瞻基长子，明代宗朱祁钰异母兄，明宪宗朱见深之父。

朱祁镇是明朝第六位皇帝（公元 1435 年～公元 1449 年，公元 1457 年～1464 年两次在位）。第一次，年仅九岁，继位称帝，年号正统。国事全由太皇太后张氏把持，贤臣“三杨”主政。随之，张氏驾崩，三杨去位，宠信太监王振，导致宦官专权。

正统 14 年（公元 1449 年），土木堡之变，被瓦剌俘虏，其弟郕王朱祁钰登基称帝，遥尊英宗为太上皇，改元景泰。瓦剌无奈之下，释放英宗。随即，景泰帝将他软禁于南宫。一锁就是七年。景泰八年（1457 年），石亨等人发动夺门之变，英宗复位称帝，改元天顺。

明英宗朱祁镇裕陵

天顺八年（公元 1464 年），病逝。庙号英宗，谥曰“法天立道仁明诚敬昭文宪武至德广孝睿皇帝”。葬于明十三陵之裕陵。

朱祁镇前后在位 22 年，当初宠信王振，后来又宠信曹吉祥、石亨，政治上虽然有不足之处，但是晚年任用李贤，听信纳谏，仁俭爱民，美善很多。还废除了殉葬制度。

英宗登极时年方九岁。由于太皇太后贤明，注意约束内官，委政三杨老臣，开始几年还能一遵仁、宣旧制，政事犹蔚然可观。后来太皇太后因年老多病，对朝廷内外的事过问渐少，三杨中，杨荣于正统五年（公元 1440 年）病故，杨士奇因儿子杨稷被言官所纠，坚卧不出，只有杨溥一人在阁，年老势孤，其余内阁大臣均资历较浅。于是司礼监太监王振倚恃英宗的宠信，渐渐地控制了朝政。

正统七年（公元 1442 年）太皇太后张氏病故，杨士奇也于次年病死，王振更加肆无忌惮，遂把持了朝廷大权。正统十四年（公元 1449 年）七月，蒙古的瓦剌部诱胁其他部落大举南犯。瓦剌太师也先亲自率兵攻打大同，紧急的边报纷纷飞到紫禁城。王振企图侥幸成功，劝英宗御驾亲征。兵部尚书邝埜、侍郎于谦等人力言“六师不宜轻出”，吏部尚书王直也率百官谏止，都不被采纳。

英宗在王振的怂恿下，于七月十六日率京营五十余万人马，仓促出征。途中大臣们一再劝英宗返驾回京，王振还是不听。待他们知道了前方战败的惨状，英宗和王振才惊慌失措，决定班师回京。但又没有认真周密的计划，途中多次徒劳往返。由于明军迂回奔走，到了八月十二日才达到距怀来城二十里的土木堡。第二天，瓦剌军到，将土木堡团团围住，数十万明军全部被歼。英宗公张辅以下五十余名文武大臣阵亡，英宗被瓦剌军俘虏。护卫将军樊忠愤怒地举起铁锤，将王振打死。史称这次事件为“土木之变”。

八月十七日，土木败报传到北京。文武百官聚于朝堂号啕大哭。皇太后孙氏下诏，立英宗的两岁儿子朱见深（当时名为见浚）为皇太子，命英宗弟郕王朱祁钰监国，总理朝政。九月，廷臣合辞呈请郕王即皇帝位，得到皇太后的同意。出使瓦剌的都指挥岳谦回来，也口传英宗圣旨，命郕王“继统以奉祭祀”。郕王遂于九月初六日即皇帝位，遥尊英宗为太上皇帝，次年改元景泰。景泰皇帝在兵部尚书于谦等人的支持下，布置了北京的城防。在于谦的指挥下军民同仇敌忾，打败了攻到北京城的瓦剌军，取得了北京保卫战的辉煌胜利。

也先原想以英宗为奇物，要挟明廷赔款，见明朝又立了新皇帝，便在景泰元年（公元1450年）八月将英宗放回。

英宗回到北京后，虽然名义上还是太上皇帝，实际上却被幽居南宫，时时都在被监视之中，根本不能预政。景泰帝还废太子朱见深为沂王，立己子见济为皇太子。不久见济夭亡。景泰帝也在景泰七年（公元1456年）十二月二十八日得了重病。武清侯石亨见景泰帝病危，就与都督张车兀、左都御史杨善、太监曹吉祥、太常卿许彬及左副都御史徐有贞密谋迎立英宗。

即位之初在三杨的辅佐下颇有一番作为，延续了仁宣之治，只可惜三杨年事已高，待其淡出政坛后，宦官王振开始专权，恰逢瓦剌部也先大举入侵，在王振的怂恿下草率亲征，于土木堡被俘，被俘后尚能保持气节拒写招降书，随后由于后方于谦的英勇抵抗被也先认为没有利用价值，被放回，享有太上皇之名，却无权。趁景泰帝病重政变复位，大肆打压拥立景泰帝的于谦等人，但是尚能任用贤臣，并废除了洪武以来的嫔妃殉葬制度，被后世喻为德政。

英宗的一生并不算光彩，他宠信过奸邪小人，打过败仗，当过俘虏，做过囚犯，杀过忠臣，要说他是好皇帝，真是连鬼都不信。

但他是一个好人。他几乎相信了在他身边的每一个人，从王振到徐有贞、再到石亨、李贤，无论这些人是忠是奸，不管在什么样的环境下，他都能够和善待人，镇定自若，抢劫的蒙古兵、看守、伯颜帖木尔、阮浪，最后都成为了他的朋友。

可是事实证明，好人是做不了好皇帝的。

天顺八年正月（公元1464年），朱祁镇在病榻之上，召见了他的儿子、同样饱经风波的朱见深，将帝国的重任交给了他。

然后，这位即将离世的皇帝思虑良久，对朱见深说出了他最后的遗言，正是这个遗愿，给他的人生添加了最为亮丽的一抹色彩。

明英宗说：“自高皇帝以来，但逢帝崩，总要后宫多人殉葬，我不忍心这样做，我死后不要殉葬，你要记住，今后也不能再有这样的事情！”

“我一定会照办的。”

跪在床前的朱见深郑重地许下了他的允诺。

自朱元璋起，明朝皇帝制定了一项极为残酷的规定，每逢皇帝去世，后宫都要找人殉葬，朱重八和朱老四自不必说，连老实巴交的朱高炽、宽厚仁道的朱瞻基也没有例外，这毫无人性的制度终于被历史上有名的差劲皇帝废除了，不能不说是一种讽刺。

朱元璋统一天下，建立帝国，留名青史；朱棣横扫残元，纵横大漠，威名留存至今，他们都是我们今天口中津津乐道的传奇。他们的功绩将永远为人们牢记。

但在他们的丰功伟绩的背后，是无数战场上的白骨，家中哀嚎的寡妇和幼子，还有深宫中不为人知的哭泣，一帝功成，何止万骨枯！

朱祁镇最终做成了他的先辈们没有做的事情，这并不是偶然的，他没有他的先辈们有名，也没有他们那么伟大的成就，但朱祁镇有一种他的先辈们所不具备（或不愿意具备）的能力——理解别人的痛苦。

自古以来，皇帝们一直很少去理解那些所谓草民的生存环境，只要这些人不起来造反，别的问题似乎都是可以忽略的，更不要说什么悲欢离合、阴晴圆缺。

在这些朝廷大员的督理下，裕陵工程进展很快，仅两个月左右的时间，就把地下玄宫建成了。天顺八年五月八日，奉英宗皇帝梓宫入葬，六月二十日，陵寝工程全部告竣。

裕陵的建筑曾于清乾隆五十至五十二年修缮，情况同献陵。

民国年间，祾恩殿在战乱中被拆毁，祾恩门则于民国六年（公元 1917 年）被焚。现该陵殿门均成遗址，其余建筑保存尚好。

第五节　中国名墓——明世宗朱厚熜永陵

明世宗朱厚熜，明朝第十一位皇帝，年号嘉靖，明宪宗孙，父兴献王朱佑杬。嘉靖四十五年十二月四日因服丹药中毒死，时年六十岁，庙号世宗，死后葬于永陵。

明永陵位于阳翠岭南麓，是明朝第十一位皇帝世宗朱厚熜及陈氏、方氏、杜氏三位皇后的合葬陵寝。

永陵的营建在世宗皇帝登基后的第十五年，是其在位时营建的“寿宫”，但其卜选陵址却是在嘉靖七年（公元 1528 年）皇后陈氏去世之时，当时，世宗命辅臣张璁及兵部员外郎骆用卿等人为陈皇后选择陵地。同时，也秘密选好了自己的陵地。

明世宗朱厚熜永陵

骆用卿在嘉靖年间以通晓风水术闻名，他来到天寿山后，外观山形，内察地脉，为世宗选择了橡子岭和十八道岭两处吉壤，随后，世宗就带领从臣和钦天监官员到骆用卿为他选定的两处吉壤察看，看后，觉得十八道岭风水最佳，决定在那里建陵。但还不放心，又派人到江西一带找来著名风水师杨筠松、曾文迪、廖三传的后人再次察看，最后十八道岭被确定为建陵地点。世宗嫌十八道岭山名不雅，下诏更名为“阳翠岭”。

嘉靖十五年（公元 1636 年）四月二十二申时，浩大的陵工开始了，世宗皇帝亲自主持了祭告长陵的典仪，武定侯郭勋、辅臣李时奉命总理山陵营建事宜，在这一天动工的还有其他七陵的修缮工程、长陵神道甃石以及石像生加护石台等工程。

在营建过程中，世宗打算按照长陵的规制进行营建，却有不好把话说明，就虚情假意地对大臣们说：“陵寝之制，量仿长陵之规，必重加抑杀，绒衣瓦棺，朕所常念之”，大臣们对世宗的话心领神会，送给世宗御览的陵寝设计图只比长陵规模略小，因此很快得到世宗同意，大约经过 7～11 年的经营，永陵营建大体告成。

建成后的永陵与前七陵相较，确有独特之处，首先，是规模宏大，在古代，陵园规模的大小，取决于陵园殿庑、明楼及宝城规则。按照《大明会典》的记载，永陵宝城直径为 81 丈，祾恩殿为重檐七间，左右配殿各九间，其规制仅次于长陵，而超过献、景、裕、茂、泰、康六陵制度，其祾恩门面阔五间则与长陵相等，其后仅定陵与之同制。

另外，永陵的方院和宝城之外，还有一道前七陵都没有的外罗城，其制“壮大，甃石之缜密精工，长陵规划之心思不及也”。外罗城之内，左列神厨，右列神库各五间，还仿照深宫永巷之制，建有东西长街。《帝陵图说》曾记载这座外罗城的由来：“永陵既成，壮丽已极，为七陵所未有。帝登阳翠岭顾工部曰：‘朕陵如是止乎?’部臣仓皇对曰：‘外尚有周垣未作’。于是周遭甃砌，垣石坚厚，壮大完固，虽孝陵所未尝有，其后定陵效之。”当然，这段文字是出自传闻。因为按《明世宗实录》卷一八七的记载，当时夏言等人拟定的永陵陵寝制度，是按照世宗的旨意，把皇妃从葬之式与陵园制度一体考虑的，更确切地说，世宗皇帝是想把自己的妃子们也葬在自己的陵园内（虽然不是一个玄宫内），于是，夏言等人设计了外罗城，以便将皇妃们埋葬于外罗城之内，其布葬的位置则拟在“宝山城之外，明楼之前”，亦即明楼前左右宫墙之外，左右相向，依次而袝。后来，世宗的皇妃们的墓窒虽然没有按原议定的方案，修在外罗城内，但外罗城则按原定计划修建了。

清乾隆五十至五十二年（公元1785年～公元1787年），朝廷修葺十三陵时，永陵也得到了修整。当时永陵的祾恩门和祾恩殿虽然“头停椽望尽属破坏，柁、檩、枋、垫亦有糟朽”，但由于初建时用材宏壮、施工精细，其大木构架尚无大损。负责修陵的大臣金简（工部尚书）、曹文埴（户部侍郎）等人本应建议按原制修缮，可是，鉴于十三陵修缮范围较大，至乾隆年间楠木已经“采伐殆尽”，若“仍照旧式修整，则长陵、永陵两处购求大木更难办理”的情况，经过商议，提出了这样一个拆大改小的建议：“拟将永陵享殿等处拆卸,一切柱木大件先尽长陵均匀配用。其永陵宫门、享殿，再将拆下两庑各座木料配搭，按照各陵规制建造享殿五间、宫门三间。”他们认为，“如此转移筹办，不独长陵规模可仍其旧，轮奂维新，即永陵殿宇亦得与诸陵一律缮治整齐，观瞻并皆宏敞“。这个建议在今天看来是不符合文物建筑“修旧如旧”的原则的，但在当时，也只能采取这一方式，因为乾隆皇帝下令修缮十三陵，目的在于怀柔汉满两族关系，以维护大清王朝的统治，其政治目的是居于首位的。只要政治目的达到，陵园是否符合原制并不重要。而按照这一建议实施，则会压低修陵的经费。所以，金简等人的奏折呈到宫廷内，乾隆皇帝很快就准奏了。永陵的祾恩门、祾恩殿因此全部被缩小规制建造：祾恩殿由面阔七间（通阔50.65米）、进深五间（通深27.72米）。缩为面阔五间'（通阔25.91米）、进深三间（通深14.4米），殿顶由重檐式改建为单檐歇山式；祾恩门，由面阔五间（通阔26.26米）、进深二间（通深11.26米），缩为面阔三间（通阔12.3米）、进深三间（通深8.7米），单檐歇山顶的形制未变。

民国年间，乾隆时期改建的祾恩殿、祾恩门相继塌毁。至今台基上还完整地保留着改建后门、殿的柱础石。明代门、殿的柱础石保留不多，但可以看出其体量明显大于改建后的柱础石。其中，祾恩殿现存明代重檐金柱柱础石鼓镜部分直径达 1.2 米，比长陵的仅少 2 厘米。可以想象明朝时永陵祾恩殿的楠木柱也是十分粗壮的。

明十三陵坐落在群山环抱，溪流缭绕的天寿山南麓，为保持陵区庄严肃穆的气氛，各陵之前均铺设了神道，并依托溪流或人工挖掘的护城河修建了许多座石桥。神道中间一般为石板或城砖铺成，象征“龙脊”；两侧铺以鹅卵石，象征“龙鳞”。除了帝后棺椁、仪仗、祭品等可以在神道上前进之外，官员人等甚至前去谒陵的帝王都不能在神道上行走，只能走旁边的“辅路”。

永陵神道原从总神道北五孔桥向东北分出，经永陵功德碑直达永陵陵门，除开头极短的一段改为柏油路外，其余均完整保存，是十三陵保存最为完整的神道。神道开头有一座单孔桥，尽头有三座单孔桥，但令人遗憾的是，永陵神道目前并没有得到很好的保护，经常可以看到重载卡车在神道上驶过，神道上的石板已有多处被轧碎或轧裂，令人十分痛心。

陵门，即陵宫的正门。永陵陵门原为其外罗城城门，今仅存遗址，现陵门为原永陵重门，是半圆形门洞的三孔红门。

祾恩门，永陵的祾恩门初建时为五间，乾隆年间缩减为三间，在目前保存的基座上，仍可以看到乾隆年间将永陵的祾恩门、祾恩殿拆大改小的痕迹。

御路石雕，指古代刻在宫殿内帝王专用的御路路面上的石浮雕。永陵祾恩门和祾恩殿的基座中轴线上均有御路石雕，而且两个基座前后均有，共四块，雕龙凤戏珠图案。御路石雕因为其制作材料的特点，得以完整的保存至今，是未开发的十座野陵中的重要看点之一，反映了明代石雕艺术的辉煌成就和工匠们的精湛技艺。

祾恩殿，又名享殿，是明十三陵地面建筑的主体部分，是举行祭祀活动的大殿。祾恩殿原名“×陵殿”，“×”取该陵的陵名之字。世宗皇帝于嘉靖十七年钦定殿名均为“祾恩殿”。清朝诸皇陵改称“隆恩殿”。“祾”寓意祭而受福，指的是墓主在这里接受祭祀，享用各种祭品；“恩”

寓意罔极之恩，指的是后人在祭祀活动中怀念先祖的无限恩惠。

永陵的祾恩殿规模仅次于长陵，面阔七间（清乾隆时期修葺十三陵时缩减为五间），汉白玉基座为一层，栏杆上的石望柱雕有龙凤图案，柱顶呈圆柱形。

永陵的祾恩殿仅保留基座和柱础（一般为石雕，长陵为大理石，其余为白石，上面有圆盘形突起，为支撑殿顶的楠木大柱基础）。

各陵祾恩殿的两侧原先均建有左右配殿，从五间到九间不等，现已全部倾圮，有的甚至连基座都不可辨认。

棂星门，指的是位于各陵方院最后一进院落内的，设于院门和五供之间的一座牌楼。棂星门象征着通往阴间的大门，是阴阳两界的界门。陵宫内设置棂星门亦是长陵首创，以后各陵演以为制。

十三陵的棂星门结构基本一致，均为二柱木质牌楼，因此俗称二柱门。两根汉白玉石柱构成棂星门的骨架。木质的门牌和斗拱嵌在两根石柱之间。由于年代久远，棂星门的木结构部分几乎全部糟朽，永陵棂星门为新中国成立后修复。

五供，是指一种象征性的祭器，十三陵每座陵寝明楼的正前方，均陈设有一套石雕五供，包括石质供桌一张，供桌正中间为香炉，香炉两侧分别为两个烛台，两个花瓶。

陵寝内陈设五供是长陵首创（南京明孝陵不设五供），以后各陵沿以为制。供器仅具有象征意义，并不真正点香、蜡烛以及插花。

明楼，指的是帝王陵墓坟冢正前方的高楼，楼中立有圣号碑，作用相当于碑亭。十三陵的明楼建于方城（方形城台，宝城的一部分，位于坟冢正前方）之上。

明楼是十三座陵寝最主要的标志，几乎所有的关于十三陵的示意图，都用明楼作为符号标明其所出位置；站在新七孔桥上向天寿山区眺望，首先看到的就是“错落兆其间”（乾隆诗）的一座座巍峨的明楼。

明楼也是目前各座陵墓仅有的保存至今的建筑物，其他建筑如祾恩门、祾恩殿绝大多数都已倾圮。

十三座明楼历经数百年的风雨侵蚀和战火的破坏，大多破败不堪，

新中国成立后政府拨款对大部分明楼进行了修缮。

永陵的明楼是数百年间未经任何修葺仍然完好如初的一座，也是完全保持明代建筑原貌的明楼，这是因为这座明楼的建筑材料和多数明楼不同，多数明楼是木架梁结构，木材大多糟朽或毁于战火；而永陵是全部砖石结构，连斗拱都是仿照木架梁外形雕成的石料相互嵌合在一起的，甚至连匾额都是用整块的石板雕刻而成，通体没有任何木料，因此能完整的保存下来。

因永陵明楼规模异常宏伟，同时也特别沉重，故下面的方城不设券门（门洞），登临宝城的石道设在方城前方左右两侧。

宝城和宝顶，共同组成了明十三陵的坟冢部分。宝城，指的是坟冢封土周围砌的一圈城墙，一般为圆形或椭圆形，对坟冢起到保护作用。宝顶，指的是在坟冢封土正中间再堆起一层封土，使之明显高出坟冢表面，也就是通常说的坟头，宝城和前面所述建筑物所处的方院有机统一，代表着“天圆地方”的建筑理念。

明十三陵的宝城是城砖垒砌，宝城顶部砌有垛口，内外垛口之间为马道，因此，宝城看起来就像一个封闭的环形长城，只是马道比长城上的马道要窄许多。

永陵宝城用料奢华，垛口全部使用整块整块的花斑石垒砌，宝城的直径，以长陵最大，其次是永陵和定陵，永陵及以后各陵的宝城都为圆形。

永陵宝城内坟冢的封土是填满的，封土底部略低于宝城顶部，宝城顶基本齐平，封土填满的陵宫宝顶，在封土正中间呈明显凸起的馒头形状，周边呈圆形，并且是一层层夯土堆砌而成。

神功圣德碑，是树在陵宫神道上的，用于歌颂帝王生平功绩的石碑。一般为龙首龟趺（龟驮的龙头碑），十三陵中每个陵都有，一般位于陵门正前方，现在均完整保存。

由于前面各陵的神功圣德碑除长陵外均无字，故从嘉靖帝的永陵开始，所有神功圣德碑均改为无字碑沿以为制，取“帝王一生功绩肇纪立极，无法用文字歌颂”之义，但是陵墓前立无字碑并非嘉靖帝首创，武

则天乾陵前的石碑也是无字碑。

大约经过7～11年的经营，永陵营建大体告成。建成后的永陵与前七陵相较，确有独特之处。

首先，是规模宏大。在古代，陵园规模的大小，取决于陵园殿庑、明楼及宝城规则。按照《大明会典》的记载，永陵宝城直径为81丈，祾恩殿为重檐七间，左右配殿各九间，其规制仅次于长陵，而超过献、景、裕、茂、泰、康六陵制度。其祾恩门面阔五间则与长陵相等，其后仅定陵与之同制。另外，永陵的方院和宝城之外，还有一道前七陵都没有的外罗城，其制“壮大，甃石之缜密精工，长陵规划之心思不及也”。外罗城之内，左列神厨，右列神库各五间，还仿照深宫永巷之制，建有东西长街。

永陵的砖石结构的明楼，造型新颖的圣号碑，别具一格的宝城城台设计，以及宝城墙花斑石垒砌的城垛，祾恩殿、祾恩门“龙凤戏珠”图案的御路石雕也都是以前各陵没有的，这些做法后来为定陵所效法。

由于永陵用料考究，规制宏阔，明隆庆《昌平州志》称其“重门严邃，殿宇宏深，楼城巍峨，松柏苍翠，宛若仙宫。其规制一准于长陵，而伟丽精巧实有过之”。永陵的建成，耗费了大量国库银两。据《明世宗实录》记载，当时参加营建永陵的三大营官军有4万人，再加上嘉靖十六年（公元1537年）正月陵区内新行宫和圣迹亭的兴工，以及皇宫内外工程，每月费银不下30万两。但当时工部库贮之银仅有百万两，修陵经费十分困难。为此，世宗只得采纳大臣们的意见，用广纳事例银的办法，以济陵工。

参与永陵选址的风水师，据文献所载有如下数位：

“明世宗嘉靖十五年，江西曾邦曼奉诏相寿陵，造寿宫，授钦天监博士。曾邦曼，字寅甫，号罗山，嘉靖丙申年，诏入京，相造寿宫，授钦天监博士，九年成功进阶正七品。”曾邦旻为明朝万历皇帝看风水带回了两个妃子。曾罗山可自由出入宫廷，有一年，他要告老还乡，皇帝恩准，派太监护送，他离开皇宫时，皇后娘娘正在楼上，曾罗山不禁抬头看了皇后娘娘几眼。太监不愿意送曾罗山，趁机回头报告皇帝说：“皇上，刚才罗山有亏心之举，他胆敢偷看皇后娘娘。”皇帝说：“好啊！替朕看看皇后何时生太子？”曾罗山说：“明年八月十五子时生太子。”皇帝说：“若明年八月十五皇后不生太子，你就犯了欺君之罪，罪当处斩。”于是曾罗山又在京城住了一年。第二年八月十五皇后果然生太子，曾罗山前去讨赏。皇帝很高兴，皇帝赏赐曾罗山金银财宝，还赏给他两个宫女，随他回家服侍。后来这两个宫女死后也安葬在罗山墓两旁。

第六节　文化名墓——遵化清世祖顺治孝陵

清孝陵是清东陵的主体建筑。位于昌瑞山的主峰下，是清世祖顺治皇帝的陵墓。

遵化清世祖顺治孝陵

陵园前矗立着一座石牌坊，全部是由汉白玉制成的。上面浮雕着“云龙戏珠”、“双狮滚球”和各种旋子大点金彩绘饰纹，刀法精湛，气势雄伟，成为清代石雕艺术最有代表性的作品。紧靠石牌坊是大红门。大红门是孝陵也是整个清东陵的门户，红墙迤逦，肃穆典雅。门前有“官员人等到此下马”的石碑。

孝陵是清世祖爱新觉罗·福临（顺治皇帝）的陵寝，位于昌瑞山主峰南麓，背后靠昌瑞山，前朝金星山，位居陵区主轴线上。后世四座帝陵依次分列左右，深刻体会了“居中为尊“、“长幼有序“、“尊卑有别“的传统观念。孝陵的陵址是由顺治皇帝生前择定的。但由于定鼎之初，战事不断，国库空虚，加之顺治帝正当英年，并未急于兴建。直到顺治十八年（公元1661年），顺治帝崩逝后才开始兴工，到康熙三年（公元1664年）十一月十九日，主体工程告竣。孝陵共建有石牌坊、下马牌、版房、大红门、风水墙、更衣店、华表、圣德神功碑亭、望柱、石像生、神路桥、下马牌、三路三孔桥、神道碑亭、神厨、神库、省牲亭、朝房、茶膳房、饽饽房、值房、隆恩门、燎炉、隆恩殿、东西配殿、陵寝门、二柱门、台石五供、方城、明楼、宝城、宝顶、地宫等建筑物。

该陵是清朝统治者在关内修建的第一座陵寝，规模宏大，气势恢弘。自金星山下的石牌坊开始，向北集资布置着下马牌、大红门、具服殿、神功圣德碑亭、石像生、龙凤门、一孔桥、七孔桥、五孔桥、下马牌、三路三孔拱桥及东平桥、神功碑亭，神厨库、东西朝房、隆恩门、东西燎炉、东西配殿、隆恩殿、琉璃花门、二柱门、祭台五供、方城、明楼、宝城、宝顶和地宫。这大大小小的几十座建筑，用一条长约6公里的神路贯穿起来。形成一个完整的序列。这些建筑的配置与组合均以风水学中的“形势理论”为指导，其大小、高低、远近、疏密皆以“百尺为形、千尺为势”的尺度进行视觉控制。并将山川形胜纳于景框之中，作为建筑的对景、底景和衬景，实现了“驻远势以环形，聚巧形而展势”的目的，给人以“高而不险、低而不卑、疏而不旷，密而不逼”和“静中有动，动中有静”的良好的视觉印象和强烈和艺术感受。由于该陵的营建准备不足，加之顺治皇帝停灵待葬，工程急迫，不得已拆用了包括北海西岸“清馥殿”在内的一些明代建筑的材料和构件。

陵前有一条长达5600米的神道，最南端是一座石牌坊，面阔五开间，宽31.35米，高12.35米，是全国现存牌坊中最宽的。牌坊北立有下马石碑，上写有满蒙汉三种文字：“官员人等至此下马”。东西各有班房一座，面阔三间，布瓦卷棚顶。往北为大红门，面阔37.99米，进深11.15米，开三券门洞，单檐庑殿顶，大门两侧还各有角门，东西建有长达四十余华里的风水墙，向东抵达马兰关，与长城相连，向西达黄花山麓而止，墙上建有便门共六座，今东西各残余百米墙垣，其余砖石1928年被北洋军阀进驻部队盗卖，计得价银700元之少，大红门也被拆毁。1979年，仿照清西陵大红门复原，耗资16万元。

神道中间以中心石、两侧以牙石组成，中心石和牙石之间用青砖铺墁，大红门内东侧有具服殿一院，坐东朝西，四周有围墙，正门一间，朱红大门，两侧各有角门一间，院内有更衣殿，面阔三间，均黄琉璃瓦单檐歇山顶，殿后有便所一间。1928年被毁，1993年复原。

具服殿之北500米处，为神功圣德碑亭，高达30余米，黄琉璃瓦重檐歇山顶，四面各有一券门，基座为正方形，边长28.76米。亭内石碑高6.7米，宽2.18米，正面碑额上刻篆字“大清孝陵神功圣德碑”，下面刻有满汉双文的碑文，乃康熙帝亲自撰写。原碑亭光绪年间被火焚毁，后对石碑重刻。碑趺为龙首龟趺。碑亭四角有四根汉白玉石柱，名为华表，也称擎天柱，每柱承以须弥座，四周有石围栏，柱身雕蟠龙，四周围以祥云，柱上为承露盘，横插云板一块，柱顶雕一蹲龙。清亡后，碑亭遭到严重破坏，1984年修复。

碑亭往北的神道两侧为石像生。南端为两根六棱形石望柱，周身雕满祥云，高7.17米。柱北有石像生十八对，其数量超过明长陵，由南往北依次是卧狮、立狮、卧狻猊、立狻猊、卧骆驼、立骆驼、卧象、立象、卧麒麟、立麒麟、卧马、立马各一对，武将、文臣各三对，高2.6米。武将石雕全身甲胄，铁甲上饰四团正龙补服，乃亲王爵所穿，文臣石雕服饰为正一品，头戴暖帽，胸前方补上为仙鹤一只，颈挂朝珠108颗。

陵墓缺点：

顺治帝死后，后妃董鄂氏（不同于董鄂妃）殉葬，因此，其被赐号贞妃。孝献皇后有 30 余名太监宫女殉葬，后来，康熙帝废除殉葬制度。

孝陵仅用时一年半便完工，当地有“拆了明陵建清陵”的说法。经考证，孝陵确实拆了明代建筑修建孝陵，但其拆的是明嘉靖年间的清馥殿（嘉靖皇帝烧香地点）。

近代状况：

孝陵在清代皇家陵寝中比较特殊，其中所埋葬的清世祖及其两位皇后全部采用的是火葬，所以在地宫中仅留有三个骨灰坛，而且清世祖生前明确表示不要厚葬，加之地宫的防御严密，这使得清孝陵成为在民国时期清东陵唯一一个保存完好的皇陵。

该陵始建于 17 世纪 60 年代，到 20 世纪 90 年代历时 330 多年，在自然力及人力的破坏下已经相当残破，经中华人民共和国国家文物局批准，于 1991 年至 1993 年进行了全面的维修，从而又以健康的风姿展现在世人面前。

清孝陵所处的地理形势：

山脉自太行逶迤而来，重岗迭阜，凤翥龙蟠，一峰柱笏，状如华盖。前有金星峰，后有风水峪，诸山耸峙环抱。左有鲶鱼关，马兰峪尽西朝，俨然左铺；右有宽佃峪，黄花山皆东向，俨然右弼。千山万迭，回环朝拱。左右两水，分流夹绕，俱汇于龙虎峪。

清孝陵风水：

昌瑞山原名丰台岭，一峰播笏，万岭回环。北开幛于雾灵，南列屏于燕壁。含华毓秀，来数千里长白之源；凤舞龙蟠，结亿万年灵区之兆。且其间百川旋绕，势尽朝宗；四境森严，象皆拱卫。实为天生福地。

清东陵南以兴隆口为结咽束气的水口，烟墩山和象山东西夹峙，关锁严密；北以昌瑞山为雄浑壮阔的后靠；东侧马兰峪、鲇鱼关“峰峦秀丽，势尽西朝，俨然左辅”；西侧宽佃峪、黄花山“昂日骞云，势皆东向，俨然右弼”，对陵寝形成环抱之势。

孝陵以金星山为朝山（陵寝正前方所对之山），以影壁山为案山（墓

穴与朝山之间的小山），以昌瑞山为靠山（陵墓后靠之山），三山的联机即为孝陵建筑的轴线。由于金星山、昌瑞山之间的距离长逾八公里，为突出体现二山的关系而又能形成恢宏的气势，营造者特意设置了一条长约六公里的神路（专供棺椁、神牌通过的甬路），将自石牌坊（用石料构筑的牌楼，是陵区入口的标志物）至宝顶（地宫之上的封土）的几十座建筑贯穿在一起，并依山川形势分成了三个区段。一是石牌坊到影壁山间长约一点五公里的区段。在这个区段内，配置了宽大的石牌坊和高耸的神功圣德碑亭(内竖为皇帝歌功颂德的石碑的方亭,亦称大碑楼)，与拔地而起的金星山及平圆的影壁山相呼应。

二是影壁山至五孔桥间长约三点五公里的区段。在这个区段内，配置了石像生（设在神路两旁的石人、石兽雕塑群）、龙凤门（由三间石雕火焰牌楼和四段琉璃壁组成的门坊）、一孔桥、七孔桥和五孔桥等低平建筑，以同周围的平坦地势相协调。三是五孔桥至宝顶间长约一公里的区段。在这个区段内集中配置了神道碑亭（内竖镶刻帝后谥号石碑的方亭）、隆恩门（陵院的大门）、隆恩殿（举行大祭活动的主要殿堂）、方城（砖砌的方形城台）、明楼（建在方城之上的内竖墓碑、檐挂陵名匾额的方亭）、宝顶、宝城（围绕宝顶的城墙）等主要礼制性建筑。并且这些建筑由南至北依次升高，以与昌瑞山及两侧护砂（陵寝左右的山丘）相互配合。这些建筑的配置与组合，均以风水学中的形势理论为指导，其大小、高低、远近、疏密皆以“百尺为形，千尺为势”的尺度进行视觉控制。并将山川形胜纳于景框之中，作为建筑的对景、底景和衬景，实现了“驻远势以环形，聚巧形而展势”的目的．给人以“高而不险，低而不卑，疏而不旷，密而不逼”和“静中有动，动中有静”的良好的视觉印象和强烈的艺术感受。

清东陵的选址设计，从地质、水文上都经过周密的勘测，布局结构也很讲究，殿宇、陵墓高低参差，主次分明，既体现了封建王朝森严的等级，又有严谨的科学性与审美艺术性。

第七节　文化名墓——遵化清圣祖康熙景陵

景陵是清圣祖爱新觉罗·玄烨（康熙帝）的陵寝，位于遵化州西北七十里昌瑞山孝东陵之东稍南二里许。始建于康熙十五年（公元1676年）二月初十日，二十年（公元1681年）二月营建告成。康熙皇帝首创了先葬皇后，地宫门不关闭，以待皇帝的先例。

康熙二十年三月初八日仁孝皇后、孝昭皇后一同奉安入景陵地宫，地宫门未关闭；

康熙二十八年十月二十日孝懿皇后奉安入景陵地宫，地宫门未关闭；

《皇朝文献通考》康熙皇帝在位六十一年，于康熙六十一年（公元1722年）十一月十三日殡天，雍正元年（公元1723年）九月初一日奉安于景陵地宫，掩闭地宫。

《钦定大清会典卷四十二》：“景陵在昌瑞山，孝东陵之东。孝诚仁皇后合葬，孝昭仁皇后、孝懿仁皇后、孝恭仁皇后祔葬，敬敏皇贵妃（雍正元年追封皇贵妃，连升两级）从葬。”

景陵于康熙十五年（公元1676年）二月十日动工，康熙二十年（公元1681年）完工。景陵北依昌瑞山，建筑布局由南往北依次为：圣德神功碑亭、五孔拱桥、望柱、石像生、下马碑、神厨库、牌楼门、神道碑亭、二柱门、台石五供、方城、明楼、宝城、宝顶，宝顶下是地宫。这些大大小小的建筑以一条宽9.70米的神路贯穿成一个完整的序列，该神路南与孝陵神路衔接，北端直达宝城，弯环如龙，盘曲有情。

景陵是清五朝在东陵界内营建的第二座皇帝陵，其建筑规模稍逊于孝陵，建筑规模总体上是以孝陵为蓝本，但局部又有所改创。如圣德神功碑亭内立双碑；石像生缩减为5对；改龙凤门为牌楼门等。景陵在葬制上也有重大变革，开创了先葬皇后，附葬皇贵妃的制度；另外还摒弃了尸体火化入葬的传统而改为土葬。

遵化清圣祖康熙景陵

景陵的建筑风格及丧葬形式大多为后世所效仿，起到了承上启下的作用。清朝皇陵中的圣神功德碑亭是由嗣皇帝兴建的，用以彰扬先皇一生的功业，景陵圣德神功碑亭建于雍正三年至雍正五年（公元 1725 年～公元 1727 年）。按照雍正皇帝的意愿，亭内竖立了两块石碑，分别镌刻满文、汉字，用以记述康熙大帝 60 多年的赫赫功德。碑文由雍正皇帝亲自撰写，长达 4300 多字，是后世研究康熙朝历史的珍贵史料。景陵石像生的布置有别于清代所有帝陵，自五孔桥至牌楼门段的神路由于地形的影响而呈弯环的曲线，无法像其它陵寝那样对称布置，于是当时的建筑设计人员就根据神路走向因地制宜随曲就弯地进行设置，一改其呆板的模式而呈现出灵活多变、步移景换的效果，体现了当时人们的聪明和才智。

景陵的建筑规制和布局依顺治帝的孝陵而建，二陵地面建筑大体相同。隆恩殿内大柱耸立，甚为壮观。

从景陵向东，有康熙妃嫔的园寝两座，即太妃园寝和景妃园寝。其陵寝造型独特，方城并列，连为一双，具有象征意义，后人称为双妃园寝。

景陵北依昌瑞山，建筑布局由南往北依次为：圣德神功碑亭、五孔拱桥、望柱、石像生、下马碑、神厨库、牌楼门、神道碑亭、二柱门、台石五供、方城、明楼、宝城、宝顶，宝顶下是地宫。这些大大小小的建筑以一条神道贯穿成一个完整的序列，南与孝陵神道衔接，北端直达宝城，弯环如龙，盘曲有情。

北有昌瑞山做后靠如锦屏翠帐，南有金星山做朝如持笏朝揖，中间有影壁山做书案可凭可依，东有鹰飞倒仰山如青龙盘卧，西有黄花山似白虎雄踞，东西两条大河环绕夹流似两条玉带。群山环抱的堂局辽阔坦荡，雍容不迫，真可谓地臻全美，景物天成。

在抗日战争期间，侵华的日军和溥仪的伪满洲国军队曾派军驻守东陵，抗战胜利以后，守卫东陵的日满军队撤走，盗匪对东陵进行盗墓，挖开了康熙的景陵、咸丰的定陵、同治的惠陵等。

第八节　文化名墓——易县清世宗雍正泰陵

清泰陵是清世宗雍正帝及其皇后的合葬陵墓。位于距易县 15 公里的永宁山下，海拔 382 米，始建于 1730 年（雍正八年），占地 8.47 公顷，内葬世宗雍正帝、孝敬宪皇后、敦肃皇贵妃。清泰陵清西陵中建筑最早，规模最大，体系最完整的一座帝陵。

清世宗，名爱新觉罗・胤禛（公元 1678 年 12 月 13 日～1735 年 10 月 28 日），康熙皇帝第四子，康熙病死后继位，为清代入关第三帝。雍正是一位十分复杂而矛盾的历史人物，他是勇于革新、勤于理政的杰出政治家，对康熙晚年的积弊进行改革整顿，一扫颓风，使吏治澄清、统治稳定、国库充盈、人民负担减轻。但他毕竟是封建皇帝，有着重大过失和种种局限，他的继位为帝，也存在很大疑点。在功绩上：雍正首先取消了千百年来的“人丁税”，实行了有利于贫农的“摊丁入亩”，这个中国赋税制度的重大变革；创立军机处，推广奏折制度。明代权力集于内阁，故有权相产生。清雍正把权力进一步集中在皇帝手中，创立军机处，军机大臣直接与各地、各部打交道，了解地方情形，传达皇帝意旨；在少数民族地区实行改土归流，打击和限制了土司的割据和特权，对民族地区的经济文化发展有利。此外，雍正还有许多值得称道的政绩，如惩治贪污、解放贱民、平定罗卜藏丹津、始派驻藏大臣等，为中国的统一与发展做出了贡献。

易县清世宗雍正泰陵

清泰陵整体结构：

泰陵整个陵寝分前后两个部分，前部分是门、坊、碑、亭，后部分主要是殿宇和地下宫殿。五孔石拱桥是泰陵最前面的建筑，10. 94 米宽，87 米长，拱高 4.9 米，由长方形青白石建成。五孔桥北，有巍峨高大雕工精美的三座石牌坊，一座居中横跨神道，二座稍后，分列左右。大红门是西陵的总门户，门有三洞，设东西便门各一。

清泰陵建筑构造：

进入大红门，面对宏伟的古建筑群，人们不禁会问：清王朝入关定都北京后，已在遵化县马兰峪开辟了清东陵，为什么雍正不随祖父顺治，父亲康熙葬在清东陵，而又另选陵址，在易县新开辟清西陵呢？雍正，是康熙的第四子，爱新觉罗氏，名胤禛。生于康熙十七年十月三十日，其母乌雅氏，即孝恭仁皇后。康熙三十七年封多罗贝勒，时年二十岁。康熙四十八年三月晋封为和硕雍亲王，时年三十一岁。康熙六十一年十一月十三日，康熙皇帝崩于畅春园，十一月二十日，胤禛即皇帝位，时年 45 岁。第二年改元，年号雍正，于雍正十三年八月二十三日崩于圆明园，卒年 58 岁，乾隆二年（公元 1737 年）三月初二葬于泰陵。

纵观雍正的一生，他是我国历史上勤政的皇帝之一。为颂扬他的功劳，于乾隆二年六月在大红门北面建筑了一座圣德神功牌楼，高 26. 05 米，黄琉璃瓦盖顶，碑楼内地面中心有巨石台基，雕有寿山福海和鱼鳖虾蟹，石基上卧巨型石雕狴兮（bixi）一 对，各驮石碑一统。碑帽皆伏缠浮雕龙四条。碑额有“大清泰陵圣德神功碑”字样，碑身镌刻着满、汉两种文字，颂扬雍正的 功德。在碑楼外的广场上，四角各有石雕华表一根，高达 12 米，华表亦称“桓表”，古代用以表示王者纳谏或指路的木桩，而设在陵墓前的大柱又名“墓表”，四根墓表顶部，各蹲有石雕怪兽一尊，名曰望天吼，据说寓意是“望君出，盼君归”，劝祭祀的君主及时回朝治理政务。墓表通身浮雕巨龙盘绕向上，加之如意云朵、云板，颇为壮观。

过了圣德神功碑楼，是清西陵最大的一座桥梁——七孔石拱桥和石像生。五对石像生分别是狮子、大象、骏马和文臣武将。这些石雕动物和人物以对称的形式分别排列在神道两旁，象征着皇帝的仪仗队守卫在陵前。石像生又本姓阮，是秦始皇的爱将，身高丈二，智勇双全，屡建战功，大败匈奴。阮翁仲死后，秦始皇深表哀悼，命工匠铸一翁仲铜像，立于咸阳宫司马门外，犹如英勇的卫士。后来，人们把陵墓前的石像生称为“翁仲”。这些石像生各有寓意：文臣武将，均为皇帝的爱卿，把他们的石像置于皇帝的陵寝之中，表示君臣永不分离，心心相印。骏马，是历代皇帝征战、行猎及生活中不可缺少的坐骑。据说，雍正的曾祖皇太极一生戎马，继位以后，依旧人不解甲、马不离鞍，他率领的铁骑踏遍了白山黑水，统一了东北地区，被称为“马上皇帝”。在辽阳战役中，他被明朝总兵李成梁围困，幸亏战马善于驰骋才免予危难。清朝历代皇帝对马都十分钟爱，所以，把马的雕像置于陵前，象征帝王虽死，雄心尚存，开疆扬威，备以骏马。大象温顺驯服，寓意皇帝广有顺民。石象背上还雕有宝瓶，谓之“太平有象”或“天下太平”，狮子凶猛，吼声震天，象征着皇家势力强大，威震天下。在古代，石狮子不但皇陵有，就是官府衙门和有钱有势的家门前，也置放石雕狮子，以示权威。

穿过石像生，走过龙凤门，经两座三孔石桥，便进入宫殿区。首先映入眼帘的是一座神道碑亭，内有狴翕驮碑一统，碑面镌刻着皇帝的庙号、谥号和徽号。再往北是隆恩门，门内，宏伟壮观的隆恩殿居中，东西配殿分列两旁，与隆恩门构成一个宽敞的四合院部局，给人一种庄严肃穆的感觉。板的地方，西配殿是喇嘛念经的地方。隆恩殿是陵区内最大的有三间暖阁，中间为明间，设神龛仙楼，挂帷幔、供奉帝、后牌位。西暖阁内安置宝床，床上设檀香宪座，供奉妃嫔牌位。皇帝谒陵时，帝、王、公皆素服，行大飨礼时，皇帝穿朝服，陪祭的王公百官亦穿礼服参加祭把。

泰陵后寝院内还有二柱门、石五供、方城、明楼、宝城、宝顶、地宫等建筑。石五供是皇家女眷祭把的地方，供台分上下两部分构成，上部有石香炉一樽居中，两侧各有石花瓶、石蜡扦分列，共计三种五样供品，均用青白石雕成，故称“石五供”。供座是由两块巨石雕成的须弥座，须弥座周围有很多精美的雕刻图案，如传说中的“八仙”图案等。

石五供祭台之北，屹立着方城、明楼，是整个陵区最高的建筑物，雄伟壮观的方城，把精巧多姿的明楼高高托起，镶嵌在湛蓝的晴空里，构成一幅美丽的图画。明楼内有石碑一统，碑基为须弥座，游龙浮雕，施有五彩，碑身以朱砂涂面，碑面用满、汉、蒙三种文字刻着“世宗宪皇帝之陵”字样。方城两边有高大的城墙，绕墓一周叫宝城。宝城中间隆起的巨大土丘，便是雍正皇帝的坟墓，名字叫宝顶，泰陵宝顶面积为3600多平方米，在西陵诸宝顶中面积最大。宝顶下面便是工程浩大的地下宫殿。地宫内除埋葬着雍正皇帝外，还附葬着孝敬宪皇后和敦肃皇贵妃……

泰陵的建筑历时有八年。泰陵是清西陵中规模最大的一座陵墓，也是西陵陵园的核心部分。前后有三座高大精美的石牌坊和一条宽达十多米、长五公里的神道，通贯陵区南北。神道两侧的石像生有石兽三对、文臣一对、武臣一对。泰陵石像生采用写意的手法，以浓重粗大的线条，勾画出人物和动物的形象，再用细如绣花的线刻，表现细节、花纹。体现了清代石雕艺术独到的雕刻技法。

泰陵主体建筑自最南端的火焰牌楼开始，过一座五孔石拱桥，便开始了西陵最长的神路——2.5公里长的泰陵神路，沿神路往北至宝顶，依次排列着石牌坊、大红门、具服殿、大碑楼、七孔桥、望柱、石像生、龙凤门、三路三孔桥、谥号碑亭、神厨库、东西朝房、东西班房、隆恩门、焚帛炉，东西配殿、隆恩殿、三座门、二柱门、石五供、方城明楼和哑巴院、宝顶等建筑。

泰陵东侧有泰东陵和泰妃园寝。泰东陵葬有乾隆生母孝圣宪皇后，泰妃园寝内葬有裕妃、齐妃等21个妃子。泰陵以元宝山、蜘蛛山为远近案山，左右砂缠绕，形成完整的砂山体系。

到雍正登基后七年，命怡亲王允祥、大臣高其倬和户部侍郎洪文澜，在东陵找遍都没有适当地方，勉强可用唯偏北的九风朝阳山，可惜此地规模虽大，形势未全，只好放弃东陵建墓的计划。最后众大臣在易州境内永宁山太平峪，发觉一处合适结穴，在奏报上称：“乾坤聚秀之区，阴阳和会之所，龙穴砂水，美不胜收，形势理气，诸吉咸备，诚万年佳城也。地脉之呈瑞，关乎天运之发祥，历数千里蟠结之福区，开亿万斯年之厚泽。”

皇陵选址很注重水势，清世宗原来也准备葬在遵化州境内，即位之后，他先后派人在遵化境内，沿长城一线的孝陵、景陵近地马兰关、平顶山、鲇鱼关、大安口、冷嘴头、沙波峪、罗文峪、甘家峪、马蹄峪等处选择万年吉地，最后在遵化州之东的九凤朝阳山地方为自己选定了陵址。

这里虽然位于遵化州城之东，但毕竟与世祖孝陵和圣祖景陵距离不远。选定之后，又准备了一批墓料和砖瓦石料，准备动土兴工。但是经过那些堪舆家的反复勘察之后，认为此处规模虽大，但“形局未全，穴中之土又带砂石，实不可用”。

为了保证万年吉地的质量，世宗又派出堪舆家在各地进行选择。经过反复踏勘和比较，怡亲王允祥和大臣高其倬向世宗推荐了一块上吉之壤，这就是易县泰宁山太平峪。他们称颂这里是“乾坤聚秀之区，为阴阳和会之所，龙穴砂水，无美不收，形势理气，诸吉咸备”。世宗皇帝看了奏折之后，也觉得这里“山脉水法，条理详明，洵为上吉之壤”。雍正最初在昌瑞山附近的九凤朝阳山为自己选定了陵址，当工程即将展开时，却变卦了。清王先谦《东华录》载雍正传下手谕：此地近孝陵、景陵，与朕初意相合，及精通堪舆之人再加相度，以为规模虽大而形局未全，穴中之土又带砂石，实不可用。

永宁山，即泰宁山，在州西五十里，乾隆元年八月，以宗宪皇帝陵寝所在，敕封为永宁山。山势自太行来，巍峨耸拔，脉秀力丰，峻岭崇山，远拱于外，灵岩翠岫，环卫其间。前则白涧河旋绕，而清漉、沙滋诸水会之，后则拒马河潆流，而胡良、琉璃、大峪渚水会之，信天造吉壤，亿万世灵长之兆。

第九节　中国名墓—遵化清高宗乾隆裕陵

清高宗爱新觉罗·弘历（公元1711年～公元1799年），清朝第六位皇帝，定都北京后第四位皇帝。年号乾隆，寓意“天道昌隆”。25岁登基，在位六十年，退位后当了三年太上皇，实际掌握最高权力长达六十三年零四个月，是中国历史上执政时间最长、年寿最高的皇帝。乾隆帝在位期间平定大小和卓叛乱、巩固多民族国家的发展，六次下江南，文治武功兼修。并且当时文化、经济、手工业都是极盛时代，他在发展清朝康乾盛世局面作出了重要贡献，确为一代有为之君。庙号清高宗，谥号法天隆运至诚先觉体元立极敷文奋武钦明孝慈神圣纯皇帝。葬于清东陵，清裕陵。

遵化清高宗乾隆裕陵

裕陵自南向北依次为圣德神功碑亭、五孔桥、石像生、牌楼门、一孔桥、下马牌、井亭、神厨库、东西朝房、三路三孔桥及东西平桥、东西监狱、隆恩殿、三路一孔桥、琉璃花门、二柱门、祭台五供、方城、明楼、宝城、宝顶和地官，其规制既承袭了前朝，又有展拓和创新。裕陵明堂开阔，建筑崇宏，工精料美，气势非凡。

乾隆帝在位六十年，又当了四年太上皇，被称为“十全老人”。他生前酷爱文艺，吟诗成集，广收名画古帖及珍异占玩，生之同屋，死之同穴。裕陵寝宫，殿宇宏伟，隆恩殿内聚金敛玉，琳琅满目，堪称奇异珍宝大观。

裕陵地宫建筑工程浩大，工艺精湛，是石结构和石雕刻相结合的典范．显示了乾隆盛世时代中国生产工艺的高度水平。地宫进深五十四米，落空面积 372 平方米，分为明堂、穿堂和金券三部分，平面呈“主”字形。三道石门楼的出檐、瓦垄、吻兽全是汉白玉石雕，八扇石门各浮雕菩萨立像 1 尊，个个眉目传神，头道石门洞壁上的四天王坐像同真人一般大小，威武雄壮，神态逼真。明堂、穿堂券顶各有石雕佛像 5 尊、24 尊。地宫最后一道门内是停放棺椁的金券，两壁亦刻有佛像、佛经。石床中间放置乾隆帝棺柩，两侧葬有 2 位皇后，3 位贵妃。乾隆棺椁体积庞大，棺内衬以五色织金梵字陀罗尼缎五匹，各色织金龙彩缎 8 匹，内外共衬 13 层，十分豪华。随葬殓物极其丰富，有各种珠玉宝石、金银器玩数百件，其中最珍贵的是颈项上一串朝珠和身旁一柄九龙宝剑，价值连城。整个地宫装饰富丽豪华，雕凿精细巧致，宛若人间宫殿，不仅是一座不可多得的石雕艺术宝库，又是一座庄严肃穆的佛堂。

裕陵地宫内葬乾隆皇帝，孝贤、孝仪两位皇后，慧贤、哲悯、淑嘉 3 位皇贵妃，共计 6 人。裕妃园寝在裕陵以西一里，葬有乾隆的皇后乌喇那拉氏和皇贵妃、贵妃及妃嫔贵人等共 36 人，其中就包括有着传奇色彩的香妃园寝。

裕陵地宫有三堂室四道石门，均为传统的拱券式石结构。除地面外，四壁及券顶都布满各种石刻图案等，及用、藏文镌刻的数万字的佛经经文。线条清晰流畅，形象逼真。图案繁多，但有主有从，浑然一体。

除地面外，四壁及券顶都布满各种石刻图案等，及用、藏文镌刻的数万字的佛经经文。线条清晰流畅，形象逼真。图案繁多，但有主有从，浑然一体。

一座地宫，仿佛一座佛教艺术宝座，绽放佛光。裕陵地宫有三堂室四道石门，均为传统的拱券式石结构，进深达 54 米，总面积为 372 平方米。四道石门门楼上的出檐、瓦垄、吻兽均为青白石雕刻。八扇石门，每扇刻有一尊 1 米半高的立式菩萨像。头道石门内口门洞两壁上，刻着四大天王的坐像，手执法器，如真人大小。在明堂券有八个安放帝后册宝的石座，券顶刻着五方佛像。穿堂券内的两壁刻有五欲供，券顶刻 24 尊佛像。金券为地宫的主体建筑，有停放棺木的石台——宝床。宝床正中的清高宗梓宫下有金眼吉井 1 口，口径仅 10 多厘米，是本陵穴点所在，井内埋着清高宗生前最喜爱的物品。金券顶刻有三大朵佛花，东西壁刻一尊佛像和八宝图案。地宫四壁上刻番文经咒 29464 个字、梵文经咒 647 个字。雕法娴熟精湛，线条流畅细腻，造型生动传神，布局严谨有序，堪称“庄严肃穆的地下佛堂“和“石雕艺术宝库”。

裕陵的这些特征既是乾隆皇帝好大喜功、笃信佛教个人意志的体现，也是处于鼎盛时期的清王朝综合国力的反映。

乾隆八年二月初十日丑时，正式破土兴工，嘉庆四年九月乾隆入葬地宫。如此豪华的地陵，于 1928 年被盗，不但盗走墓中宝物，甚至还把乾隆的遗骨抛出棺外，惨不忍睹。乾隆裕陵被盗后，清皇室后人开始派人整理，将散乱的骸骨拼凑起来，并破天荒将乾隆及五个皇贵妃合葬在一起。

清东陵是一块难得的“风水宝地”。胜水峪是昌瑞山右一脉，龙属尊贵，砂水回环，朝案端严，罗城周密，龙翔凤舞，精气凝结于中区；星拱云联，象纬朝宗于宸级。百神胥护，宏开百世之模；万寿无疆，允协万年之吉。北有昌瑞山做后靠如锦屏翠帐，南有金星山做前朝如持笏朝揖，中间有影壁山书案可凭可依，东有鹰飞倒仰山如青龙盘卧，西有黄花山似白虎雄踞，东西两条大河环绕夹流似两条玉带。群山环抱的堂局辽阔坦荡，雍容不迫，真可谓地臻全美，景物天成。当年顺治帝到此

打猎，被这片灵山秀水所震撼，当即传旨“此山王气葱郁可为朕寿宫”。从此昌瑞山下便有了规模浩大、气势恢宏的清东陵。

第十节　文化名墓——易县清仁宗嘉庆昌陵

清昌陵是嘉庆皇帝爱新觉罗颙琰和孝淑睿皇后喜塔腊氏的陵寝，位于清西陵的泰陵之西。它的神道在泰陵圣德神功碑亭南与之相接，是唯一与清西陵主神道相接的帝陵。沿途三孔平桥一座，西行 300 米北折，建有清朝最后一座圣德神功碑亭。往北部分与泰陵皆同。唯隆恩殿地面独具特色。清代皇陵都是皇帝本人或嗣皇帝为先皇建造的，只有昌陵是嘉庆皇帝的父亲乾隆皇帝为他督造的，是父亲给儿子造陵。

嘉庆昌陵

昌陵的建筑形式与布局，跟泰陵基本一致，其豪华富丽亦不亚于泰陵。隆恩殿大柱包金饰云龙，金碧辉煌，地面用贵重的花斑石墁地，黄色的方石板上，带有紫色花纹，光滑耀眼，好像满堂宝石，别具特色。昌陵有清朝建立的最后一座圣德神功碑亭，此后清朝皇帝各陵均不建圣德神功碑亭。

从前面的神道到最后的宝城，一应俱全，但昌陵的宝城比泰陵还高大。昌陵的隆恩殿很有特色，地面铺的是很贵重的黄色花斑石，黄色的方石板上有天然雅致的紫色花纹，光彩耀目，满殿生辉，素有“满堂宝石”之称。嘉庆皇帝的皇后陵昌西陵的回音石、回音壁，回音效果绝妙无比，可与北京天坛的回音壁相媲美。

昌陵西边是昌西陵和昌妃园寝，分别葬着孝和睿皇后和妃嫔等人。

嘉庆皇帝遵循父亲的依昭穆次序在东陵、西陵界内分建陵寝的制度，在，按照乾隆为他选好的陵址，于即位当年开始兴建，到嘉庆八年（公元 1803 年）完工。这是清西陵营建的第二座皇帝陵寝。与此同时兴建、同时完工的还有嘉庆皇帝 17 位嫔妃的园寝——昌陵妃园寝。嘉庆帝来到陵寝视察，见陵寝壮观华美，十分满意，封赏了负责工程的官员。但是随后嘉庆陵寝修建中出现的一系列弊案被接连爆出，先是承办昌陵工程的嘉庆帝的小舅子盛住贪污 5 万两加价银和四万两采购银；随后又爆出了石像生造假案。在昌陵工程基本完工后 5 年，也就是嘉庆十三年的六月，西陵守护大臣永鋆奏报嘉庆帝发现昌陵工程有工程质量问题，由于连月大雨，好几处建筑出现渗漏，嘉庆帝立即派人查看，经过检查发现昌陵几乎所有建筑都存在工程质量问题。嘉庆帝大怒，严厉处罚了承修人员，紧接着进行了为期两年的大修。

泰东陵是清西陵 3 座皇后陵中规模最大的一座。乾隆元年（公元 1736 年）九月，主持泰陵工程事务的恒亲王弘晊，内大臣、户部尚书海望向乾隆帝请示：雍正帝入葬泰陵地宫后，是否给皇太后预留分位？乾隆帝不便做主，转而请示皇太后。皇太后降懿旨：“世宗宪皇帝奉安地宫之后，以永远肃静为是。若将来复行开动，揆以尊卑之义，于心实有未安。况有我朝昭西陵、孝东陵成宪可遵，泰陵地宫不必预留分位。”乾隆帝遵照皇太后懿旨，于乾隆二年（公元1737年）在东正峪为皇太后营建泰东陵，约于乾隆八年（公元1743年）建成。其主要建筑由南至北依次为：三孔拱券桥一座、东西下马牌、东西朝房各5间、东西值房各3间、隆恩门一座5间。东西燎炉、东西配殿各5间、重檐大殿一座5间。陵寝门3座、石五供、方城、明楼、宝城、宝顶。宝顶下是地宫。陵前左侧是神厨库。库外井亭一座。泰东陵与其他皇后陵相比，有三点独创之处：

一、首创隆恩殿月台上设铜鹿、铜鹤之制。在泰东陵之前建成的昭西陵和孝东陵，隆恩殿月台上只设铜炉1对。而泰东陵则又增设铜鹿、铜鹤各1对。很明显，这是仿照帝陵之制，首创了皇后陵设铜鹿、铜鹤的制度。以后建的各皇后陵改为设铜鹿、铜鹤各一只，成为定制。

二、首创大殿内东暖阁建佛楼之制。在泰东陵以前建的皇帝陵和皇后陵，均无佛楼之设。泰东陵则在隆恩殿东暖阁建了佛楼，为一层。这与孝圣皇后笃信佛教有关。从此以后，凡皇帝陵均建佛楼。皇后陵只慈禧陵建了佛楼。凡以后建佛楼均为上下两层。

三、地宫内雕刻经文、佛像。以前总认为清代皇陵中，第一个在地宫内镌刻经文、佛像的是乾隆帝的裕陵。清宫档案记载，泰东陵地宫里也镌刻了经文、佛像。泰东陵早裕陵6年而建。这表明第一个在地宫内镌刻经文、佛像的不是裕陵而是泰东陵。清宫档案还记载，泰东陵地宫的地面不是用条石铺墁，而是用金砖铺墁。具体泰东陵地宫的规制、经文佛像的内容，因为地宫尚未开启，档案也不全，还有待我们进一步研究、考证。

昌陵的建筑形式与布局，跟泰陵基本一致，其豪华富丽亦不亚于泰陵。隆恩殿大柱包金饰云龙，金碧辉煌，地面用贵重的花斑石墁地，黄色的方石板上，带有紫色花纹，光滑耀眼，好像满堂宝石，别具特色。昌陵有清朝建立的最后一座圣德神功碑亭，此后清朝皇帝各陵均不建圣德神功碑亭。

嘉庆元年（公元1796年），清朝入关第五代皇帝仁宗爱新觉罗·颙琰即位，他遵循父亲的依昭穆次序在东陵、西陵界内分建陵寝的制度，在泰陵之西 500米处选定了陵址，于当年开始兴建，到嘉庆八年（公元

1803年）完工。工程结束后，陵寝定名为“昌陵”。这是清西陵营建的第二座皇帝陵寝。与此同时兴建、同时完工的还有嘉庆皇帝17位嫔妃的园寝——昌妃园寝。

昌陵内葬仁宗嘉庆皇帝和孝淑睿皇后，位于泰陵西侧，于嘉庆八年（公元1803年）建成，建筑形式与泰陵大同小异，规模并列。嘉庆是乾隆的第十五子，乾隆传位给他时并为他在泰陵南西南一公里的地方，选好陵址。

嘉庆二十五年七月，颙琰崩于承德热河行宫，旻宁（道光）继位，将孝和尊封为皇太后。道光二十九年十二月，孝和薨逝，终年74岁。当时，道光帝春秋已高且有病，仍二十七日释缟素。咸丰元年（公元1851年）为孝和兴建昌西陵，竣工后葬于地宫奉安。谥号全称为“孝和恭慈康豫安成钦顺仁正天熙圣睿后”，这位皇后曾生育两儿一女。

昌西陵既不象孝圣皇后（乾隆生母）的泰东陵那样宏伟富丽，也不如慈禧皇太后的定东陵那样豪华奢侈，它近似于道光皇帝的慕陵那种典雅风格。隆思门以内的建筑，从前到后，一座高于一座　昌西陵石五供及宝顶，陵寝围墙前方后圆，表示“天圆地方”。

第十一节

文化名墓——遵化清穆宗同治惠陵

惠陵是清穆宗爱新觉罗·载淳（同治帝）的陵寝，位于景陵东南三公里处的双山峪，载淳在位十三年（公元1862年～公元1874年），生前一直未建陵寝。死后，于光绪元年（公元1875年）二月，清廷选择双山峪为万年吉地，二月二十三日确定陵名为惠陵。自光绪元年八月初三动工，至光绪四年九月竣工（公元1875年～公元1878年），历时三年零一个月，共耗银4359110.89两。

遵化清穆宗同治惠陵

惠陵建筑规制依照定陵，除未建神功圣德碑亭和二柱门外，又裁了石像生和接主神道的神路。建筑布局从南往北依次为：五孔拱桥一座、平桥两座、石望柱两根、牌楼门一座、东西下马碑各一座、神道碑亭一座、神厨库一座、井亭一座、三孔拱桥三路、平桥两座、东西朝房各一座、东西值班房各一座、隆恩门一座、东西老燎炉各一座、东西配殿各一座、隆恩殿一座、琉璃花门三座、台石五供一座、方城、明楼、宝城、宝顶各一座，宝顶下为地宫。陵寝外围环以砂山。除东西值班房为布瓦盖顶外，其他建筑屋顶均用黄琉璃瓦。

同治帝载淳为咸丰皇帝独子，母为懿嫔叶赫那拉氏，即著名的慈禧皇太后。于咸丰六年（公元1856年）生于储秀宫，于咸丰十一年（公元1861年）即皇帝位，年号同治。年仅6岁的载淳，便由一个不谙世事的幼儿突然被抛入复杂险恶的政治旋涡。正是由于载淳年幼，为其生母慈禧太后提供了“垂帘听政”的契机。极具政治野心的慈禧太后联合被排挤在八大臣之外的恭亲王奕䜣，发动宫廷政变，将辅政的八大臣革职幽禁、抄家斩首，于是大权落于慈禧太后与奕䜣之手。载淳登极后不久，慈禧与慈安两太后便携载淳在养心殿正式垂帘听政。从此载淳开始了他的傀儡皇帝生活。

惠陵选址有精通风水的官员参与，包括礼部郎中张元益、四品衔刑部员外郎高士龙、四品衔候补同知李唐、签分湖北试用知县廖涧鸿、从九品李振宇等。

清光绪年间风水官李唐、李振宇，在为同治选择陵寝时，说帖中对东陵的龙脉有详细的论述：东陵龙脉，自雾灵山至玻璃屏，分为三枝，中枝结聚土星，名曰昌瑞山，面朝一大金星。……从昌瑞山之左，分枝下脉，连结几穴，至玉顶山复起顶，下脉旋转有力。过峡玲珑，束气清纯。直到双山峪，又复起顶，层迭而结。……成子峪亦系雾灵山一脉所结，自玻璃屏直脉黄花山，过峡复起，层迭而下。

清东陵的大部分陵寝，南面以金星山为朝山，稍近又以影壁山为案山，而又以各自的砂山为左右护卫。在来龙昌瑞山南麓，又以一低矮的山脚延伸而出，被称为“玄武垂头”，与正南的“朱雀”，即金星山、左右青龙、白虎砂，恰好成为“四兽”之像，围护陵寝建筑物，既与五行相配，又可防避八面来风。在选址时，清陵时时注意“察砂”。如惠陵所居的双山峪，即是以其“左右龙虎砂护从而结”才入选的。

清官档案《宫中杂件》档第二十三包记载双山峪的风水：

“后有大山以为靠，前有金星山以为照。金星山之两旁更有万福山朝于左，象山立于右。此天然之大局，正得上元当令之气，为亿万年绵长之兆，是真上吉之地。”

光绪元年二月二十二日，两宫皇太后发布懿旨，正式宣布双山峪定为惠陵陵址。三月十二日午时正式破土，八月初三日午时兴工。光绪五年三月二十六日同治帝、后入葬。

惠陵前后被盗三次，最早的一次是1945年，后两次分别是1946年、1948年。

当时参与择址的风水官李振宇，为玄空风水名师，河北乐亭人，于道光二十七年（公元 1847 年）授徒马泰青。马泰青为安徽桐城人，名清鹗，号洒洒落落布衣，同治五年（公元 1866 年）著《三元地理辨惑》。

第十二节　文化名墓——南京明孝陵

明孝陵，坐落于南京市钟山南麓独龙阜玩珠峰下，东毗中山陵，南临梅花山，位于南京钟山风景区内，是明太祖朱元璋与其皇后的合葬陵墓。因皇后马氏谥号“孝慈高皇后”，且奉行孝治天下，故名孝陵。其占地面积达 170 余万平方米，是中国规模最大的帝王陵寝之一。

明孝陵始建于明洪武十四年（公元 1381 年），至明永乐三年（公元 1405 年）建成，先后调用军工 10 万，历时达 25 年。承唐宋帝陵“依山为陵”旧制，又创方坟为圜丘新制。将人文与自然和谐统一，达到天人合一的完美高度，成为中国传统建筑艺术文化与环境美学相结合的优秀典范。

明孝陵

明孝陵作为中国明皇陵之首，代表了明初建筑和石刻艺术的最高成就，直接影响明清两代五百余年20多座帝王陵寝的形制，依历史进程分布于北京、湖北、辽宁、河北等地的明清皇家陵寝，均按南京明孝陵的规制和模式营建，在中国帝陵发展史上有着特殊的地位，故而有“明清皇家第一陵”的美誉。

明孝陵建筑布局：

明孝陵处于山清水秀的环境之中，周围山势跌宕起伏，山环水绕，人文与自然景观浑然天成。陵园规模宏大，格局严谨。孝陵建筑自下马坊至宝城，纵深2.62公里，陵寝主体建筑当年建有红墙围绕，周长2.25公里。

明孝陵经历了600多年的沧桑，许多建筑物的木结构已不存在，但陵寝的格局仍保留了原恢宏的气派，地下墓宫完好如初。陵区内的主体建筑和石刻有方城、明楼、宝城、宝顶，包括下马坊、大金门、神功圣德碑、神道、石像路石刻等，都是明代建筑遗存，保持了陵墓原有建筑的真实性和空间布局的完整性。

墓区的建筑大体分为两大部分：第一组神道部分，从下马坊起，到孝陵正门；第二组是主体部分，从正门到宝城、明楼、崇丘为止。

沿神道依次有：下马坊、禁约碑、大金门、神功圣德碑碑亭、御桥、石像路、石望柱、武将、文臣、棂星门。过棂星门折向东北，便进入陵园的主体部分。这条正对独龙阜的南北轴线上依次有：金水桥、文武方门、孝陵门、孝陵殿、内红门、方城明楼、宝顶等建筑。陵寝建筑都是按中轴线配制，体现了中国传统建筑的风格。

明孝陵神道部分：

第一部分是蜿蜒曲折的陵墓神道。自下马坊至孝陵正门（文武方门），包括下马坊、神烈山碑、大金门、神功圣德碑及碑亭（俗称四方城）、神道石刻和御河桥。

明孝陵建筑造诣：

明孝陵建设在朱元璋死前进行十几年，朱元璋对其极为用心，耗费的人力物力都是惊人的。这一切既是为了马皇后，当然也是为了自己。

他对马皇后感情至深，在她去世后再没册立皇后，朱元璋一定会与其合葬。

朱棣继位后还特意为父亲在明孝陵竖立“大明孝陵神功圣德碑”。此后，每年年底皇帝都要到孝陵祭扫，皇族中有人犯事还被罚到孝陵守陵悔过。后来的明朝皇帝一直以南京的紫金山为明朝龙脉所在，对其甚为关注，嘉靖皇帝曾将紫金山改名为“神烈山”，崇祯皇帝还竖立禁止在紫金山采伐、动土的“禁约碑”。

中国建筑学会建筑史学会副会长、东南大学建筑学教授刘叙杰说：“明孝陵代表着明初皇家建筑的艺术成就，是中国陵墓建筑和陵墓文化的缩影。”明孝陵从起点下马坊至地宫所在地的宝顶，纵深达 2600 多米，沿途分布着 30 多处不同风格、用途各异的建筑物和石雕艺术品，整体布局宏大有序，单体建筑厚重雄伟，细部装饰工艺精湛，凝聚了当时政治家、艺术家和建筑师们的才智。

明孝陵的开创性地位还体现在其依山势地形蜿蜒曲折的陵墓神道。明孝陵的神道石刻是中国帝王陵中唯一不呈直线，而是环绕建有三国时代孙权墓的梅花山形成一个弯曲的形状，形似北斗七星。由卫岗的下马坊至文武方门的神道长达 2400 米左右。

明孝陵首开了第一代皇帝陵寝的神道作为后世子孙陵寝共用神道的制度。神道两边分布的 12 对石像生和 4 对石人，石刻风格多样，造型厚重简朴，融整体宏大与局部精细为一体，也代表了中国明初石雕艺术的最高水平。

明孝陵改变了唐宋帝陵方上、陵台、方垣、上下宫制度和十字轴线的陵墓布局，首次按皇宫布局建立“前朝后寝”三进院落制，开创了陵寝建筑平面呈“前方后圆”的基本格局，并一直规范着此后明清两朝 500 多年 20 多座帝陵的建设规制。特别是明孝陵的“前朝后寝”和前后三进院落的陵寝制，反映的是礼制，但突出的是皇权和政治。

明孝陵是现存建筑规模最大的古代帝王陵墓之一，其陵寝制度既继承了唐宋及之前帝陵“依山为陵”的制度，又通过改方坟为圜丘，开创了陵寝建筑“前方后圆”的基本格局。明孝陵的帝陵建设规制，一直规

范着明清两代500余年20多座帝陵的建筑格局，在中国帝陵发展史上有着特殊的地位。所以，明孝陵堪称明清皇家第一陵。这座已有600多年历史的明代皇家陵墓以其墓主显赫、规模宏大、形制独特、背依钟山环境优美而著名于世，是中国现存最大的陵墓之一。

一九九九年三月，考古人员发布一个惊世的发现：明孝陵布局呈“北斗星”图。孝陵的神道以弯曲悠长有别于历代帝王的宽阔直接，一直使人们百思不得其解，并由此附会出很多传说。这一新发现解释了这一离奇现象：古代帝王陵墓中有采用天宫、天象、星宿图的情况，意在“天人合一”、“魂归北斗”的效果，而朱元璋尤其对天象崇仰，因而在生前就把自己的陵墓设计成北斗七星的形状，“勺头”为绕梅花山而环行的导引神道部分，“勺柄”为正北方向直线排列的陵寝建筑部分“勺头”、“勺柄”上的“七星”依次为四方城、神道望柱、棂星门、金水桥、文武坊门、享殿、宝城。从平面图上看，孝陵的“七星”排列走向与南北朝、辽代、唐代所绘制的“北斗七星”图是相同的。考古人员还发现，孝陵的地下玄宫也呈勺子状，而且朱元璋的安葬地确切在明孝陵，而非民间传说中的其他地方。这一说法遭到有关人士的质疑，其直接证据是弯曲的神道是明成祖朱棣所建，而非其父朱元璋亲为，“北斗七星”一说是巧合。还有学者提出朱元璋葬在明孝陵和灵谷寺中间。一时间众说纷纭，难有定论。

坐落在南京紫金山南麓的明孝陵，是明朝开国皇帝朱元璋的陵寝。明孝陵既继承了汉、唐、宋帝陵的传统，又开创了明、清皇陵的新制。在弘扬传统方面，它更加讲究风水地貌的完美，对陵宫神道石像技艺精益求精；在创新方面，它一改唐、宋以来逐步建立的方上、灵台、方垣、上下宫帝陵制度，新建了方城、明楼、享殿、圜丘及长方形陵宫制度。由明孝陵首创的仿皇帝生前宫殿建造的“前朝后寝”陵宫格局，不拘一格设计的蜿蜒曲折神道，大型单体建筑使用砖石起卷的建筑技法，以及皇帝与后世子孙共享陵寝神道的制度，为此后分布于北京、湖北、辽宁、河北等地的明清帝陵所沿用。

朱元璋为何选址于此建陵墓？在一般人眼里，朱元璋选择钟山作为

自己的陵寝，是看中了这里的风水，其实明孝陵的选址过程体现最多的，其实还是古代的环境科学和精妙的建筑规划理论。

譬如，钟山古称“龙山”，早在东汉末年，已被诸葛亮、孙权等政治家视为“龙蟠”之地。朱元璋作为大明开国之君，择金陵“龙脉”以为葬地，这完全符合风水要义。在钟山的南面建造自己的帝陵，在钟山的背面陪葬功臣，让自己的臣子在死后也护卫着自己，南北对应，尊卑昭然。钟山有东、中、西三峰，在古代的风水学上，这被称为“华盖三峰”。按照中国的传统，以中峰的地位最高。而孝陵所处的独龙阜，恰好处于中峰南面的玩珠峰下。

在孝陵之西，有一座小山，人称“小虎山”，过去不解其意，现从风水地貌上分析，方知其正处于孝陵之右的“虎砂”位上，与孝陵之东的“龙砂”之象左右对列；而直对孝陵陵宫的“梅花山”，过去都以为乃朱元璋为让吴大帝孙权这条“好汉”给他的陵寝看大门而留下的，其实，这一如座如屏的小山是孝陵风水中的“案山”，有着十分重要的文化象征意义；其西南方向的前湖及逶迤南下的“钟山浦”，也具有灵动的“朱雀”风水特征。这样孝陵陵宫及宝城就具备了左青龙、右白虎、前朱雀、后玄武的风水“四象”，加之孝陵的三道“御河”都呈由左向右流淌的形式，这种水，在风水上称“冠带水”，亦十分难得。

朱元璋和他的建筑设计师们在刻意利用大自然。朱元璋因势利导，将三条河纳入自己的陵寝范围，既可以保留泄洪通道，又让河流为陵墓增色。这是朱元璋尊重自然规律使然。如果朱元璋为建造自己的陵寝将三条河填平，山洪暴发时，其后果可想而知！孝陵就置身于这种天造地设的优美环境中，在中国明代早期之前的历代帝陵中，像明孝陵这样拥有如此完善的风水景观的陵寝真可谓凤毛麟角。

明孝陵风水：

明孝陵位于钟山南麓独龙阜，艮方来龙，坐子山午向，左水倒右出坤，来龙延绵灵活有力，落脉金星，地势平坦，龙虎砂层层包围水泄不通案山有情，为正穴之地，据说为国师刘伯温所立穴，可惜水流破先后天，为山龙落平洋所结之大地。

明孝陵虽然到了紫金山之来龙正结，但是因为水势之流破而使得朱元璋之后代，先败后成，流往他乡——北京，重新建都于北京，才有现在之“故宫”和“明十三陵”，尤于紫金山（钟山）位于南京市之东边，为南京市之祖山，中山陵和明孝陵皆于钟山之南麓，水由左往右边西方和西南方流破先后天，北边玄武湖为荫龙水，全南京之水会合于长江之下游而出于上海，所以自古南京皆为兵家必争之地，建都于此皆成败多端，先破后成也。

……“明孝陵”之风水适合往外地发展，在本地南京是为先败之局，风水称流破先天损丁，后天损财，孝陵流破先天转后天（兑转坤而去）却损丁（死长子和长孙）而破后天却往外地建都，也应了风水之兆，岂不妙哉！

明洪武九年（公元 1376 年），明孝陵的修建正式开始。历时五年，至洪武十四年（公元 1381 年），这座皇陵基本建成。洪武十五年八月丙午（1382 年 9 月 17 日），马皇后病故，停灵一个半月后，九月庚午（10 月 30 日）奉安于孝陵。马皇后就是孝慈皇后，所以这座陵墓被称为孝陵。然而，孝陵的地面建筑并未因此结束。洪武十六年孝陵大殿完工。洪武三十一年闰五月初十日（1398 年 6 月 27 日），朱元璋崩于西宫，死后七天即葬入孝陵，与马皇后合葬，殉葬的嫔妃有四十六人，其中包括第四子朱棣的生母碽妃。但陵墓的附属工程至永乐三年（公元 1405 年），最后建成“大明孝陵神功圣德碑”为止，孝陵的建设工作才宣告完成，前后延续了整整 30 年。

明孝陵的规模很大．其实际布局，张生三主编《中华帝陵》详述如下：

“明孝陵从 1376 年开始筹建到 1381 年初具规模，此后又有陆续的施工，直到 1405 年才算最后完成，前后历时 29 年，工程十分浩大。陵区周围六十里，南北纵深有六里远近，孝陵神墙周长达五十里，等于南京城墙的三分之二还略多。”陵区的南端，在今天南京市中山门外的卫岗。那里俗称“下马坊”，今天还存有石碑一块，上刻“诸司官员下马”六个大字，表示这里已是神圣的陵区了，官员人等必须心存怵惕，敬谨

步行入内，否则就要“以大不敬论”。另一块石碑刻着“神烈山”三个大字，是嘉靖十年所立，申明此山的神圣性，绝非一般去处。在下马牌坊之东，有崇祯皇帝所立的“禁约碑”，碑文内容是有关护陵、谒陵的规定。

由下马坊东北行约700米，就抵达孝陵的大门——大金门，门上原有重檐琉璃瓦覆顶，现在只剩下光秃秃的三个门洞，过此门洞再北行是一座碑亭，亭顶早已坍塌，仅留四周墙垣和门洞，所以后人称它为“四方城”。城内有大碑一通，碑高8.78米，上书碗口大的字两千七百多个，是明成祖朱棣为颂扬其父朱元璋的“圣功”所立，这就是“大明孝陵神功圣德碑”。

从四方城向西北行，跨过御河桥，就是孝陵的神道。神道平坦宽阔，其两侧自东向西依次排列着狮子、独角兽、驼、象、麒麟、马六种石兽二十四个，每种两对，一立一卧，两两相对。石兽过去，神路折向北去，有华表一对，高6米有余，华表以北，有石翁仲（石人）四对，两文两武。这多达三十四个的石刻群，绵延两里多长，造型高大、生动、雄浑，是明初的典型雕刻，具有不多见的元朝造型艺术特点，具有很高的艺术价值。

从华表处开始，神道由东向西再向北弯去，呈月牙形绕过一座小山包，此山包上满植梅花，故名“梅花山”，其实，它原名“孙陵岗”，上有三国时东吴孙权的陵墓。在我国的历史上，皇帝陵前的神道（又名御道）一般都是阔而又直的以显现皇陵的庄严气势，因此，传说在修孝陵神道时，有大臣建议将孙陵搬走，把孙陵岗辟开，朱元璋听后却说：“孙权是条好汉子，留他在大门口吧！”于是，明孝陵的神道一反常规修成一条左盘右旋的弯道了。

穿过神道，到达“棂星门”。棂星的含义是天上的星宿下降尘世，他的精灵之气聚集为“神”，所以作为陵区的第一道门，“棂星门”表示了陵墓主人的非凡身份。此门早已坍毁，现仅存六个石雕柱础。过了此门，迎面有一小溪，现已大部干涸，这就是原来的御河。河上原有小石桥五座，现仅存三座。过桥再向北走是宽阔笔直的御道，长约两百米，

其尽头处是一围红墙，中间门洞上边砌青石匾额一块，楷书“明孝陵”三个大字，这是孝陵的正大门。大门后为中门，中门早巳无存，清朝同治年间在中门旧址上，修建了一座三开间的房屋，内立碑石五块，中间的一块大书“治隆唐宋”四个金字。这是1699年康熙皇帝第三次下江南亲谒孝陵时的手笔，在康熙六次南巡中，出于政治的需要，就有五次前往孝陵参谒。

再后，踏上十八层石阶，是高脊飞檐的献殿，原有的四十五间，金碧辉煌，清朝初年被毁掉，现存三间，系同治十二年重建。献殿内保存有彩绘明孝陵全图和朱元璋、马皇后、太子朱标的画像。马皇后像端庄秀丽，朱标像则是长了一个特别大的头，和他矮小身材很不谐调，人们称他“大头太子”。朱元璋脸上布满麻点，还有一张极长的下巴，高额头，长眼睛，极其丑陋。有人说，这幅像和故宫所藏朱的画像判如两人，后者是一个面团团的慈祥的老人，而前者的丑八怪样子，是后人所绘的，肆意歪曲。其实，证诸史书，后者倒近于事实，《明史》记载，朱元璋生得“姿貌雄杰，奇骨贯顶”，既“雄”又“奇”，就不是一般的像貌。如果仔细看现献殿中那幅画像，眉宇眼神间很有雄杰气概，颇能使人对十四世纪这位政治人物形成一种想象。

献殿过去继续北行，前面是座高约20米的方形城池，名方城，它的中间是一条宽阔的有五十四级台阶的甬道，拾级而上就到达墓门，一碑耸立于前，上刻“此山乃明太祖之墓”几个篆字。再后就是直径近400米的圆形土丘，名叫“宝顶”，这就是朱元璋、马皇后的合葬坟丘了。宝顶上树木森森，宝顶下就是“地官”。历史记载，朱元璋死前曾告诫亲属和大臣，他的陵寝“务从节俭，器用陶瓦”。因为孝陵尚未挖掘，其“地宫”情况究竟如何，无从得知。不过，从孝陵整个布局和历史所记陵上建筑情况看他的“务从节俭”不可相信，它的规模比今天十三陵最大的陵墓长陵还要大得多。修陵用民工夫役数万人，修陵的石材采自几十里外的黄龙、青龙等山。在今南京麒麟门外的阳山上，我们还可以看到孝陵石碑块材三块，碑身高60米，宽12.5米，厚44米，重量约九千吨，如果再加上碑座、碑帽，此碑通高可达50米以上。这样大的石碑，

在我国历史上实属仅见。因过于庞大当时无法运输而弃置山上。仅此一项，就可见孝陵规模是何等的庞大，何等的劳民伤财了。

明孝陵在平面规划上采取北斗七星和四象环绕的天象布局，神道弯曲并非笔直，具体来说，七个主要建筑：下马坊、大金门望柱、棂星门、五龙桥、享殿、宝城，分别构成了北斗七星的勺头、勺身和勺柄独龙阜东有龙砂，西有虎砂，后有玩珠峰为玄武，南边的梅花山为朱雀，形成四象：左青龙、右白虎、前朱雀、后玄武的格局。明孝陵前的梅花山孙陵岗为案山，江宁的东山为朝山，有前湖为前照，钟山为靠山，整个陵区远朝近案，前有照后有靠，砂环水抱，形成特有的格局。

孝陵玄宫的位置及其周围的地貌，基本上都与《葬书》中的理论相契合。如《葬书》中认为，墓穴应该在来龙的尽端和平坦地带相交之处，亦即“垄葬其麓”。而朱元璋孝陵的宝城，也就是玄宫或穴的所在，恰好在紫金山南面独龙阜玩珠峰前的山麓间，与“形止脉尽”的说法相吻合。又如照《葬书》中的要求，穴的左右两侧，必须“龙虎抱卫”，有重重砂山拥护环抱，与穴相邻的最内侧的龙虎护砂（又称蝉翼之砂），与穴之间还须有“虾须之水以定陵口界线”，而孝陵的宝城左右恰巧有远近群山相互环绕拱卫。

正是由于孝陵玄宫的位置，按照当时流行的形势派风水选在了紫金山的山脉尽处，也就是山脚下，而不是远离山体的开阔平原上，所以才使其在安徽凤阳明皇陵制度的基础上，又有了前所未有的大变革。由于玄宫之后紧贴紫金山，左右又有护砂抱卫，地势所限，于是有了平面为圆形，前面设有一座明楼的宝城，而城内的墓冢也因此呈自然隆起的馒头状。因为如果孝陵仍继续沿用皇陵砖城平面为方形，且四面各置明楼的形式，则不仅砖城的平面分布与其左右“八”字形的界水和砂山走向不相和谐，而且因为陵后为高山，左右为水流，其后、左、右三面明楼及城台的设置也就毫无意义了。而孝陵采取圆形的宝城，则较好地解决了它与自然地貌相协调的关系问题。反之，孝陵宝城左、右、后三面邻山的地理环境，又是宝城前纵深布列院落、安排殿宇的直接原因，而陵区四面环山，兆域内明堂广大的地理特点，又使神道显得长远而深邃。

陵墓的神道从四方城开始。四方城是一座碑亭，位于卫桥与中山陵之间，是明成祖朱棣为其父朱元璋建的“大明孝陵神圣功德碑”。其顶部已毁，仅存方形四壁，内有立于龟趺座上的石碑一块，碑高 8.78 米。碑文由朱棣亲撰，计 2746 字，详述明太祖的功德。碑座、碑额雕琢瑰丽。神道由此向西经外金水桥（今红桥），绕过梅花山再折向北，长约一千八百米。其中段为石象路，这段路上相向排列着十二对石兽，分别是狮、骆驼、象和马等六种，每种两对，姿态是一对伏，一对立。后面是一对高大的华表，上雕云龙，气势不凡。

折向北面的神道上分别列着四对身着盔甲或蟒袍的文臣武将，可惜有些已经损坏。石人石兽的体型都很巨大，是明代石刻的艺术珍品。明孝陵的朱红大门坐北朝南，正对梅花山，门额上书“明孝陵”三字。门外东侧立有一个石刻“治隆唐宋”四个金字，是清康熙帝第三次南巡时亲笔题书。碑亭后原建有两御亭，西边叫宰牲亭，东边的称具服殿，今均已毁坏，仅存一些石柱和石井栏等。在原享殿的位置上尚可见到六十四个石柱的基础，由此可以想象当年享殿的规模是很大的。现在享殿为清同治十二年（公元 1873 年）复建，比原来的要小得多，内供奉朱元璋画像。享殿后是一片纵深一百余米、宽数十米的空地，是当年露天祭祀的场所，中间有甬道，两边林木茂盛。甬道尽头有石桥，称大石桥，又称升仙桥，意思是过了此桥即为“仙界”。桥北是一座宽 75 米、高 16 米、进深 31 米的城堡式建筑，称方城。方城以大条石砌成，正中开拱门式斜隧道，有台阶可步入，计五十四级。出隧道东西各有石级可登城顶。城顶原建有宫殿式建筑明楼，明楼顶部及木质结构已毁，现仅存四面砖墙，南面有拱门三个，另三面各有拱门一道。在方城顶上极目远眺，东面有中山陵，南面是梅花山，西面有中山植物园，北面是“宝顶”，四周树木葱茏，松涛阵阵，不禁令游人发思古之幽情。宝顶是一个直径约四百米的圆形大土丘，即朱元璋和马皇后合葬的地宫，它的四周有条石砌成的石壁，其南边石壁上刻有“此山明太祖之墓”七个大字。梅花山因三国时东吴君主孙权及其夫人葬此，古称孙陵岗，位于明孝陵正南三百米。

明孝陵地面木结构建筑大多毁于1853年清军与太平军之战，现仅存下马坊、禁约碑、内红门、碑亭中壁、石像路、方城明楼下部等砖石建筑。明孝陵布局宏雄，规制严谨，陵神道开了弯而且长的先例并影响了明清两代。陵园纵深2.62公里，当年围绕的红墙周长22.5公里。

2003年入选世界文化遗产，其周边的常遇春墓、仇成墓、吴良墓、吴桢墓及李文忠墓五座功臣墓，也同时被划入世界遗产保护范围。

孝陵是明朝第一陵，其规制较之唐宋有三项重大变革：第一，在陵园布局方面，将原先仿皇城门四开、坟丘在城中央的布局（凤阳皇陵仍如此制），改为前方后圆南北一轴线贯之的布局，陵园建筑由北而南逐级递进，坟丘建于陵园的最北端。

第二，由秦汉至唐、宋，皇陵平面布局为方形，坟丘亦为方形或长方形覆斗状封土，孝陵则改方为圆形。此制为明清两代所沿袭，坟丘皆作圆形或椭圆形，缭以砖垣。

第三，明太祖废除了“寝”的设置，陵园祭祀只在献殿一处，不再有“具盥水、理被枕”一类事死如生的祭祀活动。从此，陵园祭祀更加庄严神圣，陵上之庙（献殿）在国家祀典中的地位直追宗庙。

明孝陵代表了明初皇家建筑艺术最高成就，不仅继承了中国传统帝王陵寝文化中的优秀部分，更重要的是开创了明清皇家陵寝文化的先河。明孝陵对中国帝王陵寝文化的贡献主要体现在以下几个方面：

第一，“天人合一”的古代哲学思想在陵墓布局中得到了形象再现。明孝陵选址是经过朱元璋、刘基、徐达、汤和等人亲自选定的风水宝地，具体选定时间约在洪武二年（公元1369年）。朱元璋强行牵走了原先位于玩珠峰下的千年古刹太平兴国禅寺（即蒋山寺）。据有关专家考察，从空间上看，明孝陵从大金门开始，至碑楼、神道、石望柱、棂星门、金水桥、文武方门、享殿、宝城，其走势呈“北斗星”状：从大金门到金水桥部分为勺斗，从金水桥到宝城部分为勺柄。从玄宫所在地的宝城来看，其东有青龙象，西有白虎象，且“龙砂”高于“虎砂”；西南面的前湖为朱雀象（前湖又称燕雀湖），宝城所依之玩珠峰呈玄武象。与此同时，正对陵宫的孙陵岗（孙权墓）与远处江宁境内的东山又构成“近案”“远朝”的风水形势，而北斗星布局又正好处于“四象”之间。这种陵宫布局体现了中国历代帝王的“君权神授”、“天人合一”思想，是人工与自然巧妙结合的产物。在考古发现中，河南濮阳西水坡仰韶文化遗址中四十五号大墓中的蚌壳龙虎图和北斗天象、秦始皇及历代不少帝王墓葬中星象图的设置等，都体现了这种人文情怀。与一般人不同的是，朱元璋通过自己的陵墓格局设计，来体现了这种人文情怀，从而使道家哲学中的天人合一思想与儒家封建礼治秩序实现了完美统一。

第二，开创了“前朝后寝”的帝王陵宫制度和“前圆后方”的陵墓格局。明孝陵继承了中国帝王陵墓“依山为陵”的制度，但一改汉、唐、宋以来帝陵方上、灵台、方垣、上下宫的制度，合上下宫为一区，新创了方城、明楼、享殿、圜丘（改方坟为圆丘）及宝城、长方形陵宫的制度。在陵寝建筑平面布局上，开创了“前方后圆”的基本格局；在陵宫建筑内容上，首次仿皇帝生前宫殿分前朝后寝的格局，建立“前朝后寝”的陵宫制度。这种格局既继承了汉、唐、宋的帝陵形制中的优秀成分，又创建了新的帝陵制度，并规范着此后明清两代500多年20多座帝王陵墓的建筑形制，在中国帝王陵墓建筑史上具有里程碑的地位。

第三，独特的神道设计理念和精美的神道石刻艺术交相辉映。神道是帝王陵墓的必备内容。我国汉、唐、宋以来的历代帝陵大都采用中轴对称式的神道设计，明孝陵的神道却是蜿蜒曲折，不拘一格。明孝陵神道为何是弯曲的，与明孝陵的陵墓正对面梅花山有关。梅花山古称孙陵岗，是东吴大帝孙权墓所在。传在朱元璋动用十万军工修陵时，有人主张将梅花山搬走，以伸直神道。但朱元璋崇拜孙权是一条好汉，将孙权的墓留着，也好让孙权为其把守门户。就这样，明孝陵神道成了弯曲的了。这一方面显示了朱元璋的雄才大略，做事不拘成法，勇于创新，同时也使陵墓神道增添了深邃之感。孝陵神道的弯曲固然与孝陵陵宫对面的梅花山孙权墓有关，但更多体现的是巧借地势，营造“北斗七星”陵墓格局、以体现“天人合一”的设计理念。设计者在每段视线的终点，适当布置石刻雕像来控制每一段空间，石兽或蹲或立，姿态交替变化，配以苍山远树，创造了一种庄严肃穆的气氛，使人极易笼罩在谒陵的氛围中。可以说，如果没有那蜿蜒曲折的神道存在，明孝陵“北斗七星”说将是永远不能成立的。明孝陵神道石象生形体高大，庄严肃穆，栩栩如生，题材、造型、雕琢技巧具有鲜明特色。

第四，开创了第一代皇帝陵寝神道作为后世子孙（世子或继位皇帝）共享神道的制度。在孝陵陵域内，其东部就有与之相隔仅 60 米的皇太子朱标的东陵。考古勘探表明，东陵没有自己的单独神道和御河及御河桥，而是与孝陵共享一个神道及御河桥。这一制度被后来的明十三陵所使用。北京明十三陵受孝陵影响，共享一个神道，从石牌坊到长陵，总长达 7000 米，从而使之成为世界上最宏伟的陵墓建筑群。

第五，大量使用砖石结构，并具备了体系完善的排水系统。明孝陵地面建筑较多，设计者主要突出了大金门、碑楼、孝陵殿、方城、明楼。这些大型单体建筑物普遍使用砖石起券，用石须弥座做基础，中部墙身以巨石或巨砖迭砌作拱顶，挑檐作石制，建筑物顶部依尊卑级别高低覆盖不同釉色的琉璃瓦构件。在中国古代建筑中，木结构转化为砖石结构，这是从明代开始的，具体说是从明初南京宫墙和陵墓建筑开始。用砖来起拱券，从而出现了无梁殿建筑，这是我国建筑材料和建筑技术的一个大发展，从而奠定了明清帝陵建筑技法的基本格调。这种建筑材料的普遍使用，使明孝陵具有了相当的防火功能。与此同时，明孝陵的排水系统与建筑空间分割达到了和谐有序。南方雨水充沛，帝王陵墓排水系统必须完善，但又不能破坏整个陵域的风水。明孝陵利用天然的水系，设置外御河、内御河及宝城御河三道由东向西的水系，通过御桥在空间上实现联接，使整个陵区和谐完美，富有生命的活力。

第十三节　文化名墓——南京中山陵

中山陵是中国近代伟大的民主革命先行者孙中山先生的陵寝，及其附属纪念建筑群，面积8万余平方米。中山陵自1926年春动工，至1929年夏建成，1961年成为首批全国重点文物保护单位，2006年列为首批国家重点风景名胜区和国家5A级旅游景区。

中山陵位于南京市玄武区紫金山南麓钟山风景区内，前临平川，背拥青嶂，东毗灵谷寺，西邻明孝陵，整个建筑群依山势而建，由南往北沿中轴线逐渐升高，主要建筑有博爱坊、墓道、陵门、石阶、碑亭、祭堂和墓室等，排列在一条中轴线上，体现了中国传统建筑的风格，从空中往下看，像一座平卧在绿绒毯上的“自由钟”。融汇中国古代与西方建筑之精华，庄严简朴，另创新格。

中山陵各建筑在型体组合、色彩运用、材料表现和细部处理上均取得极好的效果，音乐台、光华亭、流徽榭、仰止亭、藏经楼、行健亭、永丰社、永慕庐、中山书院等建筑众星捧月般环绕在陵墓周围，构成中山陵景区的主要景观，色调和谐统一更增强了庄严的气氛，既有深刻的含意，又有宏伟的气势，且均为建筑名家之杰作，极高的艺术价值，被誉为“中国近代建筑史上第一陵”。

南京中山陵

1925年4月4日，在北平的国民党中央执行委员筹备安葬事宜，推举张静江、汪精卫、林森、于右任、戴传贤、杨庶堪、邵力子、宋子文、孔祥熙、叶楚伧、林焕廷、陈去病12人负责孙中山的葬事工作，为葬事筹备委员。

1925年4月18日在上海成都路广仁里张静江家中举行了第一次会议。据记载，从1925年4月18日到1929年6月18日，葬事筹备委员会一共召开了69次会议，诸如孙中山先生的葬事经费（包括陵墓工程经费）的筹集、中山陵设计图案的征求、陵墓工程承包人的选定、中山陵园的造林和绿化以及孙中山先生的灵榇由北京迎归南京安葬等等，这一系列的大事，曾多次经葬事筹备委员会详加讨论，作出决定，付诸实施。

1925年4月，宋庆龄等人在紫金山考察墓址。

早在民国元年（1912年），孙中山在南京就任临时大总统时，曾几次到过紫金山。1912年3月10日，孙中山先生辞去临时大总统职务之后，与胡汉民等人到紫金山打猎。他看到这里背负青山，前临平川，气势十分雄伟，笑对左右说："待我他日辞世后，愿向国民乞此一抔土，以安置躯壳尔。"

孙中山先生灵榇暂厝碧云寺。孙中山早就表示希望百年后葬于紫金山，在弥留之际，仍以归葬南京紫金山嘱咐家属及侍疾者。孙先生有遗嘱："吾死之后，可葬于紫金山麓，因南京为临时政府所在地，所以不忘辛亥革命也。"遵照孙中山遗愿，灵柩暂厝于北平香山碧云寺内，在南京钟山修建陵墓。陈运和诗《中山陵》有名句："一生就是屹立的一座中山陵，我有幸登上你生命的终点。"

遵照孙中山归葬南京紫金山的遗愿，葬事筹备委员会成立前，北京治丧处就已派林森往南京初勘葬地。林森回北京后向治丧处作了汇报，由治丧处代表与段祺瑞政府接洽。

1925年4月4日，北京政府秘书厅致电南京督办卢永祥、江苏省长韩国钧，令其妥为照料。葬事筹备处成立后，首先由家属及葬事筹备处代表林焕廷、叶楚沧等实地勘察墓址，并确定工作顺序进行。（一）确定墓址；（二）测量墓地；（三）交涉圈地；（四）征求陵墓图案；（五）

决定陵墓图案；（六）招标包工；（七）兴工。

4月21日晨，宋庆龄、孙科等由上海抵京（南京），上午出席了南京各界追悼孙中山大会，下午即赴紫金山。先至虎山，这是明孝陵西侧的一座小丘，地势较低，不宜作墓址，随即登山向东行，至小茅山，途中发现有两处小坡，都高出明孝陵，当天未能作出决定。第二天再次登山，由山顶至小茅山万福寺，这座寺庙位于如今中山陵东北的一段平台上，从山顶上看，发现紫霞湖上也有一处平台，但面积较小，不合用。宋庆龄表示墓址不宜选在山顶，应建于南坡平阳处，实地勘察之后，便回上海。

4月23日晚，葬事筹备委员会召开了第二次会议，确定紫金山中茅山坡为墓址所在地，并决定派主任干事杨杏佛赴宁接洽圈地、测量、照相，做好建陵准备工作。

1925年3月12日，孙中山积劳成疾，在北京逝世。孙夫人宋庆龄悲痛欲绝。为实现孙中山归葬紫金山的遗愿，4月11日，宋庆龄、孙科由北京赴南京紫金山实地勘察。稍后，宋庆龄为择定墓址再赴紫金山，并与孙科等商量，对墓地的选择提出三点意见：一是安全；二是交通便利，便于凭吊者祭奠；三是墓地附近应有数百亩空地，以备纪念建筑之用。经第二次葬事筹备会议讨论决定，以前临平川，后拥青嶂，视野开阔，气势雄伟的紫金山中茅山南坡为孙中山墓址，1926年1月8日，葬事筹备委员会常务委员林焕廷、建筑师吕彦直，及葬事筹备处主任干事杨杏佛，登上紫金山，在现在中山陵墓室的地方，用炸药炸去砾石，由吕彦直用六分仪测定正南方向，最后确定了墓室和祭堂的位置。

中山陵位于紫金山南麓，墓室在海拔158米高的地方，比明孝陵高出90多米，站在祭堂前的平台眺望，占地31平方公里的整个陵园，层林碧绿，莽苍如海。陵墓两侧雪松葱郁，花丛锦簇。墓室中央是一个圆形的大理石圹，圹口边围着一圈精致的大理石护栏，圹底用花岗石铺垫。石圹深入地下一点6米，周围砌有隔墙。石圹中央为长方形墓穴，下面5米处安葬着孙中山遗体。

孙中山的灵榇，于1929年6月1日安葬在这个圆石圹里，并用钢筋

水泥密封，至今没有移动过。为供后人瞻仰，上面安放了一尊孙中山穿中山装的白色大理石卧像，与孙中山实际身高相同。卧像由捷克斯洛伐克著名雕塑家高崎创作，这尊卧像弥补了谒陵者不能瞻仰遗容的缺憾。

墓穴底部用花岗石垫底，四周建有隔墙，名为土葬，实际上没有土。孙中山的遗体安放在精致的紫铜棺内，棺下有一特制的楠木座子。棺上有一层密封着的水晶透明板。由于墓穴在地下，即使地面建筑被毁，孙中山的遗体也不会受损。

中山陵从牌坊、墓道、陵门、碑亭，一直到祭堂和墓室，全部是纵向排列，同在一条中轴在线。前面四座建筑对主体建筑——祭堂和墓室，进行了有力的烘托和陪衬，令人拾级而上时，心中不禁肃然起敬。

中山陵前方正南方向，有一形如打开之折扇的广场，宽敞朴实，开阔舒畅，能容纳数万人。广场南边有一排几十米高的法国梧桐，枝叶繁茂，如弧形屏风，更显空间宏大，气魄不凡。六个长方形花坛内种有黄杨和雪松，雄建挺拔，浓荫蔽日，似卫队般守护着中山陵。

立在碑亭正中的墓碑，高 8.1 米，宽四米，上刻：“中国国民党葬总理孙先生于此中华民国十八年六月一日”，字为颜体，刚柔相济，遒劲有力，出自国民党元老谭延闿之手。在祭堂到墓室的通道上有两道门，第一道门额上刻着孙中山手书“浩气长存”四字，第二道门面上竖刻着国民党元老张静江手书篆体“孙中山先生之墓”。规模宏大、庄严肃穆的南京中山陵，设计新颖，构思奇特，不仅独具民族传统风格，又浑含西方建筑精神，令世人瞩目。

中山陵风景秀美，赢得中外游客赞不绝口。但是风景好未必就是风水好。

中山陵位于紫金山中茅峰高坡处，气势恢宏，古朴壮观，人称“风水好”。但按我的肤浅认识：我认为中山陵在“风水学”的角度，是不合有关“好风水”的要求。现就从龙、砂、水、朝、案几方面，结合我们所学的知识进行分析。所谓龙：中山陵背靠方山如屏，既是土星，应是高大宽厚雄壮方可取，但此座屏风山确实太薄了，如“牛背屏风”，没有多大的气势。并且西边来龙，其灵气已在西边（即紫金山南麓）的梅花山北落脉，为明孝陵所得。此乃为紫金山的第一灵气。余气龙经中山陵背而过，向东直散。

关于中山陵的砂、水：对于砂、水，前人有论：“山欲其凝，水欲其澄；山来水回，富贵丰财；山止水流，虏王囚侯；山顿水曲，子孙千亿；山走水直，从人寄食。”意思是“墓周山凝、山来、山形顿回，止水澄清，流水曲绕，方留得墓穴生气，万代子孙兴旺发达。”再者，古有：“东山起焰，西山起云，穴吉而温，富贵绵延，其或反是，子孙孤贫。”

除了龙要势奔，砂要形止，龙要连绵起伏，砂要龙虎抱卫，即砂环水抱外，还须从阴阳配合，水火交媾的角度着眼。取其阴阳两气郁蒸而成结穴。此为穴吉穴温之说也，不能如是不可为穴。现中山陵墓的左右不护——砂不环；水飞奔直去——水不抱。砂不环，水不抱，便只有靠人造林木作砂，实乃砂飞水走。

再说中山陵的朝与案：远为朝，近为案。朝山有正朝、横朝、特朝、斜朝、朝山重叠、孤朝、拱朝等。以排势生动、尖秀方圆，或重迭或朝拱，也无斜、无射、无孤、无反背之象。故朝山方面不做凶论，也不足为吉。论案，先看看刘基《堪舆漫兴》有关论案诗五首的第一、第四、第五首：

一、前面有案值千金，远喜齐眉近应心；案若不来为旷荡，儿孙破败祸相侵。

四、案山顺水本非良，过穴湾环大吉昌；若有外砂来接应，万代儿孙姓名香。

五、外山做案亦堪求，关抱元辰气不流；纵有穴情无近案，颠沛流离走他州。

可见前人对案山的要求是十分严格的。案山的高度亦很讲究的，穴高案低为无法接应之象。中山陵正是如此之象。

朝案方面不理想，也不一定做凶论。因为《雪心赋》说：“龙来结穴，贵有朝案，此常论也。有朝无案者，或朝案俱无者，取用惟欲诸水聚于明堂之中尔。”所以，还需看看明堂的聚水情况。

最后便要说到中山陵的明堂了："入山寻水口，证穴看明堂。"明堂又称堂局，明堂又称后山主星之玄武，前案之朱雀，左青龙、右白虎之四水归聚处。堂局要求洁净自然，切忌人工的妄自安排。忌陡泻。忌旷野。忌动杀。忌反背。现中山陵的明堂近则陡泻，远则旷野，堂无藏水，气散不聚。明显是个败局！

综上所述，中山陵之来龙往东直走，没有在中茅峰高坡处吐气，即非龙脉所在。背靠方山如屏，薄而无壮。穴无砂水抱护，明堂倾泻、旷野等诸多弊端，与"龙真穴的"的要诀，可以说相差十万八千里。

郑国强论中山陵的风水，认为存在许多缺点，他说在峦头风水上，中山陵位处半山，后靠为一屏障，远看像一条长蛇横列。

陵墓后方，中间出脉，到头一节起星顶而化一平托，中山陵就立墓穴于此。其明堂广阔，前方有案山横放，远方四面，罗城紧密，气势宏伟，有君临天下之象。读者们如曾到过中山陵的话，一定认同笔者所说的优点，但笔者却认为中山陵有风水上的缺点，对其后人影响有所损害，分析如下：

中山陵虽有来龙后靠，但左、右方青龙、白虎不明显，左右方均受风吹水劫，不利后人。其高低位置有研究之必要，不能贪明堂远大而忽视左右只龙虎砂手。

中山陵之山脉向前方斜走，虽有几层平台，收聚气之功，但最前方没有再作平台，而成门前水走，主伤财。

因为左右龙虎不显，而中脉直出成漏胎，有财气不聚之嫌，虽然中脉尽头放有一大照壁，以止龙气，但亦无补于事。根据卜应天先生在《雪心赋》中关于漏胎学问，兹引述如下："倘如龙虎护胎，不过穴则为漏胎。"孟浩先生批注如下："胎即穴也，漏及泄也……倘如成胎之处龙虎护卫不能包过穴前，则为风吹水劫而漏泄胎成矣！"

由以上之学理分析，中山陵在风水上之要求，是有龙虎不能护穴的缺点，为阴阳不交，漏胎之地容易对其后人有所损财也。

刘若谷先生所著《千金赋》有云："宁从是处求非，莫向无中做有。"因此希望以上分析，能对追求风水真道之读者们有所启示，万勿被墓穴之盛名所欺骗，则大到近矣！

孙中山葬于1929年6月1日，时为中元四运，八白值年，八白值月，中山陵子山午向。令星交会坐山，坐空、坐实，可主丁财两旺，并产秀士。向首衰气，小水无妨，案山为吉。以中山陵的形势，陵在紫金山南麓子脉，最高峰在东北，西南有护城河，余无足述。山盘四到坎山，为一四同宫，主四运内发文贵。五运坤水当旺，主发财禄。六运艮方当旺，乾金得天盘兑金相助，又得地盘艮土相生，更得向盘坤土相生，故六运主发贵。

以孙中山遗族而论，四运孙科由铁道部部长升到立法院院长，五运长行政院，支得巨额机密费，不久去职。六运主发贵，任“考试院长”。

第十四节　文化名墓——南京紫霞湖

紫霞湖位于明孝陵东北部，是个深藏于山间林海中的人工蓄水湖泊，因与紫霞洞相连而得名。

南京紫霞湖

修建于30年代中期，由爱国华侨胡文虎捐资建造，用来汇聚钟山泉水。面积约5万平方米，湖水清澈，周围林木蓊郁，山青水碧，风景佳丽。

有“林海中的明珠”、“南京第一无污染湖”之誉。现在成为人们避暑纳凉的旅游佳地。紫霞湖位在中山陵与明孝陵之间，是蒋介石生前盼葬之地。

1975年4月5日蒋介石病逝，蒋家家属决定，暂厝灵柩于台湾省桃园县大溪镇的慈湖湖畔，以待日后再奉安于南京紫金山。四月十六日蒋介石大殓之日，其灵柩由台北国父纪念馆移至慈湖，安厝于蒋介石慈湖行馆正厅。

蒋介石生前曾选定浙江省奉化县及南京紫金山中山陵旁之紫霞湖，为其安息之地。

1994年，齐鹏飞著《蒋介石家世》一书，提到了蒋介石生前在家乡奉化选择墓地：

“蒋介石很早就为自己在家乡选择墓地。开始他打算安葬慈庵母亲墓边，以后看到奉化城北响铃岗地势高爽，景物幽美，风水颇佳，就改变主意，选定岗上的仁湖作为自己葬身之地，并且派人在周围修了一条公路。但是，后来，蒋介石却长眠于台湾岛上，归葬故乡的愿望没有实现。”

曾任蒋介石侍从秘书的汪日章，在《追随蒋介石夫妇六年琐忆》一文中，谈到蒋介石选择奉化及紫霞湖为归宿地：

“1928年蒋偕宋初次回籍，曾在雪窦山上野餐，蒋向隐潭庙龙王塑像作揖行礼，念念祷告。宋也随侍肃立。1934年以后还同去过离溪口30多里的四明山相量岗，那里也造了些房子作为避暑用（蒋经国夫妇曾在那里住过）。他们带了风水先生徘徊眺望，为自己选择墓地。在南京中山门外明孝陵和中山陵之间，也由风水先生陪同看好了穴道，他们老早打算好了最终的归宿地。”

陈悬编辑《钟山风物》一书中，对紫霞湖有如下的介绍：

“在明孝陵东北一里许紫金山主峰的山谷中，有一紫霞洞，与霹雳沟相邻。”紫霞洞又叫朱湖洞、钟山仙洞、朱湖先洞天，道书称它为“第三十一洞朱湖大生之天说法洞”云云。洞有曲水，为晋海西公疏。

紫霞洞旁原有悬瀑，银涛倒泻，直注方池。清时建有紫霞道院。相传是明初军师刘伯温的师傅，元代羽士周典修真处。明初封周典为“紫霞真人”，洞遂以紫霞名之。洞中后人供有刘伯温像。这里风景幽雅，周植松，枫、紫薇、紫荆、碧桃、梅花、杜鹃、石榴。红花绿叶掩映岩壑，恍若紫霞，洞名亦因此而得。大雨过后，悬瀑水量急增，故雨后观瀑，尤多奇趣，为钟山一大壮观。

紫霞洞附近有紫霞湖，湖以洞名。它是三十年代总理陵园管理委员会为解决陵区用水困难而建的人工蓄水湖。

湖之南建大坝一座，拦住钟山南坡近百万平方米地面经流之水，形成湖面约 70 亩，年蓄水量在 20 万立方米以上。

大坝西侧有水闸、闸亭、泄洪道等。这项工程，是由新加坡华侨虎牌万金油的发明者胡文虎先生捐建的。紫霞湖四周林木高大繁密，郁郁葱葱；湖面水光潋滟，云天倒映；湖之北侧层峦叠嶂，湖光山色，醉人心扉；湖之西侧，因增植碧桃数百株，名曰“桃花坞”。登堤俯视，朝夕百变，云气山色，近在咫尺，此即金陵四十八景之一的“钟阜晴云”。

钟山之阳，紫霞洞西南麓有霹雳沟，因雨后山流下注，其声如雷，故名“霹雳”。霹雳沟水流经御河付诸西流，相距数百米即闻其声响，是陵园一景。据史书记载，霹雳沟水酿酒甚佳，酒甜味浓易醉人，有“迎风倒”之名。

蒋介石选定的墓地，为了防止他人占用，建有正气亭。关于正气亭，钟文撰《丛林掩映正气亭》一文，有详细的叙述：

“坐落在南京钟山北高峰下半山腰处的正气亭，掩映于丛林之中，俯瞰着紫霞胜境。”1985 年中山陵园管理局按历史原貌修复，并正式对外开放。

此亭始建于 1947 年。抗战胜利后，国民政府还都南京，1946 年 11 月，蒋介石率国府官员觐谒中山陵后，考虑到自己年岁渐老，选择一地遂日后归葬之愿。他率随从人员来到紫霞洞附近，见这里东邻中山陵，西毗明孝陵，山川之胜，林壑之美，是不可多得的风水宝地，选择此处作为将来安息之地是比较适合的，于是有意要在此建一座亭子作为标志。1947年春谕饬国父陵园管理委员会及国民政府文官处联合办理。由基泰工程公司绘就图样三式，呈送蒋介石选定。蒋选中杨廷宝设计的重檐方亭式样，便开始动工，伐石建亭。亭为方形，重檐飞角，顶覆蓝色琉璃瓦，亭之四面均以苏州花岗石砌筑，内外彩画浓艳，金碧辉煌，亭内顶中央绘制国民党党徽。在兴建时，暂称“半山亭”。此项工程预算为国币七千万元，而款尚无着落。经孙科与当时海外部部长陈长庆联系，以美国纽英伦华侨救国会之存款兴建，永留纪念。可是没有详细捐款人员名册，只好用会名勒石。从开工至竣工仅用四个月时间，经验收合格。

正气亭道路工程由韩盛记营造厂承包，时值寒冬之际，于1947年11月19日开工，不论风雨雪天，仅限于40天完成。由当时的拱卫处停车场经紫霞洞至亭侧，铺筑弹石路面。工程于12月全部竣工。

正气亭记碑刻用的是苏州花岗石，由孙科撰文，楷书阴刻，陈祥记石厂承建。

此亭建成验收后，国父陵园管理委员会园林处处长沈鹏飞专题报告呈请蒋介石赐题亭额及楹联，以资点缀，藉壮观瞻。蒋介石曾亲自命名并亲笔书写亭名“正气亭”；楹联：“浩气远连忠烈塔，紫霞笼罩宝珠峰”（忠烈塔即国民革命军阵亡将士纪念塔，今称灵谷塔；宝珠峰即明孝陵所在地玩珠峰）。亭匾及楹联由馥记营造公司南京分公司承制，均以优质柏木加工而成，蓝底、金字、黄边，亭匾长1.26米，宽0.6米，楹联长1.7米，宽0.3米，亭、匾、楹联、碑刻，具有浓郁的民族风格。

此亭环境幽静，景色宜人，前临紫霞湖，背倚紫金山，右邻紫霞洞，左毗观音洞，是不可多得的一块风水宝地。为了加强保护，自亭建成后，陵园拱卫三中队每天派卫士巡查站岗。相传当年蒋介石自认为比明朝开国皇帝朱元璋高明，故这里应高于明孝陵；但不能和孙中山先生相比，此址应低于中山陵。一九四九年南京解放后，中山陵园的一切建筑都得到认真的保护，正气亭也同样如此。1991年中山陵园管理局开辟登山观亭块石道路，游人日益增多。蒋夫人宋美龄曾在美国纽约透露：“蒋公生前有遗愿，回大陆，葬钟山。”即指正气亭址。

蒋纬国将军生前念兹在兹的就是父亲的移灵尚未完成，直至辞世仍未从其愿。1997年9月24日，台湾的《联合晚报》刊出易福生撰写的《蒋公盼葬南京紫霞湖》，文前还有编按：“生前相当坚持父兄（两位已故蒋“总统”）灵柩奉安大陆的蒋纬国将军，去年曾当面委托香港一位风水师易福生，前往大陆看父兄生前属意的‘最后归宿’地点。易福生去年底曾专程前往南京紫霞湖和浙江奉化及江苏苏州一探风水，并来台面报结果，但蒋纬国并未作决定就辞世了，如今，这成为他未了的心愿。”

易福生撰文的内容如下：

“我蒙受到蒋将军的青睐，会见将军几次主要内容都和风水有关，或可说都和将军对二位‘总统’移灵归葬的风水有关。

我是由陶涤亚将军推荐于1996年10月底在台北市杭州南路，战略学会办公室获得蒋将军接见。在谈话中，他明确表示有意将两位已故蒋‘总统’的灵柩搬到大陆安葬，但也很无奈地表示‘权不在我这里，权在党中央’。我冲口而出地问，‘家属不能决定吗？’蒋将军心平气和地说，‘中央有移灵小组，组长李登辉，尚有辜振甫、吴伯雄、蒋彦士三人，家属只有列席没有决定权’。

会谈中蒋将军谈到看来已盘桓在他心中很久的问题。

人死入棺之后没有下葬，停厝太久有没有问题？

我回答：入土为安为上，灵柩下葬，灵魂升天，魄落黄泉，均有归宿。

我察觉蒋将军对风水很有兴趣，我说，风水师也不能只依赖一个人，我会转聘两三位不同派别的风水师全面考察，综合意见。

1996年11月10日清晨，我在澳洲布里斯本市接到台北长途电话说蒋纬国将军急于见我，希望我尽快去台北，我正好结束澳洲客户建筑顾问工作，匆匆定机票直飞台北。1996年11月12日我到台北荣总医院，探望蒋将军。蒋将军对我透露心中话：在南京中山陵之下明孝陵之上有个紫霞湖，‘父亲（蒋介石）的意思，希望死后能安葬在那里’。

‘哥哥（蒋经国）临终曾说，我生是‘总统’，死后乃是平民，不需要铺张，不用风光大葬，只要安葬在妈妈（毛太夫人）墓地旁边就可以了。’

蒋将军交代我这两个地点，你有空，请赶快去走一趟，选择合适地方（坟地）。并叮嘱我，暂时对外界要保密，不要张扬。‘因为有人反对我，要阻挠我，也有人会乘机抹黑我说我迷信。’

既受重托，我一回香港，翌日即飞宁波。

到奉化一看蒋母毛太夫人的墓周围没有地方，由当地人向我介绍选了二处宝地。转往南京，此时南京方面已有消息，侨务办公室金主任、刘处长接待我。虽然我没有表态为看风水而来，大家心照不宣。我要游紫霞湖，刘处长亲自陪同。观后我心中有数，又往苏州蒋将军旧居拍摄了几张照。因为蒋将军曾说起，‘我苏州的房子，他们会不会还给我！’

1997 年 3 月初在台北联勤总部餐厅的战略学会春茗席上，我简述大陆二地风水又让他观看我在大陆拍摄的照片。我指着照片问将军，你看比慈湖如何？因为此时听说蒋夫人宋美龄已同意两位‘总统’在台湾安葬，地点可能是桃园慈湖。

所以我说慈湖也不错，可能也经名师精选，但是蒋将军看看照片仍说还是紫霞湖好，他并没有继续谈下去。现在将军既西去，他的心愿，蒋介石、蒋经国两位‘总统’的愿望和我的工作，未知何时才能实现。”

1998 年 1 月，《新闻天地》刊出李申道撰《蒋公盼葬南京紫霞湖》，文中除叙述易福生往奉化及紫霞湖一探风水，更对易福生的专业能力表示怀疑，引录于下以供参考：

“从易的言谈间，可以看出他不够专业，第一他到了宁波，别人介绍了两处吉穴，他也就接受了，实际布局如何，未有细究。第二，要多找不同派别的风水师讨论，显然是不负责任，找多些人去分担风险。第三，更说慈湖也不错，可能也经名师指点，自己未有研究即下断语，表示他根本无法为蒋家人做专业上的判断，要他何用！亏他还在报纸上写出来，实为方家所耻笑。”

南京紫霞湖是故“总统”蒋公生前亲选的安息地，此地湖光山色风景宜人，与桃园慈湖有形似之处，是旅游休憩的好地方，可惜风水不佳。

南京钟山自古就是风水宝地，旧传秦始皇曾令铸金人，埋于今南京城北金陵岗，希望镇住王气，但仍然没有镇住王气。自三国时孙吴开始，有东晋、刘宋、齐、梁、陈，以及南唐、明初、太平天国和中华民国，十个王朝先后在南京建都，所以有“十代帝王州”、“六朝金粉地”的美誉。

钟山是南京的众山之宗，景色幽美，“钟阜晴云”是清代金陵四十八景之一，灵谷八景之首；钟阜就是钟山。

钟山古名金陵山，汉朝时称钟山，至三国时葬秣灵尉蒋子文于钟山，同时为避孙权祖讳，更名蒋山。东晋初年，钟山顶常见紫金色云气缭绕，所以称为紫金山。望气者说是王气，实为紫红色页岩的反光，在阳光照射下，散发出耀眼的紫金色。传说东晋元帝渡江时见此情景，以为山冒紫气，而命名为紫金山。钟山在建康城北，因此南北朝时称为北山。到了明朝嘉靖年间，明世宗封钟山为神烈山。

钟山以海拔 448 公尺的高度，为南京群山之巅。山体东西蜿蜒 8 公里，南北宽 3 公里，占地 20 平方公里。三峰并列，形如笔架，主峰居中为北高峰，其东为第二峰，称小茅山，海拔 365 公尺，其西即紫金山天文台所在地，为第三峰，名天堡山，海拔 244 公尺。

钟山是江苏南部茅山山脉的余脉，宁静山脉的最高峰，山势整体呈弧形，中部向北凸出，东段向东南方向延伸，止于马群、麒麟门一带，西段走西向南，经太平门附近入城，隆起为富贵山、覆舟山和鸡笼山。山势蜿蜒形如莽莽巨龙，故称“钟山龙蟠”。

石头山在南京城西，今名清凉山，临江而起，岩山陡峭，

地形险固，情态正像虎踞于江心，故称“石头虎踞”。

相传诸葛亮曾赞金陵地势：“钟山龙蟠，石头虎踞，真乃帝王之宅也。”钟山雄奇恢宏的气势，为历代英雄豪杰所钟爱，而钟山脚下，风云际会，争雄逐鹿，也成就了许多功名霸业。

谢朓咏金陵诗曰：“江南佳丽地，金陵帝王州。”最能说明南京钟山不只是景色秀丽，更是千古风水宝地。

自东吴孙权开始，钟山即成为帝王陵寝及功臣勋戚的葬地所在。较著名的有孙权墓、明孝陵、徐达墓、常遇春墓、李文忠墓、吴良、吴祯墓、仇成墓、中山陵、谭延闿墓、邓演达墓、廖仲恺墓、何香凝墓。“吴宫花草埋幽径，晋代衣冠成古丘。”正是钟山最佳写照。

在明孝陵东北，紫金山主峰的山谷中，有一紫霞洞，又名朱湖洞、钟山仙洞、朱湖先洞天。据《云笈七签》记载：“全国三十六洞天，七十二福地。”钟山仙洞名列第三十一洞，相传洞口常有紫云笼罩。元朝末年，道士周典在此洞修真，周典就是刘伯温的师傅，刘伯温是明太祖朱元璋的军师，封为诚意伯。朱元璋在南京建都后，曾封周典为紫霞真人，从此钟山仙洞就称为紫霞洞。清朝时在此建有紫霞道院。1932 年，国民政府主席林森就以此洞为临时别墅及防空要地。

紫霞洞下方有紫霞湖，湖以洞名。紫霞湖是，人工蓄水湖，30 年代，中山陵总理陵园管理委员会为解决陵区用水困难而建，非自然天成。

紫霞湖南建大坝一座，拦住钟山南坡近百万平方公尺地面流经之水，形成湖面约 70 亩，年蓄水量在 20 万立方米以上的湖。大坝西侧有水闸、闸亭、泄洪道等。这项工程是由新加坡华侨，虎标万金油的发明者胡文虎所捐建。

紫霞湖四周林木高大繁密，郁郁葱葱，湖面水光潋滟，云天倒映。湖的北面层峦叠嶂，湖光山色，醉人心扉。湖的西侧碧桃成林，名曰桃花坞。登堤俯视，朝夕百变，云气山色，近在咫尺，此即金陵四十八景之一的“钟阜晴云”。

1996 年夏天，在紫霞湖松竹交映的林荫下，新增了四个总面积四千平方公尺的戏水池，这些戏水池依山取势，石岸曲驳，绿树环池，池中有岛，仿佛天工筑就。

由紫霞湖边向北登山小道，向紫金山主峰山腰处拾级而上，可达正气亭。正气亭位于半山坡，左上紫霞洞，右下观音洞，东接中山陵，西邻明孝陵，掩映于丛林之中，俯视着紫霞湖胜境。1985 年，中山陵园管理局按历史原貌修复，并正式对外开放。

正气亭始建于 1947 年。抗战胜利后，国民政府还都南京。1946 年

11 月，蒋中正率国府官员晋谒中山陵后，在紫霞洞附近，见这里邻近中山陵、明孝陵，山川之胜，林壑之美，是不可多得的风水宝地，有心选此为将来安息之地，于是在此建一座亭子作为标志，期望有朝一日以中正陵之名义安葬。

1947 年春，蒋中正谕饬陵园管理委员会及国民政府文官处，联合办理建亭事宜。1947 年 11 月 19 日动工建亭。亭为正方形，重檐飞角，顶覆蓝色琉璃瓦，亭之四面均以苏州花岗石砌筑，内外彩画浓艳，金碧辉煌，亭内顶中央绘制国民党党徽。全部工程于 12 月竣工。

亭建成后，蒋中正亲自命名，并亲笔书写亭名“正气亭”。正气亭记碑刻用的是苏州花岗石，由孙科撰文，楷书阴刻。楹联为“浩气远连忠烈塔，紫霞笼罩宝珠峰”。

正气亭即蒋中正生前亲选的安息之地。相传当年蒋中正自认为比明朝开国皇帝朱元璋高明，所以这里应高于明孝陵，但不能和孙中山相比，地址应低于中山陵，所以选在中山陵和明孝陵之间，紫霞湖之上的正气亭。

蒋夫人宋美龄女士曾在纽约透露：“蒋公生前有遗愿，回大陆，葬钟山。”即指正气亭所在。正气亭为癸山丁向，建成于 1947 年，时为中元五运，旺山旺向。如果当时建宅于此，实为上选之地。

令星到山到向，不犯上山下水。坐山有龙或高大建筑物，均主旺气。向首有水朝或池塘最佳。正气亭正好符合此要件。北方有山，南方有水，1944 年～1964 年五运期间旺丁旺财。南方有山，东北有水，1964 年～1984 年六运期间旺丁旺财，可主名利双收，为当事之领袖。东北有山，西方有水，1984 年～2004 年七运期间旺丁旺财。

堪舆讲究天时、地利，因为人间万事均有时间性，尤其堪舆与时间最有关系，必须因时制宜，才能配合最好的空间。堪舆讲究地运，地运随三元天心元运而运转，是活动的，不是呆板而不动的。所谓“风水轮流转”，某运宜用某地，某地宜于某运，即是因时制宜，即在乘时抢运。

以正气亭的风水而论，癸山丁向只有中元五运是旺山旺向，上元一、二、三运，中元四、六运，下元七、八、九运皆不宜。也就是说，1944

年～1963 年的 20 年最好，其他时间无论阴宅、阳宅均不宜。如果非选此地不可，则必须于 2024 年～2143 年之间方可。

紫霞湖风景宜人，正气亭风水大凶，如果蒋中正要葬在中国大陆，必须另择时、地。

第十五节
文化名墓——沈阳清太祖努尔哈赤福陵

福陵位于沈阳东郊的东陵公园内，是清太祖努尔哈赤的陵墓，因地处沈阳东郊，故又称东陵。为盛京三陵之一。另有努尔哈赤的后妃叶赫那拉氏、博尔济吉特氏等人葬于此处。天聪三年（公元 1629 年）选定在盛京的东北郊外营建陵墓。同年将皇太极生母叶赫那拉氏的墓从东京杨鲁山迁来此处。初建时，只称作“先汗陵”或“太祖陵”，崇德元年（公元 1636 年）定名为“福陵”，寓意大清江山福运长久。陵墓到顺治八年（公元 1651 年）基本建成，后来在康熙和乾隆年间又续有增建。

清太祖努尔哈赤福陵

整个陵园背靠山峦，气势宏伟，风景优美。福陵的布局严谨，规模宏大，总面积约 19.48 万平方米。形制为外城内郭，由前院、方城和宝城三部分构成，自南而北渐次升高。这既不同于明朝的陵墓，也不同于清朝入关后建造的陵寝。福陵自 1929 年起被代奉天省政府辟作公园，因其位于市区的东部而得名东陵，目前除方城明楼曾毁于雷火后又修复外，其余皆保存完好。 陵园周边为青松古林环抱，称“天柱排青”，是盛京胜景之一。

努尔哈赤是满族人，姓爱新觉罗，受明册封为女真族（满族前身）建州部首领，后来统一了女真族各部，建立了金（史称后金）政权。他精通汉蒙文字，不仅在军事上颇有建树，而且创立了八旗制度和满族文字，在政治上和文化上也颇有建树，为满族的初期发展作出了卓越贡献，成为满族的民族英雄，死后葬于福陵。其子皇太极建立清政权后，他被追尊为清太祖。

福陵建筑位置独特，方城、宝顶建筑在山顶上，这在历代帝王陵寝中是独一无二的。中国古代帝王陵寝的选址、朝向、布局、建筑风格等一般要求依山临水，即后面靠着山，前面临着河，没有河也要开一条人工河。福陵前面是浑河，后面却没有靠着山，它所在的石嘴头山距离后面的辉山还有很远一段距离，福陵的设计者把陵寝修在了石嘴头山的山巅，使福陵在帝王陵寝中独具特色。为什么把努尔哈赤的陵寝选在这里并建在山顶上呢？努尔哈赤和他的子孙始终认为，后金乃至大清王朝的帝业渊源于长白山，长白山脉蜿蜒向西南，派生出赫图阿拉老城所在的桥山、沈阳所在的辉山，这是建立帝王基业的“龙脉”，也称之为“龙岗”，于是才在这个“龙岗”上建都、修陵。

整个陵园背靠山峦，气势宏伟，风景优美。1988 年，福陵被公布为第三批全国重点文物保护单位之一。2004 年，包括福陵在内的盛京三陵作为明清皇家陵寝的拓展项目被列入世界文化遗产。

福陵坐落在沈阳市区东北的丘陵山地之间，南临浑河，北靠天柱山。它所在的沈阳是清朝（后金）入关前的都城，当时称盛京。天命十一年（公元 1626 年），清朝的创建者努尔哈赤在盛京去世，因没有找到合适的安葬地点，所以未立即下葬。直到天聪三年（公元1629年），才选定在盛京的东北郊外营建陵墓。

福陵所在的山，原名叫石嘴头山，顺治八年（公元1651年），清世祖福临才封其为天柱山。乾隆年间编纂的《大清一统志》这样记载福陵所在的天柱山：

天柱山在承德县东20里，福陵在焉。近则浑河环于前，辉山、兴隆岭峙于后，远则发源长白，俯临沧海，洵王气所钟也。皇太极继承后金汗位以后，就为努尔哈赤寻找理想的陵寝之地、最后选定了浑河阳面临河最近的石嘴头山。《清太宗实录》中记录了皇太极安奉乃父时的祭文，称这里是“川萦山拱，佳气郁葱”，是极好的“万年吉地”。

福陵的南向四周围以红墙，正中是正红门，自南而北地势逐渐升高，门外的两旁对立着石狮、华表、石牌坊和刻有满、蒙、汉、回、藏五种文字的下马碑。正红门是很长的一段神路，路的两侧有坐狮、立马、卧驼、坐虎等四对石兽。尽头是利用天然山势修筑的一百零八级砖阶，以象征三十六天罡和七十二地煞。砖阶之上是碑楼，楼重檐歇山式，黄琉璃瓦顶，内立康熙帝用汉、满两种文字书写的“大清福陵神功圣德碑”。再向北便是城堡式的方城，南面的正中是隆恩门，上建三层歇山式的门楼建筑。方城的四角各有一座角楼，城内正中是坐落在须弥座式大台基上的隆恩殿，是单檐歇山式，殿内供奉着木主神牌，殿前有焚帛楼，殿的东西两侧各有配殿五楹。殿的后边有洞门，洞门之上建有重檐歇山式的大明楼，中间立有“太祖高皇帝之陵”的石碑。方城内的建筑，屋顶都铺有黄琉璃瓦，廊柱是朱红地仗，梁枋间都是“和玺”壁画。福陵的周围，河流环绕，山岗拱卫，望去气势宏伟，景色幽雅，风景优胜。清人高士奇曾有诗云：“回瞻苍霭合，俯瞰曲流通。地是排云上，天因列柱崇。”正是这里风光的具体写照。“天柱排青”也是著名的沈阳八景之一。

明清陵寝地表建筑，基本上是紫禁城建筑的变例，而紫禁城建筑的前身就是沈阳的故宫和昭陵、福陵。其主导思想在于宣传皇权至上，其等级、使用材料均与紫禁城宫殿一样，不同的是陵寝是皇帝死后居住之所，不仅要威严，还要适应陵寝这一特殊要求，故明楼宝顶成为其最具代表性的建筑。清代陵墓地表建筑与周围环境十分协调，红墙、黄瓦、高耸的明楼与蜿蜒的青山、流淌的河水非常自然地融合在一起，构成了一幅颜色搭配及其协调的画卷，人文景观与自然景观相互映衬，相映成辉。明楼高耸，显然是设计者依据陵墓地表建筑坐落在群山之中这一特定环境，为强调其陵墓主体标志性建筑而有意设计的。它避免了陵墓建筑低卑、与帝王身份不相符这一难题。

明清两代建造许多规模宏大的宫苑、陵寝，无论在数量上或质量上都很出色，在装饰风格的表现上沉雄深远，映透了明清全盛时期皇权的声威。建筑的整体气势上大大不同于洛可可风格对庄严崇高，宏伟气派的拒绝，却与巴罗克着意追求空间及视野容量的阔大，追求体积表现力的雄健不谋而合。到了清代中叶以后，政治上保守腐朽，在建筑和艺术上也表现出一种追求繁琐绮丽的风气，工艺品上堆砌玉石珍宝，金银珐琅，连建筑装修上也镶嵌上珐琅玉石，艺术之高低仿佛与金银财宝的多少成了简单的正比。这似乎与巴罗克、洛可可两种风格皆有共通之处，前者也是一味采用昂贵的材料——金、银、铜和大量绣花锦缎的装饰来表达豪华富丽和荣耀，以炫耀财富为美，以表现奢侈为美。后者更多的追求纤巧与精致，细腻到无以复加，繁琐到眼花缭乱，充分表现出没落贵族的颓丧奢糜而又精于鉴赏。清代建筑艺术的细节处理似乎就是这二者风格的集合，既有堆砌的富贵，也有推敲的雅致，相得益彰。

福陵依山傍水，坐北朝南，前临浑河，后依天柱山，陵园占地共6千多亩，仅陵寝就占地160亩。福陵前的浑河河道，是现今保留下来的浑河流入沈阳的古河道。那里河道宽阔、水量充沛，是当时沈阳的一条重要交通要道。浑河水系是季节性河流，每当春天冰雪融化和夏天汛期到来时，就会汹涌澎湃地流经沈阳城。福陵前的浑河中。有一处多年冲击而成的狭长沙滩（即于河子岛）。每当河水落下时．沙滩就会露出水面，形似一条蛟龙卧于河中，故名曰“龙滩”。

福陵背靠辉山、兴隆岭，辉山是沈阳地区最高的山峰，海拔265米，属长白山余脉。浑河古称沈水，山南水北为阳，“沈阳”一名的意思即是在“沈水”、“浑河”的北面。福陵建于一块丘陵地上，前临滔滔浑河水，宛如银练起舞，后倚莽莽天柱山，恰似巨龙卧伏，这里地势雄伟，环境清幽，山水萦绕，高山似拱，万松耸翠，凌云大殿在四周雄美景色衬映下，显得幽静肃穆。清人高士奇有诗曰：“回瞻苍霭合，俯瞰曲流通，地是排云上，天因列柱崇。”按古代风水师选择陵址风水要前有沼（河），后有靠（山）的标准，福陵所在是一块风水宝地。沈阳清太宗皇太极昭陵是清太宗皇太极和孝端文皇后博尔济吉特氏的陵墓，始建于清崇德八年（公元 1643 年），顺治八年（公元 1651 年）建成，位于沈阳市内北部，通常称为北陵。

昭陵总面积 450 万平方米，始建于清崇德八年（公元 1643 年），至顺治八年（公元 1651 年）基本建成，与福陵为同期工程，两陵形制基本一致。昭陵建于平地，占地面积为 16 万平方米，主要建筑都分布在平面布局的中轴在线，两侧建筑采取对称形式分布，它不仅吸取了前代明陵的建筑长处，还具有浓郁的民族风格和地方特色，在一定程度上体现了清入关前满族建筑艺术的演进情况。昭陵布局可分为前中后三部分：也就是三进院落式的平面布局。三进院落的布局是明清陵寝制度的特点之一。这种布局形式是陵寝由南向北依次分为三个院落。第一个院落由碑亭、神厨、神库组成；第二个院落由祭殿和配殿组成；第三个院落由宝城和明楼组成。昭陵采用的也是这三进院落的布局形式。

史称昭陵有十景，这十景分别是“隆山积雪”、“宝鼎凝晖”、“山门灯火”、“碑楼月光”、“柞林烟雨”、“浑河潮流”、“草甸莺稿”、“城楼燕雀”、“华表升仙”、“龙头瀑布”。分述如下：

隆山积雪：隆山即隆业山，山虽不高却草木葱茏。北方冬季高寒，降雪较多，每至严冬，隆业山白雪皑皑，宛如一条披鳞挂甲的银龙，横卧于陵寝之后。

宝鼎凝晖：宝鼎高二丈，周围三十丈。表面用石灰涂成灰白色。每当太阳西斜，阳光照射在宝鼎之上，使宝鼎如同一面斜放的镜子，熠熠发光。

山门灯火：山门即大红门。古时昭陵与沈阳古城之间因无高楼阻隔，

从陵前远望，盛京城城楼、墙垣、宝塔、殿顶皆历历在目。特别是每年正月十五上元节夜晚，站在陵前山门处眺望夜色中的沈阳城，但见灯火点点，若隐若现。如今，此情此景再也看不见了。

碑楼月光：碑楼指神功圣德碑亭。相传，此楼顶上琉璃瓦成分特殊，夜间在月光折射下可泛微光。特别是每当十五日的夜晚，天空浩瀚，明月皎洁之时，楼顶的折射光线越发鲜明。

柞林烟雨：柞林在东红门外以北。相传，每当夏季一阵大雨滂沱之后，天气骤然转晴，这时，柞林在阳光照射下会有一种烟雾蒙蒙的景观。原因可能是柞树叶子比其他时肥厚，易于吸收水分，阳光骤热，叶子含的水分蒸发下蒸腾之故。

浑河潮流：相传，浑河原先的故道在昭陵之前。有次昭陵大祭，正赶上河水泛涨，前来祭祖的官员全被隔在对岸，不能按时祭陵，官员因此受罚。因此，为防止类似情况再次发生，便将浑河改道沈阳城南。“浑河潮流”，指浑河改道前河水泛涨的情景。当然浑河改道之说只是传说。

草甸莺鹌：草甸指的是陵后红墙以北的一片旷野。俗称白草甸子。

城楼燕雀：城楼指隆恩门的五凤楼。此楼地势高敞，是鸟类的栖息处。它们在上面筑有许多鸟巢。每当黄昏，经过一天觅食的燕雀，从四面八方云集而来，围绕五凤楼上下翻飞。

华表升仙：指的是丁令威学仙得道变成白鹤回故乡辽阳的传说。

龙头瀑布：龙头指的是隆恩殿站台四角伸出的兽头，这些兽头实为排水口。每遇大雨，隆恩殿及站台上的积水从四角的龙头中如同瀑布一般喷吐而出。当然，昭陵的美景并不止于此。

以上是昭陵古时旧貌。而今由于时代的变迁，有些景物已面目皆非，无迹可寻。

昭陵形势，自城之东北，叠蹴层峦至此，而宽平宏敞，有包络万象跨驭八方之势。辽水右回，浑河左绕，佳气郁葱，万年帝业丕基巩焉！

第十六节

文化名墓——台北五指山两蒋陵寝

1975年4月5日，蒋介石去世，被暂时安葬在台湾桃园县大溪镇的慈湖。蒋介石死后，棺木一直没有安葬，只是“暂时安放”在台湾桃园县大溪镇与复兴乡交界处的慈湖。慈湖原名“埤尾”，本是一个呈牛角形的人工水库，水碧山青。过慈湖，绕过一个小山包，见一个很小的四合院掩映在树林之中，这就是慈湖宾馆，原为蒋的行馆。据说也是他的“反攻复国”的指挥部。但从外观看，这个四合院狭小且简陋，没有“帝王之气”。

慈湖

距慈湖几里外还有后慈湖，两湖之间有隧道相通。“后慈湖”事实上为一处蜿蜒的水域，终年平静，不见波澜。而进入后慈湖最近的路径，则是从慈湖蒋介石陵寝旁的小径进入。从慈湖陵寝走到后慈湖，约为20分钟，过程犹如一般的登山健行步道，只是少人经过，使得道路青苔密布。而路程中的碉堡、石墙岗哨、防空洞，则可以嗅得出昔日的紧张气息。

陵寝后方也有几处密道，在昏黄小灯泡的照明下，多了一丝神秘色彩，只是密道均由铁网围住，无法轻易观看全貌。走过数百米的上坡步道，地势犹如小山丘的往下延伸，此刻可以看到“后慈湖”的水池，附近则有零散的办公室建筑，桃园县政府已经摆放许多历史资料，当成展览馆。游客有幸到此，可以感受历史的岁月苍凉。

陵寝正门前有一条狭长的道路，路的中央摆放着蒋介石的坐像。正厅里，墙上是蒋的遗像，壁炉上供着鲜花与烛台，两旁是国民党旗和中华民国国旗，前面是放置在黑色花岗岩上的铜棺，上面覆有青天白日。棺前是一个由黄色雏菊扎成的十字架，标明了蒋的基督徒身份。这里原是蒋的会客厅，并不宽敞，放下灵梓，显得很狭窄。蒋的遗言中并没有关于他身后的安排，蒋经国和宋美龄根据蒋的平日意愿，将灵柩“暂厝桃园慈湖”。

陵寝正厅十分肃穆，蒋介石遗像两边挂着国民党党旗。在正厅东侧，蒋介石生前住过的卧室，一切布置保持原状。

书房的墙上挂着宋美龄的画，书桌上放着一张便条，上面有蒋介石用红铅笔写的4个字：“能屈能伸”。在正厅西侧有一个房间，专门陈列蒋介石获得的各种勋章、奖章。

由于陵寝当时是为战时的紧急状态而建造的，所以占地面积不大，空间有限。若沿着陵寝往周围走动，经常会发现长满青苔的废弃碉堡、水泥办公室、秘密地道，连厕所都被秘密掩体包围。桃园县政府经过多年的积极规划和修建慈湖风光，这里已经成为最负盛名的旅游观光圣地。

30年来，由于两蒋遗体浮厝，未曾入土，加上地气移转，风水变化使蒋家男丁凋零，留下一门孤寡，而且蒋家后裔富贵与往昔不可同日而语。因此蒋介石次子蒋纬国，生前即积极推动两蒋移灵之事。蒋纬国辞世后，蒋宋美龄女士也在美国与世长辞。2004年蒋经国遗孀蒋方良女士，即与蒋纬国遗孀丘如雪女士，向台湾当局提出申请，希望两蒋能够移灵到台北市近郊五指山“国军示范公墓”。两蒋准备移灵，消息传出之后，五指山“国军示范公墓”的风水，突然之间成为热门话题。许多风水师在报章杂志撰文，或在电视上夸夸其言，但是稍加辨别即可发现，许多是信口雌黄，还呈现出胡言乱语彼此矛盾的现象。

蒋介石生前选择了几处归葬之地，第一处是在浙江省奉化县武岭路西北方向的西翠屏山鱼鳞岙松树林中蒋母王采玉墓道下。1921年，蒋母王太夫人仙逝后，蒋介石聘请风水师为其母择坟地，选择鱼鳞岙是因为整个地形就像弥勒佛，而坟穴就在弥勒佛的肚脐眼上。后来蒋介石在坟穴下方不远处建了“慈庵”，一方面供奉父母神主，一方面作为蒋介石回乡居住之所。蒋介石对此处颇有感情，所以选择此地作为归葬之所，打算把自己埋在亲生母亲身旁，以便身后仍能尽孝。

第二处是奉化城北岳林寺附近的响铃岗。岳林寺是布袋和尚的圆寂处，这里地势高爽，周围有九座山，中间是水塘，名为仁湖，正好形成九龙戏珠之势，蒋介石曾选择葬在水塘中间，并且派人在周围修了一条公路。现在公路仍在，仁湖却成了水稻田。

第三处是南京市中山陵和明孝陵之间，名为紫霞湖的地方。1946年5月5日，国民政府还都南京，蒋介石曾多次去拜谒中山陵，因觉得百年之后，若能在孙中山身旁得一处安息之地，比安葬在母亲身旁有意义，遂在钟山南麓亲自勘察，选定了一块墓地。此处背靠紫金山，面临紫霞湖，东临中山陵，西毗明孝陵。蒋介石所以选定此地，不仅因为此地风水极佳，有山川之胜，林壑之美，而且高低相宜，既高于明孝陵，又低于中山陵。蒋介石自认为要比明朝开国皇帝朱元璋高明，但比中华民国国父孙中山略逊一筹，选择此地最适合。为了占有此地，蒋介石命人先在此处建造一座正气亭，以兹纪念。

蒋介石自1949年4月25日，辞别故乡奉化县溪口镇以后，就一直没有回过故里。为了两蒋移灵之事，蒋纬国生前还曾经委托风水师到奉化看过风水。事隔数年，蒋纬国、蒋宋美龄、蒋方良等蒋家第一代、第二代长辈纷纷仙逝。最近蒋家后裔申请移灵之事，引起了海内外人士的关注。一时之间，两蒋移灵成了热门话题。

由于蒋介石暂厝慈湖、蒋经国暂厝头寮，并未正式下葬，而蒋家后代男丁陆续过世，因此多年来风水不好的说法甚嚣尘上。新闻报导两蒋可望移灵下葬于五指山"国军示范公墓"之后，风水师纷纷撰文或接受访问，表达对五指山两蒋陵寝的看法，有人认为土葬好，有人建议火葬；有人认为五指山风水好，有人表示五指山风水奇差无比。风水师众说纷纭，莫衷一是。

2004 年 7 月 8 日，陈正伦在《东森新闻报》表示，五指山"国军公墓"在风水峦头，不但无力且气散不聚，四神俱缺：

两蒋国葬典礼预计在明年 3 月、4 月举行，安排两蒋移灵奉安"国军五指山公墓"。"国军示范公墓"沿着五指山鞍部边而设，究竟这边的风水如何？是否适合两蒋长期安眠呢？"国军示范公墓"的墓园面积辽阔，北西北有大尖山、杏林山、七股山、七星山、一脉落跌撞而至，可惜南面却落脉无力，只有较低的新山勉力的收住，分散的来气虽然远眺东方基隆港外海明堂，有禽星基隆山屿锁住水口，但孤地难鸣，且来路婉蜒，实在不太适合为元首之风水陵寝。五指山"国军公墓"在风水峦头，不但无力且气散不聚，四神俱缺。若要造就好的风水陵寝，势必要大动干戈，龙山向水，研究案山，都需要人工造葬。

除此之外，到"国军公墓"的路是一条弯曲又长的小山路，作为受敬重的统领，凭吊的民众势必很多，此处无法登堂。个人观点意见，若能移灵至大陆浙江奉化，则不但有助两岸和谐，也可找到较大气的布局。

移灵是一件极庄肃的礼仪，首先必须有后代子孙的随伴，选择良辰吉时做移灵大典，可惜明年 3 月、4 月黄气从西北侵，来龙本无力，恐因此事又造成政治争端，此外今年八月起，多灾的台湾，破碎的山园，印证祖山龙受创的现况，是否此时重谈奉安计划，又造成新的事端呢？这也算是又多一项禁忌吧！

7 月 8 日，《自由时报》记者洪敏隆、欧祥义、王述宏、张文川报中华星相学会理事长陈元荣表示，目前两蒋暂厝的头寮或是慈湖，都是靠近水域且山林茂盛，阴气太盛犯了风水大忌，这也是造成蒋家后代“阴盛阳衰”的主因，且两蒋至今仍未入土，无法吸收地灵、磁场，未来能够入土为安，整个运势才会有所转变。

陈元荣说，五指山公墓方位坐西向东，整座山的地运很强，加上明年是乙酉年，从两蒋仙命来看很适合移灵安葬，蒋家的运势也可望好转。

台湾省堪舆命理协会理事长赖泽膳则表示，五指山“国军公墓”东北季风太强，尤其是位在山顶的特勋区，虽然看似“案山层层来朝拜”，但东北季风湿冷、风沙太大，在山顶根本不聚气，又如何能够庇荫子孙？且公墓所在位置又正好位于“扫厝水”，不但不聚财，子孙做事也会不切实际。

赖泽膳说，慈湖事实上也有风煞的问题，且格局属于“芦花”，不是真正的来龙去脉，但安葬在五指山恐怕情况更糟，必须三思。

前台北市星象卜卦堪舆公会理事凌德修也说，头寮虽然风水不好，但五指山的情况更糟，整个山势坡度太斜，将会影响子孙前途。

堪舆师康佑为指出，两蒋的葬法均是采“浮棺”，即是棺材没有入土，对后代子孙十分不利，这与慈湖、头寮两地的风水应无关系，若迁葬五指山并改土葬，对蒋家后代应有正面帮助。

台北市星相卜卦堪舆职业工会总干事张颂斌认为，两蒋“浮棺”，始终未能入土安葬，对子孙不利，家中人丁会愈来愈单薄，而两蒋的遗体经药物防腐，形成“干尸”，又是不利，造成子孙的事业不顺，家族逐渐衰败，造成“一门七寡”。但五指山公墓地势平坦后无靠山，左右无龙虎护卫，无法吸精纳气，欠缺好的地理风水条件，不一定是块好墓地。

易经堪舆研究工作室命理老师林丰能认为，两蒋遗体都经过防腐处理，成为命理学上所谓的“荫尸”，对后世子孙极为不利，建议蒋家在移灵时先行“去防腐”。但林丰能不赞同火化，认为火化将大大减损骸骨的灵动力，即使下葬地点风水极佳，庇荫后代的效果也会打折扣。

从事殡葬业的礼仪公司负责人郭采修，也认为五指山公墓并非是块好墓地，他说五指山公墓位在山顶，四周空空荡荡，而且湿气重带阴，根据他的经验，十具棺木打开却有八具泡水，如此对子孙有害无利。

但中华星相学会顾问、万华通天阁文曲居士则认为五指山山势走向由西北朝东南，地势左（青龙）高、右（白虎）低，象征霸气与威权，山头区域居高临下，“明堂”宽广，有助后世前途，也牵动休戚与共多年的国民党运途。

7月9日，《联合报》记者粘嫦钰、张文辉、祁玲、林秀芳报导：两蒋移灵五指山，风水师一致肯定“入土为安”，但部分风水师认为五指山并非顶好的安葬地点，“子孙虽一定富，但不会贵。”两蒋遗体因曾作防腐，一位风水专家强烈建议两蒋应火葬，否则仍对子孙不好。

蒋中正的行馆都很注重风水，是以“太极四式”方式建造，不料死后却因“浮棺”，未能入土为安，重伤了蒋家男丁。地理风水师梁二也表示，没有入土，就没有吃到地气，对后代不好。风水命理专家卢伯温也认为死人放在阳宅太久，地气由阳变阴就会和活人不合，对后代子孙不利。

两蒋遗体只是奉厝，而不是“奉安”下葬，现在决定移灵到五指山“国军公墓”入土，所谓入土为安，对子孙一定好。

但是，五指山不是最理想的地点，因为位置高，湿气太重，冬天易起雾，他认为两蒋应在阳明山挑选坐东向西的良好墓地，并且不可用西式棺木安葬，以免尸身不易腐化，变成荫尸，对后代不好。蒋家应将两蒋尸骨火化，以风水而论，尸骨风干、防腐处理，违反大自然法则，干尸的波频会找其复制者，因此对蒋家子孙不利。不仅环保，也给全民做最好的示范。

五指山的风水，“气势不够强”，移到五指山虽比留在大溪好很多，“只不过对未来子孙格局有限，仅是一介平民。”蔡二则表示，五指山脉象温和，两蒋在五指山入土，后代子孙“官、贵一定没有. 富一定有”，但不论如何，至少能平平安安，不会大起大落。

风水师指出，五指山地理位置高，湿气重，水气上不来，但是下得去，通通下到棺木里头去了。一位李太太也表示，她父亲葬在五指山十几年，一年前父亲托梦给她，梦中直说五指山好冷，棺材变浮棺，他被泡在水里，结果真是如此，土葬十几年后，开棺，打开棺木竟成荫尸。

风水师强调，地势太高，湿气太重，再加上是西洋葬法，棺木材质是石棺，尸体难腐化。有一句话说，尸骨未寒，担心的就是这种情况；两蒋若是要移灵到这来，则往后蒋家后代只能富不能贵。

2005 年 8 月 5 日，《星象家》杂志第四期，李魁斗撰《两蒋移灵五指山得好风水》，认为五指山来龙撑持有力、局势完备，是难得的风水宝地：

五指山“国军示范公墓”位于台北盆地东北角方向，由内湖东湖小区或汐止皆可到达，五指山“国军示范公墓”是蒋经国钦点的。整座五指山坐西北朝东南，形似菱角状，后靠七星山大屯山主峰，面朝汐止七堵、南港一带台地，属台湾主峰玉山的北枝分脉台北县市风水龙势大局的右砂起顶处，是一回头面顾祖山的风水大地。整座五指山脉及其附近诸山双目所及皆是草木青翠滋润，林相生发旺盛之象，从“国军公墓”向前观看，眼目所及开发极少，山体亦无崩破缺损现象，此代表目前五指山之龙气尚属相当旺盛，故以风水角度而言，目前整座五指山却是一处上好大格局的风水宝地。

五指山坐落东经 121 度 36 分，北纬 25 度 08 分之间，海拔标高 699 公尺。整座山坐西北朝东南，背靠北五指山海拔 796 公尺，石梯岭山海拔 863 公尺，七星山海拔 1120 公尺。左后方有磺嘴山海拔 911 公尺，大尖山海拔 837 公尺，大尖后山海拔 869 公尺，竹子山海拔 1098 公尺。右后方有鹅尾山海拔 510 公尺，草山海拔 590 公尺，大屯山海拔 1092 公尺来左右撑持。又左青龙边有乌涂山海拔 624 公尺，七分寮山海拔 460 公尺。及右白虎边有百石湖山海拔 624 公尺，大仑头山海拔 476 公尺形成拱卫之象。而左前方有新山海拔 499 公尺，十四坑山海拔 357 公尺。右前方有太邱田山海拔 350 公尺，老爷山庄海拔 315 公尺，老鹫尖山海拔 193 公尺。及明堂前有柯子林山海拔 382 公尺，金明山海拔 391 公尺。实属来龙有力、后靠坚强，龙虎撑持暗拱、四势齐全、明堂开阔的风水大格局。

以风水角度来说，五指山发脉于玉山主峰，再经雪山山脉，后再转折往北方由三角仑山辞楼下殿经竹子山转西北丸芎山，再转往北边起峰头尖山，再起领五分山转西北下潜过峡汐止地区起顶于七星山主峰为父母山，而七星山主峰后生有大屯山及竹子山作为鬼乐撑持七星山回头面向东南祖山，再束气往东北起顶于大尖山。大尖山再束气向东南方起顶北五指山再下潜束气起顶五指山主峰。再往下应明堂高度穴结金明山麓。

两蒋陵墓位于五指山五个主峰的左中峰东边山麓，“国军示范公墓”管理处大楼后面正下方，海拔标高约 670 公尺左右，位处一扇形平台上，面积约两三百坪间。坐西北向东南，坐向刚好坐于地球的南北中轴在线，属帝王之尊。两蒋新陵寝虽未点中五指山整个风水大局的正穴，但却也是该军人示范公墓地区内之最佳位置了。五指山虽为一回龙顾祖之大局，又向主有情，鬼乐山撑持有力，但两蒋陵墓却点穴于后靠接近山龙顶部，虽有小结但顶部龙势平缓稍嫌不足，加上未点中正穴甚为可惜，又该处四势稍嫌低些，不免受风煞之害，四周缺乏周密亦易产生地气无法蓄聚及四势护主无力，加上前庭空地不足后靠又迫压，也易造成子孙四散现象。又有“国军烈士纪念碑”及“国军公墓”管理处的大楼压住主穴正后方，刚好镇住两蒋新陵墓地的后龙来脉处，难免造成主穴头顶受压而产生子孙荫而不发及主事者或宅长及领导人不利的现象。好在明堂宽阔局势圆满，又堂内万帐罗列兵马成群仓库数堆，实属富贵两全之象，可惜主穴与明堂间，落差达 300 公尺左右，虽堂局有帅将点阅之格局，但是主穴过高难免产生上命不能下达及子孙命带孤独。又因主穴过高阳气过盛亦会造成子孙女口不利，还好陵墓三面营建有高墙可改善因主穴过高致风煞侵袭之害。

堂局虽齐全但明堂两边砂手稍嫌低垂，致易产生护持力量不足，砂手上虽也带有旗令多面但均属回头旗，所以难免后代做事意志力不坚定及同辈外族或事业伙伴的扶助力量较为欠缺，还好右砂较为圆润低平又砂尾带有官帽，主子孙女性做事较圆滑，亦可以小房出贵。明堂前方远朝面向汐止、七堵、南港地区，地势开阔主子孙心宽量大格局清高，但可惜远山过于低平欠缺兜栏主较缺子孙朝拱之力亦不免需向外发展，虽会有成就但亦因而不思祖源及回报祖地。

至于大溪慈湖蒋公暂厝之地理，因地处地势低洼处高度已接近慈湖水平面，明堂面积又小而迫压狭窄本属极阴之地，此不利子孙发展及子孙做事欠缺冲劲。该处本只可盖阴灵庙宇而不可用于人之阴阳两宅。而蒋公又以暂厝方式放置未将遗体埋入地下，遗体未入土无法吸纳地气以补充本身所需能量进而能扶荫子孙，反得从子孙身上回吸能量用以补充本身所需消耗之能量，当然对子孙健康不利久之致而男丁凋零，只是阴地本就不影响女口。

再于头寮经国先生之暂厝地，该地原本结有一小格局之风水地，但只因遗体以暂厝方式安放而又方向反置，故本来应能小发之地理却因遗体无法吸纳地气而对子孙健康不利及离祖现象。

如以两蒋新旧两处之陵地做个比较的话，如仅以风水格局论之，当然是五指山“国军示范公墓”之大局势要好上百倍了，只是两蒋陵墓未点着正穴当然效果失色不少。以笔者近日前往五指山勘查结果发现，两蒋新陵墓虽点在地势最高处，但能在陵墓三面围以高墙确可改善地气的蓄聚效果，及正面之营建面积大亦能符合回龙顾祖之地理格局，又如能将两蒋遗体深埋地底数丈的话将更臻完美，定能扶荫子孙数代而不坠。

本来慈湖之地势低洼会不利男丁健康，而明堂迫压会造成子孙行事保守凡事退缩不善表现。今五指山因地势高地理局势又大，明堂开阔四势周密，大局又后靠有力，主可扶荫子孙往后行事大方，心性及个性变为较豁达勇于表现，但五指山顶部为极阳之地，不免子孙带有孤独命格及阳气过盛而对女口不利，及穴后管理处大楼与“国军烈士纪念碑”的影响，对于往后主事者及离祖不归之现象无法改善。两蒋陵寝的设计，建筑师表示是以风水为考虑。

2005 年 3 月 8 日，《中国时报》记者吴明杰报导：

两蒋位于五指山的墓园昨天下午破土动工，负责墓园设计的建筑师杨瑞祯直言，墓园设计确实有风水堪舆考虑，符合左青龙、右白虎、前案山、后玄武等要求，方位为坐西北朝东南，气势很强，蒋家家属对风水的安排也相当认同。

两蒋墓园选在昨天下午一点的良辰吉时破土，施工单位透露，破土时辰虽经挑选，但时间订在昨天，并非外传近日有“天雷地动”的天象，而是“国防部长”李杰不满墓园工程一再拖延，为避免外界质疑军方刻意延误，上周亲自下令尽速开工，营造厂商上周四看完日子之后，决定昨天举行破土仪式，与前天凌晨的“双主震”和近来春雷不断根本毫无关系。“国防部”也斥外传军方选在昨天的“帝王日”为两蒋墓园破土为无稽之谈。

由于蒋徐乃锦等蒋家长辈目前都在美国，昨天并未出席墓园的破土仪式。但据了解，破土时辰都是经家属同意后选定，昨天的破土仪式也遵循民间传统，以三牲祭拜并焚香祈福，主祭官并朗诵“借用此福地安葬”等祈福文句。军方仅派军备局少将级官员到场，现场媒体比参与破土仪式的人还多。

对于两蒋墓园的风水，军方官员说，由于蒋纬国将军早有将老蒋“总统”移灵五指山的想法，当年规划示范公墓时，就曾聘请当时国内的八大风水师到现地会勘，当时就一致公认目前公墓中特勋区的方位风水最佳，而目前蒋家所选的扇形地又是其中的上上之选。

军方官员表示，两蒋墓园是“前凹后靠、两面有环抱”，加上“左青龙”有万里溪、基隆海，“右白虎”有道路通到台北大都会，还有前面有北港山等小山“朱雀”，向远望去还有大尖山，符合“向山”要求。

墓园建筑师表示，基地附近的墓区都是坐北朝南，而两蒋墓地是朝东南的扇形状，因此依现有地形地势，以坐西北朝东南的方向配置墓园，设计之初确实请过风水师进行堪舆，但主要是看墓地的坐向，并非整个设计都以风水为考虑。

除了风水问题，杨瑞祯表示，传统伦理在设计上必须顾虑，中国传统有左尊右卑、前卑后尊之道，因此规划基地西南侧为经国先生之墓，东北侧规划为中正先生之墓，也就是面对汐止，蒋公之墓在左，经国先生之墓在右。

两蒋在五指山陵寝的预定地，2005 年 3 月 7 日下午 13 点至 15 点的未时，正式破土动工，不过蒋家家属保持低调，并没有到场，仅由军方和承包工程的厂商举行开工典礼。整个工程预计在6月底完成，但是由于天气的关系，工程一再延误，将于9月底完工。至8月间传出蒋家家属意见纷歧，两蒋移灵时间延后。

五指山两蒋陵寝预定地，乾山巽向，时当下元八运：

令星到山到向，本来在八运中，即2004年～2024年，此局旺丁旺财。但是坐后有水，八运克丁。而且在九运中，即2024年～2044年，丁星入囚，又克丁。八、九两运连续克丁，换句话说，连续40年克丁，就算八运有财，也是无福享受，最后的结果是乏嗣继承。

第六章 文化名宅在中国

中国是一个幅员辽阔、民族众多，具有悠久历史的国家。在民居建筑方面，汉族民居分布范围较广，数量较多。汉族之外，其他各民族的住宅各有特色，呈现反复多样的面貌。

住宅是人类基本生存要件之一，也是人类文化重要的组成部分。中国民居的木构架形式，远在原始社会末期早就已经开始萌芽。在以后的几千年，经过各名族的不断努力，创造出各式各样的住宅建筑形式。这些住宅建筑形式虽然有其历史的局限性，却都是历代先民智慧的结晶，是中国传统文化，也是人类住宅文化宝库中的珍贵遗产。

根据考古资料，当时的母系社会的房屋有许多种形式，有的是半地穴式，也就是从地面向下挖一个浅土坑，利用坑壁做墙，然后在坑口搭建屋顶；有的则是全部在地上建成。但无论哪一种墙壁都很矮，最高的也不过一米左右。墙芯是木棍草绳编织的篱笆，然后在篱笆两侧抹黄泥。墙壁上部向外倾斜，上面接的屋顶。有趣的事，房屋的门并不是开在矮墙上的，而是开在屋顶上的。其原因是墙太矮，所以只能如此。由于当时的房屋十分低矮，只有中间部位屋顶较高，人可以在里面直起腰来，而在房屋其他地方活动，则都要弓腰。房屋的平面有圆形和方形两种，面积都很狭小，只能容纳三四个人居住，如果房屋较大，里面还设置若干柱子在支撑。

当时一般的村落有几座大房子，四周则是许多小房子。大房子每边长约十几米，入口处还有一个长约四五米、带有人字形屋顶的信道。大房子是男性、婚龄前的女性和超过发育的女性住在一个地方，是一个族群中心，也是族群祭祀神明的地方。大房子的中心是火塘，也是族群大食堂。小房子则是分配给婚龄妇女每人一座，每到晚上，小房子的女主人便会叫她的意中人来同居，小房子的门都朝向中央的大房子，以方便族群之间的联系。

商代的居民虽然还部分保留了半地穴的住宅的特点，但随着木工工具的发展，人们已经用版筑的方法夯制土墙，因此，民居建筑的高度也随之增加，住起来也较为舒适。当时室内铺席，人们坐于席上，而且已经有了床、案等家具。西周至春秋时期，人们也发明了瓦，这是中国古代建筑的一个重要的进步。人们还建起了有门、有塾、有堂型的院落型住宅。

汉代是住宅形式比较繁多的一个时朝代。住宅屋顶形式更加多样，楼层也越来越高，木构架形式也更加复杂、当时的住宅已经有了回廊合阳台，附属建筑包括功能各不相同的车房、马厩、库房、牲口房、奴婢住房等，甚至还有为防御而设置的坞堡，为观赏而修建的园林。汉代的这种高楼式的住宅到后来反而消失了，究其原因，一是地震容易倒塌，而是森林不断被砍伐，建筑木料越来越不容易取得。

唐、宋、元、明、清几代，中国的院落式居民已经定型，过去的皇家统治者，制定了严格的住宅等级，譬如明代《舆服志四室屋制度》就规定：“一品二品厅堂五间九架，三品五品厅堂五间七架，六品至九品厅堂三间七架，不许在宅前后左右多占地，构亭馆，开祠堂。”“庶民庐舍不过三间，不许用斗棋，饰彩色。”尽管历史上有不少高官、富商、地主并不遵守这些规定，但这些规定在某种程度上限制了民居的发展。

总之，民居是建筑技术和文化艺术的结晶，民居坐落于旧时的城市或乡村之中，其形制是以当时的生活方式、民间习俗紧密联系的。研究中国传统民居，就离不开这些文化背景，中国民居之所以似久酿的陈醪，越品越香，测量和绘制平面、剖面图就可以完全捕捉到的和官式建筑相比，民居结构十分简单；和欧洲的洋房相比，中国的民居也显得过于古朴。但是这丝毫不影响中国的民居文化价值。中国几千年的文化积累所综合形成的民风。民俗，正是构成中国民居文化的深厚基础。

第一节 文化名宅——乔家大院

乔家大院的创始人是乔贵发，乔贵发的老家就在祁县的乔家堡村，乔贵发就在乔家堡村买了块地，盖起了最早的乔家大院。现在乔家大院一号院的宅子就是当年乔贵发所建的，当时的规模不过是一号院中的几间房子，真正确定乔家大院的建筑风格的是乔贵发的三儿子乔全美。

清乾隆年间，现乔家大院坐落的地方，一部分正好是乔家堡村的大街与小巷交叉的十字口。乔全美和他的两个兄长分家后，买下了十字口东北角的几处宅地，起建楼房。主楼为硬山顶砖瓦房，砖木结构，有窗棂而无门户，在室内筑楼梯上楼。特点是墙壁厚，窗户小，坚实牢固，为里五外三院。主楼的东面是原先的宅院，也进行了翻修，作为偏院。还把偏院中的二进门改建为书塾，这是乔家大院最早的院落，也就是老院。传说偏院外原来有个五道祠，祠前有两株槐树，长的奇离古怪，人们称为“神树”。乔家取得这块地皮的使用权后，原打算移庙不移树。后来乔全美在夜间做了一梦，梦见金甲神告他说：“树移活，祠移富，若要两相宜，祠树一齐移。往东四五步，便是树活处。如果移祠不移树，树死人不富……。”没有多久，此树便奄奄一息。乔全美恐怕得罪了神灵，便照梦中指示的地方，把树移了过去，树真的复活了，而且枝叶繁茂如初。这好像是“真神显灵”，真有其神，于是又在侧院前修了个五

道祠，直至今天依然存在。同时主院与侧院间有一大型砖雕土地祠，雕有石山及口衔灵芝的鹿等。土地祠额有四个砖雕狮子和一柄如意，隐喻“四时如意”。祠壁上还有梧桐和松树，六对鹿双双合在一起，喻意“六合通顺”。

乔家大院

中国有句古话“富不过三代”，以前的人们结婚很早，很多人第一代创业的人也带着孩子一同经商，到了第三代家里有些钱了，很容易就骄奢淫逸。乔致庸正好是乔家的第三代，他不信“富不过三代”的古话，到了乔致庸这一代，是乔家的鼎盛时期，这之后乔家人世世代代为乔家兢兢业业的操守着，可惜后来赶上了国乱。“七七事变”爆发，日军侵华，乔家大院的建造工程被迫停止。日军侵占时期，乔家人为了躲避日本人的袭击离开了乔家大院，剩下空院一处和部分佣人看护……过去的

光辉岁月早已经被深深埋藏，如今的乔家大院早已经成了北方民居中一颗光彩夺目的明珠，乔家大院也为乔家堡村带来了无数的商机，这里曾经的财富传奇以成为了过去，现代的财富故事正在上演。

无数来到这里旅游的人，有的是被影视剧吸引而来，感受乔家经商成功的奥秘；有的是带着艺术的眼光，欣赏这里精美绝伦的古建筑；而我，则是带着历史的疑问，来探究曾经富家一方的乔家人创造财富的历程和对财富的态度。乔家人祖祖辈辈坚守着诚信为本的道德底线。虽然当时没有建造和谐社会的构想，但乔家人却用自己的实际行动实践着和谐。乔家人也曾经是最被世人称赞的晋商。也许已物是人非的大院并不能道尽当年乔家经商的传奇，但乔家人树立在后人们心中做人和经商的道德丰碑确是最值得我们学习的宝贵财富。乔家大院位于祁县乔家堡村正中。这是一座雄伟壮观的建筑群，从高空俯视院落布局，很似一个象征大吉大利的双“喜”字。其设计之精巧，工艺之精细，充分体现了我国清代民居建筑的独特风格，具有相当高的观赏、科研和历史价值，确实是一座无比伦比的艺术宝库，被专家学者恰如其分地赞美为“北方民居建筑的一颗明珠。”难怪有人参观后感慨地说：“皇家有故宫，民宅有乔家。”

乔家大院依照传统的叫法，北面三个大院，从东往西依次叫老院、西北院、书房院。南面三个大院依次为东南院、西南院、新院。主楼的东面是原先的宅院，也进行了翻修，作为偏院。

乔家大院大门坐西向东，为拱形门洞，上有高大的顶楼，顶楼正中悬挂着山西巡抚受慈禧太后面喻而赠送的匾额，上书“福种琅环”四个大字。黑漆大门扇上装有一对椒图曾街大铜环，并镶嵌着铜底板对联一幅：“子孙贤，族将大；兄弟睦，家之肥。”字里行间透露着乔在中堂主人的希望和追求，也许正是遵循这样的治家之道，乔在中堂经过连续几代人的努力，达到了后来人丁兴旺、家资万贯的辉煌。

乔家大院闻名于世，不仅因为它有作为建筑群的宏伟壮观的房屋，更主要的是因它在一砖一瓦、一木一石上都体现了精湛的建筑技艺。南北六个大院院内，砖雕、木刻、彩绘到处可见。从门的结构看，有硬山单檐砖砌门楼，半山檐门，石雕侧跨门，一斗三升十一踩双翘仪门等。窗子的格式有仿明枝棂丹窗、通天夹扇菱花窗、栅条窗、雕花窗、双启型和悬启型及大格窗等，各式各样，变化无穷。再从房顶上看，有歇山顶、硬山顶、悬山顶、卷棚顶、平房顶等，这样形成平等的、低的、高的、凸的、无脊的、有脊的、上翘的，垂弧的……，每地每处都是别有洞天，细细看来，切实让人赏心悦目，回味无穷。

总之，乔家大院既是建筑艺术的宝库，也是民俗的殿堂。步入其间，既会得到美的享受，又会使人增长许多知识。

笔者参观了乔家大院后，认为乔家大院也有美中不足的地方，主要有两大点：

1、乔家大院的最大问题是没有靠山，虽然富可敌国，但没有一人做官。乔景俨执掌家政时也捐了个三品官赏戴花翎，以后又晋升为二品，为道员分省后补。只是一个名誉职位。

2、门向不对，主门太低，主男丁不长寿，夭折的太多。

乔致庸有俩兄弟，哥哥乔致广不幸英年早逝，而且没有子嗣。

乔致庸的第三个儿子名叫乔俨，也不长寿。史料显示，“当景俨病重时，妻子在神前许愿，若得丈夫病好，一定唱大戏、备三牲酬谢。景俨的病稍好转，梁氏便急于还愿，不料映霞以‘荒诞迷信，既违祖训，又伤风化’为由，不予支付开销，景俨终至不起。

乔俨之孙乔倜，也是英年早逝，牺牲时年仅 18 岁。

第二节　文化名宅——牟氏庄园

牟氏庄园是清代地主庄园，位于山东烟台市栖霞县城北古镇都村。1988 年中华人民共和国国务院公布为全国重点文物保护单位。牟墨林（俗称牟二黑），字松野，生于清乾隆晚年。始祖牟敬祖，原籍湖北荆州府公安县，明洪武三年（公元1370年）任栖霞主簿，籍邑栖霞。祖父牟之仪，于清乾隆七年（公元1742年），由栖霞“城内悦心亭”，“徙居古镇都”，时有土地 300亩。至其父牟口，置地达千余亩。牟墨林是十四代孙，清道光十六年（公元1836年），“岁大欠”，趁机开仓以粮夺地，土地多达 3万亩。至清末民初，占有土地6 万余亩，山岚12万亩，153个佃户村，年收租量达660万斤。

牟氏庄园始建于清乾隆间，后不断扩展，遂成今日规模。共3个建筑单元，分6个宅区，各自立有堂号，占地东西 158米，南北148米，总面积约23400平方米，共有房屋 490余间，建筑面积约7600平方米，庄园坐北朝南，诸宅区均沿南北中轴线，建门厅（亦称南群房）、客厅、寝房及厢房等，构成多进套院，又以南北通道连贯诸院。各建筑单元，均以南、北群房，东、西群厢或围墙相连，结为整体四合院。

沿街设高窗，庄园后面高筑石围墙，其建筑形式均为清式硬山式木砖石结构，以灰色泥质鱼鳞瓦起垅覆顶，瓦下铺设木炭，以作减轻屋顶重量和保暖、防潮之用。大门两侧沿街石墙上，横嵌石鼻拴马扣。具有北方民居特点。

牟氏庄园

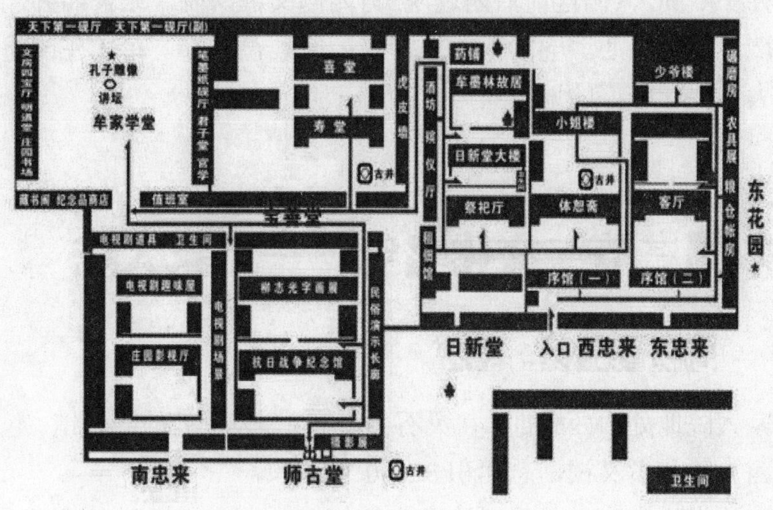

第一单元，包括“日新堂”、“西忠来”、“东忠来”3个宅区，位于庄园东半部，东西并列，占地东西65.2米，南北98.2米。“日新堂”居西，俗称“老柜”，牟墨林老宅，后为长孙宗植继承，是庄园内建造年代最早的宅区。分前后六进 5个院落，以次建门厅、道厅、客厅、双层寝楼、卧房、北群房及西群厢等，计有房屋89间。卧房为牟墨林居室，单层，六檩梁架，阔五间，中三间设前廊，自成一院。“西忠来”与“东忠来”是庄园内建筑最精良的宅区，平面布局与“日新堂”基本相同。“西忠来”居中，三孙宗夔住宅，六进 5个院落，共有房屋63间。“东忠来”居东，四孙住宅，六进5个院落，有房屋100间。

第二单元，包括“南忠来”、“阜有”两个宅区。位于庄园西南隅。占地东西55米，南北59米。“南忠来”居西，共四进分四个院落，计有房屋76间。“阜有”，又名“师古堂”，居东，计66间，四进 4个院落、寝楼院内的屏门为庄园内仅存的屏门原建，做门楼，木构举架，设四柱擎顶，阔 2.9米，进深2.80米。

第三单元，“宝善堂”，位于第二单元以北。东西 37 米，南北 64 米，有房屋 96 间，共四进前后四进院，另西侧又辟两院。东群厢外侧盘墙为拼花墙，别具匠心。宅区西部原为花园区，已无存。牟氏庄园是中国规模较大、保存较好的地主庄园。

第三节　文化名宅——王家大院

王家大院地处山西腹部，在灵石县城东 12 公里处的静升镇。包括东大院、西大院和孝义祠，总面积 34650 平方米。

东大院俗称高家崖，建于清嘉庆初年，是一个不规则形城堡式串联住宅群。

王家大院

城堡因地布局，顺势而建。鸟瞰东大院，是由三个大小不同的矩形院落组成：中部是两座主院和北围院；东北部是俗称“柏树院”的小偏院；西南部是大偏院。城堡的四面各开一个堡门。东堡门位于主院前大通道的东端，西堡门开在大偏院的西南角，南堡门开在主院前大通道的中间，北堡门开在小偏院的东北角。南堡门外是一条长50米、宽3米的石板坡路，直通村中的五里后街。主院前的大通道长 127米，宽11米，全部用青石铺成。大通道的南面是高高的砖砌花墙，墙内建有60多米长的风雨长廊。东大院主体建筑是两座三进四合院，院门前都有高大的照壁、上马石、旗杆石、石狮、石台阶等。从布局看，每座主院都有宽敞的正院、偏院、套院、穿心院、跨院等；按用途分，有堂屋、客厅、厢房、绣楼、过厅、书院、厨房之别。院内因地而异，修有甬道、幽径、低栏、高墙等。院中有院，门内有门，窑顶建窑，房上座房。主院西南角的大偏院是由两座花园式庭院组成的，可供主人小憩。主院正北的后院是由一排13孔窑洞组成而又分隔为四个小院的护堡院。整个东大院建筑规模宏大，结构严谨。

出东大院的西堡门，走过一条马蹄形的沟涧小道，就是西大院。西大院俗称红门堡，是一处十分规则的城堡式封闭型住宅群，面向与背靠同东大院完全相同。俯视西大院，其平面呈十分规则的矩形，东西宽105米，南北长180米。只有一个堡门，开在南堡墙稍偏东的位置，正对着城堡的主街。雄伟的堡门为两进两层，一方刻有“恒祯堡”的青石牌匾镶嵌在堡门正中央，因堡门为红色，所以人们都叫西大院为“红门堡”。堡墙外高八米，内高四米，厚二米多，用青砖砌筑。堡墙上有垛口。堡门外正对堡门的地方，有一座砖雕照壁。堡门左右及堡墙东北、西北角各有一条踏道可上堡墙。堡内南北向有一条用大块河卵石铺成的主街，人称“龙鳞街”，街长133米，宽3.6米。主街将西大院划为东、西两大区，东西方向有三条横巷。横巷把西大院分为南北四排。从下往上数，各排院落依次叫底甲、二甲、三甲、顶甲。一条纵街和三条横巷相交，正好组成一个很大的“王”字。堡墙东北角和西北角各有更楼一座。堡内东南角、西北角各有水井一口。堡内共有院落27座，除顶甲为6座外，

其余三甲均为七座。各院的布局大同小异，多数为一正两厢二进院，正面以窑洞加穿廊为主，顶层有建窑洞或建阁房的。大部分院落以南北中心线为对称轴，东西基本对称。也有一部分院落为偏正套院，院门偏在东南方向，院门内是一条较长的通道，通道西侧南端是通往前院的门，北端是通往后院的门。

王家大院与其说是一组民居建筑群，不如说是一座建筑艺术博物馆。它的建筑技术、装饰技艺、雕刻技巧鬼斧神工，超凡脱俗，别具一格。院内外，屋上下，房表里，随处可见精雕细刻的建筑艺术品。这些艺术品从屋檐、斗拱、照壁、吻兽到础石、神龛、石鼓、门窗，造型逼真，构思奇特，精雕细刻，匠心独具，既具有北方建筑的雄伟气势，又具有南国建筑的秀雅风格。这里的建筑群将木雕、砖雕、石雕陈于一院，绘画、书法、诗文熔为一炉，人物、禽兽、花木汇成一体，姿态纷呈，各具特色，称得上北方民居建筑艺苑中的一颗璀璨明珠。王家大院是山西最大的一座保存完好的建筑群，称“三晋第一宅”。

王府

王家大院如此雄踞一方，鹤立鸡群，成为黄土高坡上一道亮丽的风景，人们自然会关注到它的主人。

静升王氏家族，开户于元代，鼎盛于明清，迄今六百多年，虽无治国安邦之人杰和布道立言之圣哲，可传承28世，自有其过人之处。仅就现存建筑，已足见其一斑，更何况家谱县志、州府通志以及散见于各种碑碣、匾额、牌坊上的文字，可以看到其历代先祖的业绩和行踪。

始祖王实，起自寒微，寄迹静升村后，以农立身，兼营豆腐，一生行善积德，数百年仍留于口碑。

明洪武年间，静升王氏“一脉迁河南称为巨族，一脉遗山东比隆本宗”。到万历时，于耕读传家的同时，才有人走出本土，由农而商，“业贾燕齐”、“逐利湖海”，方才有了可见于天启间《静升王氏源流碑记》的显赫——士农工商，俱开始辉煌。

然而，王氏家族真正的昌盛繁荣确是在进入清代以后。当时的十四世王谦受、王谦让等兄弟五人，天赋既高，胆略也大。他们五位一体，或聚或散，有的外出闯荡，相机逐利，有的维持农耕，执管家政，如此内外结合，家囊渐实，王氏家族称雄一方的基础，才得以牢牢奠定。

据传，清军入关后为巩固其统治，曾明令禁止民间养马，直到康熙十年（公元1671年）罢禁此令时，深知民心民情的王谦受、王谦和兄弟虽正“贸迁燕齐间”，却闻风而动，当即转口外蒙古一带，贩马内牵，售以广需急求者。其时，山高路远，千里迢迢，艰难险阻甚多，可兄弟俩凭其耐得苦劳之毅力和善于应变之精明，既疏通了官路、商路、山路、财路，便路路畅通。

康熙十二年（公元1673年），吴三桂叛乱，陕西提督王辅臣相应。国临危难，朝廷急需军马粮草，王氏兄弟审时度势，毅然向平阳府献骏马24匹，表示愿为朝廷分忧，之后果然被委以重任，为清军筹集粮马军饷。及至战事结束，朝廷嘉奖功臣，凡王氏兄弟此番涉及之军方的地方，无不为其奏章请奖，王谦受、王谦和乃名噪一时，生意做进了京城，店铺不断增多，家境很快殷实起来。康熙六十一年（公元1722年），年届古稀的王谦受还有幸以京畿富绅的身份参加了朝廷举办的“千叟宴”，

并捧回御赐龙头拐杖一把。

此后，王氏家族或正途科考，或异途捐纳，或荫袭父辈，许多人又走向仕途。从县志家谱和一些残碑断碣上可知，王家七品以上至二品的官员，有名有姓者达 43 人，王氏家族中共出过举人 9 名，进士 4 名（其中一名因涉嫌参与戊戌变法被罢官）。

王家人做官经商所及之地，北至内蒙古、辽宁，南至广东、福建，西至新疆、甘肃，东至山东、江苏，几乎遍及全国。商业字号，不知其数，可从道光二十八年（公元 1848 年）的一通庙碑上看，仅以“广、聚、万、德、晋、天、永恒”8 个字起首者，就达百家。官员中一些人还有幸充补了盐茶肥缺。

家道中兴之后，除修宅筑院、建造祠堂、坟茔外，王家人好善乐施，多行义举，并以此家声远扬。据现有资料，仅乾隆、嘉庆年间历次赈灾，王家人累计捐银达 18560 两、粮食 90 石，捐银最多者计 4800 两，是现开放的高家崖敦厚宅主人刑部山东司郎中 17 世王汝聪。16 世王中极，陕西布政司经历，中宪大夫，除为县城防洪堤和介子推庙等处多次捐银外，村中义学房舍不足，他捐资增建 23 间。村道被暴雨山洪冲毁，他捐资并督工筑排洪暗渠 200 余米。本县赴上党之山路不仅崎岖难行，且冬季经高寒地带，曾有人冻僵冻死或冻掉冻烂耳朵手指。王中极为此除出资整修道路外，还在高寒山岭下东西两边路旁，各建旅店一处，供人投宿打尖，并在两边店里，均备有皮袄数十件。便民惠民，故 200 年传为佳话。

此外，15 世王麟趾捐地筑塘、蓄水造渠，并在县城捐资修复学馆；13 世王佐才在外村买地助学；16 世王中行在县城修建会文馆；20 世王廷仪还将别人卖掉的孩子赎回来为其培育成人等，都为静升王氏家族播远了家声，留下了百年光彩。

故土树美德，仕途见忠勇，仅朝廷嘉恤嘉勉者便有：17 世王如玉在任贵西道兼理贵州提刑按察司事时，特简四川军营委用，乾隆三十八年（公元 1773 年）在小金川战役中，奋勇牺牲。20 世王鸿渐，任两淮盐运司经历，咸丰三年（公元 1864 年）在太平军攻打扬州时，与城共亡（致王家总体实力自此元气大伤）。20 世王奎聚在投幕山东阳谷县期间。咸丰四年（公元 1865 年）太平军攻城，他甘愿马革裹尸，终致城破身亡。17 世王如琨在任顺天府督粮通判时，曾两次供职于顺天府乡试、会试庶务。及至同治之后，21 世王鸿儒、王鸿翔仍追随左宗棠，分任要职。直到左宗棠剿灭了阿古柏匪帮，遏制了俄、英帝国对新疆的侵略，王氏兄弟还被赏戴花翎，并由军机大臣祁隽藻为之题匾："为善最乐"。

纵观静升王氏，由贫困到富裕，由蛰居到振翅，以农以商以仕，以德以学以勤，既闻达于朝廷，更显耀于乡野，然在其经济基础雄实之后，虽不乏志存高远者追求大德大智，却限于社会历史的客观潮流和个人心志的发端不一，精神砥柱自不相同，情趣步调亦难免各异，再加年代久远，人丁渐众，教化莫及之隅，还会有不孝子孙滑向纨绔，或至家风尽弃而成为先祖创业维艰，后辈挥金如土的局面。故偌大家族虽历经奋发与辉煌，最终还是随着清王朝的覆灭而日渐销声匿迹了。

第四节　文化名宅——曹家大院

曹家大院坐落在素有“金太谷”之称的北洸村，是晋商巨富曹氏家族的一座宅院，建筑风格独特，是我国北方近代民居建筑的珍品之一。同时院内珍藏着许多文物，被辟为三多堂博物馆。

过去有一句佳话：“山西人善于经商，山西人长于理财。”确实，在明清时期，以“祁太平”为首的晋商就是中国一大商帮，曹氏家族又是太谷县的首富。

从远处看，这座宅院呈“寿”字形，外观雄伟高大，形似城堡，在周围低矮民居建筑中格外醒目。这座“寿”字形院是曹氏家族中一个分支的院堂，习惯上根据多福、多寿、多子而称为“三多堂”。

三多堂

大院分南北两部分，东西并排着三个穿堂大院，上面连接着3座3层高楼，内套15个小院，现存房舍270多间。整座院落，院中有院，院院相连，布局严谨，其间有精湛的雕工绘画艺术，非常精美。三多堂不仅以其雄伟壮观的建筑名闻遐迩，而且有无数珍品深藏院中。

在三多堂内陈列的共有4大项目。这里展出的是“曹家经商史”，主要反映曹氏家族从艰辛创业到创造辉煌到走向衰落的过程。首先是创业阶段的“日出而作，日落而息”。曹家始祖曹三喜迫于生计，早年去了热河的三座塔谋生，开始时以种地、养猪和磨豆腐为生，后来经营酿酒业，家业渐渐发展起来。曹三喜共有七个儿子，各有堂号，其中四儿子的堂号名为“三多堂”，生意最兴盛，支撑着曹家门户，成为曹家商业的代表，到道光、咸丰年间，商业达到鼎盛，大江南北都有曹家的铺面，所谓“辽奉蒙俄六百座”，此时资产高达1200万两白银，所以乡民有“凡是有麻雀飞过的地方都有曹家的商号”的说法。曹家致富的秘密何在呢?曹家确实有一套发家致富的秘方。曹家深知“成败得失皆系乎人”的道理，所以选拔人员要求忠实可靠，聪明能干；此外还定有严格的管理制度和纪律，比如衣帽整洁、和颜悦色，接洽生意不准舞弊等。另外，曹家各号掌柜也都有讲生意道德、恪守信誉的优点，所以曹家能够经营致富。

曹家大院

但是，从光绪甲午以后，曹家的商业开始衰落。一方面，甲午战争、八国联军入侵使整个晋商的商业遭受严重破坏，当然曹家也不能例外。但更重要的是内因，是曹家子孙的骄奢淫逸导致了其事业的彻底衰败。曹氏后代有的吸食鸦片、有的庸碌无能，坐吃山空，曹家艰苦创业的精神早已荡然无存。而且各号经理混水摸鱼，只往自己腰包里捞，形成树倒猢狲散的局面，至此曹家商业终于走完自己的辉煌历程，所谓“白烟一股瞬息间，千年瓦金落纷纷”。曹家的衰落，给我们留下了一个深刻的教训。古人云，纵欲则败。古往今来，治国兴家，都是一个道理。

这里展出的是明清家具，一共陈列有400多件，最为珍贵的是用92块天然花纹大理石镶成的“百寿大屏风”，背面刻有100个寿字，并且施以金粉。这件宝物是用天然贝壳做的，上面刻有福禄寿三星图，从不同角度看，会呈现不同的光泽，当地老百姓解释说如果看到红色则会官运亨通，看粉色则要走桃花运，看到黄色预示着你要发财了。

第五节　文化名宅——徽州民居

徽州民居在徽州文化中占有相当重要的地位，一提起徽州文化，人们就很自然地联想到搞搞的马头墙，青色的蝴蝶瓦。许多人，包括不少海外人士都想来徽州看看。因此，来徽州的人一年比一年多，而这些观光旅游者一到徽州，便蜂拥到古民居比较集中的几个地方，一批接一批，很是热闹。但是，这种倾向也有它的不好处。由于人们熙来攘往，指指点点，把小村本来幽静典雅的气氛冲淡了，那些原本应当感受到的东西无法完全感受到了，常常留下遗憾。

如果你有时间，如果你想真正感受徽州民居的文化韵味，那就请沿着古道，沿着河边，去看看散落在山间河畔那些不起眼的民居吧。

徽州古民居的一个最显著的特点，就是它分布广泛。在包括婺源、绩溪在内的徽州地界里的千数以上的大村小庄里，几乎每个村庄都有古民居。据专家说，明代民居数以千计，而清代民居则数以万计。徽州古民居的数量之多，建筑风格之美，任何一个地区都无法相比。它将民居建筑推到了极至，在中国有史以来的民居建筑中，徽州民居是一座高峰。

徽州民居

徽州民居建筑，无论是古民居还是近代的仿古式民居，都有一种强烈的、优美的韵律感。走进徽州，就走进了一座巨大的园林。这里的每一个村落都依山傍水，十里苍翠入眼，四周山色连天。但这村落里却大都极少有树，即便有，也是一些供观赏的灌木或花草，古木大树往往在村外较远的路口或山脚，并不影响村中的视线。从远处看，一堵堵翘角的白墙被灰色的小瓦勾勒出一幢幢民居的轮廓，像一幅幅酣畅淋漓的水墨画，又像一幅幅高调处理的艺术照片。人在山中走，如在画中行，随时随地都能领略迷人的画意，随时随地都能感到醉人的诗情。在二十世

纪三十年代，风流才子郁达夫被徽州的风光感染，写了一首《屯溪夜泊》的诗。诗中写道：

新安江水碧悠悠，两岸人家散若舟。
几夜屯溪桥下梦，断肠春色似扬州。

徽州民居的外貌是恬淡而清秀的，有着独特的审美趣味。如果你再带着闲淡的心境走进村里，踏着青青的石板小路，静静地穿过几条小巷，再走进几户人家看看，你会有由恬淡进入醇浓的感觉。浓重的文化气氛紧紧包围着你，时时催促你去不停地观看，还觉得眼睛不够用。只要你抬脚迈进一家大门，就会迎面看到厅堂中间挂着的巨幅中堂，接着便会看到中堂下面佛龛上的自鸣钟及其两边摆放着的各种瓷瓶、瓷筒，属于古董类的艺术品，抬眼可以看到，随手可以摸着。

在徽州，木、石、砖三雕最为出名，人称“徽州三绝”，这“三绝”几乎在每家每户都可能看到。那些门坊、门罩、漏窗上的雕刻，一户之内少有雷同，窗槛、裙板、窗扇、斜撑等处，雕刻更为精美。在西递村，有一户人家天井中的十二个门扇上雕刻着二十四孝图，非常精细，虽然封建伦理观念较为浓重，却极有文化研究价值。

徽州宗祠

初到徽州的人看民居，满眼都是高大的马头墙灰黑的鱼鳞瓦，以及露了本色的木窗门板等这些居住的地方的景物。其实，徽州民居远不是单纯住人的房子，它是包括祠堂、家庙等建筑在内的整体概念，没有了祠堂也就没有了民居。徽州从外地迁来的富家大户极多，为了巩固他们自己的地位，维护自己的利益，他们聚族而居，形成了极强的宗法观念和极严密的宗族组织。“社则有屋，宗则有祠。”宗祠是他们住宅不可或缺的配套工程，通过它来凝聚宗族里的人心。

在明代以前，民间是不准祭祀始祖的，到了明代嘉靖年间，政府开始允许民间祭祀自己的始祖，从这时起，徽州宗祠才大量涌现。最有典型意义的是绩溪龙川胡氏宗祠。它后枕龙山前伏狮山和象山，一条古道横陈前门，道外的龙川溪水环宗祠流过，注入新安江。站在小溪南岸往北看，宗祠中轴线上的影壁、平台、门厅、正厅、前后天井，寝厅和特祭祠等建筑物，均衡而对称地排列着，纵深 84 米。加上东、西、北三堵无一窗口的高墙，十多米的三重檐门楼以及从平台到寝厅逐步上升的地平、门楼、正厅屋脊和寝厅屋脊又在空中形成三个高峰，这种深邃、高大和宽阔的比例关系，造成了宗祠的雄伟气势，心中渐渐升起一种沉重的肃穆和浩渺的压抑。

徽州宗祠，没有一句话，没有一处说教，无声无息地立在那里；但当你走近它，继而进入它的腹地，就会有一种强大的精神包围着你，激动着你，感染着你，使你不由自主地就接受了这种感染，接受了这种思想，哪怕是一种暂时的感觉，这种感觉也会永远地留在你的记忆里。这是古人的文明。

旧时徽州城乡住宅多为砖木结构的楼房。明代以楼上宽敞为特征。清代以后，多为一明（厅堂）两暗（左右卧室）的三间屋和一明四暗的四合屋。一屋多进。大门饰以山水人物石雕砖刻。门楼重檐飞角，各进皆开天井，通风透光，雨水通过水枧流入阴沟。俗称“四水归堂”，意为“财不外流”。各进之间有隔间墙，四周高筑防火墙（马头墙），远远望去，犹如古城堡。

一般是一个家庭之系住一进，中门关闭，各家独户过日子。中门打开，一个大门进出祭奠先人。徽州山区气候湿润，人们一般把楼上作为日常生活的主要栖息之处，保留土著山越人“巢居”的遗风。楼上厅屋一般都比较宽敞，有厅堂、卧室和厢房，沿天井还设有“美人靠”。

1．朝北居：假如不是地形特殊，住屋的最佳朝向，当选择坐北朝南，但徽州明清时期所建民居，却大多是大门朝北。原来古徽人的居住习惯有许多禁忌。汉代就流行着“商家门不宜南向，征家门不宜北向”的说法。究其原因，据五行说法：商属金，南方属火，火克金，不吉利；征属火，北方属水，水克火，也不吉利。徽州明清时期，徽商鼎盛，他们一旦发了财，就回乡做屋，为图吉利，大门自不朝南，皆形成朝北居。至今徽州仍保留有数以万计的朝北古民居。

2．屋套屋：徽州宅居很深，进门为前庭，中设天井，后设厅堂住人，厅堂用中门与后厅堂隔开，后厅堂设一堂二卧室，堂室后是一道封火墙，靠墙设天井，两旁建厢房，这是第一进。第二进的结构仍为一脊分两堂，前后两天井，中有隔扇，有卧室四间，堂室两个。第三进、第四进或者往后的更多进，结构都是如此，一进套一进，形成屋套屋。

3．重檐：徽派民居皆建成双层屋檐。这重檐习俗的形成，有着一段广为流传的故事。据传，五代十国时，歙州是南唐后主李煜所管辖的地方。赵匡胤发动陈桥兵变，建立宋朝，亲征到了歙州，正当宋太祖抵达今休宁县海阳城外的时候，天色突变，大雨将至，太祖便至一间瓦房处避雨，为免扰民，太祖下令不得进入室内，可是徽州民居的屋檐很小，远不及中原地带的屋檐那么长，加上这天风大雨急，众人都被淋了个落汤鸡。雨过天晴，居民开门发现太祖此般模样，以为死罪难逃，跪地不起，太祖却未责怪，问道：歙州屋檐为什么造的这么窄呢？村民答曰：“这是祖上沿袭下来的，一向都是如此。”太祖便道：“虽说祖上的旧制不能改，但你们可以在下面再修一个屋檐，以利过往行人避雨。”村门一亭，连称有理，于是立即照办，自此以后，徽州渐渐所有的民居都修上了上下两层屋檐。

4．满顶床：徽州传统床具。因为床顶、床后和床头均用木板围成，故称“满顶床”。床前挂帐幔，犹如消息台。床柱多用榧木制作，因为榧数年花果同树而生，取“四代同堂”和“五世昌盛”的彩头。床板常用7块，寓“五男二女”之意。床的正面，雕饰较为讲究，左右两侧一般雕饰为“丹凤朝阳”，上牙板雕为“双龙戏珠”。床周栏板一般均雕有“凤凰戏牡丹”、“松鼠与葡萄”、“鸳鸯戏水”等精美图案。

5．压画桌：徽州宅居的传统陈设。徽州民居厅堂正中壁上多挂中堂画、对联，或用大幅红纸写上“天地君亲师”五字，均装裱成卷轴悬挂。在卷轴之下设长条桌，桌面上放置两个马鞍形的画脚，卷轴向下展开至长条桌，搁入画脚的“马鞍”内，画幅即平整稳固，此长条桌则称“压画桌”。

第六节　文化名宅——江南水乡

民居模式，与自然地理条件，和经济、文化等社会历史因素有着密切的关系。江南气候温热，雨量充沛、天然河流湖泊众多，经济开发已有两千多年的历史。优越的自然条件，加上当地民众的努力，六朝末期，江南已是全国最富庶的地区。

江南水乡

几个世纪来,民众为了交通运输,生活与生产的需要,开凿许多运河、渠道,贯通天然河形成大面积、密如蛛网的水道交通网络。贯穿整个城镇与乡村水路，连同密布的池塘湖泊，形成特有的水乡景色。

（一）村镇临水发展

江南村镇选址，大体可以归纳为下列几种：

1．背山面水或一面临水

建筑沿河道发展，建筑与河道之间为沿河流而筑的街道。建筑沿街道的一侧，大多作为商业店铺，并临水设码头，使水路交通相互联系，这就是沿河村镇的基本模式。假如村镇背山，村镇会向后退一些，避免河道涨水时淹没村庄。倘若条件允许，村庄会选在山的南侧，这样夏天有南风吹拂，冬天有充足日照，还可以避免北来的寒风袭击。

2．两面临水

假如河道拐一个九十度的弯，或呈“丁”字形，或为十字交叉时，村镇会选在河道拐角处，则可两面临河，另一方面方便用水，另一方面便于利用河道交通。

3．三面临水

部分村镇恰好具有三面临水的条件，例如被三面河道包围，或是村镇类似半岛深入湖中，自然形成三面临水的在河流两岸居住　假如河道不宽，易于建桥时，人们会在河道的两侧修建民居，提高河道的水运交通利用率。这是江南村镇的典型模式，村镇集中，商业活动也相对集中。

4．围绕水道的交叉点

城镇集中在河流汇集的三叉或十字交叉河口,人们便设置一些桥梁,联系被河道隔开的区域。桥头一带是陆路过往交通最繁忙的地区，因而这里商业建筑的密度也最高。由于旧时船运的重要性远远大于陆路，河道相当于现在的街道，水路交通的枢纽地带，自然成为繁华的城镇中心。这种布局的优点是，河岸与城镇的接触面长，而城镇又相对集中。在江南村镇乡村中，水路是主要运输方式，因此水路的安排相当重要。水路减轻了陆路运输和交通的负荷量，使陆路可以相对减少，因而节省了村镇的用地。有时河道与临河建筑之间，设一条廊式或骑楼式的步行道，在道路上行走，一边是河景，一边是店面，河岸两侧互为对景，商业店铺一字展开，布局十分合理。江南民居的造型，就是在适应这种环境条件下形成的。

5．不可或缺的码头

在江南水乡民居中，临水建筑是最富地方色彩的一种形式。民居临水的一面多开后门，有时后门还有外廊，并用条石砌成台阶通向水面，把住宅与水面联系在一起，有如小型码头。这种私家使用的码头，是住宅极重要的一部分，当地人称为“河埠头”。居民可以在这里洗涤、取水，从船上购买蔬菜、柴米油盐，以及运倒垃圾、粪便。居民外出，也在这里上船出发。

河道是公共交通要道，私用码头不能侵占河道，只能与邻里排成一行，顺岸而建。有些大户人家将码头向内退缩，建成凹廊，这样雨天家人出入，佣人洗濯均无淋湿之忧。有些人家房屋很小，无法在临水一侧建码头，就改开一个后门，门口用石板出挑，形成一个挑台，无法在此洗濯，但是仍然可以取水，或向过往船只购物。

沿河的地面相当珍贵，因此建筑相互毗邻，形成河街，每两个街区之间，就有一条街道，联系河道与平行干河道的街道。这种街道沿河的尽头，是公用码头，以便居住在非临水的人家来河边洗濯、取水和上下船。另外，这还是村镇防火的重要水源地。

（二）因地制宜借取空间

沿河的地价较高，因此民居在不影响河道航行的情况下，都会设法从河面上借取一定的空间，其手法有以下几种：

1．吊脚楼：建筑物的一部分建在水面上，建在水上的部分，依靠下面的竹竿，木桩或石柱来支撑。吊脚楼的部分，可以是楼房。吊脚楼的下部，还可以设置踏步通往水面，方便家人洗濯和取水。

2．出挑：利用大型的条石悬臂挑出。出挑空间大者可成为房屋的一部分，出挑空间不太大的可以作为檐廊，类似于现代的阳台，并与码头相连。最小可以只出挑一个靠背栏杆到住屋外面，所以乘凉、晒太阳和观景，是休憩的好地方。

3．枕流：枕流就是整栋建筑物都建在河面上。窄的河面，可以在水面上凌空架梁。而宽的河面，就要在水里竖立石柱，以支撑上面的建筑。有的人家，河的两岸都有自家的房子，河上的枕流建筑，可以把两岸的房子连接起来，就像是自家的桥梁一样。枕流只能建在没有水路交通的地方，而且河面也必须是自家的私产。

4．依桥：江南地区多桥，桥下面要通行船只，因此拱桥特别多。为了让大型船只通过，有的拱桥建得很高，往往是一个村镇的最高点，在桥上可以俯瞰全村。由于地面有限，有些人在桥梁旁边建房屋时，就把桥梁的一侧，作为房屋山墙的一部分来利用，一方面省了一墙的占地，另一方面减少了墙壁的用砖。还有些人家，自家不建楼梯，从桥上搭几块石板，就直通到二楼。